Matthias Jahn

Zur Rechtswirklichkeit der Pflichtverteidigerbestellung

Matthias Jahn

Zur Rechtswirklichkeit der Pflichtverteidigerbestellung

Eine Untersuchung zur Praxis der Beiordnung durch den Strafrichter nach § 140 Abs. 1 Nr. 4 StPO in der Bundesrepublik Deutschland

Von
Dr. Matthias Jahn

Inhaber des Lehrstuhls für Strafrecht, Strafprozessrecht, Wirtschaftsstrafrecht
und Rechtstheorie an der Goethe-Universität Frankfurt am Main
und Richter am Oberlandesgericht

mit den Mitarbeiterinnen und Mitarbeitern der Forschungsstelle
für Recht und Praxis der Strafverteidigung (RuPS)

und einem Vorwort von Rechtsanwalt Dr. Werner Leitner

DE GRUYTER

ISBN 978-3-11-036402-6
e-ISBN 978-3-11-036407-1

Bibliografische Information der Deutschen Nationalbibliothek
Die Deutsche Nationalbibliothek verzeichnet diese Publikation in der Deutschen Nationalbibliografie; detaillierte bibliografische Daten sind im Internet über http://dnb.d-nb.de abrufbar.

Druck: Hubert & Co. GmbH & Co. KG, Göttingen
♾ Gedruckt auf säurefreiem Papier
Printed in Germany

MIX
Papier aus verantwortungsvollen Quellen
FSC® C016439

www.degruyter.com

Vorwort

Die Beiordnung von Anwältinnen und Anwälten als Verteidiger in Strafsachen nimmt in der forensischen Praxis breiten Raum ein. Es gehört nach allgemeinem Verständnis zu den tragenden rechtsstaatlichen Selbstverständlichkeiten, dem Bedürftigen einen Verteidiger zu stellen. Den Begriff „Pflichtverteidiger“ kennt das Gesetz nicht. Es kann sein, dass der Beschuldigte den Anwalt seines Vertrauens selbst vorschlägt. Dem Unkundigen ordnet das Gericht einen Verteidiger bei. Seit dem 1.1.2010, mit der Einführung von § 140 Abs. 1 Nr. 4 StPO, ist dies bei Haftsachen von Anfang an zwingend. Was dem Grunde nach eine gute Sache ist, führt in der Praxis zu Problemen. Von jeher beklagen Verteidigerinnen und Verteidiger die Intransparenz des Auswahlverfahrens. Mit der neuen Regelung haben die Beschwerden zugenommen.

Die Arbeitsgemeinschaft Strafrecht im Deutschen AnwaltVerein ist mit fast 3.300 Mitgliedern nicht nur die größte Strafverteidigervereinigung Europas, sie repräsentiert auch bei Weitem den größten empirischen Erfahrungsschatz zu diesem Thema. So war es nur konsequent, der Sache auf den Grund zu gehen. Mit Professor Dr. Matthias Jahn und der Forschungsstelle für Recht und Praxis der Strafverteidigung haben wir dafür einen kompetenten Partner gefunden. Allerdings hätte niemand gedacht, dass sich fast 1.000 unserer Mitglieder, um genau zu sein 941, an der zeitlich doch anspruchsvollen Umfrage mit großem Einsatz beteiligen würden. Die Beteiligung war überwältigend, sie zeigt, wie das Thema auf den Nägeln brennt und gibt der Studie im Ergebnis nun auch größtes Gewicht.

Vieles von dem, was immer wieder bemängelt wurde (und wird), hat sich bestätigt. Die Intransparenz des Auswahlverfahrens, die Gefahr der Bevorzugung eines gewissen Verteidigungstyps („Geständnishelfer“) und sogar der Begriff der „Unverzüglichkeit“ werden von zahlreichen Kolleginnen und Kollegen als Nachteil für den Beschuldigten kritisiert. Eine zu Gunsten der Beschuldigten implementierte Regelung entpuppt sich als „Danaergeschenk“ (vgl. C.III.2., S. 45ff.). Die befragten hessischen Ermittlungsrichterinnen und -richter sehen das naturgemäß anders.

Es ist das große Verdienst von Professor Dr. Matthias Jahn und seiner Forschungsstelle Recht und Praxis der Strafverteidigung, den Schleier der Theorie von der forensischen und alltäglichen Praxis genommen zu haben. Der Leser, sei er Rechtspolitiker, Richter, Staatsanwalt oder Verteidiger, mag sich selbst ein Bild machen. Er wird beeindruckt sein.

München, im April 2014

Rechtsanwalt Dr. Werner Leitner,
Vorsitzender des Geschäftsführenden Ausschusses
der Arbeitsgemeinschaft Strafrecht
im Deutschen AnwaltVerein

Inhaltsübersicht

A. Ausgangslage

I. Wissenschaftliche Aufgabenstellung

Der Geschäftsführende Ausschuss der Arbeitsgemeinschaft Strafrecht im Deutschen Anwaltverein (DAV) ist mit Schreiben vom 4.1.2013 an die Forschungsstelle für Recht und Praxis der Strafverteidigung (RuPS) der Goethe-Universität Frankfurt am Main herangetreten, um aus Anlass des 30. Herbstkolloquiums gemeinsam die Möglichkeit einer aussagekräftigen, unabhängig erstellten **empirischen Studie** zur Praxis der Bestellung von Pflichtverteidigern in der Bundesrepublik Deutschland auszuloten. Der Plan hatte es in sich, sollte die Studie damit doch jedenfalls in ihren wesentlichen Zügen schon zehn Monate später präsentiert werden. Ein Exposé zur Vorbereitung der entscheidenden Sitzung des Ausschusses am 15.2.2013 umgrenzte die Thematik und schätzte die zeitlichen Vorgaben ab. Dabei sollte, trotz der Kürze der Zeit, das Studiendesign dem Anspruch genügen, den Erfahrungen der Strafverteidigerinnen und Strafverteidiger – die Kolleginnen sind im Nachfolgenden immer mitgemeint, auch dort, wo dies aus Gründen der besseren Lesbarkeit nicht durchgängig explizit vermerkt ist – in Deutschland eine Stimme zu geben. Vor allem war aber beabsichtigt, die vor einigen Jahren in die Strafprozessordnung implementierten Regelungen nach den anerkannten Methoden empirischer Sozialforschung wissenschaftlich-neutral zu bewerten. Die hier vorgelegte Studie, der eine Kurzfassung im Fachmedium Strafverteidiger Forum (StraFo 2014, S. 177–194, vgl. auch NJW-aktuell 10/2014, S. 12f.) – zugleich Mitgliederzeitschrift der AG Strafrecht im DAV – vorausging, ist das Ergebnis dieser Bemühungen. Das Manuskript wurde am 1.4.2014 abgeschlossen.

II. Die Forschungsstelle Recht und Praxis der Strafverteidigung (RuPS)

Die 2010 an der Friedrich-Alexander-Universität Erlangen-Nürnberg gegründete Forschungsstelle für Recht und Praxis der Strafverteidigung ist seit dem Jahr 2013 an den an der Goethe-Universität in Frankfurt am Main beheimateten Lehrstuhl für Strafrecht, Strafprozessrecht, Wirtschaftsstrafrecht und Rechtstheorie angeschlossen. Sie ist konzipiert als national und international agierende **Forschungs**-, Fortbildungs- und **Informationseinrichtung mit intensivem Praxiskontakt** (www.jura.uni-frankfurt.de/rups). Die RuPS offeriert unter anderem ein breit gefächertes Leistungsangebot, das alle Arten drittmittelbasierter Forschungstätigkeit auf dem Gebiet des Straf- und Strafprozessrechts umfasst. Insbesondere gehören hierzu die Formen empirischer Forschungsprojekte in Gestalt von Inhaltsanalysen von Aktenmaterial (z. B. Aktenanalyse und -auswertung), Einzelfall- und Querschnittsstudien, (teilnehmende) Beobachtung und deren Analyse, Supervision sowie die wissenschaftliche

Begleitung von Gesetzgebungsvorhaben in Bund und Ländern und Beratung von EU-Gremien und NGOs zu allen strafprozessualen Fragestellungen (vgl. NJW-aktuell 25/2010, S. 14f.). Das Portfolio der Einrichtung umfasst u. a. neben laufenden empirischen Forschungsprojekten die 2012 abgeschlossene **wissenschaftliche Evaluation** der strafrechtlichen Regelungen des Gesetzes zur Verbesserung der Bekämpfung des Dopings im Sport (DBVG) für die Bundesregierung im Einvernehmen mit dem Sportausschuss des Deutschen Bundestags.[1] Auf die dort gewonnen Erfahrungen im Umgang mit Gesetzesevaluationen konnte zurückgegriffen werden.

An der Konzeption, Erstellung und Auswertung der Studie waren die Mitarbeiterinnen und Mitarbeiter *Martine Lapière*, Wiss. Mit. Assessor *Sebastian Lander* und Wiss. Mit. Rechtsanwalt *Fabian Meinecke*, M. A., beteiligt.

III. Der bisherige Forschungsstand zur Rechtswirklichkeit der Pflichtverteidigerbestellung

Der Ausgangspunkt ist ernüchternd.

Zu Recht wird die bislang fehlende Transparenz und – damit einhergehend – **schmale** und unsystematische **empirische Informationsbasis** über die Rechtswirklichkeit der Pflichtverteidigerbestellung nicht erst seit der Neuregelung des Jahres 2009 beklagt. In einem gemeinsamen Antrag der Fraktionen der SPD und CDU an das Berliner Abgeordnetenhaus vom 28.8.2013 heißt es dazu unlängst:

> „Der Senat wird aufgefordert zu prüfen, wie mehr Transparenz bei der Bestellung von (...) Pflichtverteidigern durch die Gerichte hergestellt werden kann. Dabei ist insbesondere die Erstellung und Veröffentlichung einer Liste der im Vorhalbjahr berufenen (...) Pflichtverteidiger aufgeschlüsselt nach den einzelnen Kammern und Verfahren der Berliner Gerichte ins Auge zu fassen (...). Pflichtverteidiger werden (...) vom Gericht ausgewählt, wenn der Beschuldigte die Gelegenheit nicht ergreift, selbst einen Verteidiger zu benennen. Die Tätigkeit des Pflichtverteidigers ist inzwischen für eine Vielzahl von Strafverteidiger (sic!) auch wirtschaftlich interessant. Auch hier wäre Transparenz hilfreich, um den Zugang zu den Mandaten entsprechend der Befähigung gerechter zu verteilen.“[2]

1 Siehe – auch zu methodischen Fragen – einführend *Jahn* FS Kühne, 2013, 107, 108ff. sowie zum wissenschaftlichen Umfeld *R. Marx* AnwBl. 2012, 648. Die berechtigte Warnung von *Brodowski* HRRS 2013, 409 (412: „Der Einsatz statistischer Methoden hält etliche Fallstricke bereit, in denen man sich – als Rechtswissenschaftler, aber auch als Praktiker – bei einer zu oberflächlichen Betrachtung von empirischem Datenmaterial verfangen kann“) haben wir zu beherzigen versucht. Ob das gelungen ist, mag die Diskussion dieser Studie erweisen.

2 LTDrucks. 17/1131, S. 1f. Zur Forderung nach mehr Transparenz auch *DAV* Stellungnahme Nr. 55/2009, 6f.; *Heydenreich* StV 2009, 444, 448 und *ders.* NJW 2011, 1927, 1928.

Mangels statistischer Erhebungen durch die Justizverwaltungen der Länder war bislang in der Tat keine valide Auswertung möglich.[3] Nur eine vereinzelte, auf eine parlamentarische Anfrage hin erfolgte Stellungnahme des Justizministeriums des Freistaates Sachsen vom 1.7.2010[4] zeichnete – freilich ohne weitere Bezugnahme auf empirisches Material – ein Bild, nach dem der Beschuldigte i. d. R. einen Verteidiger benennt und dieser ihm auch beigeordnet wird. Das erschien, um das Mindeste zu sagen, etwas optimistisch.

Insbesondere *Heydenreich* hat es nicht bei dem Lamento mangelnder empirischer Erkenntnisse belassen, sondern in Kooperation mit dem Organisationsbüro der (bundesdeutschen) Strafverteidigervereinigungen über die nordrhein-westfälische Strafverteidigervereinigung Schritte zu unternehmen versucht, um dem erkannten Missstand abzuhelfen. Der Ertrag blieb allerdings aufgrund eindeutig zu zurückhaltender Teilnahme der Angesprochenen – es gelangten nur etwa einhundert Fragebögen sowie eine Handvoll Erfahrungsberichte in Rücklauf – bescheiden. Die Ergebnisse dieser Forschungsbemühungen sind damit nach zutreffender Selbsteinschätzung nicht repräsentativ. In seinen eigenen Worten:[5]

> „Da sich Justizverwaltungen und Gerichte unter Berufung auf den Mythos richterlicher Unabhängigkeit konsequent weigern, ihrerseits Untersuchungen vorzunehmen und die Beiordnungspraxis einer statistischen Erhebung zu unterziehen, stehen – bedauerlicherweise – andere Möglichkeiten der Erfassung, als durch die Wiedergabe subjektiver Wahrnehmungen am Verfahren Beteiligter, nicht zur Verfügung. Zum Zweck der Datenerhebung wurde über die Strafverteidigervereinigungen ein Fragebogen an deren Mitglieder versandt. Insgesamt gelangten **etwa einhundert ausgefüllte Fragebögen** in den Rücklauf, ferner Erfahrungsberichte dreier Mitgliedsvereinigungen (Hamburg, Hessen und Sachsen) sowie interne Auswertungen zweier Anwaltvereine (Köln und Bonn). (...) Diese Auswertung vermag es naturgemäß *nicht*, eine detailgetreue Landkarte der jeweiligen Beiordnungspraxis zu zeichnen. Sie unterliegt weiteren Unsicherheiten. So konnten ausschließlich die zurückgesandten Fragebogen, d. h. ein vergleichsweise nur geringer Teil, ausgewertet werden. Es besteht die Gefahr, dass sich vorzüglich solche VerteidigerInnen beteiligt haben, die mit der gegenwärtigen Praxis unzufrieden sind und sich als »Verlierer« der Neuregelung empfinden, dass also ein hierdurch verzerrtes Bild entsteht. Die Rückläufer zeichnen auch insofern kein statistisch belastbares *objektives* Bild, als sie die lediglich *subjektive* Wahrnehmung der antwortenden VerteidigerInnen wiedergeben, die sich von der *objektiven* Beiordnungspraxis tatsächlich unterscheiden mögen. Es stellte sich auch die Frage, ob es sinnvoller sei, VerteidigerInnen zu befragen oder aber die entscheidenden HaftrichterInnen. Die vorliegende Untersuchung ging von der Annahme aus, dass es besser sei, Richter zu beobachten als zu fragen. Denn wer wird schon offen zugeben, dass er bei der Auswahl vornehmlich an Bekanntschaften oder ihm geläufige Besucher der Gerichtskantine denkt. Zentraler Gegenstand der Untersuchung ist die Art und Weise der Beiordnung von VerteidigerInnen durch den Haftrichter in den Fällen, in denen von dem Beschuldigten/Inhaftierten selbst kein Verteidiger namentlich genannt oder ausgewählt wird. Zwangsläufig ist in dieser konkreten Situation der

3 Krit. deshalb auch *Heydenreich* StRR 2009, 444, 448; *ders.* StV 2011, 700.

4 LTDrucks. 5/2642.

5 *Heydenreich* StV 2011, 700f. (alle Hervorh. i. Orig.).

Anhörung, Belehrung und Befragung des Beschuldigten durch den Richter kein neutraler Beobachter, gar Verteidiger anwesend. *Nicht* erfasst werden können daher ebenfalls die Art und Weise der Befragung, d. h. Formen subtiler Beeinflussung, Suggestion, etc. Schließlich kann die vorliegende Untersuchung Repräsentanz deshalb nicht beanspruchen, weil nur grob danach unterschieden wurde, aus welchen Gerichtsbezirken und Bundesländern Antwort kam. So sind aus ganzen Landgerichtsbezirken keine Fragebögen in den Rücklauf gelangt, in anderen Fällen aus einzelnen Amtsgerichtsbezirken durchaus mehrere. Gerade diese zeigten dann allerdings auch, dass innerhalb dieser Bezirke oft nicht etwa eine homogene, sondern vielmehr unerwartet unterschiedliche Spruchpraxis besteht. Mehrfachnennungen waren bei der Beantwortung zulässig, nicht jede Frage musste beantwortet werden. Dies hat zur Folge, dass die Zahl der Antworten sich nur eingeschränkt in eine prozentuale Relation zur Gesamtzahl der Rückläufer übersetzen lässt. Was die vorliegende Untersuchung *zu leisten imstande* ist, besteht darin, *signifikante Häufungen* darzustellen. Diese gewährleisten die Verlässlichkeit der diesbezüglich gewonnenen Feststellungen und führen so zu Validität und Repräsentanz hinsichtlich der in ihnen gemachten Aussagen."

Das **Bedürfnis nach Rechtstatsachenforschung** im Bereich der Pflichtverteidigerbestellung, insbesondere aber zur Neuregelung in § 140 Abs. 1 Nr. 4 StPO, ist damit nicht nur gut begründbar, sondern mit Händen zu greifen.[6]

6 Siehe bereits LR/*Lüderssen*/*Jahn*, Nachtr. 26. Aufl. 2014, § 141 Rn. 23 a. E.; *Lammer* AnwBl. 2013, 325, 329. Die nachfolgende Untersuchung nimmt aus diesem Grund im dogmatischen Teil (unten *Abschn.* C) vielfach auf die zusammen mit *Lüderssen* verantwortete Kommentierung der Neuregelungen in dem ebenfalls bei *de Gruyter* erschienenen Nachtragsband Bezug; teils werden Ausführungen wörtlich übernommen. Einschlägige und für diese empirische Untersuchung ebenfalls in Dienst gestellte Vorarbeiten zu den Neuerungen im Recht der Strafverteidigung seit 2009 finden sich zudem bei *Jahn*, Untersuchungshaft und frühe Strafverteidigung im zweiten Jahrzehnt des 21. Jahrhunderts – Die Neuregelung der Pflichtverteidigerbeiordnung durch das Gesetz zur Änderung des Untersuchungshaftrechts, in: FS Rissing-van Saan, 2011, 275–299; *dems.*, Die Änderungen im Recht der Strafverteidigung durch das 2. Opferrechtsreformgesetz, in: NJW-Festheft zum 65. Geburtstag von Ingeborg Tepperwien, 2010, 25–28 (Downloadoption über www.jura.uni-frankfurt.de/jahn → Veröffentlichungen) und *dems.*, „Parität des Wissens"? – Die konventionskonforme Auslegung der Neuregelung des Akteneinsichtsrechts (§ 147 StPO), in: FS Imme Roxin, 2012, 585–600. Auch hierauf wird verschiedentlich zurückgegriffen werden.

B. Methodische Vorüberlegungen

Ziel der Evaluierung der pflichtverteidigungsbezogenen Normen des Gesetzes zur **Änderung des Untersuchungshaftrechts** (UHaftÄndG) vom 29.7.2009[7] muss es angesichts der soeben beschriebenen Ausgangslage sein, den Vollzug der neuen und geänderten Normen in der Rechtspraxis zu ermitteln, zu bewerten und aufgrund dessen Wege und Methoden zur größtmöglichen Effizienz der Durchsetzung der Regelungen aufzuzeigen. Durch die Ermittlung der bisherigen Anwendung der Normen in der Rechtspraxis können Schwachstellen der gesetzlichen Regelungen gefunden werden, die es bei der künftigen Durchsetzung – sei es durch eine Korrektur der bestehenden Vorschriften oder durch eine veränderte tatsächliche Auslegung und Handhabung der Normen in der Praxis – zu vermeiden gilt.[8]

I. Bemerkungen zum wissenschaftstheoretischen Hintergrund

1. Allgemeines

Das damit aufgerufene Instrumentarium der **Rechtstatsachenforschung** versteht sich als Wirkungsanalyse gesetzlicher Regelungen in der Rechtspraxis. Ihre Zielsetzung ist es, die tatsächliche Anwendung und Wirkung bestehender Normen einschließlich etwaiger Zielabweichungen zu erforschen sowie Lebenssachverhalte zu bestimmen, deren Kenntnis für eine angemessene rechtliche Regelung bzw. Problemlösung erforderlich ist. Institutionell wird Rechtstatsachenforschung in Deutschland seit den 1960iger Jahre betrieben. Ausgehend von vorstehender Begriffsdefinition beinhaltet Rechtstatsachenforschung **speziell** im Bereich des **Strafrechts**

- Untersuchungen zur Ausgangssituation bei Strafrechtsreformen in Form des Aufzeigens von defizitären Rechtslagen und tatsächlichem Handlungsbedarf des Gesetzgebers,
- zur Implementation der Gesetzgebung im Hinblick auf Vollzugsdefizite und deren Ursachen (**Implementationsforschung**),
- zur Evaluation der Gesetzgebung im Hinblick auf das Eintreten beabsichtigter und unbeabsichtigter Folgen (**Wirkungsforschung**),
- zur Ökonomie der Gesetzgebung und Gesetzesanwendung sowie

---

7 BGBl. I S. 2274; s. allg. zu diesem Gesetzeswerk die Einschätzungen von *St. König* AnwBl. 2010, 50; *Krekeler* Kammerreport Hamm 4/2009, 9; *Beukelmann* NJW-Spezial 2009, 456.

8 Siehe nochmals (Fn. 1) *Jahn* FS Kühne, 2013, 107, 108 u. H. a. den von *Ziekow/Debus/Piesker* (Institut für Gesetzesfolgenabschätzung und Evaluationen an der Universität für Verwaltungswissenschaften Speyer) am 21.11.2012 vorgelegten „Leitfaden zur Durchführung von ex-post-Gesetzesevaluationen" sowie grdlg. *Albers*, in: dies./Weinzierl (Hrsg.), Menschenrechtliche Standards in der Sicherheitspolitik, 2010, S. 25, 33ff.; *Smeddinck*, Integrierte Gesetzesproduktion, 2006, § 19 (S. 389ff.) und speziell für das Strafrecht *Eicker*, Die Prozeduralisierung des Strafrechts, 2010, S. 293ff.

- zum Transfer von empirischem Wissen in die Rechtspolitik, Gesetzgebung und Rechtspraxis.[9]

2. Konsequenzen für das Studiendesign

Im **konkreten Zuschnitt** auf die abzubildende Wirklichkeit der Beiordnungspraxis stellt sich die Frage nach der Zielvorgabe, respektive der Erwartung an das Untersuchungsergebnis. Aufgrund des Fehlens einer verlässlichen empirischen Basis zur Pflichtverteidigerbeiordnung ging die vorliegende Untersuchung in der Vorbereitungs- und Erhebungsphase mit einem ausgesprochen **explorativen Anspruch** vor, der sich im Fragebogen in zahlreichen Möglichkeiten zur freien Wiedergabe auch von Ansichten und Meinungen ausdrückt. Das Projekt dient der kritischen, aber weitestgehend ergebnisoffenen Erforschung der Rechtswirklichkeit zur Implementation und Wirkung des UHaftÄndG. Die Datenaufnahme wurde in vielerlei Hinsicht offen gestaltet und nicht im Hinblick auf eine bestimmte Hypothese vorschnell verengt.[10] Durch den bewussten Verzicht auf eine zentrale Forschungsannahme hat die Studie zudem einen **deskriptiven** Schwerpunkt. Neben der zentralen, aussagekräftigen Befragung von Strafverteidigern und -verteidigerinnen (**Experimentalgruppe**) wurden auch Ermittlungsrichterinnen und Ermittlungsrichter in die Untersuchung einbezogen. Die Teilnahme von Ermittlungsrichtern erfüllt die wichtige Funktion einer **Kontrollgruppe**. Durch eine Erhebung in beiden Populationen konnte weitestgehend ausgeschlossen werden, dass Wahrnehmungen zu bestimmten Phänomenen eine berufsspezifische Ursache haben. Andererseits geben teilweise offen gestellte Fragen Aufschluss gerade über Wirkungen, die durch die befragten Gruppen unterschiedlich bewertet werden.

Das Forschungsdesign erfuhr in der Konzeption eine **Eingrenzung auf** die Fälle des **§ 140 Abs. 1 Nr. 4 StPO** (Verteidigerbeiordnung bei Untersuchungshaft oder einstweiliger Unterbringung). Ein komplettes Survey der Rechtswirklichkeit der Pflichtverteidigerbeiordnung in *allen* Katalogfällen des § 140 Abs. 1 StPO und möglichst auch zur Anwendungspraxis der Generalklauseln in § 140 Abs. 2 StPO ist sicher ein **Desiderat** für **zukünftige Forschungsbemühungen.** In dem zeitlich zur Verfügung stehenden Rahmen für die hier vorgelegte Untersuchung hätte eine solche Erweiterung des Blickfeldes die **termingerechte Fertigstellung** mit dem Ziel der Präsentation auf der Jubiläumsveranstaltung aus Anlass des 30. Herbstkolloquiums der AG Strafrecht im DAV – und wohl nicht ganz zufällig zugleich am Beginn der Wahlperiode eines neuen (des 18.) Deutschen Bundestages – verhindert. Die Ausweitung der Fragestellung auf weitere Beiordnungsvarianten hätte zudem auch ganz praktisch eine **Überfrachtung** des in der versendeten Fassung immerhin bereits **23 Seiten umfassenden Frage-**

---

9 Vgl. *H.-J. Albrecht*, Rechtstatsachenforschung zum Strafverfahren, 2005, S. 8.

10 S. zur Konzeption im Einzelnen sogleich unten *Abschn.* B.II.

bogens bedeutet, unter der nicht nur die erfreuliche Bereitschaft zur Beteiligung, sondern wohl auch die spezifische Aussagekraft der gewonnenen Daten (z. B. bei den offenen Fragen) gelitten hätte. Durch die im Speziellen gewonnenen Ergebnisse werden jedoch auch Erkenntnisse zur Beiordnungspraxis im Allgemeinen abzuleiten und zu bewerten sein.

II. Konkrete Auswahl der Erhebungsmethode schriftlicher Befragung

Im Hinblick auf das Fehlen eines Standardrezepts zur Konzeption von Forschungsdesigns muss eine adäquate Methode zur Erhebung repräsentativen Datenmaterials sorgfältig ausgewählt werden.[11] Nach Abwägung der Vor- und Nachteile der unterschiedlichen Methoden hat sich für die Datenerhebung die **Befragung** mittels eines schriftlich vorgelegten (genauer: übersandten) **Fragebogens** angeboten. Die Entscheidung für die Konzeption eines Fragebogens ergab sich nach dem Ausschlussprinzip:

- Die **Beobachtung** als Erhebungsmethode schied aufgrund des zu erwartenden Einflusses des Beobachters aus. Es hätte nicht ausgeschlossen werden können, dass die Beiordnungspraxis selbst sich unter dem bewussten oder unbewussten Erwartungsdruck der wissenschaftlichen Observation verändert hätte.[12] Die unmittelbare Entscheidungsfindung ist zudem der Beobachtung nicht zugänglich.[13] Hinzu trat als Ausschlusskriterium die Blickwinkelabhängigkeit von Beobachtungen, die der Zielvorgabe möglichst verallgemeinerbarer Ergebnisse gegenüber hinderlich gewesen wäre.[14]
- Ebenso schied methodisch die **Inhaltsanalyse von Akten** aus, da diese insbesondere keinen Aufschluss über gerade erhebliche Vorgänge wie die praktische Möglichkeit zur Nutzung des Internets durch den Beschuldigten oder die verfahrensmäßige Missachtung des Anhörungs- und Bezeichnungsrechts gegeben hätte.

Als Befragungsinstrument kristallisierte sich also die schriftliche Befragung als Mittel der Wahl heraus. Die **persönlich-mündliche Befragung** oder die Führung von **Telefoninterviews** mittels CATI (Computer Assisted Telephone Interview) wie in der unlängst im Auftrag des *2. Senats* des *Bundesverfassungsgerichts* durchgeführten Studie von *Altenhain* et al. zur Praxis der Absprachen im Strafverfahren seit 2009

---

11 Vgl. aus jüngerer Zeit insbesondere *Altenhain/Dietmeier/May*, Die Praxis der Absprachen im Strafverfahren, 2013, S. 15.

12 Zur Befangenheitsproblematik *v. Falckenstein*, in: Chiotellis u. a., Rechtstatsachenforschung. Methodische Probleme und Beispiele aus dem Schuld- und Wirtschaftsrecht, 1985, S. 84.

13 Vgl. *Rehbinder*, Rechtssoziologie, 2009, Rn. 64.

kamen demgegenüber nicht in Betracht. Der persönlichen Befragung stand die bundesweite Ausrichtung der Fragestellungen entgegen.[15] Hierbei hätte eine der Repräsentanz von Fragebögen entsprechende stichprobenhafte Auswahl der Strafverteidiger unverhältnismäßig großen vorbereitenden Aufwand erfordert. Zudem hätte die Durchführung übermäßige Kosten produziert. Bei einer Befragung mittels Telefoninterviews wäre ebenfalls die Auswahlproblematik entstanden, bei der eine Repräsentanz des Datenmaterials nur durch ein überragendes Stichprobendesign erreicht worden wäre. Weiterhin hätte hier die zeitliche Gebundenheit der Anwaltschaft durch Mandantengespräche und Gerichtstermine in Anbetracht des begrenzten zeitlichen Rahmens von zehn Monaten der Durchführbarkeit entgegengestanden. Denn für ein Telefoninterview ist, anders als für die flexiblere Beantwortung eines schriftlichen Fragebogens, eine Terminabsprache erforderlich. In der Auswertung wäre dann zusätzlich der visuelle Kanal entfallen.[16] Ein **Websurvey** war wegen der bei diesem Instrument typischen hohen Abbruchquoten und der aus Sicht der Befragten unklaren Anonymitätsgewähr nicht zielführend.

Die **Vorteile der schriftlichen Befragung** überwogen also deutlich deren Nachteile. Der Versand anonymisierter Fragebögen verhindert weitestgehend die Einflussnahme des Fragestellers auf das Untersuchungsergebnis. Die Form des Fragebogens erschien auch im Hinblick auf die Sensibilität der Daten, insbesondere bezüglich der Angaben von Ermittlungsrichtern zur Beiordnungspraxis, als adäquat. Der Nachteil von schriftlichen Fragebögen, der typischerweise in der geringen Rücklaufquote besteht, fiel dabei nicht entscheidend ins Gewicht. Das letztlich generierte Datenmaterial dürfte diese Einschätzung nicht widerlegen. Durch die kollegiale Unterstützung des DAV für die »Verteidigerseite« sowie des Hessischen Ministeriums der Justiz, für Integration und Europa (**HMdJE**) und des Präsidenten des **Oberlandesgerichts Frankfurt am Main** für die »Richterseite« hat sich die erwartete repräsentable Beteiligung von Strafverteidigern und hessischen Ermittlungsrichtern letztlich tatsächlich zu realisieren vermocht.

III. Konzeptionelle Struktur des Fragebogens

Für die Erstellung des Fragebogens[17] kamen in Anbetracht des Umfangs der Erhebung (bundesweite Strafverteidigerschaft) nur **vollstrukturierte Fragebögen** in Betracht, bei denen jedem Teilnehmer die gleichen Fragen mit identischen Antwortmöglichkeiten gestellt werden. Bei der Fragebogenkonzeption standen unterschiedliche Formen

---

14 Vgl. auch *Altenhain/Dietmeier/May* (Fn. 11), S. 15f.

15 Siehe dazu auch die methodische Kontroverse zwischen *Grube* und *Altenhain/Dietmeier/May* StV 2014, 794.

16 Vgl. nochmals *Altenhain/Dietmeier/May* (Fn. 11), S. 16.

17 Abgedruckt unten im *Anhang* F.

der Befragung zur Verfügung, die nach der Maßgabe kombiniert wurden, die Beiordnungspraxis optimal, also wirklichkeitsgetreu, abzubilden.

1. Offene und geschlossene Fragen

Zunächst stand die Auswahl zwischen **offenen und geschlossenen Fragen** an. Offene Fragen geben keine Antwortmöglichkeiten vor, so dass der Befragte ohne die Bezugnahme auf ein vorgegebenes Referenzsystem seine Antwort frei formulieren kann. Sie haben den Nachteil, dass sie erst nach einer Kategorisierung (ggf. unter Inkaufnahme der Verkürzung von Inhalten einzelner Antworten) der quantitativen Auswertung zugänglich sind. Sie werden daher vor allem in der qualitativen Forschung eingesetzt. Die mit offenen Fragen verbundene Freiheit generiert jedoch auch den entscheidenden Vorteil: die Befragten können umfassende Informationen preisgeben, welche gegebenenfalls bei der Vorformulierung von Antwortoptionen nicht bedacht worden sind. Wegen des bislang schmalen empirischen Datenbefundes zur Pflichtverteidigerbeiordnung[18] war es unerlässlich, offene Fragen dort zu verwenden, wo Erfahrungen seitens der Strafverteidiger zu bestimmten Begründungen durch die Gerichte oder Meinungen zu Effekten des UHaftÄndG vermutet werden konnten. Die Vielzahl einzelner Argumente und Ansichten hätte nicht stets vorausgesehen werden können, so dass der mit der Kategorisierung von Antworten auf offene Fragen verbundene Mehraufwand in Kauf genommen wurde, um die Bandbreite der diesbezüglichen Spruchpraxis abzubilden und z. B. regionale Unterschiede zwischen großstädtischem Milieu und der Rechtsanwendung in ländlich geprägten Regionen aufzudecken. Die Möglichkeit offener Antworten weist das Forschungsdesign zudem als **dynamisch** aus, indem durch die Häufung suggestionsfrei formulierter Antworten neue Kategorien für die Auswertung entstanden sind. Die Teilnehmer haben also das ergebnisoffene Forschungsdesign durch ihre Antworten **wesentlich mitgeprägt**.

Dort, wo die Fragen bereits nur **vorkategorisierte Antworten** zuließen (z. B. Länge von Pflichtverteidigerlisten) oder nur eine Antwort mit Ja oder Nein erfolgen konnte, wurden geschlossene Fragen eingesetzt, wenn auf eine Meinung zu dieser Frage verzichtet werden konnte. Die Wahl zwischen offenen und geschlossenen Fragen wurde an einigen Stellen mit der Möglichkeit von **Mehrfachantworten** verknüpft. Die Teilnehmer konnten also mehrfach zwischen vorgegebenen Antworten wählen, zudem auch selbst optional Antworten formulieren. Durch diese Flexibilität konnte die Verengung der Daten vermieden werden, die von einem vollständig vorformulierten Antwortkatalog ausgeht. Hierbei wurde auch auf die Möglichkeit verzichtet, eine geschlossene Sammelkategorie „Sonstiges" zur Auswahl zu stellen. Denn es ging bei der Untersuchung gerade darum, neben der Erfassung von Fakten zur Beiordnungspraxis auch das **komplexe Meinungsbild** hierzu seitens der befragten

18 Oben *Abschn.* A.III.

Verteidiger und Ermittlungsrichter zu erfassen. Informationen aus der Teilnehmerperspektive können das Augenmerk auf Vollzugsdefizite richten, die aus dem bloßen Faktenbestand nicht hervorgehen.

2. Aufteilung des Fragebogens

Die **Aufteilung des Fragebogens** erfolgte in Themenblöcke. Hierbei stand zunächst die Erhebung von (anonymisierten) persönlichen Daten wie Berufsgruppe, Dauer der Berufstätigkeit und – bei Verteidigern – die durchschnittliche Anzahl von Pflichtverteidigungen pro Jahr an. Unter I. wurden Fragen zur Beiordnungspraxis nach § 141 Abs. 3 Satz 4 StPO zusammengefasst, während unter II. Fragen zur Zuständigkeit der Beiordnung standen. Daran schlossen sich Fragen zur Dauer der Beiordnung bzw. der Praxis des § 143 StPO an (III.). Unter IV. hatten die Teilnehmer die Gelegenheit, **ergänzende Anmerkungen** zu machen. Diese wurden nicht statistisch ausgewertet, aber **qualitativ** in die statistische Einzelauswertung einbezogen.

Die Kombination von geschlossenen und offenen Antwortkategorien mit der Option zur Mehrfachantwort sowie die Erfassung ergänzender Anmerkungen ergaben eine komplexe Datenmatrix, die mit der Standard-Statistiksoftware **SPSS** erfasst wurde. Offene Fragen wurden bei der Dateneingabe mit Variablen für die einzelnen Antwortkategorien erfasst, um einer **quantitativen Auswertung** zugänglich zu sein.

IV. Grundgesamtheit und Stichprobe der Experimental- und Kontrollgruppe

1. Strafverteidigerinnen und Strafverteidiger

In der Arbeitsgemeinschaft Strafrecht im DAV sind nach eigenen Angaben fast **3.300** Anwältinnen und Anwälte organisiert; sie dürfte damit **Europas größte Strafverteidigervereinigung** sein. Die anonymisierte **schriftliche Erhebung** erfolgte daher durch den postalischen Versand von annähernd **3.300 Fragebögen** (inkl. vorfrankiertem Rückumschlag) – also an den kompletten Mitgliederbestand. Es dürfte sich damit um die bislang **umfangreichste empirische Erhebung** unter Strafverteidigerinnen und Strafverteidigern in der Geschichte der Bundesrepublik Deutschland handeln. Von den versandten gelangten **941 beantwortete Fragebögen** in den Rücklauf, die zur statistischen Auswertung bereitstanden.

Mindestens hätte für eine deskriptive Auswertung eine Stichprobengröße von **200 Befragten** erreicht werden sollen.[19] Eine **Vollerhebung**, der aus verbandspolitischen Gründen der Vorzug zu geben sein mochte, wäre daher aus sozialwissenschaft-

19 Vgl. *Altenhain/Dietmeier/May* (Fn. 11), S. 20.

licher Sicht nicht notwendig gewesen. Schädlich ist sie nicht; ihre Wirkung auch auf die fachöffentliche Diskussion und den rechtspolitischen Raum darf im Übrigen jenseits der **Mindeststandards empirischer Sozialforschung** nicht unterschätzt werden. Die Voraussetzungen für eine repräsentative Stichprobengröße sind durch die vorliegende Untersuchung jedenfalls ohne Weiteres erreicht. Die hinreichende Bruttostichprobengröße wird um ca. 350 % übererfüllt. Es kann damit von einer idealen Datenbasis gesprochen werden. Die **Stichprobe** beträgt **29 % der faktischen Grundgesamtheit** aller in der AG Strafrecht organisierten Strafverteidiger. Der breite Datenbestand, der entscheidend für die Aussagekraft der gewonnenen Ergebnisse ist, ist damit der angesichts des Umfangs des Fragebogens besonders dankenswerten Mitwirkungsbereitschaft der befragten Mitglieder des DAV geschuldet.

Es wurde zudem sichergestellt, dass die Mitgliederstruktur der AG Strafrecht im DAV als faktische Grundgesamtheit **repräsentativ** für die Verteidigerschaft in Deutschland (Grundgesamtheit) ist. Dies ergibt sich aus dem Vergleich der Mitgliederzahlen der AG Strafrecht mit den absoluten Zahlen der in Deutschland tätigen **Fachanwälte für Strafrecht**. Dies waren in den 27 regionalen Rechtsanwaltskammern **2.931** zum Stichtag 1.1.2013.[20] Das zeigt, dass die Zahl der in der AG Strafrecht organsierten Verteidiger die Anzahl der Fachanwälte um weit mehr als 300 übersteigt, so dass mit der hier vorgelegten Studie die ganz überwiegende Anzahl schwerpunktmäßig als Strafverteidiger arbeitender Rechtsanwälte – seien sie formal als Fachanwälte für Strafrecht qualifiziert oder nicht – erreicht wurde. Mit der Befragung der AG Strafrecht-Mitglieder ist damit ein repräsentativer **Querschnitt** erreicht. Die kooperative Anbindung der Untersuchung an die AG Strafrecht im DAV verringerte darüber hinaus mögliche Verzerrungseffekte, die durch eine stärkere Beteiligung durch mit der geltenden Regelung unzufriedene Strafverteidigerinnen und Strafverteidiger hätten auftreten können.[21]

2. Richterinnen und Richter

Dazu tritt die Auswertung von anonymisierten Fragebögen, die durch mit **ermittlungsrichterlichen Aufgaben** betrauten Richterinnen und Richter bei den hessischen Amtsgerichten beantwortet wurden.

In der Kürze der zur Verfügung stehenden Zeit und der üblichen Fluktuation war eine zuverlässige Herausfilterung der „Vollzeit-Ermittlungsrichter“ beim Amtsgericht an Hand der im Internet teilweise zugänglichen aktuellen Geschäftsverteilungspläne für 2013 nicht möglich. Entsprechende Angaben sind auch zentral weder bei den Lan-

20 Siehe BRAK-Mitt. 2013, 127.
21 Hierzu bereits *Heydenreich* StV 2011, 700f. sowie oben *Abschn.* A.III.

desjustizverwaltungen bzw. beim Oberlandesgericht Frankfurt[22] noch den Interessenvertretungen (etwa beim Deutschen Richterbund aus den Daten für das „Handbuch der Justiz") abrufbar. Deshalb musste **exemplarisch** gearbeitet werden. Aufgrund der aus Vorerfahrungen bekannten Kooperationsbereitschaft des Leiters der Abteilung Strafrecht im HMdJE wurde hier auf die **repräsentative Teilerhebung** in einem strukturell aussagekräftigen Bundesland – Hessen – gesetzt.[23] Mit Unterstützung des Oberlandesgerichts Frankfurt am Main wurden **60 Fragebögen** verschickt,[24] von denen **30** durch **mit Ermittlungsaufgaben betraute hessische Amtsrichter** zur Auswertung zurückgesandt wurden. Bei einer Gesamtzahl von derzeit 94 hessischen Ermittlungsrichtern, die freilich durch die Besonderheiten des jugendstrafrechtlichen Verfahrens – dem Jugendrichter obliegen gem. § 34 Abs. 1 JGG auch die ermittlungsrichterlichen Geschäfte der §§ 126, 162 StPO –[25] entscheidend mitgeprägt ist, konnte somit annähernd **ein Drittel** der Grundgesamtheit erreicht werden. Dies entspricht der Reichweite bei der Experimentalgruppe der Strafverteidiger und stellt ebenfalls eine – noch – **repräsentative Stichprobengröße** dar. Erfahrungen aus der empirischen Sozialforschung zeigen, dass weitgehende Übereinstimmung der Stichprobe mit der Gesamtheit ab einer Stichprobenzahl n=30 erreicht wird.[26] Die fehlende Zufallsauswahl der Teilnehmer wird durch die unlängst durch *Altenhain* et. al. belegte Bereitschaft der (Ermittlungs-)Richter aufgewogen, sich auch unangenehmen Fragen zu stellen.[27]

---

22 Der Präsident des OLG Frankfurt hat unter dem 6.8.2013 zum Verwaltungsvorgang 41 E – I/1 -953/2013 mitgeteilt: „Die aktuelle Anzahl der hessischen Ermittlungsrichter ist bei dem Oberlandesgericht Frankfurt am Main leider nicht erfasst. Möglicherweise lässt sich die Anzahl aus den im Internet veröffentlichten Geschäftsverteilungsplänen der einzelnen Behörden ermitteln."

23 Gänzlich frei von methodischen Problemen ist diese Fokussierung auf ein Bundesland freilich nicht, vgl. *Grube* StV 2014, 794f. In der Kürze der zur Verfügung stehenden Zeit gebrach es freilich von vornherein an realistischen Alternativen.

24 Zum praktischen Vorgehen hat der Präsident des OLG Frankfurt unter dem 16.7.2013 zum Verwaltungsvorgang (Fn. 22) Folgendes ausgeführt: „(D)ie von der Geschäftsstelle des Deutschen Anwaltvereins in Berlin übersandten 60 Fragebögen mit Rücksendeumschlägen (wurden) mit Schreiben vom 6.5.2013 allen Präsidentinnen und Präsidenten sowie Direktorinnen und Direktoren der Amtsgerichte des Geschäftsbereichs übermittelt (...) mit der Bitte um Kenntnisnahme und Weiterleitung an die Ermittlungsrichterinnen und Ermittlungsrichter der jeweiligen Behörde. In hiesigem Schreiben wurde in besonderem Maße für die Durchführung dieser Erhebung geworben und um entsprechende Unterstützung gebeten, um der Goethe-Universität einen möglichst vollumfänglichen Eindruck in Bezug auf die Praxis der Vergabe von Verteidigerbeiordnungen zu geben."

25 Statt aller *Eisenberg*, JGG, 16. Aufl. 2013, § 34 Rn. 1.

26 Siehe *Wach*, in: Chiotellis u. a., Rechtstatsachenforschung (Fn. 12), S. 99.

27 *Altenhain/Dietmeier/May* (Fn. 11), S. 27ff.

V. Zeitlicher Rahmen und praktische Durchführung der Studie

Das Zeitfenster zur Durchführung der Studie war mit rund **zehn Monaten**[28] relativ knapp bemessen.

Nach der zügigen Konzeption des Studiendesigns und der Erstellung des Fragebogens in enger Zusammenarbeit und Abstimmung mit der im Geschäftsführenden Ausschuss der AG Strafrecht im DAV vorhandenen Expertise (einschließlich eines klein dimensionierten Pre-Test der ersten Fassung des Bogens) wurden ab dem **25.4.2013** die Bögen im Modus „Gebühr bezahlt Empfänger" durch den DAV an den gesamten Mitgliederbestand der AG Strafrecht **versandt**. Der Versand erfolgte mittels Briefpost. Eine Aussendung per E-Mail, die kurzzeitig erwogen wurde, hätte vor allem bei der Rücksendung auf gleichem Wege mit dem Ziel kollidiert, die Studie vollständig anonym durchzuführen. Auch erfahren E-Mails im Massenverkehr typischerweise nicht die gleiche Wertschätzung wie Briefpost, so dass sich die einfachere Versandart vermutlich wegen der Notwendigkeit des Ausdrucks durch die Empfänger in einem verringerten Rücklauf bemerkbar gemacht hätte. Die **Frist zur Rücksendung** der Fragebögen wurde auch mit Blick auf Ferienzeiten in einigen Bundesländern auf den **31.5.2013** gesetzt und auf jeder Seite des Fragenkatalogs vermerkt, um Verzögerungen beim Rückversand zu vermeiden. Vereinzelt später eingegangene Bögen wurden noch berücksichtigt.

Die an die hessischen Ermittlungsrichter mit Rücksendeumschlägen versandten Fragebögen wurden durch die Geschäftsstelle des DAV an das HMdJE übersandt. Dieses übermittelte die Fragebögen am **6.5.2013** an die Präsidenten und Direktoren der hessischen Amtsgerichte zur Weiterleitung an die jeweiligen Ermittlungsrichter.[29] Die Frist zur Rücksendung der Fragebögen war ebenfalls auf den 31.5.2013 gesetzt.

Nach Sammlung der Rückläufer erfolgten **Dateneingabe und -kategorisierung** durch die Mitarbeiterinnen und Mitarbeiter der Forschungsstelle. Auch inhaltlich (völlig) unverständliche und unleserliche Antworten wurden statistisch erfasst, um sie als Fehlerquotient ausweisen zu können. Solche Antworten mussten bei der Auswertung jeweils ignoriert werden. Die frei formulierten Antworten auf **offene Fragen** wurden vorgegebenen Antwortkategorien in zweifelsfreien Fällen zugeordnet. Anderenfalls erfolgte die Programmierung neuer SPSS-Variablen, um das Ergebnis statistisch verzerrungsfrei abzubilden. In den tabellarischen und graphischen Darstellungen des folgenden Teils sind offene Antwortkategorien, die sich erst aus der Möglichkeit zur frei formulierten Antwort ergaben, mit Sternchen (*) gekennzeichnet, um sie von den vorgegebenen Antwortkategorien unterscheiden zu können. Hier sind also Antwortkategorien dadurch hinzugekommen, dass Aspekte von den Befragten frei formuliert wurden.[30]

---

28 Oben *Abschn.* A. I.

29 Oben Fn. 24.

30 S. bereits oben *Abschn.* B.III.

Hinsichtlich der abgebildeten **Prozentangaben** besteht kein Unterschied zwischen geschlossenen Fragen und Fragen mit Gelegenheit zur **Mehrfachantwort**. In beiden Fällen beziehen sich die angegebenen Prozentangaben auf diejenigen Personen, die bei der jeweiligen Frage überhaupt eine gültige Antwort abgegeben haben. Aus Enthaltungen, bei denen ein Teilnehmer überhaupt keine Antwortmöglichkeit angekreuzt hat, wurde ein Fehlerquotient gebildet. Bei Fragen mit der vorgegebenen Option der Enthaltung („weiß nicht") wurden diese gewählten Enthaltungen ebenfalls dem Fehlerquotienten zugewiesen. Da die Auswertung von Mehrfachantworten **fallbezogen** erfolgte, sind summarische Gesamtwerte von >100,0 % möglich. Diese Art der Auswertung wurde wegen ihrer besonderen Eignung zur Darstellung von einschlägigen kumulativen Ursachen bzw. Gründen gewählt.

An die Datenerfassung schloss sich die umfangreiche **statistische Auswertung** des Materials an.

VI. Gesamtüberblick über das erlangte Dateninventar

Im Folgenden sollen die gewonnenen Daten im ersten Überblick dargestellt werden.

Hierzu erfolgt die Erfassung und die Abbildung der Befragten in **Gruppen** nach berufsbezogenen Merkmalen: Welche **Berufserfahrung** weisen die Befragten auf? Wie hoch ist der Anteil der **Fachanwälte für Strafrecht** an den teilnehmenden Strafverteidigern insgesamt? Wie sind die Teilnehmer **örtlich** im Bundesgebiet **verteilt**; ist der Großteil der Strafverteidiger in ländlichen Regionen oder in Städten tätig? **Wie viele Beiordnungen** nehmen die Befragten nach **§ 140 StPO** insgesamt und speziell nach **§ 140 Abs. 1 Nr. 4 StPO** tatsächlich wahr?

1. Gesamtzahl der ausgewerteten Bögen

Tätigkeit

	Häufigkeit	Prozent	Gültige Prozente	Kumulierte Prozente
Strafverteidiger	941	96,9	96,9	96,9
Ermittlungsrichter am AG	30	3,1	3,1	100,0
Gesamt	971	100,0	100,0	

Es wurden insgesamt **971** Fragebögen ausgewertet. **941** Fragebögen wurden durch Strafverteidigerinnen und Strafverteidiger, **30** durch Ermittlungsrichterinnen und Ermittlungsrichter im Bundesland Hessen beantwortet.[31]

2. Professionalisierungsgrad in den beiden Berufsgruppen

Zur **typisierten Darstellung** der Daten eignet sich vorerst das Merkmal **Berufsgruppe** (Strafverteidiger oder Ermittlungsrichter) im jeweiligen Verhältnis zur Dauer der Berufstätigkeit:

Dauer der Tätigkeit[32]

		Tätigkeit		Gesamt
		Strafverteidiger	Ermittlungsrichter am AG	
Bis zu 3 Jahre	Anzahl	53	4	57
	% innerhalb von Tätigkeit	5,7 %	13,8 %	5,9 %
Bis zu 10 Jahre	Anzahl	233	10	243
	% innerhalb von Tätigkeit	24,9 %	34,5 %	25,2 %
Mehr als 10 Jahre	Anzahl	650	15	665
	% innerhalb von Tätigkeit	69,4 %	51,7 %	68,9 %
	Anzahl	936	29	965
	% innerhalb von Tätigkeit	100,0 %	100,0 %	100,0 %

Hieraus ergibt sich folgendes Bild (siehe hierzu **Abb. 1 – S. 179**):

- Der ganz überwiegende Teil (**69,4 %**) der befragten **Rechtsanwälte** ist seit mehr als zehn Jahren tatsächlich *als Strafverteidiger* tätig. Annähernd ein Viertel der Befragten aus dieser Gruppe (**24,9 %**) ist zwischen drei und zehn Jahren im Geschäft, während nur 53 der 936 Teilnehmer (**5,7 %**) weniger als drei Jahre spezifische Berufserfahrung in der Strafverteidigung aufweisen.
- Ein ähnliches Bild zeichnet die dargestellte Dauer der Berufszugehörigkeit in der Gruppe der **Ermittlungsrichter**. Hier bestehen nur graduelle Unterschiede zu den befragten Strafverteidigern. Die Hälfte der Befragten (**51,7 %**) verfügt über mehr als zehn Jahre spezifische Berufserfahrung, wohingegen ein Drittel (**34,5 %**) bereits länger als drei, aber weniger als zehn Jahre als Ermittlungsrichter tätig ist. Nur **13,8 %** sind weniger als drei Jahre mit Ermittlungsaufgaben betraut.

31 Zur Funktion der Experimental- bzw. Kontrollgruppe s. bereits *Abschn.* B.IV.1.
32 Gültig: 965 (99,4 %); fehlend 6 (0,6 %).

Bei beiden Gruppen kann daher bei vergleichweise hohem Professionalisierungsgrad auf einen **umfangreichen Erfahrungsschatz** zurückgegriffen werden. Bei den Strafverteidigern dürfte der hohe Anteil an Berufserfahrenen auch darin begründet liegen, dass eine schwerpunktmäßige Tätigkeit im Strafrecht sich in vielen Fällen erst nach einer mehrjährigen Etablierungsphase herausbildet. Häufig dürften auch dann erst die notwendigen Fallzahlen nach § 5 Abs. 1 lit f. FAO[33] für den Erwerb des Fachanwaltstitels erreicht sein. Bestätigt wird durch das Ergebnis der hohe Organisationsgrad der erfahrenen Strafverteidiger in der AG Strafrecht des DAV. Dies lässt zugleich den Rückschluss darauf zu, dass die Befragten zum weit überwiegenden Teil bereits **vor den Rechtsänderungen durch das UHaftÄndG** praktiziert haben und daher verlässliche Wahrnehmungen zu dessen Vollzugsfolgen machen können. Letzteres ist in gleicher Weise von der Befragung der teilnehmenden Ermittlungsrichter zu erwarten.

Wird die **Dauer der Berufstätigkeit** ins **Verhältnis zum Erwerb des Fachanwaltstitels** gesetzt, ergibt sich folgende Verteilung:

Dauer der Tätigkeit[34]

		Fachanwalt für Strafrecht		Gesamt
		Ja	Nein	
Bis zu 3 Jahre	Anzahl	4	49	53
	% innerhalb von Fachanwalt für Strafrecht	0,6 %	17,8 %	5,7 %
Bis zu 10 Jahre	Anzahl	164	69	233
	% innerhalb von Fachanwalt für Strafrecht	24,9 %	25,1 %	25,0 %
Mehr als 10 Jahre	Anzahl	490	157	647
	% innerhalb von Fachanwalt für Strafrecht	74,5 %	57,1 %	69,3 %
	Anzahl	658	275	933
	% innerhalb von Fachanwalt für Strafrecht	100,0 %	100,0 %	100,0 %

Der **Anteil der Fachanwälte für Strafrecht** an den befragten Strafverteidigern (siehe hierzu **Abb. 2 – S. 179**) beträgt **70,6 %**. Erwartungsgemäß sind die Fachanwälte unter den Berufserfahrenen stärker vertreten als unter den erst bis zu drei Jahren im Straf-

33 Derzeit sind 60 Fälle erforderlich, dabei 40 absolvierte Hauptverhandlungstage vor dem Amtsgericht – Schöffengericht – oder einem übergeordneten Gericht (z. B. Große Strafkammer beim Landgericht). Siehe zum Ganzen unlängst *M. Kilian* AnwBl. 2013, 875, 878.
34 Gültig: 933 (99,1 %); fehlend 8 (0,9 %).

recht tätigen Verteidigern (siehe hierzu **Abb. 3 – S. 180**). **74,5 %** der Fachanwälte für Strafrecht haben **mehr als 10 Jahre Berufserfahrung**; immerhin ein Viertel der Fachanwälte (**24,9 %**) praktiziert seit **mehr als 3, aber erst bis zu 10 Jahren** schwerpunktmäßig im Strafrecht. Vier Fachanwälte gaben an, erst seit bis zu drei Jahren als Strafverteidiger zu arbeiten. Diese – statistisch nicht bedeutsame – Zahl lässt sich mit Blick auf § 5 Abs. 1 FAO mit einer Schwerpunktverlagerung der Tätigkeit erklären oder damit, dass die Zahl von drei Jahren Berufstätigkeit erst knapp überschritten war und damit sachlich näher lag als die Antwortmöglichkeit „bis zu zehn Jahre". Beachtlich ist der hohe Anteil von Berufserfahrenen, die **keinen Fachanwaltstitel** (für Strafrecht) führen. Mehr als die Hälfte (**57,1 %**) der teilnehmenden Verteidiger, die bislang keinen Fachanwaltstitel erworben haben, sind seit über 10 Jahren im Strafrecht tätig.

3. Geographische Verteilung in den beiden Berufsgruppen

a) Verteilung nach Größe der Stadt

Weiterhin bietet sich zur Übersicht die Verteilung nach der **Größe der Stadt** an, in der die Befragten beruflich tätig sind bzw. ihren Kanzleisitz (§ 27 BRAO) genommen haben (Großstadt oder Kleinstadt bzw. ländliches Umfeld). Hierbei wurde an die formale Größe der Stadt nach ihrer Einwohnerzahl (> **100.000**) als Unterscheidungskriterium angeknüpft:[35]

Tätigkeit in Großstädten[36]

		Tätigkeit		Gesamt
		Strafverteidiger	Ermittlungsrichter am AG	
LG in Großstadt	Anzahl	692	14	706
	% innerhalb von Tätigkeit	76,5 %	66,7 %	76,2 %
LG nicht in Großstadt	Anzahl	213	7	220
	% innerhalb von Tätigkeit	23,5 %	33,3 %	23,8 %
	Anzahl	905	21	926
	% innerhalb von Tätigkeit	100,0 %	100,0 %	100,0 %

Der weit überwiegende Teil der an der Umfrage partizipierenden Praktiker insgesamt ist in Großstädten tätig (**76,2 %**; siehe hierzu **Abb. 4 – S. 180**). In der Gruppe der Straf-

35 Als Großstädte gelten solche mit mindestens 100.000 Einwohnern (siehe statt aller VG Münster Urt. v. 26.5.2008 – 2 K 378/07, BeckRS 2008, 35954); in Deutschland erfüllen derzeit 80 Städte diese Voraussetzung.

36 Gültig: 926 (95,4 %); fehlend 45 (4,6 %).

verteidiger sind 692 (**76,5 %**) der befragten **Strafverteidiger** in einer Großstadt angesiedelt. Dem stehen 213 (**23,5 %**) Verteidiger gegenüber, die in einem vergleichsweise eher ländlichen oder jedenfalls nicht großstädtischen Umfeld tätig sind. Ähnlich ist die Verteilung bei den Ermittlungsrichtern: 14 der Befragten amtieren in einer Großstadt (**66,7 %**), 7 von 21 Antworten (**33,3 %**) entfallen auf Amtsrichter in ländlich oder kleinstädtisch geprägten LG-Bezirken.

b) Verteilung nach Bundesländern

Nach **Bundesländern** sortiert ergibt sich folgende Verteilung der praktizierenden Strafverteidiger bezogen auf **Großstädte:**

Tätigkeit in Großstädten nach Bundesländern[37]

		Großstadt		Gesamt
		LG in Großstadt	LG nicht in Großstadt	
Baden-Württemberg	Anzahl	87	45	132
	% innerhalb von Großstadt	12,6 %	21,1 %	14,6 %
Bayern[38]	Anzahl	101	50	151
	% innerhalb von Großstadt	14,6 %	23,5 %	16,7 %
Berlin	Anzahl	42	0	42
	% innerhalb von Großstadt	6,1 %	0,0 %	4,6 %
Brandenburg	Anzahl	7	8	15
	% innerhalb von Großstadt	1,0 %	3,8 %	1,7 %
Bremen	Anzahl	17	0	17
	% innerhalb von Großstadt	2,5 %	0,0 %	1,9 %
Hamburg	Anzahl	13	0	13
	% innerhalb von Großstadt	1,9 %	0,0 %	1,4 %
Hessen	Anzahl	52	25	77
	% innerhalb von Großstadt	7,5 %	11,7 %	8,5 %
Mecklenburg-Vorpommern	Anzahl	0	8	8
	% innerhalb von Großstadt	0,0 %	3,8 %	0,9 %
Niedersachsen	Anzahl	54	16	70
	% innerhalb von Großstadt	7,8 %	7,5 %	7,7 %

37 Gültig: 905 (96,2 %); fehlend 36 (3,8 %).

38 Das LG München II ist wegen seiner Zuständigkeit für das Umland der Kategorie „LG nicht in Großstadt" zugewiesen.

Nordrhein-Westfalen	Anzahl	229	17	246
	% innerhalb von Großstadt	33,1 %	8,0 %	27,2 %
Rheinland-Pfalz	Anzahl	14	20	34
	% innerhalb von Großstadt	2,0 %	9,4 %	3,8 %
Saarland	Anzahl	15	0	15
	% innerhalb von Großstadt	2,2 %	0,0 %	1,7 %
Sachsen	Anzahl	23	10	33
	% innerhalb von Großstadt	3,3 %	4,7 %	3,6 %
Sachsen-Anhalt	Anzahl	10	5	15
	% innerhalb von Großstadt	1,4 %	2,3 %	1,7 %
Schleswig-Holstein	Anzahl	19	5	24
	% innerhalb von Großstadt	2,7 %	2,3 %	2,7 %
Thüringen	Anzahl	9	4	13
	% innerhalb von Großstadt	1,3 %	1,9 %	1,4 %
	Anzahl	692	213	905
	% innerhalb von Großstadt	100,0 %	100,0 %	100,0 %

Die Gesamtverteilung der befragten Strafverteidiger nach Bundesländern (siehe hierzu **Abb. 5 – S. 181**) weist eine **Schwerpunktbildung** bei den Flächenländern **Nordrhein-Westfalen (27,2 %)**, **Bayern (16,7 %)** und **Baden-Württemberg (14,6 %)** auf, gefolgt von **Hessen** mit **8,5 %** der Teilnehmer. Das Ergebnis entspricht im Wesentlichen der **proportionalen Bevölkerungsverteilung** mit Nordrhein-Westfalen als dem einwohnerstärksten Bundesland. **Niedersachsen** ist als Flächenland unterrepräsentiert. Auffällig ist die signifikant große Anzahl von Kanzleisitzen in Großstädten in Nordrhein-Westfalen, die mit der dortigen relativ hohen Dichte von insgesamt 28 Großstädten (vor Baden-Württemberg mit 9 und Bayern mit 8 Großstädten) erklärt werden kann. In den Stadtstaaten sind naturgemäß nur Verteidiger aus dem jeweiligen Großstadtbereich vertreten.

Insgesamt kann damit auf **Daten aus dem gesamten Bundesgebiet** zurückgegriffen werden. Diese sind im **Verhältnis der Datenmenge nach Bundesländern** zueinander **repräsentativ** und versprechen damit eine hohe Aussagekraft in Bezug auf die Rechtswirklichkeit der Beiordnungspraxis in der Bundesrepublik Deutschland. Die Daten sind daher geeignet, in der Einzelauswertung strukturelle Abweichungen in der Beiordnungspraxis zwischen eher urbanen und eher kleinstädtisch-ländlichen Gerichtsbezirken abzubilden.

4. Organisationsgrad der Strafverteidigerinnen und Strafverteidiger in der AG Strafrecht im DAV

a) Registrierung auf der Homepage der AG Strafrecht im DAV

Der **Organisationsgrad** der befragten Strafverteidiger im Hinblick auf eine **Registrierung auf der Homepage der AG Strafrecht** (siehe hierzu **Abb. 6 – S. 182**) als explizit für die Beiordnung bei Untersuchungshaft oder einstweiliger Unterbringung (§ 140 Abs. 1 Nr. 4 StPO) bereiter Verteidiger ist **hoch**.

Der überwiegende Teil der partizipierenden Strafverteidiger insgesamt (**71,6 %**) ist auf der **Homepage der AG Strafrecht registriert** (siehe hierzu **Abb. 7 – S. 182**). Der Fachanwaltstitel als formales Qualifikationskriterium weist eine eindeutige Korrelation mit der Bereitschaft des jeweiligen Verteidigers auf, sich auf dieser Homepage für Zwecke gerichtlicher Beiordnung erfassen zu lassen (siehe hierzu **Abb. 8 – S. 183**). Drei Viertel der am Survey teilnehmenden Fachanwälte (**75,7 %**) sind auf der Homepage der AG Strafrecht registriert; bei den Verteidigern ohne Fachanwaltstitel sind dies annähernd zwei Drittel (**62,2 %**):

Registriert auf HP der AG Strafrecht (§ 140 Abs. 1 Nr. 4 StPO)[39]

		Fachanwalt für Strafrecht		Gesamt
		Ja	Nein	
Ja	Anzahl	462	166	628
	% innerhalb von Fachanwalt für Strafrecht	75,7 %	62,2 %	71,6 %
Nein	Anzahl	148	101	249
	% innerhalb von Fachanwalt für Strafrecht	24,3 %	37,8 %	28,4 %
Gesamt	Anzahl	610	267	877
	% innerhalb von Fachanwalt für Strafrecht	100,0 %	100,0 %	100,0 %

b) Dauer der Berufszugehörigkeit und Registrierung

Wird die **Dauer der Berufszugehörigkeit** ins Verhältnis zur **Registrierung auf der Homepage der AG Strafrecht** als für die Beiordnung bei Untersuchungshaft oder einstweiliger Unterbringung (§ 140 Abs. 1 Nr. 4 StPO) bereiter Verteidiger gesetzt, bestätigt sich erneut der **hohe Organisationsgrad** gerade der Strafverteidiger mit langjähriger Berufserfahrung in der AG Strafrecht:

39 Gültig: 877 (93,2 %), fehlend 64 (6,8 %).

Registrierungen im Verhältnis zur Berufserfahrung

		Registriert auf HP der AG Strafrecht		Gesamt
		Ja	Nein	
Bis zu 3 Jahre	Anzahl	39	14	53
	% innerhalb von registriert auf HP der AG Strafrecht	6,2 %	5,6 %	6,0 %
Bis zu 10 Jahre	Anzahl	169	53	222
	% innerhalb von registriert auf HP der AG Strafrecht	26,8 %	21,3 %	25,3 %
Mehr als 10 Jahre	Anzahl	422	182	604
	% innerhalb von registriert auf HP der AG Strafrecht	67,0 %	73,1 %	68,7 %
	Anzahl	630	249	879
	% innerhalb von registriert auf HP der AG Strafrecht	100,0 %	100,0 %	100,0 %

Unter den Gruppen mit unterschiedlicher Dauer der Berufstätigkeit sind die Anteile von Strafverteidigern mit bzw. ohne Registrierung etwa gleich (siehe hierzu **Abb. 9 – S. 183**). Bei den Verteidigern mit **bis zu 10 Jahren** Berufserfahrung sind anteilig etwas mehr Verteidiger registriert (**26,8 % mit, 21,3 % ohne Registrierung**). In der Gruppe der Berufserfahrensten (**mehr als 10 Jahre**) befinden sich allerdings wiederum weniger Strafverteidiger mit Registrierung (**67,0 %**) als ohne (**73,1 %**). Folglich besteht **keine eindeutige positive Korrelation** zwischen Berufserfahrung und der Bereitschaft, sich auf der Homepage der AG Strafrecht im DAV als für Fälle des § 140 Abs. 1 Nr. 4 StPO übernahmebereiter Verteidiger registrieren zu lassen.

5. Umfang und Verteilung der Beiordnungserfahrung

Um ein möglichst wirklichkeitsgetreues Abbild der Praxis zu erhalten, ist es entscheidend, dass die Befragten tatsächlich in erheblichem Umfang **Beiordnungen** wahrnehmen.

a) Alle Fälle des § 140 StPO

Zunächst ergibt ein Blick auf die Verteilung der Beiordnungen nach **§ 140 StPO** im letzten Kalenderjahr (2012) insgesamt folgendes Bild:

Anzahl der Beiordnungen gem. § 140 StPO[40]

		Fachanwalt für Strafrecht		Gesamt
		Ja	Nein	
Keine	Anzahl	57	40	97
	% innerhalb von Fachanwalt für Strafrecht	8,7 %	14,5 %	10,4 %
Bis zu 10	Anzahl	203	139	342
	% innerhalb von Fachanwalt für Strafrecht	30,9 %	50,5 %	36,7 %
Bis zu 20	Anzahl	174	54	228
	% innerhalb von Fachanwalt für Strafrecht	26,5 %	19,6 %	24,5 %
Bis zu 50	Anzahl	157	30	187
	% innerhalb von Fachanwalt für Strafrecht	23,9 %	10,9 %	20,1 %
Mehr als 50	Anzahl	66	12	78
	% innerhalb von Fachanwalt für Strafrecht	10,0 %	4,4 %	8,4 %
Gesamt	Anzahl	657	275	932
	% innerhalb von Fachanwalt für Strafrecht	100,0 %	100,0 %	100,0 %

Etwas mehr als ein Drittel der Verteidiger (**36,7 %**) nahm im Kalenderjahr 2012 **bis zu 10 Beiordnungen** nach § 140 StPO wahr (siehe hierzu **Abb. 10 – S. 184**). Immerhin fast ein Viertel der Verteidiger (**24,5 %**) kommt auf **bis zu 20 kalenderjährliche Beiordnungen**. Noch ein Fünftel (**20,1 %**) ließ sich **bis zu 50** Mal beiordnen, wohingegen nur etwa jeder zwölfte Verteidiger (**8,4 %**) **mehr als 50 Beiordnungsmandate** im Jahr 2012 angenommen hat.

Es zeigen sich hierbei deutliche Unterschiede in der Verteilung zwischen Fachanwälten und Nicht-Fachanwälten für Strafrecht. Während immerhin die Hälfte der Nicht-Fachanwälte (**50,5 %**) bis zu 10 Beiordnungsmandate im Jahr hatte, liegt der Anteil bei den Fachanwälten nur noch knapp unter einem Drittel (**30,9 %**). Es könnte daher auf den ersten Blick die Annahme nicht fernliegen, dass mit dem durch den Fachanwaltstitel dokumentierten steigenden Professionalisierungsgrad die **Notwendigkeit und/oder Bereitschaft**[41] **abnimmt**, sich beiordnen zu lassen. Insgesamt bildet aber die Gruppe von bis zu 10 Beiordnungen eine Zäsur. Während auch bei den Verteidigern, die sich im Jahr 2012 überhaupt nicht beiordnen ließen, der Anteil der Nicht-Fachanwälte überwiegt, **kehrt sich** die **Verteilung ab 10 Beiordnungen** jährlich gewissermaßen **um.** Auf **bis zu 50 Beiordnungen** jährlich kommt beinahe jeder vierte Fachanwalt (**23,9 %**); bei den Verteidigern ohne Fachanwaltstitel ist dies nur noch jeder zehnte (**10,9 %**).

---

40 Gültig: 932 (99,0 %); fehlend 9 (1,0 %).

41 Dies natürlich in den Grenzen des nach § 49 Abs. 1 BRAO berufsrechtlich Zulässigen, vgl. hierzu Gaier/Wolf/Göcken/*Vorwerk*, Anwaltliches Berufsrecht, 2010, § 49 Rn. 2; LR/*Lüderssen*/*Jahn* Vorb. § 137 Rn. 76.

Beachtlich ist auch das bei der Prämisse »Pflichtverteidigungen als Durchgangsstadium für Berufsanfänger« kontraintuitive **Fehlen einer Korrelation** zwischen der **Dauer der Berufszugehörigkeit** und der **Anzahl der Beiordnungen**. Unter den in der Stichprobe stark vertretenen Verteidigern mit mehr als 10 Jahren Berufserfahrung verteilen sich die Beiordnungen (gar keine bis zu mehr als 50) nämlich etwa gleich (siehe hierzu **Abb. 11 – S. 184**).

Hier gibt es also auch in der Gruppe der berufserfahrenen Verteidiger offensichtlich **zwei** zumindest quantitativ gleichwertige **Berufsroutinen**: Ein Modell, das fast beiordnungsabstinent ist und eines, das – bei durchschnittlich mehr als 4 Beiordnungen im Monat – offenbar überwiegend auf ein **»Pflichtverteidigungs-Geschäftsmodell«** setzt.[42]

b) Speziell im Fall des § 140 Abs. 1 Nr. 4 StPO

Eine **deutlichere Konzentration** auf bestimmte Verteidiger findet mit Blick speziell auf die Beiordnungsvariante des **§ 140 Abs. 1 Nr. 4 StPO** statt:

Anzahl der Beiordnungen gem. § 140 Abs. 1 Nr. 4 StPO[43]

		Fachanwalt für Strafrecht		Gesamt
		Ja	Nein	
Keine	Anzahl	204	136	340
	% innerhalb von Fachanwalt für Strafrecht	31,1 %	49,8 %	36,6 %
Bis zu 10	Anzahl	355	124	479
	% innerhalb von Fachanwalt für Strafrecht	54,2 %	45,4 %	51,6 %
Bis zu 20	Anzahl	67	12	79
	% innerhalb von Fachanwalt für Strafrecht	10,2 %	4,4 %	8,5 %
Bis zu 50	Anzahl	24	1	25
	% innerhalb von Fachanwalt für Strafrecht	3,7 %	0,4 %	2,7 %
Mehr als 50	Anzahl	5	0	5
	% innerhalb von Fachanwalt für Strafrecht	0,8 %	0,0 %	0,5 %
Gesamt	Anzahl	655	273	928
	% innerhalb von Fachanwalt für Strafrecht	100,0 %	100,0 %	100,0 %

42 Dieser Eindruck wird zumindest im Ansatz bestätigt durch die – natürlich empirisch wenig aussagekräftigen –Erfahrungen des *Verf.* als Redakteur der Fachzeitschrift *Strafverteidiger* seit dem Jahr 2008: Einsendungen durch verfahrensbeteiligte Pflichtverteidiger sind häufig durch eine relativ überschaubare Gruppe von Rechtsanwälten veranlasst; diese senden aber Entscheidungen aus dem Normbereich der §§ 140ff. StPO mit großer Regelmäßigkeit (und, was aus dem Inhalt vor allem der Beschwerdeentscheidungen bei Ablehnung der Bestellung [siehe LR/*Lüderssen*/*Jahn* § 141 Rn. 48ff.] ersichtlich ist, regelmäßig hohem Spezialisierungsgrad) ein.

43 Gültig: 928 (98,6 %); fehlend 13 (1,4 %).

Ein beachtlicher Teil der Fachanwälte (**31,1 %**) und fast die Hälfte der Verteidiger ohne Fachanwaltstitel (**49,8 %**) wurden im letzten Jahr gar nicht beigeordnet. Der vergleichsweise hohe Anteil der Fachanwälte in dieser Gruppe dürfte damit zu erklären sein, dass diese zu einem großen Teil überwiegend Wahlmandate wahrnehmen und sich daher nicht bzw. nicht mehr um Beiordnungen bemühen.

Etwa die Hälfte der jeweiligen Gruppe (**54,2 % der Fachanwälte**; **45,4 % der Nicht-Fachanwälte**) nahm bis zu 10 Beiordnungen wahr. Bis zu 20 Beiordnungen gaben noch insgesamt 79 Verteidiger (**8,5 %**) an; nur noch 25 Verteidiger (**2,7 %**) kommen auf bis zu 50 Beiordnungen nach § 140 Abs. 1 Nr. 4 StPO, von denen 24 Fachanwälte sind (**3,7 %** innerhalb der Gruppe der Fachanwälte). Eine geringe Zahl von 5 (Fach-)Anwälten erhielt sogar **mehr als 50 Pflichtmandate** gem. § 140 Abs. 1 Nr. 4 StPO im Jahr 2012.

Bei geringer Anzahl von (bis zu 10) Beiordnungen findet eine relativ **gleichmäßige Grundverteilung** statt, die nicht an das Kriterium des Fachanwaltstitels (Strafrecht) geknüpft ist. Bei **zunehmender Anzahl der jährlichen Beiordnung** verdichtet sich die Anordnungspraxis der Gerichte jedoch zugunsten einiger **weniger (Fach-) Anwälte** (siehe hierzu **Abb. 12 – S. 185**).

Auch hier dürfte also das bereits erwähnte **»Pflichtverteidigungs-Geschäftsmodell«** wieder in einer speziellen Ausprägung als **»Haftpflichtverteidigungs-Geschäftsmodell«** zum Tragen kommen.[44] Aufschlussreich ist die **Anzahl der Beiordnungen** speziell nach **§ 140 Abs. 1 Nr. 4 StPO** im **Verhältnis zur Registrierung** der Befragten als für die Beiordnung als Verteidiger **bei Untersuchungshaft oder einstweiliger Unterbringung** bereiter Verteidiger auf der Homepage der AG Strafrecht. Es ergibt sich folgendes Bild:

44 Der dadurch für die Rechtsfragen des seit 2009 geltenden Rechtszustandes akkumulierte Wissensbestand dürfte – gleichsam am anderen Ende des strafprozessualen Instanzen- und Rechtsbehelfszuges – vergleichbar mit demjenigen eines ausgewiesenen Spezialisten für strafprozessuales Revisionsrecht (vgl. dazu *Jahn* FS Widmaier, 821: „Fachanwalt für Revisionsrecht") oder für Verfassungsbeschwerden im Strafrecht (vgl. *Jahn* in: Jahn/Krehl/Löffelmann/Güntge, Die Verfassungsbeschwerde in Strafsachen, 2011, Rn. 8; *Artkämper* in: ders./Esders/Jakobs/Sotelsek, Praxiswissen Strafverfahren bei Tötungsdelikten, 2012, Rn. 7: „Fachanwalt für Strafprozessverfassungsrecht") sein.

Registriert auf HP der AG Strafrecht (Anzahl der Beiordnungen gem. § 140 Abs. 1 Nr. 4 StPO)[45]

		Anzahl der Beiordnungen gem. § 140 Abs. 1 Nr. 4 StPO					Gesamt
		Keine	Bis zu 10	Bis zu 20	Bis zu 50	Mehr als 50	
Ja	Anzahl	216	328	58	20	5	627
	% innerhalb von Anzahl der Beiordnungen gem. § 140 Abs. 1 Nr. 4 StPO	65,1 %	74,0 %	81,7 %	87,0 %	100,0 %	71,7 %
Nein	Anzahl	116	115	13	3	0	247
	% innerhalb von Anzahl der Beiordnungen gem. § 140 Abs. 1 Nr. 4 StPO	34,9 %	26,0 %	18,3 %	13,0 %	0,0 %	28,3 %
Gesamt	Anzahl	332	443	71	23	5	874
	% innerhalb von Anzahl der Beiordnungen gem. § 140 Abs. 1 Nr. 4 StPO	100,0 %	100,0 %	100,0 %	100,0 %	100,0 %	100,0 %

Mit der Registrierung **steigt** also tendenziell die Anzahl der nach § 140 Abs. 1 Nr. 4 StPO erfolgten Beiordnungen (siehe hierzu **Abb. 13 – S. 185**).

Hieraus kann zumindest abgeleitet werden, dass die Registrierung auf der Homepage der AG Strafrecht die **Chance auf Beiordnung erhöhen** dürfte. Eine zwingende Kausalität besteht freilich nicht. Denn Strafverteidiger, die sich auf der Homepage registrieren lassen, könnten insgesamt in eine Gruppe (besonders im Internet) werbeaktiver Rechtsanwälte fallen. Aufgrund der begrenzten spezifischen Suchmöglichkeiten liegt eine positive Korrelation aber nahe.

45 Gültig: 874 (92,9 %); fehlend 67 (7,1 %).

C. Rechtstatsachen zur Praxis der Pflichtverteidigerbestellung in der Bundesrepublik Deutschland

I. Das Defizit – und die Position des DAV

Der **Deutsche AnwaltVerein** hat sich in einer gemeinsamen Stellungnahme der AG Strafrecht und seines Strafrechtsausschusses bereits vor dem Inkrafttreten des Gesetzes zur Änderung des Untersuchungshaftrechts für eine **Evaluation der Pflichtverteidiger-Beiordnungspraxis** ausgesprochen. Gelegentlich werde kritisiert, so heißt es auch in den bereits im Dezember 2009 veröffentlichten „**Empfehlungen zur Praxis der Beiordnung von Pflichtverteidigerinnen und Pflichtverteidigern** nach Inkrafttreten der Neuregelungen in §§ 140 Abs. 1 Nr. 4, 141 StPO“[46], dass Gerichte dazu neigten, Rechtsanwältinnen oder Rechtsanwälte beizuordnen, die zu einem eher konsensualen Verteidigungsstil neigten. Andere berichteten, trotz langjähriger Berufserfahrung nie von Amts wegen beigeordnet zu werden. Um die Berechtigung solcher Kritik prüfen zu können, schlug der DAV noch vor dem eigentlichen Inkrafttreten der novellierten Normen eine empirische Untersuchung der Beiordnungspraxis vor.

Nach den damaligen Vorstellungen der beiden DAV-Ausschüsse sollten die **Staatsanwaltschaften** angewiesen werden, ihrer Behördenleitung mitzuteilen, wie viel Zeit seit Inhaftierung bis zur Beiordnung verstrichen ist, welche/r Verteidiger/in beigeordnet wurde und ob der/die Inhaftierte seine/n Verteidiger/in selbst vorgeschlagen hat bzw., ob das Gericht sie/ihn ausgewählt hat. Es solle, so heißt es in den „Empfehlungen“[47] weiter, jährlich eine **Auswertung** stattfinden, bei der ermittelt werden solle, ob einzelne Anwältinnen oder Anwälte häufig von Amts wegen als Pflichtverteidiger beigeordnet werden. Zwar könne auf der Grundlage solcher Auswertungen nicht in die Beiordnungsentscheidung im Einzelfall eingegriffen werden, die dem Schutz richterlicher Unabhängigkeit unterfalle. Es sei aber davon auszugehen, dass eine solche Beobachtung der Praxis die mitunter beklagte Bevorzugung einzelner Verteidigerinnen oder Verteidiger eindämmen werde.

Entsprechendes ist von den Justizbehörden der Länder bis heute freilich nicht in Angriff genommen worden. Das in den letzten vier Jahren noch gewachsene **Bedürfnis nach Rechtstatsachenforschung** zu belegen und ihre konkreten Ansatzpunkte in der Systematik der Bestellungsvorschriften auszuweisen, ist daher Aufgabe der nachfolgenden Überlegungen.

46 *DAV* Stellungnahme Nr. 55/2009, 6f. (Downloadoption über www.anwaltverein.de [zuletzt besucht am 1.4.2014]).
47 Fn. 46.

II. Die Rechtslage in den §§ 140 Abs. 1 Nr. 4, 141 Abs. 3 Satz 4 StPO seit dem 1.1.2010

1. Die einschlägigen Änderungsbefehle des UHaftÄndG im Überblick

Art. 1 Nr. 9a UHaftÄndG vom 29.7.2009[48] hat mit Wirkung vom 1.1.2010 eine Nr. 4 in die Vorschrift des § 140 Abs. 1 StPO eingefügt. Nach ihr liegt ein Fall notwendiger Verteidigung auch dann vor, wenn „gegen einen Beschuldigten Untersuchungshaft nach den §§ 112, 112a oder einstweilige Unterbringung nach § 126a oder § 275a Absatz 5 vollstreckt wird". Zugleich hat der Gesetzgeber die Verweisung auf § 117 Abs. 4 StPO in Absatz 3 Satz 1 StPO durch die Verweisung auf jenen neuen **§ 140 Abs. 1 Nr. 4** StPO ersetzt. Gleichzeitig geriet § 117 Abs. 4 StPO in Wegfall, der bis zum 31.12.2009 angeordnet hatte: „Hat der Beschuldigte noch keinen Verteidiger, so wird ihm ein Verteidiger für die Dauer der Untersuchungshaft bestellt, wenn deren Vollzug mindestens drei Monate gedauert hat und die Staatsanwaltschaft oder der Beschuldigte oder sein gesetzlicher Vertreter es beantragt. Über das Antragsrecht ist der Beschuldigte zu belehren. Die §§ 142, 143 und 145 gelten entsprechend."

Auch § 141 Abs. 1 StPO ist durch Art. 1 Nr. 9b *lit.* a des UHaftÄndG an die neue Fassung des § 140 Abs. 1 StPO angepasst worden. Der Verweis auf § 140 Abs. 1 StPO erfasst nun alle Ziffern desselben unter Ausklammerung des dort neu eingefügten § 140 Abs. 1 Nr. 4 StPO. § 141 Abs. 3 StPO wurde im Rahmen des Art. 1 Nr. 9b *lit.* b UHaftÄndG um einen Satz 4 ergänzt, welcher nunmehr auf die neue Fallgruppe der notwendigen Verteidigung des § 140 Abs. 1 Nr. 4 StPO Bezug nimmt.

> Ebenso wurde § 141 Abs. 4 StPO auf Grund des Art. 1 Nr. 9b *lit.* c UHaftÄndG durch Einfügung eines zweiten Halbsatzes an die neue Fassung des § 140 Abs. 1 StPO sowie des damaligen § 275a Abs. 5 StPO angepasst. Im Anschluss daran wurde durch Art. 2 Nr. 2 des Gesetzes zur Neuordnung des Rechts der Sicherungsverwahrung und zu begleitenden Regelungen (SiVerwNOG) vom 22.12.2010[49] mit Wirkung vom 1.1.2011 der Verweis auf § 275a StPO an die neue Rechtslage angepasst und auf Absatz 6 geändert.[50]

48 Oben Fn. 7.

49 BGBl. I S. 2300.

50 Vgl. ferner zu den Belehrungsvorschriften, die seit dem Gesetz zur Stärkung der Verfahrensrechte von Beschuldigten im Strafverfahren § 141 StPO nunmehr flankieren, LR/*Lüderssen*/*Jahn* Nachtr. (Gesetzgebungsgeschichte) § 140 Fn. 4.

2. Der Stellenwert der Pflichtverteidigungsnovelle für ein rechtsstaatliches Strafverfahrensrecht

Die Einfügung der Nr. 4 in den Katalog des § 140 Abs. 1 StPO war Bestandteil einer umfassenden Neuregelung des Untersuchungshaftrechts. Durch sie sollten die Rechte des Beschuldigten gestärkt und die Rechtsschutzmöglichkeiten bei drohender oder bestehender Inhaftierung verbessert werden.[51] Diese generelle Zielrichtung des Gesetzes wird im Schrifttum – zu Recht – begrüßt.[52]

Die Notwendigkeit der **Verbesserung** des Bestandes der **Verteidigungsrechte** ergab sich zunächst daraus, dass sie für den Gesetzgeber trotz mancher Ausweitung im Katalog der Fälle der Pflichtverteidigung seit dem StVÄG 1964 nicht mehr im Fokus des gesetzgeberischen Handelns gestanden hatten.[53] Die dahin gehenden jahrzehntealten Forderungen der Interessenvertretungen der Strafverteidiger waren also inhaltlich berechtigt, so dass das **UHaftÄndG** auch bei ihnen eine grundsätzlich freundliche Aufnahme gefunden hat.[54] Bei genauerem Hinsehen trat dazu, dass die Rechtsprechung die Ausweitung der Pflichtverteidigung zuweilen auch zur Beschränkung von Verteidigungsrechten an anderer Stelle genutzt hatte.[55] Der Einfluss des § 140 Abs. 1 Nr. 4 StPO i. d. F. des UHaftÄndG auf die **Kräftebalance der Strafprozessordnung** kann deshalb kaum überschätzt werden. Mit der Regelung der frühen Pflichtverteidigung in Haftsachen wurde eines *der* Desiderate einer seit **Jahrzehnten währenden Reformdiskussion** verwirklicht.[56] An deren Grundlagen ist zunächst – wenn auch in der gebotenen Kürze – zu erinnern:

---

51 Siehe zum Nachfolgenden LR/*Lüderssen/Jahn* Nachtr. § 140 Rn. 1 und zu den – hier nicht weiter verfolgten – Änderungen des Untersuchungshaftrechts insgesamt *St. König* AnwBl. 2010, 50; *Bittmann* NStZ 2010, 13; *Kazele* NJ 2010, 1.

52 U. a. von *Schlothauer* FS Samson, 709, 711; *dems./Weider*, Untersuchungshaft, 4. Aufl. 2010, Rn. 282; *Nobis* StraFo 2012, 45, 46 („erhebliche Verbesserung[en]"); *D. Herrmann* StraFo 2011, 133, 135 („deutliche Verbesserung"); *Heydenreich* StRR 2009, 444; *R. Michalke* NJW 2010, 17, 20. Kritischer unter Skizzierung weiterer – und weiter gehender – Reformvorschläge *Graalmann-Scheerer* StV 2011, 696ff.

53 Siehe *Jahn* NJ 2005, 106f. Daneben wurde der Gesetzgeber zum Erlass des UHaftÄndG durch europäische Vorgaben und zur Verwirklichung des Grundsatzes der Beschleunigung des Strafverfahrens veranlasst (*Beulke* StV 2010, 442, 443; *Schünemann* ZIS 2009, 484 Fn. 4).

54 Siehe etwa *DAV* Stellungnahme Nr. 55/2009, 3 („weitgehend umgesetzt") und *Strafverteidigervereinigungen* StV 2010, 109. Zu den Reformforderungen im Ganzen ausf. LR/*Lüderssen/Jahn* § 140 Rn. 64, 92.

55 S. etwa BGH StV 2008, 617f. („Der Senat kann offenlassen, ob angesichts der geänderten Lebenswirklichkeit – insbesondere der Ausweitung der Pflichtverteidigung [...] – die Befragung nach § 216 Abs. 2 Satz 2 StPO überhaupt zwingend mündlich zu erfolgen hat"). Zu dieser Einschätzung kommt auch *Beulke* StV 2010, 442, 444.

56 LR/*Lüderssen/Jahn* Nachtr. § 140 Rn. 1 a. E.; siehe die Würdigungen bei *Lammer* AnwBl. 2013, 325; *Tsambikakis* ZIS 2009, 503, 509; *Deckers* StraFo 2009, 2, 3 und 441, 444; SK-StPO/*Paeffgen*, 4. Aufl. 2010, Vorb. § 112 Rn. 3; *Schlothauer* FS Samson, 709, 710f.; zu indistinkt *Kotz* NJW 2010, 2028.

a) Notwendigkeit frühzeitiger Verteidigerbestellung im Ermittlungsverfahren

Der von der Unschuldsvermutung umhegte Beschuldigte ist der öffentlichen Gewalt bei Anordnung und Vollzug von Untersuchungshaft wie sonst nirgends ausgeliefert.[57] Neben dem offensichtlichen Eingriff in das Freiheitsgrundrecht des Art. 2 Abs. 2 Satz 2 GG kann die Haftsituation schwerwiegende berufliche, familiäre und soziale Konsequenzen haben, wenn der Verhaftete unvorbereitet aus seinem sozialen Kontext gerissen wird. Der Beschuldigte hat zudem selbst nun kaum noch die Möglichkeit, sich um das Erforderliche zu kümmern und seine Ansprüche auf Partizipation am Verfahren wirksam durchzusetzen.[58] Da aber gerade im **Ermittlungsverfahren** bekanntermaßen die **Weichen** für den Ausgang des Verfahrens **gestellt** werden, ist die Dringlichkeit effektiver Verteidigung offensichtlich.[59] Dem entspricht die Spruchpraxis des *EGMR* jedenfalls seit *Salduz ./.* Türkei[60] und auch diejenige des *BGH*[61], die dem Ermittlungsverfahren (endlich) die ihm zukommende Bedeutung für die Vorbereitung des Hauptverfahrens beimessen. Und selbst die ansonsten im strafprozessualen Kontext nicht selten gescholtene Europäische Union hat unlängst – am 7.10.2013 – durch ihren Rat den im Europäischen Parlament knapp einen Monat zuvor verabschiedeten Richtlinienvorschlag zum Recht auf einen Rechtsbeistand und zur Kontaktaufnahme bei Festnahme angenommen.[62] Nach Art. 3 haben Beschuldigte und Verdächtige in Europa jetzt immerhin das durch eine Richtlinie abgesicherte Recht, ab der ersten Befragung durch die Polizei und bis zum Ende eines Verfahrens einen Rechtsanwalt zu Rate ziehen zu können. Der Grundsatz fairen Verfahrens des Art. 6 Abs. 1 EMRK, das **Gebot der Waffengleichheit** und nicht zuletzt die von Verfassungs wegen gebotene Chancengleichheit für wohlhabende und mittellose Inhaftierte gebieten die alsbaldige Bereitstellung fachkundiger Unterstützung.[63]

---

57 Siehe zu diesem Ausgangspunkt und zum Nachfolgenden bereits *Jahn* FS Rissing-van Saan, 275, 278ff.; LR/*Lüderssen*/*Jahn* Nachtr. § 141 Rn. 5ff. Dies ist auch der Ansatz der im hiesigen Umfeld besonders durchsetzungskräftigen Rspr. des BVerfG, vgl. nur *Güntge* in: Jahn/Krehl/Löffelmann/Güntge (Fn. 44), Rn. 718ff.; *Jahn* NStZ 2007, 255, 257.

58 *Schlothauer* FS Samson, 709; so z. B. die Suche nach Zeugen, die Durchführung von Reisen, die notwendig sind, um Beweismittel aufzufinden oder Zeugen zur Aussage zu bewegen usw.; s. dazu LR/*Lüderssen*/*Jahn* § 140 Rn. 32.

59 Zu dem von *Karl Peters* (Fehlerquellen im Strafprozess, 1972, S. 299) inspirierten Bild des Ermittlungsverfahrens als „Rutschbahn" s. HbStrVf/*Jahn*, 2008, Kap. I Rn. 42ff. m. w. N.

60 EGMR (GK) Salduz/TRK 21.11.2008 = NJW 2009, 3707, 3708.

61 BGH NStZ 2010, 53, 54 m. (zu Unrecht) abl. Anm. *Hartmut Schneider*.

62 www.europarl.europa.eu/sides/getDoc.do?pubRef=-//EP//TEXT+TA+P7-TA-2013-0340+0+DOC+XML+V0//DE&language=DE vom 10.9.2013 (zuletzt besucht am 1.4.2014).

63 Nach zutreffender Einschätzung von *Danckert* 205. BTSitzung v. 12.2.2009, BTProt. 16/22201, gab es unter der alten Gesetzeslage „den Beschuldigten, der sich von der ersten Minute an einen Verteidiger leisten kann, welcher sich für ihn einsetzt und ihn möglicherweise vor der Untersuchungshaft bewahrt; andererseits (...) den nichtverteidigten Beschuldigten, der festgenommen wird, in Untersuchungshaft wandert und nach drei Monaten (...) möglicherweise einen Anspruch auf einen Verteidiger hat".

Die dem an sich Rechnung tragende Vorschrift des § 141 Abs. 3 Satz 2 StPO, der zufolge die Staatsanwaltschaft schon während des Vorverfahrens die Bestellung eines Pflichtverteidigers beantragen kann, wenn nach ihrer Auffassung dessen Mitwirkung notwendig sein wird, begründete für den Beschuldigten nach – freilich zu undifferenzierter[64] – h. M[65] keinen Rechtsanspruch; die Ablehnung der Antragstellung durch die Staatsanwaltschaft wird konsequent, aber wiederum nicht überzeugend, als nie anfechtbar angesehen.[66] Wohl auch deshalb wird von der Regelung ohne ausreichende Rezeption der rechtsstaatlich aufgeladenen Rechtsprechung des EGMR zu Art. 6 Abs. 3 *lit.* d EMRK für die Fälle konfrontativer Zeugenbefragungen immer noch zu wenig Gebrauch gemacht.[67] Remedur sah die Rechtsprechung nur für Fälle vor, in denen anderenfalls ein **Verstoß** gegen den Grundsatz fairen Verfahrens und die menschenrechtlichen Mindeststandards **evident** gewesen wäre: Eine Beiordnung im Ermittlungsverfahren musste demnach auch nach der Rechtslage vor dem 1.1.2010 über § 140 Abs. 2 StPO jedenfalls dann erfolgen, wenn Belastungszeugen unter Ausschluss des Beschuldigten ermittlungsrichterlich vernommen werden sollten,[68] dem Antrag der Staatsanwaltschaft auf Erlass eines Haftbefehls ein Verbrechen zu Grunde lag,[69] der Beschuldigte zu einem komplexen Gutachten Stellung nehmen sollte oder auch für den Fall der Anordnung und Vollstreckung von Untersuchungshaft, um das Recht auf Akteneinsicht über den Pflichtverteidiger umfassend wahrnehmen zu können.[70]

Dass die frühzeitige Verteidigerbestellung aber nicht nur aus rechtsstaatlichen, sondern auch aus **verfahrensökonomischen** und damit letztlich fiskalischen **Gründen** angezeigt sein kann, wurde auch **empirisch** vielfach **belegt**.[71] Insbesondere kann – entgegen der Befürchtung einiger Bundesländer im Gesetzgebungsverfahren zur Untersuchungshaftreform[72] – die rechtzeitige Einschaltung des Pflichtverteidigers zu Einsparungen führen, wenn überflüssige Kosten in Bagatellfällen vermieden werden, bei denen nur der Haftgrund der Fluchtgefahr im Raum steht.

---

64 Im Einzelnen LR/*Lüderssen/Jahn*, 26. Aufl. 2007, § 141 Rn. 24a.

65 OLG Karlsruhe NStZ 1998, 315, 316; LG Cottbus StV 2002, 414 m. abl. Anm. *Klemke*; *Meier* GA 2004, 441, 452; AnwK-StPO/*Krekeler/Werner*, 2. Aufl. 2010, § 141 Rn. 4; KK/*Laufhütte/Willnow*, 7. Aufl. 2013, § 141 Rn. 6; Meyer-Goßner/*Schmitt*, StPO, 57. Aufl. 2014, § 141 Rn. 5.

66 Dazu mit Nachweisen Meyer-Goßner/*Schmitt* § 141 Rn. 5; demgegenüber wiederum LR/*Lüderssen/Jahn* § 141 Rn. 24.

67 So auch *Wohlers* StV 2010, 151. Zur EGMR-Rspr. zusammenfassend BGHSt 46, 93, 94ff.; BGH StV 2010, 342, 343 Tz. 16; zur weiterführenden Kritik an Konzeption und Rezeption *Gaede*, Fairness als Teilhabe, 2007, S. 624ff.

68 BGHSt 46, 93, 99f.; 47, 233, 236; siehe zum Nachfolgenden bereits LR/*Lüderssen/Jahn* Nachtr. § 141 Rn. 2.

69 BGHSt 47, 172, 176f.; LR/*Lüderssen/Jahn* § 141 Rn. 24a.

70 BGHSt 47, 233, 236; OLG Zweibrücken Beschl. v. 6.7.2009 – 1 Ws 151/09 (juris); OLG Karlsruhe Beschl. v. 20.3.2009 – 2 Ws 112/09, JurionRS 2009, 36497 sowie LR/*Lüderssen/Jahn* § 140 Rn. 75 u. 76a.

71 *Schöch* StV 1997, 323ff.; *ders.* Der Einfluss der Strafverteidigung auf den Verlauf der Untersuchungshaft, 1997, S. 68f.; *Gebauer* StV 1994, 622ff.; *Jehle/Bossow* BewHi. 2002, 73; *Busse* Frühe Strafverteidigung und Untersuchungshaft, 2008, S. 95ff.; 316ff.; zusf. *Lammer* AnwBl. 2013, 325, 327. Siehe zum EU-weiten Forschungsprojekt zu den „Verteidigungsrechten im Vorverfahren – bewährte Praxis und effektive anwaltliche Journal (Not-)Dienste/Pre-trial Emergency Defence" *Soyer/St. Schumann* StV 2012, 495, 497ff.

72 Sogleich unter *Abschn.* C.II.2.b.

b) Gesetzgebungsgeschichte der Neuregelung in § 140 Abs. 1 Nr. 4 StPO

Nach der bis zum 31.12.2009 gültigen **früheren Rechtslage** war dem inhaftierten Beschuldigten jedoch erst nach Vollzug von drei Monaten Untersuchungshaft auf Antrag ein Pflichtverteidiger zwingend beizuordnen (§ 117 Abs. 4 Satz 1 StPO a. F.). Diese Regelung wurde nicht nur aus der Verteidigerschaft, sondern auch in Wissenschaft und Rechtspolitik seit langem kritisiert.[73] Sowohl der Strafrechtsausschuss der BRAK[74] als auch der **DAV**[75] sowie (der in der nachfolgenden 17. Wahlperiode damalige Vorsitzende des BT-Rechtsausschusses) MdB *Siegfried Kauder*[76] und der Sachverständige im Gesetzgebungsverfahren *Weider*[77] hatten neben Stimmen aus der Wissenschaft[78] vor und im Gesetzgebungsverfahren die Verteidigerbestellung bereits für den Zeitpunkt befürwortet, in dem die Staatsanwaltschaft in der Vorführungsverhandlung Antrag auf Erlass eines Haftbefehls zu stellen beabsichtigt (vgl. §§ 125, 128 Abs. 2 Satz 2 StPO). Dennoch haben entsprechende Änderungen **zunächst** im Gesetzgebungsverfahren **keine Rolle** gespielt.[79]

Erst in seiner Beschlussempfehlung vom 20.5.2009[80] hatte sich der Rechtsausschuss des Deutschen Bundestages für eine Streichung der Absätze 4 und 5 in § 117 StPO und Modifizierungen der §§ 140, 141 StPO ausgesprochen. Dagegen hielt der

---

73 Siehe LR/*Lüderssen*/*Jahn* Nachtr. § 140 Rn. 2; für eine möglichst frühe Verteidigerbestellung – mit weiteren Nachweisen – LR/*Lüderssen*/*Jahn* § 141 Rn. 24a sowie *Jahn* FS Rissing-van Saan, 275, 276ff. Vgl. auch die Forderungen des Europäischen Ausschusses zur Verhütung von Folter und unmenschlicher oder erniedrigender Behandlung oder Strafe (CPT) aus seinem Bericht an die deutsche Regierung vom 28.7.2006 (dazu *Tsambikakis* ZIS 2009, 503, 506f.) sowie zur älteren Diskussion Beschlüsse des 65. Deutschen Juristentages NJW 2004, 3241, 3245; *Deckers* StraFo 2006, 269, 270; *Schöch* StV 1997, 323; *Gebauer* StV 1994, 622; *Schäfer*/*Rühl* StV 1986, 456 und zusf. *Püschel* StraFo 2009, 134, 138; *D. Herrmann* StraFo 2011, 133, 134.

74 *BRAK* Reform der Verteidigung im Ermittlungsverfahren – Thesen mit Begründung, 2004, S. 12f. und StV 2010, 544.

75 *Strafrechtsausschuss und AG Strafrecht im DAV* Entwurf für eine Reform des strafrechtlichen Ermittlungsverfahrens, Stellungnahme Nr. 51/2005, 11, Downloadoption über www.anwaltverein.de (Beiordnung des Pflichtverteidigers ab erster Vernehmung des inhaftierten Beschuldigten, wenn Freiheitsstrafe von über einem Jahr zu erwarten).

76 *S. Kauder* BTProt. 16/205, S. 22198.

77 *Weider* BTRAussch. Prot.-Nr. 136, S. 4, 19 („Kind bereits in den Brunnen gefallen"; s. dazu BT-Drucks. 16/13097, S. 16). Die Mehrheit der Rechtsausschuss-Sachverständigen lehnte diesen Vorschlag hingegen als zu weit gehend ab (vgl. *Schöch* BTRAussch. Prot.-Nr. 136, S. 12; *Buckow* BTRAussch. Prot.-Nr. 136, S. 2f. und *Tschanett* BTRAussch. Prot.-Nr. 136, S. 15) bzw. favorisierte den Zeitpunkt der ersten Vernehmung des vorläufig festgenommenen Beschuldigten (*St. König* BTRAussch. Prot.-Nr. 136, S. 4; *Tsambikakis* BTRAussch. Prot.-Nr. 136, S. 14).

78 Vgl. *Schlothauer*/*Weider* StV 2004, 504, 516; zusf. *R. Michalke* NJW 2010, 17.

79 Siehe LR/*Lüderssen*/*Jahn* Nachtr. § 141 Rn. 2 Fn. 17: Weder der erste Regierungsentwurf v. 7.11.2008 (BRDrucks. 829/08) noch der durch die Föderalismusreform veranlasste zweite Regierungsentwurf v. 21.1.2009 (BTDrucks. 16/11644) sahen Derartiges vor.

80 BTDrucks. 16/13097. Mit Superlativen für die Bewertung dieser – ähnlich wie beim Verständigungsgesetz (siehe *Jahn*/*Müller* NJW 2009, 2625, 2526) – besonders selbstbewussten Haltung des 16. BT-Rechtsausschusses wurde deshalb von Seiten der berufsständischen Vereinigungen nicht gespart:

Rechtsausschuss des Bundesrates in seiner Beschlussempfehlung vom 26.6.2009[81] eine Änderung im Hinblick auf die bestehenden Regelungen und – natürlich – die von den Ländern letztlich zu tragenden **fiskalischen Lasten** nicht für erforderlich. Zur Begründung wurde angeführt, es existierten keinerlei weit reichende und repräsentative Untersuchungen, welche belegten, dass eine derartige Neuregelung zu einer nachhaltigen Vermeidung von Untersuchungshaft und deren Kosten führen könne – eine angesichts des Standes der bundesdeutschen **Rechtstatsachenforschung zur U-Haft** recht gewagte Behauptung.[82] Eine vom Bundesrat angeregte Anrufung des Vermittlungsausschusses gemäß Art. 77 Abs. 2 GG hätte jedoch das gesamte Vorhaben wegen des Diskontinuitätsgrundsatzes kurz vor dem Ende der 16. Legislaturperiode gefährdet.

Der Bundesgesetzgeber[83] hat sich deshalb mit §§ 140 Abs. 1 Nr. 4, 141 Abs. 3 Satz 4 StPO des geltenden Rechts zu einem **Kompromiss** entschlossen, der zumindest aus der (damaligen) Sicht praktischer Rechtspolitik nachvollziehbar ist. Die Bestellung des Pflichtverteidigers geht danach seit dem 1.1.2010 erst mit dem Beginn der Vollstreckung der Untersuchungshaft nach den §§ 112, 112a StPO oder der einstweiligen Unterbringung nach den §§ 126a, 275a Abs. 5 StPO einher. Sicherlich wäre ein noch früher einsetzender Bestellungsmechanismus nach dem Modell der **BRAK/DAV-Forderungen** wünschenswert gewesen. Der Pflichtverteidiger wäre so in den Stand gesetzt worden, schon in der Vorführungsverhandlung mitsamt der Vernehmung – für diese ist lediglich unter den zusätzlichen Voraussetzungen des § 118a Abs. 2 StPO ein Verteidiger zu bestellen – auf die Entscheidung des Ermittlungsrichters zugunsten seines Mandanten einwirken zu können.[84] Dass sich diese Position nicht hat durchsetzen können, ist vom Standpunkt der Beschuldigtenrechte aus bedauerlich, aber als **bewusste Entscheidung des Gesetzgebers** angesichts der Gefahr des Scheiterns des Gesamtvorhabens kurz vor Ablauf der 16. Wahlperiode de lege lata zunächst einmal hinzunehmen.

Eine fortwirkende **(Selbst-)Bindung** de lege ferenda für eine neuerliche Diskussion des Sachproblems auf Basis des mit dieser Untersuchung erstmals vorlegten Zahlenmaterials ergibt sich daraus aber **weder rechtlich noch rechtspolitisch**. Die Situation muss vielmehr etwas mehr als vier Jahre nach Inkrafttreten der Regelung noch einmal nüchtern analysiert werden.

Ignor BRAKMagazin 06/2009, 3 spricht von einer „kleine(n) Sensation" und *St. König* AnwBl. 2010, 50 bezeichnet den Vorgang als „Sternstunde des Parlaments".

81 BRDrucks. 587/1/09, S. 2.

82 Siehe oben *Abschn.* C.II.2.a.

83 BTDrucks. 16/13097, S. 14.

84 Vgl. Fraktion Bündnis 90/DIE GRÜNEN BTDrucks. 16/13097, S. 16; *R. Michalke* NJW 2010, 17; *Wohlers* StV 2010, 151, 153; LR/*Lüderssen*/*Jahn* Nachtr. § 141 Rn. 2 a. E.; *Jahn* FS Rissing-van Saan, 275, 278; ausf. *D. Herrmann* StraFo 2011, 133, 135.

3. Zusammenfassung zum Regelungsgehalt des § 140 Abs. 1 Nr. 4 StPO de lege lata

Neben Belehrungs- und Benachrichtigungspflichten und einem erweiterten Akteneinsichtsrecht begründet die Untersuchungshaft schon ab dem Zeitpunkt ihrer **Vollstreckung** seit dem 1.1.2010 einen Fall der notwendigen Verteidigung (§ 140 Abs. 1 Nr. 4 StPO). Flankiert wird der Schutz des Beschuldigten insbesondere durch die Belehrungspflicht nach § 114b Abs. 1 Satz 1, Abs. 2 Satz 1 Nr. 4 StPO, die auf Art. 6 Abs. 3 *lit.* c EMRK aufsetzt:[85] Danach ist der verhaftete Beschuldigte darauf hinzuweisen, dass er jederzeit, auch schon vor seiner Vernehmung, einen von ihm zu wählenden Verteidiger befragen kann. Dem inhaftierten Beschuldigten soll durch die Neuregelung eine **geordnete und effektive Verteidigung** gewährleistet werden. Zudem verfolgt der Gesetzgeber das Ziel, Haftzeiten zu verkürzen bzw. die Anzahl fragwürdiger Haftbefehle zu reduzieren.[86] Somit werden durch die neue Regelung unter **fiskalischen Gesichtspunkten** auch unnötige Kosten durch den Untersuchungshaftvollzug vermieden. Aufgrund des erheblichen Grundrechtseingriffs durch die Inhaftierung war die Regelung des § 117 Abs. 4 a. F. StPO, nach der einem Beschuldigten, wenn sich dieser mindestens seit drei Monaten in Untersuchungshaft befand, durch den Haftrichter für die Dauer der Untersuchungshaft ein Verteidiger zu bestellen war, wenn die Staatsanwaltschaft, der Beschuldigte oder sein gesetzlicher Vertreter dies beantragten, vom Gesetzgeber als ungenügend empfunden worden.[87] Das Gleiche galt für den Fall der Unterbringung nach § 126a StPO.

Für die Umsetzung der neuen Regelungen wurden von Interessenvertretungen und Strafverteidigervereinigungen, insbesondere was Auswahl des Verteidigers, den Zeitraum für die Auswahl und die Beiordnung anlangt, Empfehlungen[88] aufgelegt, die der – nicht nur anwaltlichen – Praxis Orientierung bieten sollen.

---

85 S. zu Art. 6 Abs. 3 *lit.* c EMRK BRDrucks. 459/1/10; *Demko* HRRS-FG Fezer, 2008, 1ff.

86 *Ignor* BRAKMagazin 06/2009, 3 sowie *BRAK* StV 2010, 544 mit dem Hinweis, dass sich z. B. 2007 50 % der Untersuchungshaftgefangenen tatsächlich weniger als drei Monate in Haft befanden und durch eine frühzeitige Verteidigung eine weitere Haftverkürzung erreichbar schien.

87 BTDrucks. 16/13097, S. 18.

88 *Strafverteidigervereinigungen* StV 2010, 109; *DAV* Stellungnahme Nr. 55/2009; zur derzeitigen Praxis des Zugangs des Verteidigers zum inhaftierten Beschuldigten demgegenüber *St. König* StV 2011, 704ff.

III. Die Problemfelder der Neuregelung in der Praxis des Strafverfahrens

1. Die Regelung in § 141 Abs. 3 Satz 4 StPO – zum Zeitpunkt der Beiordnung

a) Der Begriff des Beginns der Vollstreckung

In zeitlicher Hinsicht knüpft die Bestellung im Fall des § 140 Abs. 1 Nr. 4 StPO („wenn [...] vollstreckt wird") an den „Beginn der Vollstreckung" der Untersuchungshaft an (§ 141 Abs. 3 Satz 4 StPO). Umstritten ist hierbei, ob der Begriff der Vollstreckung der Untersuchungshaft in diesem Kontext lediglich die tatsächliche Inhaftierung auf Grund erlassenen Haftbefehls erfasst, oder ob darüber hinaus auch die früheren Zeitpunkte der vorläufigen Festnahme oder des Antrages der Staatsanwaltschaft auf Erlass eines Haftbefehls unter den Begriff der „Vollstreckung" fallen.

aa) Situation de lege lata

De lege lata ist, ausgehend vom Wortlaut von § 140 Abs. 3 Satz 4 StPO und § 140 Abs. 1 Nr. 4 StPO, eine Beiordnung **nicht** schon **erforderlich** für das **Verfahren**, in dem die **Haft angeordnet** wird und **für die Festnahme** nach Erlass eines Dezernatshaftbefehls. Zu diesen Zeitpunkten fehlt es noch an einer Anordnung bzw. einem Vollzug des Haftbefehls.[89] Die Vollstreckung der Untersuchungshaft „beginnt" nicht mit der Festnahme. Diese dient lediglich der Vorführung vor den zuständigen Richter. Der entscheidende Zeitpunkt ist also erst – aber auch gerade – nach derzeitiger Rechtslage derjenige der **Anordnung der Vollstreckung**. Einer im Schrifttum teilweise[90] befürworteten Auslegung des § 141 Abs. 3 Satz 4 StPO dahin, dass schon *vor* der ersten Vernehmung durch den Haftrichter nach § 115 Abs. 2 StPO ein Verteidiger beizuordnen ist, steht – auch wenn diese Forderung nach einer noch frühzeitigeren Beiordnung inhaltlich letztlich berechtigt ist – der heutige **Wortlaut** („*nach* Beginn der Vollstreckung") **entgegen**. Auch die bestens dokumentierte **Gesetzgebungsgeschichte**[91] zeigt, dass sich der Rechtsausschuss des Deutschen Bundestages mit dem zeitlichen Moment intensiv beschäftigt hat, so dass eine andere Auslegung den Willen des Normgebers (und nicht nur, wie sonst häufig, denjenigen ministerieller Entwurfsverfasser) desavouieren würde, zumal es sich um junge Vorschriften handelt.

---

89 So auch *Bittmann* NStZ 2010, 13, 15; *ders.* JuS 2010, 510, 513; *Brocke/Heller* StraFo 2011, 1, 7; *Heydenreich* StRR 2009, 444, 445; SK/*Wohlers* § 141 Rn. 12; *ders.* StV 2010, 151, 152; AnwK-UHaft/*König*, 2011, § 141 Rn. 4; Radtke/Hohmann/*Reinhart*, 2011, § 141 Rn. 4; LR/*Esser*, 26. Aufl. 2012, Art. 5 Rn. 359; für ersteren Fall auch *F. Schmidt* NJ 2012, 284, 285; HK/*Julius*, 5. Aufl. 2012, § 140 Rn. 8.

90 *BRAK* StV 2010, 544, 546; *Deckers* StraFo 2009, 441, 443f.; *D. Herrmann* StraFo 2011, 133, 136f.; *ders.* StV 2011, 652, 653; *Schlothauer/Weider*, Untersuchungshaft, 4. Aufl. 2010, Rn. 298; *Schlothauer* FS Samson, 709, 714f.; *Weider* StV 2010, 102, 104; diff. *F. Schmidt* NJ 2012, 284, 285; HK/*Julius*, 5. Aufl. 2012, § 140 Rn. 8. Dagegen bereits LR/*Lüderssen/Jahn* Nachtr. § 141 Rn. 5.

91 Oben C.II.2.b.

Normzweck ist daher die effektive Verteidigung im Rahmen des Vollzugs, nicht aber schon im Rahmen von Vorermittlungen oder beim **ersten Zugriff der Strafverfolgungsbehörden**. Für den letztgenannten Zeitpunkt ist zudem die jüngere Rechtsprechung des **EGMR** seit der besonders pointierten Leitentscheidung ***Salduz***[92] geeignet und (auch in Deutschland) dazu bestimmt, jedenfalls für die formelle polizeiliche Vernehmung zumindest ein Anwesenheitsrechtsrecht des Verteidigers zu geben – ein längst überfälliger Prozess, der lange ungehörte Forderungen im hiesigen Schrifttum abbildet, ohne sie ausdrücklich aufzugreifen. Die menschenrechtliche Auslegung integriert sich harmonisch in den Wortlaut des § 137 Abs. 1 StPO („in *jeder* Lage des Verfahrens").[93]

bb) Forderung de lege ferenda

Trotz des erheblichen praktischen Bedürfnisses hat somit der Beschuldigte de lege lata **im Vorführungstermin** (§§ 115, 115a StPO) noch **keinen Pflichtverteidiger**. Im Ergebnis zu Recht ist unter dem Gesichtspunkt des möglichst vollständigen Schutzes der Autonomiesphäre des Beschuldigten eine **Vorverlagerung** des Zeitpunktes, an den die Beiordnung eines Verteidigers nach § 141 Abs. 3 Satz 4 i. V. m. § 140 Abs. 1 Nr. 4 StPO anknüpft, weiterhin **zu fordern**.[94]

Der am weitesten vorgelagerte Anknüpfungspunkt für eine Beiordnung ist der Zeitpunkt der Beantragung des Erlasses eines Haftbefehls durch die Staatsanwaltschaft. Des Weiteren kommt der Zeitpunkt nach der vorläufigen Festnahme aufgrund eines zuvor erlassenen Haftbefehls in Betracht. Bei der weiterhin anstehenden, wenn auch derzeit im rechtspolitischen Raum nicht (mehr) geführten Diskussion der Auswahl des richtigen Zeitpunktes steht allerdings häufig zu einseitig das Ziel der Haftverkürzung im Vordergrund. Es muss aber in die **gesetzgeberische Abwägung** auch eingestellt werden, dass die weitere Vorverlagerung auf den Zeitpunkt der vorläufigen Festnahme zu Wartezeiten führen[95] und das Recht des Beschuldigten auf die Wahl des Verteidigers seines Vertrauens empfindlich einschränken kann. Der Streit über den Zeitpunkt der Beiordnung ist zudem im Zusammenhang mit der Bemessung der Anhörungsfrist zu sehen, weil die Frage aufkommt, ob im Falle des Dezernats-

---

92 EGMR (GK) Salduz/TRK 21.11.2008 = NJW 2009, 3707, 3708 m. (aus heutiger Sicht zu defensiver) Anm. *J. Herrmann* StRR 2009, 97, 98f.; EGMR Lopata/R 13.7.2010 Nr. 72250/01 Tz. 130ff. Einen Überblick über die einschlägige EGMR-Rechtsprechung geben *Matt/Dierlamm/Schmidt* StV 2009, 715; *Soyer/St. Schumann* StV 2012, 495f.; *Esser/Gaede/Tsambikakis* NStZ 2011, 140, 144ff. und zusf. LR/*Esser* Art. 6 Rn. 605ff. unter weiter führendem Hinweis auf Panovits/ZYP, Pishchalnikov/R und Brusco/F.

93 LR/*Lüderssen/Jahn* § 137 Rn. 73; HbStrVf/*Jahn* Kap. II Rn. 137. Es lässt sich sagen, dass der EGMR hier an die Stelle eines zu zögerlichen Reformgesetzgebers gerückt ist, i. d. S. wohl auch *Esser/Gaede/Tsambikakis* NStZ 2011, 140, 146: „Im Hinblick auf die polizeiliche Beschuldigtenvernehmung scheint der EGMR die nach nationalem Verfahrensrecht bestehenden Beschuldigtenrechte zu erweitern, (...)".

94 So auch *Beulke* StV 2010, 442, 445: „ausgesprochen zaghaft"; *Wohlers* StV 2010, 151, 153: „auf halbem Weg stecken geblieben"; *D. Herrmann* StraFo 2011, 133, 135f.; *Schlothauer/Weider*, Untersuchungshaft, Rn. 282; *dies.* StV 2004, 504, 516; AnwK-UHaft/*König* § 141 Rn. 4; KMR/*Haizmann* § 141 Rn. 16 sowie bereits LR/*Lüderssen/Jahn* Nachtr. § 141 Rn. 6.

95 Vgl. die statistische Erhebung bei *Busse* (Fn. 71), S. 187f.

haftbefehls diese Frist zu verkürzen ist. Auch ist die durch § 143 StPO unvollkommen normierte Frage des Pflichtverteidigerwechsels unter erleichterten Voraussetzungen bei übereilter Wahl im Auge zu behalten. Teilweise[96] wird deshalb de lege ferenda – zumindest für Kapitaldelikte – sogar ein (nur) vorläufiger Verteidigerbeistand für die Vorführung befürwortet.

b) Einstellung zur Vorverlagerung des Bestellungszeitpunkts

! Daraus ergab sich **empirischer Forschungsbedarf** insbesondere zum **Vorführungstermin**: Ist aus Sicht und nach den praktischen Erfahrungen der Verfahrensbeteiligten eine **Vorverlagerung des Bestellungszeitpunkts** auf den **Vorführungstermin** notwendig, wünschenswert oder – mit Blick auf eventuelle Wartezeiten –, die eventuelle Verkürzung der Anhörungsfrist und die Frage der Bindungswirkung einer übereilten Wahl jedenfalls nach einer Abwägung eher schädlich (und aus diesem Grund ggf. der vom Gesetzgeber 2009 gefundene Kompromiss akzeptabel)?

Gefragt wurde daher:

? Wie stehen Sie zu dem Vorschlag einer Vorverlagerung des Bestellungszeitpunkts auf den Zeitpunkt der Vorführung?

Vorverlagerung des Beiordnungszeitpunkts auf den Zeitpunkt der Vorführung

		Häufigkeit	Prozent	Gültige Prozente	Kumulierte Prozente
Gültig	Zwingend notwendig	471	48,5	49,6	49,6
	Wünschenswert	274	28,2	28,9	78,5
	Nicht wünschenswert	204	21,0	21,5	100,0
	Gesamt	949	97,7	100,0	
Fehlend	System	22	2,3		
Gesamt		971	100,0		

49,6 %, mithin **nahezu die Hälfte** der antwortenden Befragten, halten eine Vorverlagerung des Bestellungszeitpunkts auf den Vorführungszeitpunkt für **zwingend**. Für immerhin 28,9 % wäre dies eine zumindest wünschenswerte Gesetzesänderung

96 So *Heydenreich* StRR 2009, 444, 448; dazu und zum Notverteidiger LR/*Lüderssen*/*Jahn* Nachtr. § 141 Rn. 7, 30. Diese Forderung stellen auch einige Verteidiger in ergänzenden Anmerkungen zum beantworteten Fragebogen.

(siehe hierzu **Abb. 14** ▸ **S. 186**). Dies steht im Einklang mit der oben genannten Auffassung einer Erforderlichkeit möglichst vollständigen Schutzes des Beschuldigten.

Ein Verteidiger gab in seinem Fragebogen ergänzend an, eine Beiordnung sofort nach der Festnahme sei erforderlich, weil andernfalls kaum die Möglichkeit bestehe, die **Außervollzugsetzung gegen Auflagen** vorzubereiten. In den ergänzenden Anmerkungen zum Fragebogen weisen außerdem mehrere Verteidiger auf die schwerwiegenden **Probleme** hin, die aus Verteidigungssicht in der Praxis durch **Einlassungen** von unverteidigten Beschuldigten im Rahmen der Vorführung entstünden. Vor allem bei Kapitaldelikten solle eine sehr frühzeitige Beiordnung erfolgen (d. h. noch vor der ersten Vernehmung). Vor allem Polizei und Staatsanwaltschaft würden regelmäßig vor der Möglichkeit der Verteidigerkonsultation Fakten schaffen. Aber auch die Richter verhielten sich nicht immer fair. Es wird ferner berichtet, seit Einführung der §§ 140 Abs. 1 Nr. 4, 141 Abs. 3 Satz 4 StPO erfolge bei Erlass eines Haftbefehlsantrags ein frühzeitiger Antrag der Staatsanwaltschaft gem. § 141 Abs. 3 Satz 2 StPO noch seltener als vorher („so gut wie nie“).

Die gegenteilige Ansicht **(„nicht wünschenswert“)** wird lediglich von **21,5 %** der Praktiker, also etwa jedem fünften, vertreten.

aa) Diskrepanz zwischen den Berufsgruppen

Auffällig ist dabei die **Diskrepanz** zwischen den **Berufsgruppen**:

Vorverlagerung des Beiordnungszeitpunkts auf den Zeitpunkt der Vorführung[97]

		Tätigkeit		Gesamt
		Straf-verteidiger	Ermittlungs-richter am AG	
Zwingend notwendig	Anzahl	471	0	471
	% innerhalb von Tätigkeit	51,2 %	0,0 %	49,6 %
Wünschenswert	Anzahl	265	9	274
	% innerhalb von Tätigkeit	28,8 %	31,0 %	28,9 %
Nicht wünschenswert	Anzahl	184	20	204
	% innerhalb von Tätigkeit	20,0 %	69,0 %	21,5 %
Gesamt	Anzahl	920	29	949
	% innerhalb von Tätigkeit	100,0 %	100,0 %	100,0 %

97 Gültig: 949 (97,7 %); fehlend: 22 (2,3 %).

Von den befragten **Ermittlungsrichtern** hält **kein einziger** (!) eine Änderung für **zwingend notwendig.** Für immerhin noch 31% wäre eine solche wünschenswert. Der Rest ist offenbar gegen eine derartige Neuregelung (siehe hierzu **Abb. 15 – S. 186**).[98] Die Verteilung ist im Vergleich zu der Gruppe der **Strafverteidiger** mithin gewissermaßen **umgekehrt.**

bb) Weitere Differenzierungskriterien

Betrachtet man die **Dauer der Berufszugehörigkeit**, ergibt sich Folgendes:

Vorverlagerung des Beiordnungszeitpunkts auf den Zeitpunkt der Vorführung[99]

		Dauer der Tätigkeit			Gesamt
		Bis zu 3 Jahre	Bis zu 10 Jahre	Mehr als 10 Jahre	
Zwingend notwendig	Anzahl	31	114	325	470
	% innerhalb von Dauer der Tätigkeit	54,4 %	47,5 %	50,2 %	49,8 %
Wünschenswert	Anzahl	19	76	176	271
	% innerhalb von Dauer der Tätigkeit	33,3 %	31,7 %	27,2 %	28,7 %
Nicht wünschenswert	Anzahl	7	50	146	203
	% innerhalb von Dauer der Tätigkeit	12,3 %	20,8 %	22,6 %	21,5 %
Gesamt	Anzahl	57	240	647	944
	% innerhalb von Dauer der Tätigkeit	100,0 %	100,0 %	100,0 %	100,0 %

Es ergibt sich die Tendenz, dass mit **wachsender Berufserfahrung** der **Wunsch** nach einer Vorverlagerung **weniger ausgeprägt** ist (siehe hierzu **Abb. 16 – S. 187**). Die These, dies könne auch daran liegen, dass jüngere Praktiker Neuregelungen generell aufgeschlossener gegenüberstehen als die älteren Kollegen, erfährt kaum eine Bestätigung, wenn man die Auswertung bezogen auf die **Anzahl der Beiordnungen** gem. § 140 Abs. 1 Nr. 4 StPO betrachtet:

98 Zu den Gründen die sogleich unten dargestellten Antworten auf die Frage „Wenn ‚nicht wünschenswert': Weshalb?" (*Abschn.* C.III.1.c).
99 Gültig: 944 (97,2 %); fehlend: 27 (2,8 %).

Vorverlagerung des Beiordnungszeitpunkts auf den Zeitpunkt der Vorführung[100]

		Anzahl Beiordnungen § 140 Abs. 1 Nr. 4 StPO					**Gesamt**
		Keine	**Bis zu 10**	**Bis zu 20**	**Bis zu 50**	**Mehr als 50**	
Zwingend notwendig	Anzahl	201	224	33	7	2	467
	% innerhalb von Anzahl der Beiordnungen gem. § 140 Abs. 1 Nr. 4 StPO	59,8 %	47,8 %	42,9 %	28,0 %	40,0 %	51,2 %
Wünschenswert	Anzahl	100	137	21	4	0	262
	% innerhalb von Anzahl der Beiordnungen gem. § 140 Abs. 1 Nr. 4 StPO	29,8 %	29,2 %	27,3 %	16,0 %	0,0 %	28,7 %
Nicht wünschenswert	Anzahl	35	108	23	14	3	183
	% innerhalb von Anzahl der Beiordnungen gem. § 140 Abs. 1 Nr. 4 StPO	10,4 %	23,0 %	29,9 %	56,0 %	60,0 %	20,1 %
Gesamt	Anzahl	336	469	77	25	5	912
	% innerhalb von Anzahl der Beiordnungen gem. § 140 Abs. 1 Nr. 4 StPO	100,0 %	100,0 %	100,0 %	100,0 %	100,0 %	100,0 %

Mit **wachsender Beiordnungszahl sinkt** im Durchschnitt ersichtlich der **Wunsch** nach der im Raum stehenden Vorverlagerung (siehe hierzu **Abb. 17 – S. 187**). Ein Grund könnte darin liegen, dass diejenigen, die im „Beiordnungsgeschäft" besonders gut etabliert sind, eine Änderung des rechtlichen status quo gewissermaßen als potentielle Beeinträchtigung ihres „Geschäftsmodells" empfinden könnten.

Zudem sind leichte Unterschiede in Bezirken mit und ohne **Großstadtsitz** des Landgerichts zu konstatieren:

100 Gültig: 912 (96,9 %); fehlend: 29 (3,1 %).

Vorverlagerung des Beiordnungszeitpunkts auf den Zeitpunkt der Vorführung[101]

		Großstadt		Gesamt
		LG in Großstadt	LG nicht in Großstadt	
Zwingend notwendig	Anzahl	323	126	449
	% innerhalb von Großstadt	46,7 %	58,6 %	49,6 %
Wünschenswert	Anzahl	205	57	262
	% innerhalb von Großstadt	29,7 %	26,5 %	28,9 %
Nicht wünschenswert	Anzahl	163	32	195
	% innerhalb von Großstadt	23,6 %	14,9 %	21,5 %
Gesamt	Anzahl	691	215	906
	% innerhalb von Großstadt	100,0 %	100,0 %	100,0 %

In **„Großstadtgebieten“** ist der Prozentsatz derjenigen, die eine Vorverlagerung für essentiell nötig halten, etwa 12 Prozentpunkte niedriger und derjenigen, die sie für **nicht wünschenswert** halten, um etwa **8,5 Prozentpunkte höher** (siehe hierzu **Abb. 18 – S. 188**). Dies könnte – muss aber nicht – auf eine „härtere Gangart“ in der Frühphase haftrelevanter Ermittlungsverfahren in eher ländlichen und kleinstädtischen Gebieten hindeuten, die den Wunsch nach frühzeitigerer Verteidigung des Beschuldigten erhöht.

101 Gültig: 906 (93,3 %); fehlend: 65 (6,7 %).

Ferner zeigen sich Unterschiede bei Verteidigern mit und ohne **Fachanwaltstitel**:

Vorverlagerung des Beiordnungszeitpunkts auf Zeitpunkt der Vorführung[102]

		Fachanwalt für Strafrecht		Gesamt
		Ja	Nein	
Zwingend notwendig	Anzahl	317	151	468
	% innerhalb von Fachanwalt für Strafrecht	49,0 %	56,3 %	51,1 %
Wünschenswert	Anzahl	171	93	264
	% innerhalb von Fachanwalt für Strafrecht	26,4 %	34,7 %	28,9 %
Nicht wünschenswert	Anzahl	159	24	183
	% innerhalb von Fachanwalt für Strafrecht	24,6 %	9,0 %	20,0 %
Gesamt	Anzahl	647	268	915
	% innerhalb von Fachanwalt für Strafrecht	100,0 %	100,0 %	100,0 %

Verteidiger **ohne Fachanwaltstitel** im Strafrecht halten eine Vorverlegung des Beiordnungszeitpunktes **eher** für **zwingend notwendig** (56,3 % im Vergleich zu 49,0 %) oder wenigstens wünschenswert (34,7 % im Vergleich zu 26,4 %) als ihre Kollegen, die zugleich Fachanwalt für Strafrecht sind. Immerhin 24,6 % der Fachanwälte wählte sogar die Option „nicht wünschenswert" – von den übrigen Verteidigern nur 9,0 % (siehe hierzu **Abb. 19 – S. 188**).

c) Gründe bei Ablehnung der Vorverlagerung des Bestellungszeitpunkts

Die **Gründe** für eine Forderung einer Vorverlagerung des Beiordnungszeitpunkts liegen nach dem oben Gesagten auf der Hand. Doch welche sprechen dagegen? Gefragt wurde:

? Wenn „nicht wünschenswert": Weshalb?[103]

102 Gültig: 915 (97,2 %); fehlend: 26 (2,8 %).

103 Mehrfachnennungen waren möglich.

aa) Deutliches Meinungsbild zu den Gründen der Ablehnung der Vorverlagerung

Wenn „nicht wünschenswert“: Weshalb?[104]

	Antworten		Prozent der Fälle
	N	Prozent	
Mögliche Wartezeit bis zum Eintreffen des Verteidigers bzw. sonstige Verfahrensverzögerung	36	8,5 %	17,6 %
Mögliche Verkürzung der Überlegungsfrist für den Beschuldigten	154	36,3 %	75,1 %
Mögliche Bindungswirkung einer übereilten Wahl	188	44,3 %	91,7 %
Untunlichkeit der Auswahl eines Verteidigers durch das Gericht*	36	8,5 %	17,6 %
Beeinflussung/Überforderung des Beschuldigten*	3	0,7 %	1,5 %
Terminprobleme seitens der Verteidiger*	2	0,5 %	1,0 %
Kein Mehrgewinn im Hinblick auf effektive Verteidigung*	2	0,5 %	1,0 %
Notwendigkeit einer Verteidigerbestellung noch nicht sicher*	2	0,5 %	1,0 %
Wahlverteidigung wird abgedrängt*	1	0,2 %	0,5 %
Gesamt	424	100,0 %	206,8 %

Von den auf diese Frage Antwortenden (siehe hierzu **Abb. 20 – S. 189**) gaben **fast alle** (91,7 %) an, die mögliche **Bindungswirkung** einer übereilten Wahl sei problematisch. **Drei Viertel** (75,1 %) halten die damit verbundene mögliche **Verkürzung der Überlegungsfrist** für den Beschuldigten für ein entscheidendes Problem.[105] Die mögliche **Wartezeit** bis zum Eintreffen des Verteidigers bzw. sonstige Verfahrensverzögerung wählten hingegen nur **17,6 %.**[106] Bei „Sonstiges“ wiesen ebenfalls **17,6 %** noch darauf hin, dass ihrer Auffassung nach nicht wünschenswert sei, dass die **Auswahl eines Verteidigers durch das Gericht**[107] erfolgen soll. Freilich kann auch bei späterem Beiordnungszeitpunkt noch eine Auswahl durch das Gericht erfolgen, wenn der Beschuldigte keinen Verteidiger benennt oder dessen Bestellung ein wichtiger Grund entgegensteht. Diese Befragten dürften allerdings davon ausgegangen sein, dass im Falle einer Vorverlagerung auch die Anhörung des Beschuldigten oder jedenfalls

104 Gültig: 205 (21,1 %); fehlend: 766 (78,9 %).

105 Unterschiede ergaben sich hier in Bezug auf Verteidiger ohne und mit Fachanwaltstitel im Strafrecht (64,0 % [16 von 25] im Vergleich zu 87,1 % [125 von 160]).

106 Auffällig: Diese Antwort wurde deutlich seltener gewählt für Bezirke, in denen das LG in einer Großstadt sitzt (14,7 % [24 von 163] im Vergleich zu 33,3 % [11 von 33]).

107 Ein Befragter befürchtet sogar, dass dann nicht nur der Richter, sondern womöglich sogar die Polizei Verteidiger aussuche. Unterschiede ergeben sich hier in Bezug auf Verteidiger ohne und mit Fachanwaltstitel im Strafrecht (8,0 % [2 von 25] im Vergleich zu 20,6 % [33 von 160]).

die Einräumung einer Frist entfällt (was nicht zwingend ist) und der Beschuldigte daher nie oder seltener einen Verteidiger seiner Wahl bezeichnen könnte. Das Gericht suche dann willkürlich einen Verteidiger aus, der nicht wirklich verteidige, sondern „gerichtsfreundlich" agiere, so die Befragten. Diese Befürchtung wird im Rahmen des noch folgenden Teils der Auswertung noch häufiger im Fokus stehen.

Nur vereinzelt (jeweils 1 bis 3 Nennungen) wurde noch genannt, es entstünde die Gefahr der Beeinflussung oder Überforderung des Beschuldigten[108], Terminsprobleme seitens der Verteidiger stünden im Wege[109], es ginge kein Gewinn im Hinblick auf effektive Verteidigung einher[110], die Notwendigkeit einer Verteidigerbestellung sei zu diesem Zeitpunkt noch nicht sicher (dazu sogleich) und die Wahlverteidigung werde durch eine Vorverlagerung abgedrängt.

bb) Aufschlüsselung der Gegengründe nach Berufsgruppen

Im Hinblick auf die verschiedenen **Berufsgruppen** ergibt sich folgendes Bild: (siehe hierzu **Abb. 21–23 – S. 190 f.**)

Wenn „nicht wünschenswert": Weshalb?[111]

		Tätigkeit		Gesamt
		Strafverteidiger	Ermittlungsrichter am AG	
Mögliche Wartezeit bis zum Eintreffen des Verteidigers bzw. sonstige Verfahrensverzögerung	Anzahl	23	13	36
	% innerhalb von Tätigkeit	12,4 %	68,4 %	
Mögliche Verkürzung der Überlegungsfrist für den Beschuldigten	Anzahl	142	12	154
	% innerhalb von Tätigkeit	76,3 %	63,2 %	
Mögliche Bindungswirkung einer übereilten Wahl	Anzahl	176	12	188
	% innerhalb von Tätigkeit	94,6 %	63,2 %	

108 Der Beschuldigte sei überfordert und wähle den erstbesten Verteidiger bzw. ihm sei aufgrund des Drucks gar keine Auswahl möglich. Dies hängt freilich alles eng zusammen mit der vorgegebenen Antwort der möglichen Verkürzung der Überlegungsfrist für den Beschuldigten.

109 Verteidiger, die nicht unverzüglich erscheinen könnten, würden benachteiligt. Die Beiordnung werde davon abhängig, „wer gerade Zeit habe".

110 Bis zur Vorführung sei das „Kind schon häufig in den Brunnen gefallen". Wegen zu kurzer Vorbereitung sei keine sachgerechte Verteidigung möglich.

111 Gültig: 205 (21,1 %); fehlend: 766 (78,9 %).

Untunlichkeit der Auswahl eines Verteidigers durch das Gericht*	Anzahl	35	1	36
	% innerhalb von Tätigkeit	18,8 %	5,3 %	
Beeinflussung/Überforderung des Beschuldigten*	Anzahl	3	0	3
	% innerhalb von Tätigkeit	1,6 %	0,0 %	
Terminprobleme seitens der Verteidiger*	Anzahl	2	0	2
	% innerhalb von Tätigkeit	1,1 %	0,0 %	
Kein Mehrgewinn im Hinblick auf effektive Verteidigung*	Anzahl	2	0	2
	% innerhalb von Tätigkeit	1,1 %	0,0 %	
Notwendigkeit einer Verteidigerbestellung noch nicht sicher*	Anzahl	0	2	2
	% innerhalb von Tätigkeit	0,0 %	10,5 %	
Wahlverteidigung wird abgedrängt*	Anzahl	1	0	1
	% innerhalb von Tätigkeit	0,5 %	0,0 %	
Gesamt	Anzahl	186	19	205

Mit der möglichen **Wartezeit** argumentierten **68,4 %** der antwortenden **Richter**, aber nur **12,4 %** der **Verteidiger**. Die Variante „mögliche **Bindungswirkung** einer übereilten Wahl" wählten **94,6 %** der **Verteidiger**, aber „nur" **63,2 %** der **Richter**. Auf Terminprobleme seitens der Verteidiger haben zwei Verteidiger hingewiesen. Die beiden Befragten, die darauf aufmerksam machten, die **Notwendigkeit** einer Verteidigerbestellung sei noch **nicht sicher**, sind **Ermittlungsrichter**. Dieser Erwägung liegt jedoch ein **Zirkelschluss** zugrunde, da es gerade darum geht, ab wann die Bestellung notwendig ist.

2. Der Begriff der „Unverzüglichkeit" (§ 141 Abs. 3 Satz 4 StPO) – ein „Danaergeschenk" für den Beschuldigten?

Mit Hilfe der zeitlichen Vorgabe „unverzüglich" für die Bestellung soll dem Beschuldigten **rechtliches Gehör** (Art. 103 Abs. 1 GG) ermöglicht und deshalb **ausreichend Zeit** geboten werden, um dem Gericht nach Beginn der Vollstreckung einen Verteidiger **seiner Wahl** benennen zu können. Die Norm spielt mit § 142 Abs. 1 Satz 2 StPO zusammen, wonach vor der Bestellung eines Verteidigers dem Beschuldigten Gelegenheit gegeben werden soll, innerhalb einer zu bestimmenden Frist einen Verteidiger seiner Wahl zu bezeichnen.[112]

Zu bedenken ist freilich auch, dass die Freiheit, eine solche autonome Entscheidung treffen zu können, auch zur **Last** werden kann. Der Druck, die Auswahl nach § 142 Abs. 1 Satz 1 StPO treffen zu „sollen", bekommt durch das in § 141 Abs. 3 Satz 4 StPO enthaltene Zeitmoment nunmehr eine neue Qualität für den Beschuldigten. Insofern kann sich die Neuregelung bei unzweckmäßiger Auslegung negativ auf seine Lage auswirken. Insbesondere ist an Fälle zu denken, in denen die Entscheidung über die Person des zu bestellenden Verteidigers mangels ausreichender Zeit für die Formulierung eines Vorschlags durch den Beschuldigten letztlich beim Gericht verbleibt. Hier besteht die – abstrakte – **Gefahr**, dass Verteidiger beigeordnet werden, die **nicht** das **Vertrauen** des Beschuldigten, sondern des Gerichts genießen. Mangels Transparenz kann damit im Einzelfall der böse Anschein entstehen, für die Auswahl seien in erster Linie Routine, persönliche Bekanntschaft und die Erwartung geschmeidiger Zusammenarbeit mit dem Gericht verantwortlich. *Stefan König* hat deshalb von der Gefahr eines **„Danaergeschenks"**[113] für den Beschuldigten gesprochen. Zuspitzungen wie das böse Wort vom „Geständnishelfer", der **„verurteilungsbegleitende Rechtsanwalt"** sowie das Berufsbild **„Beiordnungsprostitution"** stehen in ihrem sachlichen Kerngehalt für in Einzelfällen nicht a limine von der Hand zu weisende Bedenken.[114] Vieles hängt also am Zeitmoment – und damit an einer besonders interessensensiblen Auslegung des unbestimmten Rechtsbegriffs „unverzüglich" in § 141 Abs. 3 Satz 4 StPO durch die Praxis.

a) Die Geltung von § 142 Abs. 1 Satz 2 StPO

In Streit geraten ist zunächst schon die besonders praxisrelevante Frage, ob die Regel des **§ 142 Abs. 1 Satz 2** StPO tatsächlich **auch** für die Pflichtverteidigerbestellung **in U-Haft-Fällen** gilt. So ist weniger als zwei Monate nach Inkrafttreten des § 140 Abs. 1 Nr. 4 StPO auf dem 34. Strafverteidigertag 2010[115] beanstandet worden, den

112 Siehe LR/*Lüderssen/Jahn* Nachtr. § 141 Rn. 8; § 142 Rn. 12ff.

113 *St. König* AnwBl. 2010, 50, 51. Vergleichbare Problematisierungen finden sich bei *DAV* Stellungnahme Nr. 55/2009, 4f.; *Strafverteidigervereinigungen* StV 2010, 109; *Wohlers* StV 2010, 151, 153; *Heydenreich* StRR 2009, 444, 445; *D. Herrmann* StraFo 2011, 133, 140; *Wenske* NStZ 2010, 479, 480 und *Nobis* StRR 2012, 105f. sowie schon bei LR/*Lüderssen/Jahn* Nachtr. § 141 Rn. 9. Zur grundsätzlichen Diskussion *Hilbers/Lam* StraFo 2005, 70, 71; *Thielmann* HRRS 2009, 452, 454; *ders.* NJW 2011, 1927.

114 Zur Einordnung in die jüngere Diskussion um Strafverteidigung in der Bundesrepublik Deutschland vgl. *Jahn* StV 2014, 40, 42.

115 S. die Resolution des 34. Strafverteidigertages, abrufbar über www.strafverteidigertag.de/Strafverteidigertage/strafverteidigertag2010.htm. Die Frage, welche Aussagekraft eine kurz nach Inkrafttreten eines Gesetzes stattfindende Evaluation auf Basis von nicht systematisch erhobenen Berichten aus der Praxis haben kann, kann hier erneut (vgl. schon *Jahn* FS Rissing-van Saan, 275, 284 Fn. 38) dahinstehen.

Beschuldigten werde in vielen Fällen nicht in ausreichendem Maße rechtliches Gehör gewährt, sondern vielmehr unmittelbar ein vom Richter ausgewählter Pflichtverteidiger beigeordnet. Nach **zutreffender Ansicht**,[116] die auch in der **Rechtsprechung**[117] auf breiter Front geteilt wird, ändert das Erfordernis der „unverzüglichen" Verteidigerbestellung gem. § 141 Abs. 3 Satz 4 StPO nichts am Bestehen des **Anhörungs- und Bestimmungsrechts** des Inhaftierten.

Die **Gegenauffassung**[118] überzeugt nicht. Hiernach soll es für die Einräumung einer Frist zur Bezeichnung eines Verteidigers in den Fällen des § 140 Abs. 1 Nr. 4 StPO an einer gesetzlichen Gestattung mangeln. Die Vorschrift des § 142 Abs. 1 Satz 1 StPO werde vielmehr durch die Spezialregelung in § 141 Abs. 3 Satz 4 StPO aus sachbezogenen Gründen verdrängt. Dieses Rangverhältnis ergebe sich daraus, dass Absatz 3 Satz 4 die „unverzügliche" Beiordnung ausdrücklich gebiete, während es sich bei § 142 Abs. 1 Satz 1 StPO nur um eine „Soll-Vorschrift" handele. Bei der Auslegung der Gegenmeinung werden jedoch zugunsten des systematischen Vorrangs der §§ 140, 141 StPO vor § 142 StPO sowohl der Wortlaut als auch die **Entstehungsgeschichte** und Sinn und Zweck des § 142 StPO gering geachtet.

§ 142 Abs. 1 Satz 1 StPO erfasst nach seinem Wortlaut unterschiedslos alle Fälle „der" Bestellung eines Verteidigers, also auch den Untersuchungshaft-Fall und die ihm gleichgestellten Konstellationen. Der Gesetzgeber des StVÄG 1987 wollte mit diesem Wortlaut gerade die einschlägige **Judikatur des BVerfG**[119] positivieren, nach der den Wünschen des Beschuldigten bei der Auswahl der Person des Pflichtverteidigers möglichst Rechnung zu tragen ist. Die Vorschrift solle nach dem erklärten Willen ihrer Verfasser „von der Praxis in dem Sinne ernst genommen werden, dass sie dem auf einen bestellten Verteidiger angewiesenen Beschuldigten wenigstens hinsichtlich der personellen Auswahl ähnliche Chancen bietet wie demjenigen, der selbst einen Verteidiger mandatieren kann"[120]. Schon diese Historie muss ein Verständnis zweifelhaft erscheinen lassen, das die Regelung für einen ganz besonders praxisbedeutsamen Fall gänzlich leerlaufen lässt. Dass **§ 142** StPO im Ganzen auch für den Untersuchungshaft-Fall des § 140 Abs. 1 Nr. 4 StPO anwendbar ist, unterstreicht in **systematischer Perspektive** Absatz 2 der Vorschrift. Er nimmt explizit – wenn auch wegen der Kürze des juristischen Vorbereitungsdienstes heute weitgehend

---

116 *Wohlers* StV 2010, 151, 153; *F. Schmidt* NJ 2012, 284; *Lam/Meyer-Mews* NJW 2012, 177, 180; HK-GS/*Weiler*, 3. Aufl. 2013, § 141 Rn. 6; AnwK-UHaft/*König* § 141 Rn. 4; § 142, 8; HK/*Julius* § 141 Rn. 9 u. § 142, 8 sowie *Jahn* FS Rissing-van Saan, 275, 284f. und LR/*Lüderssen*/*Jahn* Nachtr. § 141 Rn. 11 (dort auch bereits zum Nachfolgenden).

117 OLG Düsseldorf StV 2010, 350, 351 m. zust. Anm. *Burhoff* StRR 2010, 223 und Anm. *Wollschläger* jurisPR extra 2010, 208; OLG Düsseldorf NJW 2011, 1618 m. Anm. *D. Herrmann* StV 2011, 652, 653f.; OLG Koblenz StV 2011, 349, 350; OLG Dresden NStZ-RR 2012, 213; KG StV 2012, 656, 657; LG Bonn StV 2010, 180, 181; LG Frankfurt (Oder) StV 2010, 235, 236; LG Krefeld StV 2011, 274; LG Dresden StraFo 2012, 14; AG Stuttgart StV 2010, 677; unklar hingegen OLG Hamm StV 2014, 274 („zeitnah").

118 *Schlothauer* FS Samson, 709, 711ff. A. A. aber *ders.*/*Weider*, Untersuchungshaft, Rn. 289.

119 Insbesondere BVerfGE 39, 238, 243 (Fall *Croissant*); aus der neueren Rspr. stellvertretend OLG München NJW 2010, 1766.

120 *Rieß*/*Hilger* NStZ 1987, 145, 147.

bedeutungslos geworden[121] auf die Vorschrift des § 140 StPO Bezug. Bereits nach alter Rechtslage vor dem 1.1.2010 wurde der damalige § 142 Abs. 1 Satz 2 StPO (entspricht § 142 Abs. 1 Satz 1 StPO n. F.) zuletzt trotz seines *insoweit* missverständlichen Wortlauts („soll") nach seinem erkennbaren Sinn und Zweck so ausgelegt, dass die Anhörung des Beschuldigten keinesfalls im Ermessen des Gerichts liegt, sondern eine **Anhörungspflicht** besteht („intendiertes Ermessen").[122] Dieses Verständnis resultiert aus dem verfassungsrechtlich anerkannten Recht des Beschuldigten, sein Interesse an der Bestellung des Verteidigers seines Vertrauens grundsätzlich selbst definieren zu können. Dazu tritt die grundrechtsgleiche Gewährleistung rechtlichen Gehörs nach Art. 103 Abs. 1 GG, in deren Lichte § 142 Abs. 1 Satz 1 StPO stets zu interpretieren ist. Nicht die Einräumung der Möglichkeit der Verteidigerbezeichnung bedarf im Untersuchungshaft-Fall entgegen der von *Schlothauer* vertretenen Gegenauffassung also einer einfachgesetzlichen Grundlage, sondern umgekehrt deren Einschränkung. Eine verfassungsimmanente Beschränkung des Bezeichnungsrechts des Beschuldigten aus Art. 103 Abs. 1 GG zugunsten des Grundsatzes der Verfahrensbeschleunigung ist aber in der Praxis regelmäßig schon nicht erforderlich, darüber hinaus aber auch nicht angemessen.

! **Empirischer Forschungsbedarf** bestand hier also zunächst zu der Frage, ob aus Sicht und nach den praktischen Erfahrungen der Verfahrensbeteiligten – insbesondere der Verteidiger – das Bezeichnungsrecht nach § 142 Abs. 1 StPO gewahrt wird. Darüber hinaus ist, nicht zuletzt angesichts der de lege lata nicht durchgreifenden, aber rechtspolitisch diskutablen Überlegungen von *Schlothauer* zu fragen, ob dieses Anhörungsrecht auch (weiterhin) gewahrt werden *soll.*

Gefragt wurde daher:

? Wie häufig wird dieses Anhörungs- und Bezeichnungsrecht tatsächlich gewahrt?

---

121 *Barton*, Einführung in die Strafverteidigung, 2. Aufl. 2013, § 4 Rn. 43; s. auch *Jahn* JuS 2006, 660, 661 zum vergleichbaren Problem bei § 139 StPO. Das mag, neben anderen Motiven, erklären, warum § 142 Abs. 2 StPO auch nach dem 1.1.2010 nicht auf § 140 Abs. 1 Nr. 4 StPO verweist.

122 LR/*Lüderssen*/*Jahn* Nachtr. § 141 Rn. 14; vgl. BVerfG NJW 2001, 3695, 3697; BGH StV 2003, 210, 211; OLG Frankfurt NStZ-RR 1996, 271; LG Cottbus StV 2006, 687; SK/*Wohlers* § 142 Rn. 3. A. A. OLG Karlsruhe StV 2001, 557, 558 m. abl. Anm. *Braum*.

b) Rechtstatsachen zur Wahrung des Anhörungs- und Bezeichnungsrechts

aa) Überblick: Ein alarmierendes Bild

Wahrung des Anhörungs- und Bezeichnungsrechts

		Häufigkeit	Prozent	Gültige Prozente	Kumulierte Prozente
Gültig	Nie	15	1,5	1,9	1,9
	Selten	168	17,3	21,1	23,0
	Gelegentlich	189	19,5	23,7	46,7
	Regelmäßig	353	36,4	44,3	91,0
	Immer	72	7,4	9,0	100,0
	Gesamt	797	82,1	100,0	
Fehlend	System	174	17,9		
Gesamt		971	100,0		

Der **größte Teil** der Befragten (44,3 %) gab zwar an, das Anhörungs- und Bezeichnungsrecht werde **„regelmäßig“** gewahrt. Betrachtet man aber die Balken für die Antworten **„selten“** und **„gelegentlich“**, fällt auf, dass diese mit 21,1 % und 23,7 % **(= 44,8 %)** ebenso ausgeprägt zu Buche schlagen und zudem 1,9 % „nie“ angeben (siehe hierzu **Abb. 24 – S. 192**). Diese Werte erscheinen in Anbetracht der Tatsache, dass nach zutreffender fast allgemeiner Meinung und seit 2009 verstetigter st. Rspr. die Einräumung einer Frist zur Bezeichnung eines Verteidigers eine Rechtspflicht des Gerichts ist,[123] bedenklich **hoch**. Dieser Befund korreliert zudem mit der Tatsache, dass sich Gerichtsentscheidungen häufen, die aus Gründen unterbliebener oder fehlerhafter Anhörung eine Auswechslung des Verteidigers gewähren.[124] Fast erschreckend erscheint zudem, dass immerhin **15 befragte** Verteidiger (1,9 %) nach eigenen Aussagen sogar die Erfahrung gemacht haben, das Anhörungs- und Bezeichnungsrecht werde **nie** gewahrt.

Insgesamt gaben damit alarmierende **91 %** der Verteidiger an, der Beschuldigte werde **nicht immer** (unter Einräumung einer Bezeichnungsfrist) angehört.

Selbst soweit das Recht dem Grunde nach gewahrt wird, schließt das andere Fehler nicht aus. Ein Verteidiger weiß etwa zu berichten (Hervorh. i. Orig.): „Problematisch ist auch, dass bei manchen Gerichten, z. B. AG Neu-Ulm, anscheinend noch immer alte Textbausteine verwendet werden, nach denen eine Auswahl eines Verteidigers, der *am Ort* des Gerichts seinen Sitz hat (Kanzlei), möglich ist – nicht *im Bezirk*.“

---

123 Fn. 116, 117.
124 LR/*Lüderssen*/*Jahn* Nachtr. § 140 Rn. 22.

bb) Differenzierung nach Berufsgruppen

Bezogen auf die verschiedenen **Berufsgruppen** ergibt sich folgendes Bild:

Wahrung des Anhörungs- und Bezeichnungsrechts[125]

		Tätigkeit		Gesamt
		Strafverteidiger	Ermittlungsrichter am AG	
Nie	Anzahl	15	0	15
	% innerhalb von Tätigkeit	2,0 %	0,0 %	1,9 %
Selten	Anzahl	167	1	168
	% innerhalb von Tätigkeit	21,8 %	3,3 %	21,1 %
Gelegentlich	Anzahl	188	1	189
	% innerhalb von Tätigkeit	24,5 %	3,3 %	23,7 %
Regelmäßig	Anzahl	344	9	353
	% innerhalb von Tätigkeit	44,9 %	30,0 %	44,3 %
Immer	Anzahl	53	19	72
	% innerhalb von Tätigkeit	6,9 %	63,3 %	9,0 %
Gesamt	Anzahl	767	30	797
	% innerhalb von Tätigkeit	100,0 %	100,0 %	100,0 %

Hier werden sofort deutliche Unterschiede augenscheinlich (siehe **Abb. 25 – S. 192**). Im **Gegensatz** zu den Verteidigern gaben nahezu alle teilnehmenden **Ermittlungsrichter** an, das Anhörungs- und Bezeichnungsrecht werde **regelmäßig** (30,0 %) bzw. **immer** (63,3 %) gewahrt. Die gravierende Abweichung könnte dafür sprechen, dass die Angaben der Ermittlungsrichter zu hoch sind. *Ein* Grund dafür könnte darin liegen, dass sich vermehrt pflichtbewusste Richter entschieden haben, an der Umfrage teilzunehmen, bei der das Recht nicht nur in eigener Praxis, sondern auch im beruflichen Umfeld tendenziell eher gewahrt wird. Demgegenüber dürften die Verteidiger die Praxis verschiedener Richter beobachtet haben.

Fest halten lässt sich jedenfalls, dass immerhin auch 36,7 % – mehr als **ein Drittel**! – der an der vorliegenden Untersuchung teilnehmenden Richter einräumen, der Beschuldigte werde nicht stets (unter Einräumung einer Bezeichnungsfrist) angehört.[126] Selbst dabei handelt es sich um einen **sehr bedenklichen Wert**.

125 Gültig: 797 (82,1 %); fehlend: 174 (17,9 %).

126 Verteidiger: 93,1 %!

cc) (Fehlende) Perspektive der Mehrzahl der Befragten de lege ferenda

Es wurde weiter gefragt:

Halten Sie dieses Anhörungs- und Bezeichnungsrecht für sinnvoll?

Anhörungs- und Bezeichnungsrecht sinnvoll?

		Häufigkeit	Prozent	Gültige Prozente	Kumulierte Prozente
Gültig	Ja	880	90,6	95,8	95,8
	Nein	39	4,0	4,2	100,0
	Gesamt	919	94,6	100,0	
Fehlend	System	52	5,4		
Gesamt		971	100,0		

Die **ganz überwiegende Mehrheit** (95,8 %) hält das Anhörungs- und Bezeichnungsrecht für **sinnvoll** (siehe hierzu **Abb. 26 – S. 193**). Dies gilt für beide Berufsgruppen (siehe hierzu **Abb. 27 – S. 193**):

Anhörungs- und Bezeichnungsrecht sinnvoll?[127]

		Tätigkeit		Gesamt
		Strafverteidiger	Ermittlungsrichter am AG	
Ja	Anzahl	850	30	880
	% innerhalb von Tätigkeit	95,6 %	100,0 %	95,8 %
Nein	Anzahl	39	0	39
	% innerhalb von Tätigkeit	4,4 %	0,0 %	4,2 %
Gesamt	Anzahl	889	30	919
	% innerhalb von Tätigkeit	100,0 %	100,0 %	100,0 %

Die teilnehmenden **Ermittlungsrichter** halten es sogar **allesamt (100 %)** für sinnvoll, sehen also zur geltenden Rechtslage keinen Änderungsbedarf. Nicht ohne Weiteres erklärbar ist bei diesem eindeutigen Befund, warum es dennoch in der Praxis so häufig nicht gewahrt wird. Hier könnten sicherlich die Aspekte der **Arbeitsbelastung** und der **Verfahrensbeschleunigung** eine Rolle spielen. Sie liefern freilich keinen

127 Gültig: 919 (94,6 %); fehlend: 52 (5,4 %).

Freibrief zu dem von den teilnehmenden Verteidigern beobachteten „gelegentlichen" oder doch „seltenen" **Bruch des geltenden Rechts** in annähernd der **Hälfte** (46,3 %) **aller Fälle**. Nicht vergessen werden darf andererseits, dass 28 der 30 teilnehmenden Richter angegeben haben, das Anhörungs- und Bezeichnungsrecht werde regelmäßig bzw. immer gewahrt, sodass *bei diesen* die bejahende Antwort auf die vorliegende Folgefrage nicht verwundert.

Unter den Verteidigern ist nochmals ein Unterschied im Hinblick auf **Fachanwälte** zu bemerken (siehe hierzu **Abb. 28 – S. 194**):

Anhörungs- und Bezeichnungsrecht sinnvoll?[128]

		Fachanwalt für Strafrecht		Gesamt
		Ja	Nein	
Ja	Anzahl	595	250	845
	% innerhalb von Fachanwalt für Strafrecht	94,9 %	97,3 %	95,6 %
Nein	Anzahl	32	7	39
	% innerhalb von Fachanwalt für Strafrecht	5,1 %	2,7 %	4,4 %
Gesamt	Anzahl	627	257	884
	% innerhalb von Fachanwalt für Strafrecht	100,0 %	100,0 %	100,0 %

Unter den **Nicht-Fachanwälten** hält das Anhörungs- und Bezeichnungsrecht **in Relation zu den Fachanwälten** nur etwa die **Hälfte** (2,7 % im Vergleich zu 5,1 %) für **nicht sinnvoll.**

dd) Zu den inhaltlichen Gründen der Befürwortung der lex lata aus Sicht der Befragten

Gefragt wurde sodann nach den **Gründen** für die Befürwortung des geltenden Rechtszustandes:

? Wenn „ja": Weshalb?[129]

128 Gültig: 884 (93,9 %); fehlend: 57 (6,1 %).

129 Mehrfachnennungen waren auch hier wieder möglich.

(A) Gesamtüberblick über die genannten Gründe

Wenn ja: Weshalb?[130]

	Antworten		Prozent der Fälle
	N	Prozent	
Ermöglichung einer eigenverantwortlichen Auswahl des (Vertrauens-)Anwalts*	556	73,4 %	78,8 %
Vermeidung der Notwendigkeit eines späteren Verteidigerwechsels*	43	5,7 %	6,1 %
Verkürzung des Verfahrens*	3	0,4 %	0,4 %
Effektive Verteidigung*	26	3,4 %	3,7 %
Faires Verfahren/Wahrung der Rechte des Beschuldigten*	61	8,0 %	8,6 %
Untunlichkeit der Auswahl eines Verteidigers durch das Gericht*	69	9,1 %	9,8 %
Gesamt	758	100,0 %	107,4 %

Diese Frage konnte komplett „offen", also ohne das Angebot an vorgefassten Antwortmöglichkeiten beantwortet werden (siehe hierzu **Abb. 29 – S. 195**). Dass letztlich in der Sache die Ermöglichung einer **eigenverantwortlichen Auswahl des (Vertrauens-)Anwalts** mit Abstand am **öftesten** (78,8 % der Antwortenden) genannt wurde, überrascht nicht; dies ist ja gerade der Sinn und Zweck der gesetzlichen Regelung in § 142 Abs. 1 Satz 1 StPO.[131]

Innerhalb dieser zu Zwecken der Auswertung zusammengefassten Antwortgruppe wird auf verschiedene Aspekte hingewiesen. Sehr häufig wird geltend gemacht, ein dem Beschuldigten bereits bekannter **Anwalt des Vertrauens** müsse von ihm zur Wahrung seiner Rechtsstellung bezeichnet werden können (Wahl- oder Pflichtverteidiger aus früherem/-n Verfahren). Zuweilen wird darauf hingewiesen, dass diese u. U. auch **Kenntnisse** aus **vorangegangenen Verfahren** einbringen könnten sowie darauf, dass in die neue Sache u. U. sogar solche frühere Verfahren einbezogen werden müssten. Unter die Kategorie wurden ferner Antworten gefasst, in denen darauf hingewiesen wird, der (jedenfalls zunächst) oft überforderte Beschuldigte müsse verteidigungsbereite Rechtsanwälte in Erfahrung bringen und Kontakt knüpfen und so ggf. auch ohne „gemeinsame Vorgeschichte" einen Anwalt auswählen können, von dem er glaube, er sei für ihn geeignet und er vertraue ihm bzw. könne zu ihm jedenfalls perspektivisch **Vertrauen aufbauen**. Häufig wird auch (zum Teil

130 Gültig: 706 (72,7 %); fehlend: 265 (27,3 %).
131 Für Nachweise soeben *Abschn.* C.III.2.a.

auch „nur") auf die nötige **Bedenkzeit** hingewiesen (insbesondere, aber nicht ausschließlich für den Fall, dass der Beschuldigte keinen Anwalt kennt) bzw. darauf, dass übereilte Beiordnungen in einer **Überrumpelungssituation** („Schockzustand") verhindert werden könnten.[132] Aufgrund der Stresssituation sei der Beschuldigte gar nicht in der Lage, sich sofort zu entscheiden. Neben dem Vertrauensaspekt wird vielfach auch darauf hingewiesen, der Beschuldigte könne einen Verteidiger gezielt im Hinblick auf dessen **fachliche Qualifikation**, seinen Tätigkeitsbereich und seine **Spezialisierung** sowie auf seine **Sprachkenntnisse** auswählen.

Verständlicherweise kommt in einigen Antworten (zum Teil ausdrücklich) auch der Wunsch zum Ausdruck, **„Dauermandanten"** (auf deren Wunsch) beigeordnet werden zu können und diese nicht gewissermaßen (vorübergehend oder dauerhaft) an andere, durch das Gericht beigeordnete Kollegen zu „verlieren". Im Rahmen der dieser Kategorie zugeordneten Antworten wurde auch öfters der Aspekt einer möglichen Wahl mit **Hilfe der Familie** oder Bekannter und vereinzelt auch das Einholen von Erfahrungen anderer Inhaftierter angesprochen.[133] Die Hilfe durch die Familie bzw. deren Unterstützung bei der Suche und Kontaktierung eines Verteidigers dürfte vor allem für jüngere Beschuldigte wichtig sein. Auch das Internet und das Telefonbuch finden in den Antworten der Befragten als Hilfsmittel zuweilen Erwähnung. Ferner wird auch auf das **Selbstwertgefühl** des Beschuldigten und auf dessen Akzeptanz in Bezug auf die Beiordnung hingewiesen. Es solle kein Gefühl des „Übergangenwerdens" beim Beschuldigten entstehen. Dies alles ist mit der Wahl des Anwalts des Vertrauens so fest verknüpft, dass es vorliegend nicht als eigene Kategorie ausgewiesen wurde. Ganz trennen davon kann man auch nicht die nächste Kategorie, in deren Antworten – gewissermaßen als Kehrseite – wiederum auf die **Untunlichkeit der Auswahl eines Verteidigers durch das Gericht** hingewiesen wird (**9,8 %**).

8,6 % wiesen speziell auf die Gesichtspunkte **fairen Verfahrens** bzw. des Rechtsstaatsprinzips und/oder auf die Wahrung der Rechte bzw. die Autonomie des Beschuldigten hin. Dies hängt natürlich auch eng mit den übrigen Kategorien zusammen. Denn gerade durch die Einräumung der Möglichkeit, einen Verteidiger, dem der Beschuldigte vertraut, zu wählen, werden seine Rechte verwirklicht. Eine klare Trennung zwischen diesen Antwortkategorien ist daher nicht möglich. Genannt wurden ferner die **Vermeidung** der Notwendigkeit eines späteren **Verteidigerwechsels**, zumal dieser schwierig sei (**6,1 %**) (Stichwort: „Verlegenheitswahl" und § 143 StPO)[134] sowie die Aspekte der **Verkürzung des Verfahrens** (**0,4 %**) und der **effektiven Verteidigung** (**3,7 %**). Im Rahmen der letztgenannten Kategorie wird oft auf eine möglichst frühzeitige Verteidigung hingewiesen. Freilich wäre eine frühzeitige Vertei-

---

132 Insoweit besteht ein Zusammenhang mit der Antwortkategorie „Vermeidung der Notwendigkeit eines späteren Verteidigerwechsels".

133 Da es auch dabei gewissermaßen um die Auswahl eines Vertrauensanwalts geht, wurden keine eigenen Kategorien gebildet.

134 LR/*Lüderssen*/*Jahn* Nachtr. § 140 Rn. 21.

digung auch (oder erst recht) auch bei (sofortiger) gerichtlicher Beiordnung gewährleistet. Das Argument möglichst frühzeitiger Verteidigung kann daher sogar *gegen* eine Anhörung des Beschuldigten angeführt werden.[135] Allerdings wird insoweit die Beiordnung von zu „zahmen" Verteidigern befürchtet. Wiederum ist zu beachten, dass die Übergänge zu den anderen Kategorien (insbesondere zum Grundsatz fairen Verfahrens) fließend sind.

(B) Differenzierung nach der beruflichen Tätigkeit

Bezogen auf die **Tätigkeit** ergibt sich Folgendes (siehe hierzu **Abb. 30 – S. 196**):

Wenn „ja": Weshalb?[136]

		Tätigkeit		Gesamt
		Straf-verteidiger	Ermittlungs-richter am AG	
Ermöglichung einer eigenverantwortlichen Auswahl des (Vertrauens-)Anwalts*	Anzahl	540	16	556
	% innerhalb von Tätigkeit	79,4 %	61,5 %	
Vermeidung der Notwendigkeit eines späteren Verteidigerwechsels*	Anzahl	36	7	43
	% innerhalb von Tätigkeit	5,3 %	26,9 %	
Verkürzung des Verfahrens*	Anzahl	3	0	3
	% innerhalb von Tätigkeit	0,4 %	0,0 %	
Effektive Verteidigung*	Anzahl	26	0	26
	% innerhalb von Tätigkeit	3,8 %	0,0 %	
Faires Verfahren/Wahrung der Rechte des Beschuldigten*	Anzahl	57	4	61
	% innerhalb von Tätigkeit	8,4 %	15,4 %	
Untunlichkeit der Auswahl eines Verteidigers durch das Gericht*	Anzahl	68	1	69
	% innerhalb von Tätigkeit	10,0 %	3,8 %	
Gesamt	Anzahl	680	26	706

135 S. dazu die nächste Frage.
136 Gültig: 706 (72,7 %); fehlend: 265 (27,3 %).

Hier zeigt sich insbesondere, dass die antwortenden **Richter vermehrt** das Problem der **Vermeidung** der Notwendigkeit eines späteren **Verteidigerwechsels** im Blick haben (26,9 % im Vergleich zu 5,3 %). Dies verwundert angesichts des damit verbundenen Mehraufwandes – regelmäßig im eigenen Dezernat – nicht.

ee) Zu den inhaltlichen Gründen der Ablehnung der lex lata aus Sicht der Befragten

Nur diejenigen 4,4 % der Verteidiger, die den geltenden Rechtszustand für **nicht sinnvoll** halten, wurden auch noch gefragt:

? Wenn „nein": Weshalb?[137]

Wenn „nein": Weshalb?[138]

	Antworten		Prozent der Fälle
	N	Prozent	
Benennung der üblichen Verteidiger*	3	9,1 %	9,4 %
Kein Rechtsanwalt bekannt*	5	15,2 %	15,6 %
Zeitverzögerung/Notwendigkeit schnellstmöglicher Verteidigung*	6	18,2 %	18,8 %
Überforderung des Beschuldigten*	6	18,2 %	18,8 %
Fehlen ausreichender Hilfe bei der Auswahl*	4	12,1 %	12,5 %
Zu seltene Wahrnehmung durch den Beschuldigten*	1	3,0 %	3,1 %
Bevorzugte Benennung von „Gitteranwälten"*	8	24,2 %	25,0 %
Gesamt	33	100,0 %	103,1 %

Auch diese Frage sollte ohne vorgefasste Antwortmöglichkeiten beantwortet werden (siehe hierzu **Abb. 31 – S. 197**). Sämtliche gültige Antworten – das sind allerdings nur 33, was bei der quantitativen Aussagekraft bedacht werden sollte – stammen von **Strafverteidigern.**[139] **Ein Viertel** (25,0 %) der auf diese Frage Antwortenden wies auf die bevorzugte Benennung von sog. **„Gitteranwälten"** durch die Beschuldigten im Falle eines eigenen Bezeichnungsrechts hin. Damit ist gemeint: Wer zum Zeitpunkt der Vorführung „seinen" Rechtsanwalt nicht kennt, folgt in der Regel nur dem „Knastgeflüster". Anwälte, die im Gefängnis **durch Mitgefangene empfohlen** werden,

137 Mehrfachnennungen waren wieder möglich.

138 Gültig: 32 (3,3 %); fehlend: 939 (96,7 %).

139 Was konsequent ist: Die Gruppe der Ermittlungsrichter gab ja zuvor einhellig an, das geltende Recht für sinnvoll zu halten, vgl. soeben *Abschn.* C.III.2.b.cc.

werden also bevorzugt. In den Justizvollzugsanstalten werde zudem durch einige Verteidiger aktiv um Mandanten **geworben**, so die Befragten.[140] Es ist von „unlauterer Akquise" die Rede. Dass Anwälte mit guten Kontakten zur JVA bzw. deren Insassen häufiger benannt werden, wird also von einigen Befragten als nicht wünschenswert empfunden.

Zwei Antwortende (**9,4 %**) kritisieren, dass bei Gewährung eines Bezeichnungsrechts nur die **üblichen Verteidiger** benannt würden. Oft werde ein nicht qualifizierter „Hausanwalt" gewählt. **18,8 %** der auf diese Frage Antwortenden weisen auf die damit ergehende Zeitverzögerung bzw. die **Notwendigkeit schnellstmöglicher Verteidigung** hin. Es solle zunächst schnellstmöglich ein Verteidiger anwesend sein.[141] Bis zum Zeitpunkt des Verteidigtseins drohten Selbstbelastungen.

Ebenso viele (**18,8 %**) betonen die **Überforderung des Beschuldigten** in Bezug auf die Bezeichnung eines Verteidigers. Wenn der Beschuldigte damit noch keine Erfahrung habe, sei er mit der Situation überfordert. Er könne nicht ordentlich überlegen. Oft führe dies zur Beiordnung unqualifizierter Rechtsanwälte. Einmal wurde auch die Angst vor Kosten in diesem Kontext genannt. Ein Grund für diese Überforderung könnte in **nicht ausreichenden Hilfestellungen** liegen, auf die teilweise (**12,5 %**) hingewiesen wird. Oft werde kein Kontakt zum Verteidiger gewährt. **15,6 %** betonen, dass dem Beschuldigten in der Regel ohnehin **kein Rechtsanwalt bekannt** sei. **Ein Befragter** (3,1 % der auf diese Frage Antwortenden) argumentiert (in der Sache wenig überzeugend), das Recht werde in der Praxis zu selten durch den Beschuldigten wahrgenommen.

c) Rechtstatsachen zu den immanenten Ausnahmen von der Gewährung des Anhörungs- und Bezeichnungsrechts

Im Ganzen kann von **§ 142 Abs. 1 Satz 1** StPO nach dem Obenstehenden auch bei Untersuchungshaft nur in seltenen **Ausnahmefällen** abgewichen werden. Dies setzt voraus, dass die Gewährung rechtlichen Gehörs eine **erhebliche Verfahrensverzögerung** zur Folge hätte und die konkrete Verfahrenslage ausnahmsweise die sofortige Bestellung eines Pflichtverteidigers gebietet.[142] Bereits das normative Erfordernis „erheblicher" Verfahrensverzögerung wird angesichts der hohen verfassungsrechtlichen Bedeutung des Bezeichnungsrechts des Beschuldigten in praxi kaum einmal einschlägig sein. Schon bisher war, wenn die Kürze der zur Verfügung stehenden Zeit eine schriftliche Erklärung des Beschuldigten nicht zulässt, die Anhörung fernmündlich (z. B. in der JVA) durchzuführen.[143] Dass angesichts der flächendeckenden Verbreitung **moderner Kommunikationstechnik** in Untersuchungshaftanstalten und

140 Ein Verteidiger berichtet sogar von „finanziellen Anreizen an Gefangene und Wärter".

141 Ein Befragter gab ergänzend an: „Es sollte jedoch einfacher werden, den Pflichtverteidiger dann noch zu wechseln."

142 LR/*Lüderssen*/*Jahn* Nachtr. § 141 Rn. 15; i. d. S. auch LG Frankfurt (Oder) StV 2010, 235, 236. S. erg. *Jahn* FS Rissing-van Saan, 275, 298.

143 OLG Düsseldorf StV 2004, 62, 63; OLG Stuttgart StV 2014, 11, 12; LR/*Lüderssen*/*Jahn* § 142 Rn. 14a.

Justizbehörden eine solche fernmündliche Anhörung „erhebliche“ Verfahrensdauer in Anspruch nehmen könnte, ist **praktisch auszuschließen.**[144]

Vor der Bestellung des Verteidigers muss allerdings noch der Staatsanwaltschaft rechtliches Gehör gewährt werden (§ 33 Abs. 2 StPO); auch das ist fernmündlich, per Telefax oder E-Mail möglich und häufig geboten. Einer Anhörung des im Falle einer Anklageerhebung zuständigen Gerichts bedarf es entgegen einer aus der Praxis empfohlenen Handhabung mangels Rechtsgrundlage nicht; sie ist auch unter Beschleunigungsaspekten untunlich.

! **Empirischer Forschungsbedarf** besteht hier also auch zu der speziellen Frage, wie aus Sicht und nach den praktischen Erfahrungen der Verfahrensbeteiligten – insbesondere der Verteidiger – das Bezeichnungsrecht nach § 142 Abs. 1 StPO in der Situation der Freiheitsentziehung praktisch gehandhabt wird, ob etwa moderne Mittel der Telekommunikation tatsächlich genutzt und insbesondere telefonische Anbahnungsgespräche zwischen Mandant und dem bezeichneten Verteidiger in der U-Haft gestattet bzw. mit welcher Begründung sie ggf. versagt werden.

Gefragt wurde zunächst:

? Wie häufig wird dem Beschuldigten in den Fällen des § 140 Abs. 1 Nr. 4 StPO die Nutzung des Internets für die Suche nach einem geeigneten Verteidiger ermöglicht?

---

144 Zum Folgeproblem des (Eil-)Falles der Ermöglichung eines telefonischen Anbahnungsgespräches zwischen Mandant und dem bezeichneten Verteidiger in der U-Haft nach § 148 StPO s. bereits *Jahn* FH Tepperwien, 25, 27; *Schlothauer/Weider*, Untersuchungshaft, Rn. 293 a. E.

aa) Möglichkeit der Nutzung moderner Kommunikationsmittel (Internet) zur Ausübung des Bezeichnungsrechts

Nutzung des Internets

		Häufigkeit	Prozent	Gültige Prozente	Kumulierte Prozente
Gültig	Nie	516	53,1	80,0	80,0
	Selten	101	10,4	15,7	95,7
	Gelegentlich	23	2,4	3,6	99,2
	Regelmäßig	4	0,4	0,6	99,8
	Immer	1	0,1	0,2	100,0
	Gesamt	645	66,4	100,0	
Fehlend	System	326	33,6		
Gesamt		971	100,0		

Mit 80 % gab die **ganz überwiegende Mehrheit** an, die Nutzung des Internets werde zu Zwecken der Verteidigersuche **nie** ermöglicht (siehe hierzu **Abb. 32 – S. 197**). Zusätzliche 15,7 % wählten die Antwort „selten“. Nur 0,8 % entfallen zusammengerechnet auf „regelmäßig“ und „immer“. Dieses Ergebnis zeigt, dass die vorherrschende **Praxis** angesichts der Zugänglichkeit von modernen Mitteln der Telekommunikation auch in der Situation der Freiheitsentziehung **kaum mehr als zeitgemäß** bezeichnet werden kann. Die dabei auftretenden praktischen Probleme (Überwachung der Internetkommunikation) erscheinen z. B. durch die technische Beschränkung der Recherche auf bestimmte URLs (Strafverteidigersuche auf den Homepages der einschlägigen Anbieter wie den örtlichen Rechtsanwaltskammern oder der AG Strafrecht[145]) oder die Durchführung einer zeitlich beschränkten Recherche unter Aufsicht durch einen Wachtmeister bewältigbar. In einer ergänzenden Anmerkung fordert ein Verteidiger, den Beschuldigten solle für die Strafverteidigerwahl Internetzugang gewährt und nicht nur die lokalen „Gelben Seiten“ zur Verfügung gestellt werden.

145 Siehe Fn. 384; wie hier *Lammer* AnwBl. 2013, 325, 329.

bb) Nutzungsfrequenz der Verteidigersuche-Funktion auf der Homepage der AG Strafrecht im DAV

In diesem Zusammenhang wurde ferner gefragt:

? Wie häufig wird durch den Beschuldigten insbesondere auf die Strafverteidigersuche auf der Homepage der AG Strafrecht zurückgegriffen?

Rückgriff auf Strafverteidigersuche

		Häufigkeit	Prozent	Gültige Prozente	Kumulierte Prozente
Gültig	Nie	207	21,3	64,7	64,7
	Selten	85	8,8	26,6	91,3
	Gelegentlich	24	2,5	7,5	98,8
	Regelmäßig	4	0,4	1,3	100,0
	Gesamt	320	33,0	100,0	
Fehlend	System	651	67,0		
Gesamt		971	100,0		

Auch hier setzte der **Großteil** der antwortenden Praktiker sein Kreuz bei den Optionen **„nie“** (64,7 %)[146] oder **„selten“** (26,6 %). Immerhin 7,5 % gaben noch an, „gelegentlich“ werde die Strafverteidigersuche eingesetzt. Einen „regelmäßigen“ Gebrauch in der Praxis erfuhr nur ein verschwindend geringer Teil von 1,3 % (siehe hierzu **Abb. 33 – S. 198**). Es besteht also hohes Verbesserungspotential.

cc) Gestattung unmittelbaren Kontakts mit dem ins Auge gefassten Verteidiger in der Haftsituation

Sodann wurde nach den Erfahrungen in Bezug auf die **Phase nach der Auswahl** eines Verteidigers durch den Beschuldigten gefragt:

? Wie häufig wird dem inhaftierten bzw. untergebrachten Beschuldigten die Herstellung *unmittelbaren* Kontakts mit dem ins Auge gefassten Verteidiger in der Untersuchungshaft bzw. Unterbringung gestattet?

146 Dass der Prozentsatz bezogen auf die Antwort „nie“ niedriger ist als bei der Frage, ob die Nutzung des Internets überhaupt ermöglicht wird, erscheint auf den ersten Blick unlogisch. Dies dürfte aber daran liegen, dass viele Teilnehmer, die bei der vorhergehenden Frage „nie“ gewählt haben, die vorliegende Frage gar nicht mehr beantwortet haben.

(A) Überblick über die Erfahrungen mit der Möglichkeit unmittelbaren Kontakts

Herstellung unmittelbaren Kontakts

		Häufigkeit	Prozent	Gültige Prozente	Kumulierte Prozente
Gültig	Nie	68	7,2	9,1	9,1
	Selten	192	20,4	25,7	34,8
	Gelegentlich	161	17,1	21,5	56,3
	Regelmäßig	245	26,0	32,8	89,0
	Immer	82	8,7	11,0	100,0
	Gesamt	748	79,5	100,0	
Fehlend	System	193	20,5		
Gesamt		941	100,0		

Hier zeigt sich bei der Betrachtung über beide Berufsgruppen hinweg ein **disparates Bild** (siehe hierzu **Abb. 34 – S. 198**). Während addiert 34,8 % angaben, die Herstellung unmittelbaren Kontakts werde „nie" (9,1 %) oder „selten" (25,7 %) ermöglicht, wählten insgesamt 43,8 % die Antwortmöglichkeit „regelmäßig" (32,8 %) oder „immer" (11,0 %).[147]

147 Bei der nächsten Frage gab ein Teilnehmer – freilich deplatziert – an: „allenfalls durch Polizei, durch Ermittlungsrichter meines Wissens nicht". Gemeint ist wohl die *Verwehrung* unmittelbaren Kontakts.

(B) Differenzierung nach Berufsgruppen

Interessant sind deshalb die teils deutlichen Unterschiede zwischen den Antworten der verschiedenen **Berufsgruppen:**

Herstellung unmittelbaren Kontakts[148]

		Tätigkeit		Gesamt
		Straf-verteidiger	Ermittlungs-richter am AG	
Nie	Anzahl	68	1	69
	% innerhalb von Tätigkeit	9,1 %	3,7 %	8,9 %
Selten	Anzahl	192	0	192
	% innerhalb von Tätigkeit	25,7 %	0,0 %	24,8 %
Gelegentlich	Anzahl	161	1	162
	% innerhalb von Tätigkeit	21,5 %	3,7 %	20,9 %
Regelmäßig	Anzahl	245	12	257
	% innerhalb von Tätigkeit	32,8 %	44,4 %	33,2 %
Immer	Anzahl	82	13	95
	% innerhalb von Tätigkeit	11,0 %	48,1 %	12,3 %
Gesamt	Anzahl	748	27	775
	% innerhalb von Tätigkeit	100,0 %	100,0 %	100,0 %

Während **48,1 % der Ermittlungsrichter** angeben, die Herstellung unmittelbaren Kontakts mit dem Verteidiger werde dem Beschuldigten **immer** gestattet, machten diese Erfahrung nach eigenen Angaben **nur 11 % der Verteidiger** (17 % bezogen auf Hessen).[149] Auch die Antwort „regelmäßig" wählten prozentual gesehen mehr Richter als Verteidiger (44,4 % im Vergleich zu 32,8 %) (siehe hierzu **Abb. 35 – S. 199**). Die Wahrheit dürfte irgendwo in der Mitte liegen.

148 Gültig: 775 (79,8 %); fehlend: 196 (20,2 %).

149 In Hessen – also dem Bundesland, in dem die Ermittlungsrichter tätig sind – haben mit 17 % (9 von 53) prozentual gesehen mehr Verteidiger als im Bundesdurchschnitt mit „immer" geantwortet. Dies könnte darauf hindeuten, dass es in Hessen tatsächlich überdurchschnittlich viele Ermittlungsrichter gibt, die unmittelbaren Kontakt zwischen dem Beschuldigtem und dem Verteidiger in jedem Falle ermöglichen.

(C) Differenzierung nach geographischer Lage

Leichte Unterschiede sind auch im Unterschied zwischen **„Großstadtgebieten"** und anderen Regionen festzustellen (siehe hierzu **Abb. 36 – S. 200**):

Herstellung unmittelbaren Kontakts[150]

		Großstadt		Gesamt
		LG in Großstadt	LG nicht in Großstadt	
Nie	Anzahl	52	11	63
	% innerhalb von Großstadt	9,3 %	6,6 %	8,7 %
Selten	Anzahl	133	52	185
	% innerhalb von Großstadt	23,8 %	31,1 %	25,5 %
Gelegentlich	Anzahl	111	46	157
	% innerhalb von Großstadt	19,9 %	27,5 %	21,7 %
Regelmäßig	Anzahl	199	40	239
	% innerhalb von Großstadt	35,7 %	24,0 %	33,0 %
Immer	Anzahl	63	18	81
	% innerhalb von Großstadt	11,3 %	10,8 %	11,2 %
Gesamt	Anzahl	558	167	725
	% innerhalb von Großstadt	100,0 %	100,0 %	100,0 %

In Bezirken, in denen das Landgericht in einer **Großstadt** liegt, erfolgt die Gestattung einer Herstellung unmittelbaren Kontakts **eher „regelmäßig"** als in anderen Bezirken (35,7 % im Vergleich zu 24,0 %).

(D) Überblick über die Begründungen bei der Verwehrung der Möglichkeit unmittelbaren Kontakts

Gefragt wurden die Verteidiger und Ermittlungsrichter sodann nach **Begründungen**, mit denen die Herstellung unmittelbaren Kontakts in der Praxis versagt wird:

Mit welcher Begründung wird die Herstellung *unmittelbaren* Kontakts durch den inhaftierten bzw. untergebrachten Beschuldigten mit dem von ihm bezeichneten Verteidiger im Einzelfall versagt?[151] **?**

150 Gültig: 745 (76,7 %); fehlend: 226 (23,3 %).

151 Mehrfachantworten waren möglich.

Begründung für Versagung unmittelbaren Kontakts[152]

	Antworten		Prozent der Fälle
	N	Prozent	
Missbrauchsgefahr	136	39,8 %	48,9 %
Verteidiger nicht erreichbar*	32	9,4 %	11,5 %
Fehlende Vollmacht*	10	2,9 %	3,6 %
Entgegenstehende Vorschriften*	12	3,5 %	4,3 %
Fehlender Anspruch des Beschuldigten*	5	1,5 %	1,8 %
Entgegenstehende Praxis*	2	0,6 %	0,7 %
Keine Ermöglichung der gewünschten Art des Kommunizierens*	23	6,7 %	8,3 %
Verweis auf späteren Zeitpunkt*	12	3,5 %	4,3 %
Keine Begründung*	20	5,8 %	7,2 %
Verweis auf anderen Verteidiger*	8	2,3 %	2,9 %
Kosten*	2	0,6 %	0,7 %
(Sonstige) Organisatorische oder zeitliche Gründe*	57	16,7 %	20,5 %
Keine Lust/kein Interesse*	14	4,1 %	5,0 %
Nicht nötig/nicht sinnvoll*	5	1,5 %	1,8 %
Sicherheitsrisiko*	2	0,6 %	0,7 %
Wunsch des Beschuldigten nicht ersichtlich*	1	0,3 %	0,4 %
Befürchtung späteren Verteidigerwechsels*	1	0,3 %	0,4 %
Gesamt	342	100,0 %	123,0 %

Fast die Hälfte (48,9 %) der Antwortenden wählte die einzige (!) vorgegebene Antwortmöglichkeit der **„Missbrauchsgefahr"**[153] (siehe hierzu **Abb. 37 – S. 201**).

Zweifelhaft erscheint bei einigen der folgenden *nicht* vorgegebenen Antworten, ob die Begründung dem Beschuldigten und/oder dem Verteidiger auch so mitgeteilt wird oder ob es sich lediglich um (ggf. vermutete) „innere" Motive handelt. Beispielhaft seien die Antworten „Aufrechterhaltung der Drucksituation des Beschuldigten", „Justiz ordnet leider einen ihr genehmen Pflichtverteidiger bei", „Gefährdung des Ermittlungsergebnisses" oder „Richter hat keine Lust" genannt. Zudem wurden u. a. zwei Antworten ausgeklammert, nach denen der Beschuldigte vom

152 Gültig: 278 (28,6 %); fehlend: 693 (71,4 %).

153 Diese Antwort wurde häufiger gewählt für Bezirke, in denen das LG in einer Großstadt belegen ist (52,4 % [109 von 208], im Vergleich zu 42,4 % [25 von 59]) in nicht-großstädtischen Gebieten.

Recht auf unmittelbaren Kontakt nichts wisse und nicht darüber informiert werde, weil es sich nicht um Begründungen i. S. d. Fragestellung handelt – ebenso wie die Aussage „Das gibt doch keiner zu."

Laut **11,5 %** der Antwortenden lautet eine geläufige Begründung, der **Verteidiger** sei gerade **nicht erreichbar.**[154] Es werde etwa gesagt, es gebe technische Probleme bei der Kontaktierung des Verteidigers bzw. des Notdienstes, der Verteidiger sei nicht ans Telefon gegangen oder habe keine Zeit bzw. schlicht Dinge wie „um die Zeit[155] kommt sowieso kein Anwalt"[156].

Nach Angabe von **3,6 %** der Teilnehmer wird des Öfteren argumentiert, es fehle die für die Herstellung unmittelbaren Kontakts (angeblich)[157] erforderliche **Vollmacht.** Kontakt werde erst nach der Unterschrift unter die Vollmacht ermöglicht. **4,3 %** berichten davon, dass **entgegenstehende Vorschriften** als Begründung für die Versagung ins Feld geführt würden. So müssten beispielweise erst Sprechzeiten beantragt werden bzw. es sei ein **Sprechschein** oder eine Besuchserlaubnis erforderlich. Es gelte strenger Formalitätenzwang. Der Nachweis einer Mandatsanbahnung werde verlangt. Laut **1,8 %** der Antwortenden lautet eine gängige Begründung auch, der Beschuldigte habe **keinen Anspruch** auf unmittelbaren Kontakt zum Wunschverteidiger, was der Rechtslage bei notwendiger Verteidigung nicht entspricht.[158] **8,3 %** berichten davon, es werde die gewünschte Art des Kommunizierens **nicht ermöglicht.** Etwa werde der Beschuldigte aufgefordert, einen Verteidiger schriftlich zu benennen; schriftlicher Kontakt sei ausreichend. Die Benutzung des Telefons oder des Internets werde nicht erlaubt. Die Postbeförderung (Verteidigerpost ginge nicht) dauere allerdings länger als die eingeräumte Frist für die Mandatsanzeige, so ein Befragter. Wenn, dann rufe immer der Beamte an. Es werde dem Beschuldigten etwa gesagt: „Den unterrichten wir schon."

Laut **4,3 %** wird auf einen **späteren Zeitpunkt** verwiesen nach dem Motto „jetzt ist gerade keine Zeit dafür" oder „Das können Sie später machen." **2,9 %** berichten davon, der Beschuldigte werde an einen **anderen Verteidiger** verwiesen; z. B. werde gesagt, man solle sich an einen bestimmten Verteidiger wenden, der sich gerade in der JVA befinde. Oder aber „des Richters Lieblinge" bzw. „genehme" oder unerfahrene Verteidiger würden ins Spiel gebracht oder einfach beigeordnet. Es werde teilweise auch argumentiert, der Beschuldigte bekomme ja sowieso einen Verteidiger beigeordnet. Laut **1,8 %** (5 Antworten) wird die Begründung gegeben, die Herstellung

154 Diese Antwort wurde – mit Blick auf die Existenz anwaltlicher Notdienste kontraintuitiv – wiederum (Fn. 153) häufiger gewählt für Bezirke, in denen das LG in einer Großstadt liegt (13,5 % [28 von 208], im Vergleich zu 6,8 % [4 von 59]).

155 Z. B. Büroschluss/Wochenende.

156 Dies geschehe selbst dann, wenn eine Notrufnummer auf der Website des Anwalts angegeben sei.

157 Statt vieler LR/*Lüderssen/Jahn* Vorb. § 137 Rn. 82.

158 Statt vieler LR/*Lüderssen/Jahn* § 137 Rn. 65, 66b i. V. m. § 141 Rn. 11.

unmittelbaren Kontakts sei **nicht nötig** oder **nicht sinnvoll**. Es werde gesagt, das sei nicht erforderlich oder der Verteidiger erhalte ohnehin das Protokoll oder gar „Das wird mit dem nur schlimmer für Sie". **20,5 %** berichten von (sonstigen) organisatorischen oder zeitliche Gründen. Hierunter wurde beispielsweise gefasst: kein Personal oder keine Ressourcen der Justiz, um Kontakt zu ermöglichen; Zeitdruck des Haftrichters[159]; Zeitmangel; zu hoher Aufwand; es seien keine Kontaktadressen bekannt; das Telefon sei kaputt oder Telefonate nach draußen seien nicht möglich; der Beschuldigte befände sich noch auf dem Transportweg.

Nach Mitteilung von **7,2 %** der Antwortenden werde gar **keine Begründung** geliefert bzw. es erfolge einfach eine willkürliche Verweigerung. Insoweit dürfte die „Dunkelziffer" jedoch höher liegen, da ja ausdrücklich konkret nach den Begründungen gefragt wurde und nicht danach, ob ggf. keine erfolgt. **5,0 %** berichten von der Begründung **„keine Lust"** bzw. **„kein Interesse"** an der Herstellung unmittelbaren Kontakts zwischen dem Beschuldigten und dem Verteidiger. Man wolle offensichtlich eine gewisse Kontrolle ausüben bzw. befürchte die Behinderung der Ermittlungen und die Gefährdung des Ermittlungsergebnisses. In der Regel werde nur verzögert, um eine ungestörte Befragung zu ermöglichen. Diese Motive dürften mutmaßlich auch hinter vielen der anderen Begründungen stecken.

Ein (0,4 %) bzw. zwei (0,7 %) Befragte wussten jeweils noch über die Begründungen hinaus zu berichten, es bestehe eben eine entgegenstehende Praxis,[160] die Gefährdung der Sicherheit in der Anstalt stehe entgegen,[161] ein Wunsch des Beschuldigten sei nicht ersichtlich (gewesen), es sei ein späterer Verteidigerwechsel zu befürchten (gewesen) sowie entgegenstehende Kosten.[162]

(E) Speziell: Begründungen der Ermittlungsrichter bei der Verwehrung der Möglichkeit unmittelbaren Kontakts

Bezogen auf die (nur) **sechs Ermittlungsrichter**, die auf diese Frage antworteten, ergibt sich im Vergleich zu den Antworten der Verteidiger folgendes Bild (siehe hierzu **Abb. 38 – S. 202**):

159 Freilich ist denkbar, dass die Vorgehensweise teilweise sogar im Glauben erfolgt, eine Verfahrensverzögerung auch zum Wohle des Beschuldigten zu vermeiden.

160 „Das machen wir grundsätzlich nicht!" bzw. „bayerische Praxis".

161 Dies hängt aber wohl eng mit der vorgegebenen Antwort „Missbrauchsgefahr" zusammen.

162 Hier war einmal explizit eine Abschreckung durch Hinweis auf die Kosten der Verteidigung gemeint. Bei der zweiten Nennung („Kosten!") könnten auch etwa die Telefonkosten gemeint sein.

Begründung für Versagung unmittelbaren Kontakts[163]

		Tätigkeit		Gesamt
		Strafverteidiger	Ermittlungs-richter am AG	
Missbrauchsgefahr	Anzahl	133	3	136
	% innerhalb Tätigkeit	48,9 %	50,0 %	
Verteidiger nicht erreichbar*	Anzahl	31	1	32
	% innerhalb Tätigkeit	11,4 %	16,7 %	
Fehlende Vollmacht*	Anzahl	10	0	10
	% innerhalb Tätigkeit	3,7 %	0,0 %	
Entgegenstehende Vorschriften*	Anzahl	11	1	12
	% innerhalb Tätigkeit	4,0 %	16,7 %	
Fehlender Anspruch des Beschuldigten*	Anzahl	5	0	5
	% innerhalb Tätigkeit	1,8 %	0,0 %	
Entgegenstehende Praxis*	Anzahl	2	0	2
	% innerhalb Tätigkeit	0,7 %	0,0 %	
Keine Ermöglichung der gewünschten Art des Kommunizierens*	Anzahl	22	1	23
	% innerhalb Tätigkeit	8,1 %	16,7 %	
Verweis auf späteren Zeitpunkt*	Anzahl	12	0	12
	% innerhalb Tätigkeit	4,4 %	0,0 %	
Keine Begründung*	Anzahl	20	0	20
	% innerhalb Tätigkeit	7,4 %	0,0 %	
Verweis auf anderen Verteidiger*	Anzahl	8	0	8
	% innerhalb Tätigkeit	2,9 %	0,0 %	
Kosten*	Anzahl	2	0	2
	% innerhalb Tätigkeit	0,7 %	0,0 %	
(Sonstige) Organisatorische oder zeitliche Gründe*	Anzahl	56	1	57
	% innerhalb Tätigkeit	20,6 %	16,7 %	
Keine Lust/kein Interesse*	Anzahl	14	0	14
	% innerhalb Tätigkeit	5,1 %	0,0 %	

163 Gültig: 278 (28,6 %); fehlend: 693 (71,4 %).

Nicht nötig/nicht sinnvoll*	Anzahl	5	0	5
	% innerhalb Tätigkeit	1,8 %	0,0 %	
Sicherheitsrisiko*	Anzahl	2	0	2
	% innerhalb Tätigkeit	0,7 %	0,0 %	
Wunsch des Beschuldigten nicht ersichtlich*	Anzahl	1	0	1
	% innerhalb Tätigkeit	0,4 %	0,0 %	
Befürchtung späteren Verteidigerwechsels*	Anzahl	1	0	1
	% innerhalb Tätigkeit	0,4 %	0,0 %	
Gesamt	Anzahl	272	6	278

Begründung für Versagung unmittelbaren Kontakts – Ermittlungsrichter[164]

	Antworten		Prozent der Fälle
	N	Prozent	
Missbrauchsgefahr	3	42,9 %	50,0 %
Verteidiger nicht erreichbar*	1	14,3 %	16,7 %
Entgegenstehende Vorschriften*	1	14,3 %	16,7 %
Keine Ermöglichung der gewünschten Art des Kommunizierens*	1	14,3 %	16,7 %
(Sonstige) Organisatorische oder zeitliche Gründe*	1	14,3 %	16,7 %
Gesamt	7	100,0 %	116,7 %

Neben der vorgegebenen Antwort „Missbrauchsgefahr" (3 Nennungen: 50,0 %) wurden von den Richtern also die Nichterreichbarkeit des Verteidigers, entgegenstehende Vorschriften, die fehlende Ermöglichung der gewünschten Art des Kommunizierens sowie (sonstige) organisatorische oder zeitliche Gründe (jeweils eine Nennung: 16,7 %) angegeben.

d) „Unverzüglich" ist nicht „sofort"

Mit dem unbestimmten Rechtsbegriff „unverzüglich" wird dem Gericht – und damit mittelbar auch dem Beschuldigten – ein gewisser **zeitlicher Spielraum** für die Bestellung des Pflichtverteidigers bei Vollzug der Untersuchungshaft eröffnet. Der Gesetzgeber hat sich mit dieser Formulierung bewusst von den zeitlichen Anforderungen an den Bestellungsakt in anderen Fällen des § 140 StPO abgesetzt. Meist „wird" der

164 Gültig: 6 (20,0 %); fehlend: 24 (80,0 %).

Verteidiger nach Absatz 1 „bestellt", im Falle des Absatzes 2 ist die Bestellung sogar ausdrücklich per „sofort" angeordnet. Gemeint ist in beiden Situationen aber der Sache nach die sofortige Bestellung.[165]

Ausweislich der Begründung in der Beschlussempfehlung des Rechtsausschusses des Bundestages[166] soll die Formulierung „unverzüglich" in § 141 Abs. 3 Satz 4 StPO demgegenüber den **Umständen des Einzelfalles** Rechnung tragen, z. B. wenn die Verkündung auf ein Wochenende fällt oder ein vom Beschuldigten gewünschter Verteidiger nicht unmittelbar erreichbar oder hic et nunc bereit ist, die Verteidigung zu übernehmen. Diese vernünftige, an der Autonomie des Beschuldigten orientierte gesetzgeberische Zielbestimmung lässt eine Auslegung des Gesetzesbegriffes angezeigt sein, die dem Beschuldigten einen zweckmäßigen Zeitraum zugesteht, in dem er sich wegen der Auswahl eines geeigneten Verteidigers **selbst informieren und entscheiden** kann. Die erneut vor allem von *Schlothauer* geförderte Gegenauffassung[167] vermag nicht zu überzeugen. Danach konterkariere dieses Verständnis des § 141 Abs. 3 Satz 4 StPO den Sinn und Zweck der Neuregelung. Er liege (allein) darin, dem inhaftierten Beschuldigten nach Beginn der Vollstreckung schnellstmöglich einen Verteidiger zu sichern. Dieser gesetzliche Auftrag sei für das Gericht bindend; auch der Beschuldigte könne keinen Dispens erteilen.

Zur Widerlegung dieser monothematischen Interpretation der Norm mag man darüber streiten, ob die hier zugrunde gelegte Lesart des Beschleunigungsgrundsatzes als wesensmäßig objektivrechtliches Verfahrensprinzip sakrosankt sein muss. Sie ist, was zuzugestehen ist, jedenfalls aber derzeit so absolut vorherrschend,[168] dass die grundsätzliche Frage der (Grenze der) Disponibilität des Beschleunigungsprinzips für den Beschuldigten hier auf sich beruhen kann. Jedenfalls ist es der Sinn des § 141 Abs. 3 Satz 4 StPO nicht, dem Beschuldigten schnellstmöglich *einen* Verteidiger zu verschaffen, sondern *den* **Verteidiger seines Vertrauens** (arg. ex § 142 Abs. 1 Satz 2 StPO). In Anlehnung an die gängige Auslegung des Gesetzesbegriffes „unverzüglich" im Zivilrecht ist darunter also weder „sofort" noch „zeitgleich" zu verstehen.[169]

---

165 Ausf. dazu bereits LR/*Lüderssen*/*Jahn* Nachtr. § 141 Rn. 16; *Jahn* FS Rissing-van Saan, 275, 289 (dort auch bereits zum nachfolgenden Text). Die Wendung „(...) sobald (...) ist" in Absatz 1 könnte auf den ersten Blick im Gegenschluss zu Absatz 2 („sofort") so verstanden werden, als gebe es noch einen zeitlichen Ermessensspielraum. Das ist nicht der Fall. Vielmehr ist auch in Absatz 1 die Gleichzeitigkeit der Aufforderung gemäß § 201 StPO und der Bestellung des Pflichtverteidigers gemeint, vgl. LR/*Lüderssen*/*Jahn* § 141 Rn. 19.
166 BTDrucks. 16/13097, S. 19.
167 So zuerst *Schlothauer* FS Samson, 709, 714f.; *ders.*/*Weider*, Untersuchungshaft, Rn. 296ff.; dass sich der Mitautor *Weider*, Untersuchungshaft, Rn. 300ff. im Gemeinschaftswerk dezidiert gegen diese Ansicht ausspricht, belegt die Bedeutung der Streitfrage. Für eine sofortige Beiordnung auch *D. Herrmann* StraFo 2011, 133, 137; *ders.* StV 2011, 652, 653.
168 Statt vieler *Kudlich* Gutachten C für den 68. DJT 2010, S. C 16f.; *Trüg* StV 2010, 528f. m. w. N.
169 S. nochmals BTDrucks. 16/13097, S. 19.

Es verstößt damit gegen den erklärten gesetzgeberischen Willen, wenn dem Inhaftierten „sogleich“ ein Pflichtverteidiger bestellt werden soll.[170]

! **Empirischer Forschungsbedarf** bestand hier also zu der Frage, ob und ggf. in welchem Umfang aus Sicht und nach den praktischen Erfahrungen der Verfahrensbeteiligten – insbesondere der Verteidiger – eine Bestellung (nach der hier favorisierten Auffassung: contra legem) per „sofort“ praktiziert wird und ob das, wo praktiziert, wünschenswert ist bzw. Bedarf nach erneuter gesetzgeberischer Abwägung auslösen könnte.

Gefragt wurde daher:

? Wie häufig wird der Verteidiger *sofort* nach Beginn der Vollstreckung bestellt?

aa) Die „sofortige“ Bestellung: Überblick

Sofortige Bestellung

		Häufigkeit	Prozent	Gültige Prozente	Kumulierte Prozente
Gültig	Nie	30	3,1	4,2	4,2
	Selten	141	14,5	19,7	23,9
	Gelegentlich	182	18,7	25,4	49,3
	Regelmäßig	316	32,5	44,1	93,4
	Immer	47	4,8	6,6	100,0
	Gesamt	716	73,7	100,0	
Fehlend	System	255	26,3		
Gesamt		971	100,0		

Bemerkenswert ist, dass der **größte Anteil** auf die Antwort **„regelmäßig“** entfällt (44,1 %) (siehe hierzu **Abb. 39 – S. 203**). Die (nach der hier vertretenen Ansicht) **gesetzeswidrige „sofortige“ Bestellung** muss also, jedenfalls soweit man die begrifflichen Differenzierungen in Frage und Antwort unter Juristen technisch interpretiert, in der heutigen Praxis als „normal“ bezeichnet werden. Nur 4,2 % geben an, eine sofortige Bestellung erfolge nie. Dies bestätigt die oben[171] dargestellten Ergebnisse zur

170 LR/*Lüderssen*/*Jahn* Nachtr. § 141 Rn. 17 a. E.; KK/*Laufhütte*/*Willnow* § 141 Rn. 6. A. A. *Bittmann* JuS 2010, 510, 513, der allerdings im Gegenzug – insoweit bei isolierter Betrachtung wieder zutreffend – die Entpflichtung nach § 143 StPO erleichtern will.
171 Oben *Abschn.* C.III.2.b.aa.

Wahrung des Anhörungs- und Bezeichnungsrechts insoweit, als nochmals deutlich wird, dass in der **Bestellungspraxis** durchaus von den **gesetzlichen Regelungen** des Untersuchungshaftrechts **abgewichen** wird. Es widerspricht den dortigen Resultaten jedoch zugleich, weil dort der Großteil immerhin noch angegeben hatte, das Anhörungs- und Bezeichnungsrecht werde regelmäßig *gewahrt*. Dies spricht dafür, dass einige Teilnehmer fälschlicherweise[172] davon ausgingen, mit der „sofortigen Bestellung" im Sinne der vorliegenden Fragestellung sei (auch) eine solche gemeint, bei der der Beschuldigte zwar angehört, ihm jedoch keine Frist gesetzt wird.

Letzteres kommt offenbar nicht selten vor. Ein Studienteilnehmer gab an, die Frage des Richters bei der Haftbefehlseröffnung laute regelmäßig „Kennen Sie einen Verteidiger oder sollen wir Ihnen einen auswählen?", ohne dass der Beschuldigte die Gelegenheit habe, sich selbstständig zu informieren. Ein anderer gibt an, der Beschuldigte befinde sich oftmals in dem Irrglauben, eine Zustimmung zum Verteidigervorschlag eines Richters könne ihn vor der – in Wahrheit bereits feststehenden – Invollzugsetzung des Haftbefehls bewahren. Ein weiterer Befragter schlägt einen „unabhängigen Dienst" vor, der Beschuldigte bereits bei der Vorführung beraten solle. Eine sofortige Beiordnung eines „Verlegenheitsverteidigers" führe für andere Verteidiger zu Problemen. So wird von mehreren Studienteilnehmern berichtet, es werde immer schwieriger, einen Beschuldigten, der sich in Polizeigewahrsam oder Untersuchungshaft befände, zu besuchen, wenn diesem bereits ein Verteidiger beigeordnet worden sei; dies auch dann, wenn man selbst durch Verwandte des Beschuldigten beauftragt worden sei.

bb) Differenzierung nach Berufsgruppen

Bezogen auf die beiden befragten **Berufsgruppen** ergibt sich folgendes Bild (siehe hierzu **Abb. 40 – S. 203**):

Sofortige Bestellung[173]

		Tätigkeit		Gesamt
		Strafverteidiger	Ermittlungs-richter am AG	
Nie	Anzahl	27	3	30
	% innerhalb von Tätigkeit	3,9 %	11,5 %	4,2 %
Selten	Anzahl	137	4	141
	% innerhalb von Tätigkeit	19,9 %	15,4 %	19,7 %
Gelegentlich	Anzahl	174	8	182
	% innerhalb von Tätigkeit	25,2 %	30,8 %	25,4 %

172 S. im Fragebogen (abgedruckt unten im Anhang F) Überschrift bei I.4: „Ihre Erfahrungen zur Frage der sofortigen Beiordnung *ohne Gewährung des Anhörungs- und Bezeichnungsrechts*".
173 Gültig: 716 (73,7 %); fehlend: 255 (26,3 %).

Regelmäßig	Anzahl	306	10	316
	% innerhalb von Tätigkeit	44,3 %	38,5 %	44,1 %
Immer	Anzahl	46	1	47
	% innerhalb von Tätigkeit	6,7 %	3,8 %	6,6 %
Gesamt	Anzahl	690	26	716
	% innerhalb von Tätigkeit	100,0 %	100,0 %	100,0 %

Die Statistik ist hier also recht **ausgeglichen**. Freilich gaben prozentual z. B. mehr Verteidiger als Richter an, eine sofortige Bestellung erfolge regelmäßig oder immer (51,0 % im Vergleich zu 42,3 %).

cc) Differenzierung nach Regionen

Ebenfalls nur leichte Unterschiede sind zwischen **Großstadt-** und Nicht-Großstadt-Regionen zu konstatieren:

Sofortige Bestellung[174]

		Großstadt		Gesamt
		LG in Großstadt	LG nicht in Großstadt	
Nie	Anzahl	18	9	27
	% innerhalb von Großstadt	3,4 %	5,6 %	3,9 %
Selten	Anzahl	99	36	135
	% innerhalb von Großstadt	18,8 %	22,5 %	19,7 %
Gelegentlich	Anzahl	128	47	175
	% innerhalb von Großstadt	24,3 %	29,4 %	25,5 %
Regelmäßig	Anzahl	249	57	306
	% innerhalb von Großstadt	47,2 %	35,6 %	44,5 %
Immer	Anzahl	33	11	44
	% innerhalb von Großstadt	6,3 %	6,9 %	6,4 %
Gesamt	Anzahl	527	160	687
	% innerhalb von Großstadt	100,0 %	100,0 %	100,0 %

174 Gültig: 687 (70,8 %); fehlend: 284 (29,2 %).

In Regionen, in denen das Landgericht seinen Sitz in einer **Großstadt** hat, erfolgt die Bestellung offenbar **eher regelmäßig per „sofort"** als in nicht großstädtischen Gebieten (47,2 % im Vergleich zu 35,6 %) (siehe hierzu **Abb. 41 – S. 204**).

dd) Differenzierung nach Zusatzqualifikation „Fachwanwalt für Strafrecht"

Interessant sind ferner die unterschiedlichen Antworten von Verteidigern mit und ohne **Fachanwaltstitel** im Strafrecht:

Sofortige Bestellung [175]

		Fachanwalt für Strafrecht		Gesamt
		Ja	Nein	
Nie	Anzahl	20	7	27
	% innerhalb von Fachanwalt für Strafrecht	3,9 %	4,0 %	3,9 %
Selten	Anzahl	81	55	136
	% innerhalb von Fachanwalt für Strafrecht	15,9 %	31,4 %	19,8 %
Gelegentlich	Anzahl	135	39	174
	% innerhalb von Fachanwalt für Strafrecht	26,4 %	22,3 %	25,4 %
Regelmäßig	Anzahl	237	66	303
	% innerhalb von Fachanwalt für Strafrecht	46,4 %	37,7 %	44,2 %
Immer	Anzahl	38	8	46
	% innerhalb von Fachanwalt für Strafrecht	7,4 %	4,6 %	6,7 %
Gesamt	Anzahl	511	175	686
	% innerhalb von Fachanwalt für Strafrecht	100,0 %	100,0 %	100,0 %

Fachanwälte für Strafrecht antworteten **häufiger** mit **„regelmäßig" oder „immer"** als ihre Kollegen ohne Fachanwaltstitel (53,8 % im Vergleich zu 42,3 %). Umgekehrte Verhältnisse sind bei der Option „selten" zu verzeichnen (15,9 % im Vergleich zu 31,4 %) (siehe hierzu **Abb. 42 – S. 204**). Dies könnte ein Indiz dafür sein, dass sich Richter, wenn sie schon einen ihrer Ansicht nach „passenden" *Fach*anwalt im Auge haben, häufiger dafür entscheiden, den Beschuldigten nicht anzuhören (oder ihm jedenfalls keine Frist zu setzen).

175 Gültig: 686 (72,9 %); fehlend: 255 (27,1 %).

ee) Differenzierung nach Beiordnungserfahrung gerade im Bereich des § 140 Abs. 1 Nr. 4 StPO

Gleichzeitig zeigen sich noch ähnliche Auffälligkeiten, wenn man die **Anzahl der Beiordnungen** gem. § 140 Abs. 1 Nr. 4 StPO betrachtet:

Sofortige Bestellung[176]

		Anzahl der Beiordnungen gem. § 140 Abs. 1 Nr. 4 StPO					Gesamt
		Keine	Bis zu 10	Bis zu 20	Bis zu 50	Mehr als 50	
Nie	Anzahl	9	13	2	1	0	25
	% innerhalb von Anzahl der Beiordnungen gem. § 140 Abs. 1 Nr. 4 StPO	5,2 %	3,2 %	2,6 %	4,3 %	0,0 %	3,7 %
Selten	Anzahl	56	70	8	1	0	135
	% innerhalb von Anzahl der Beiordnungen gem. § 140 Abs. 1 Nr. 4 StPO	32,2 %	17,2 %	10,5 %	4,3 %	0,0 %	19,7 %
Gelegentlich	Anzahl	43	107	16	7	0	173
	% innerhalb von Anzahl der Beiordnungen gem. § 140 Abs. 1 Nr. 4 StPO	24,7 %	26,4 %	21,1 %	30,4 %	0,0 %	25,3 %
Regelmäßig	Anzahl	59	189	40	12	5	305
	% innerhalb von Anzahl der Beiordnungen gem. § 140 Abs. 1 Nr. 4 StPO	33,9 %	46,6 %	52,6 %	52,2 %	100,0 %	44,6 %
Immer	Anzahl	7	27	10	2	0	46
	% innerhalb von Anzahl der Beiordnungen gem. § 140 Abs. 1 Nr. 4 StPO	4,0 %	6,7 %	13,2 %	8,7 %	0,0 %	6,7 %
Gesamt	Anzahl	174	406	76	23	5	684
	% innerhalb von Anzahl der Beiordnungen gem. § 140 Abs. 1 Nr. 4 StPO	100,0 %	100,0 %	100,0 %	100,0 %	100,0 %	100,0 %

176 Gültig: 684 (72,7 %); fehlend: 257 (27,3 %).

Je **häufiger** die Verteidiger im Jahr 2012 gem. §140 Abs. 1 Nr. 4 StPO **beigeordnet** worden waren, desto eher gaben sie tendenziell an, der Beschuldigte werde **regelmäßig** per „sofort" bestellt (siehe hierzu **Abb. 43 – S. 205**). Auch dies dürfte die These stützen, dass dann, wenn der besonders haftbeiordnungserfahrene oder „qualifizierte" (Fachanwaltstitel) Verteidiger bereits ins Auge gefasst ist, von der gesetzlichen Regelung abgewichen wird.

ff) Einstellung zur Praxis der Bestellung per „sofort"

In diesem Kontext wurde ferner abgefragt:

Soweit sofort bestellt wird: Halten Sie dies für sachgerecht? ?

		Häufigkeit	Prozent	Gültige Prozente
Gültig	Ja	468	49,7	60,8
	Nein	302	32,1	39,2
	Gesamt	770	81,8	100,0
Fehlend	System	171	18,2	
Gesamt		941	100,0	

Über 60 % halten eine „sofortige" Bestellung also entgegen der derzeitigen gesetzlichen Konzeption für **sachgerecht** (siehe hierzu **Abb. 44 – S. 205**). Dies scheint dem obigen Ergebnis (Frage I.4.b),[177] wonach 95,8 % das Anhörungs- und Bezeichnungsrechts für sinnvoll halten, zu widersprechen. Das kann wiederum nur so erklärt werden, dass einige Befragte versehentlich – bei technischem Gesetzesverständnis zu Unrecht[178] – davon ausgingen, mit der „sofortigen Bestellung" sei hier (auch) eine solche gemeint, in der der Beschuldigte „lediglich" ohne Fristsetzung angehört wird.

> Gegen eine frühzeitige Bestellung führt ein Verteidiger in seinen ergänzenden Anmerkungen Folgendes (hier wörtlich wiedergegeben) an: „In der Praxis bedeutet die Neuregelung, dass zwar dem Beschuldigten relativ frühzeitig ein Verteidiger an die Seite gestellt wird, dies aber mit Sicherheit, wenn er nicht ausdrücklich einen bestimmten Anwalt verlangt, **kein erfahrener Strafverteidiger** sein wird. Die von der Justiz praktizierte Lösung, unerfahrene Verteidiger sofort bei der Inhaftierung oder unmittelbar danach zu bestellen, hat die Absicht der Anwaltschaft, einem Beschuldigten eine effektive Verteidigung relativ frühzeitig zu ermöglichen, ad absurdum geführt."

177 Oben *Abschn.* C.III.2.b.cc.
178 Zur Rechtslage oben *Abschn.* C.III.2.d.

(A) Differenzierung nach Berufsgruppen

Bezogen auf die beiden befragten **Berufsgruppen** ergibt sich folgendes Resultat:

Sofortige Bestellung sachgerecht?[179]

		Tätigkeit		Gesamt
		Strafverteidiger	**Ermittlungsrichter am AG**	
Ja	Anzahl	468	21	489
	% innerhalb von Tätigkeit	60,8 %	91,3 %	61,7 %
Nein	Anzahl	302	2	304
	% innerhalb von Tätigkeit	39,2 %	8,7 %	38,3 %
Gesamt	Anzahl	770	23	793
	% innerhalb von Tätigkeit	100,0 %	100,0 %	100,0 %

Unter den **Ermittlungsrichtern** geben 9 von 10 (**91,3 %**) an, sie hielten eine sofortige Bestellung für **sachgerecht** (siehe hierzu **Abb. 45 – S. 206**). Der Grund dürfte hier in der Arbeitsbelastung zu suchen sein, da eine „sofortige“ Bestellung für den Richter **weniger Aufwand** bedeutet, weil er keine Frist notieren und sich die Akte nicht nochmals (ggf. einstweilen ergebnislos) vorlegen lassen muss. Gleichzeitig wirkt eine solche „Soforthilfe“ einer in Haftsachen wegen des Beschleunigungsgrundsatzes potentiell schädlichen Verzögerung des Verfahrens entgegen. Ein befragter Ermittlungsrichter merkt an, es bestünden in der Praxis der Gerichte und Staatsanwaltschaften Unklarheiten, wie insoweit mit § 140 Abs. 1 Nr. 4 i. V. m. § 142 StPO zu verfahren sei, was mit Blick auf die dargestellte Auslegungsbedürftigkeit des Wortes „unverzüglich“ nicht verwundert. Er schlägt vor, de lege ferenda eine Konkretisierung in Nr. 54 (genauer wohl in Abs. 2 Satz 3) RiStBV durch eine Ergänzung um den Satz **„Dem Beschuldigten soll eine angemessene Überlegfrist zur Auswahl des Verteidigers eingeräumt werden“** in Erwägung zu ziehen.

179 Gültig: 793 (81,7 %); fehlend: 178 (18,3 %).

(B) Differenzierung nach Dauer der Berufszugehörigkeit, Beiordnungserfahrung und Fachanwaltstitel

Leichte Unterschiede zeigen sich auch im Hinblick auf die **Dauer der Berufszugehörigkeit**:

Sofortige Bestellung sachgerecht?[180]

		Dauer der Tätigkeit			Gesamt
		Bis zu 3 Jahre	Bis zu 10 Jahre	Mehr als 10 Jahre	
Ja	Anzahl	35	125	328	488
	% innerhalb von Dauer der Tätigkeit	79,5 %	62,8 %	60,2 %	61,9 %
Nein	Anzahl	9	74	217	300
	% innerhalb von Dauer der Tätigkeit	20,5 %	37,2 %	39,8 %	38,1 %
Gesamt	Anzahl	44	199	545	788
	% innerhalb von Dauer der Tätigkeit	100,0 %	100,0 %	100,0 %	100,0 %

Diejenigen, die schon **länger tätig** sind, halten eine sofortige Bestellung **eher** für **nicht sachgerecht** als diejenigen, die noch nicht so lange im „Geschäft" sind (siehe hierzu **Abb. 46 – S. 206**).

Dieses Ergebnis wird bestätigt, wenn man die Differenzierung nach der **Anzahl der Beiordnungen gem. § 140 Abs. 1 Nr. 4** StPO in den Blick nimmt:

180 Gültig: 788 (81,2 %); fehlend: 183 (18,8 %).
181 Gültig: 765 (81,3 %); fehlend: 176 (18,7 %).

Sofortige Bestellung sachgerecht?[181]

		Anzahl der Beiordnungen gem. § 140 Abs. 1 Nr. 4 StPO					Gesamt
		Keine	Bis zu 10	Bis zu 20	Bis zu 50	Mehr als 50	
Ja	Anzahl	172	249	38	7	0	466
	% innerhalb von Anzahl der Beiordnungen gem. § 140 Abs. 1 Nr. 4 StPO	64,2 %	61,6 %	56,7 %	31,8 %	0,0 %	60,9 %
Nein	Anzahl	96	155	29	15	4	299
	% innerhalb von Anzahl der Beiordnungen gem. § 140 Abs. 1 Nr. 4 StPO	35,8 %	38,4 %	43,3 %	68,2 %	100,0 %	39,1 %
Gesamt	Anzahl	268	404	67	22	4	765
	% innerhalb von Anzahl der Beiordnungen gem. § 140 Abs. 1 Nr. 4 StPO	100,0 %	100,0 %	100,0 %	100,0 %	100,0 %	100,0 %

Mit **wachsender Anzahl** an Beiordnungen in Haftmandaten **sinkt** tendenziell die **Zustimmung** zu einer sofortigen Bestellung (siehe hierzu **Abb. 47 – S. 207**). Praktiker mit viel Erfahrung erkennen also offenbar eher die Nachteile (insbesondere im Hinblick auf die Autonomie des Beschuldigten), die eine sofortige Bestellung mit sich bringt.

Dementsprechende Unterschiede ergeben sich bei den Verteidigern ferner im Hinblick auf die Qualifikation als **Fachanwalt** im Strafrecht:

Sofortige Bestellung sachgerecht?[182]

		Fachanwalt für Strafrecht		Gesamt
		Ja	Nein	
Ja	Anzahl	294	173	467
	% innerhalb von Fachanwalt für Strafrecht	55,1 %	74,6 %	61,0 %
Nein	Anzahl	240	59	299
	% innerhalb von Fachanwalt für Strafrecht	44,9 %	25,4 %	39,0 %
Gesamt	Anzahl	534	232	766
	% innerhalb von Fachanwalt für Strafrecht	100,0 %	100,0 %	100,0 %

182 Gültig: 766 (81,4 %); fehlend: 175 (18,6 %).

Es plädieren auch hier prozentual gesehen deutlich **weniger Fachanwälte für** eine **sofortige Bestellung** als ihre Kollegen ohne einen solchen Titel (55,1 % im Vergleich zu 74,6 %) (siehe hierzu **Abb. 48 – S. 208**).

e) Zur Konkretisierung des Unverzüglichkeitsgebots: Starre Ein- bzw. Zweiwochenfrist entsprechend der Interessenlage bei wichtigen Rechtsbehelfsfristen oder flexible Handhabung?

Im **Zivilrecht** wird die Wendung „unverzüglich" häufig verwendet, nicht nur in § 121 BGB, sondern auch in den §§ 355, 510, 536c, 625, 650 und 703 BGB und in § 377 HGB. In allen Fällen besteht für den Adressaten der Erklärung eine unklare Situation, die erst durch die Mitteilung aufgeklärt wird. In Ansehung der beiderseitigen Interessenlage muss diese Klärung aber möglichst bald erfolgen, d. h. ohne eine durch die Sachlage nicht begründete Verzögerung, damit der Schwebezustand oder der Zustand der Ungewissheit beseitigt werden kann.[183] Das entspricht der Situation zwischen dem Beschuldigten und dem Gericht im Fall des § 141 Abs. 3 Satz 4 StPO. Entscheidend ist also, dass die Erklärung des Beschuldigten **„ohne schuldhaftes Zögern"**[184] erfolgt, technischer: ohne eine Obliegenheit in eigenen Angelegenheiten durch zurechenbar zu langes Zuwarten zu verletzen.

Empirischer Forschungsbedarf bestand hier also zunächst zu der allgemeinen Frage, welche Fristen – soweit nicht, siehe oben, per „sofort" bestellt wird – nach den praktischen Erfahrungen der Verfahrensbeteiligten gesetzt werden. **!**

---

aa) Überblick über die in der Praxis gesetzten Fristen

Gefragt wurde daher:

Soweit keine sofortige Bestellung praktiziert wird: Welche Bezeichnungsfrist wird dem Beschuldigten im Regelfall gesetzt? **?**

---

183 S. BGHZ 76, 81, 84f.; BGHR BGB § 121 Abs. 1 Anfechtungsfrist 1.

184 BTDrucks. 16/13097, S. 19; Justizministerium Thür. LTDrucks. 5/617, S. 1; OLG Koblenz StV 2011, 349, 350; OLG Dresden NStZ-RR 2012, 213; *Lammer* AnwBl. 2013, 325, 328; *F. Schmidt* NJ 2012, 284; Meyer-Goßner/*Schmitt* § 141 Rn. 3a; AnwK-UHaft/*König* § 141 Rn. 6 Fn. 13; *Jahn* FS Rissing-van Saan, 275, 291; LR/*Lüderssen*/*Jahn* Nachtr. § 141 Rn. 18 a. E.

Bezeichnungsfrist im Regelfall

		Häufigkeit	Prozent	Gültige Prozente	Kumulierte Prozente
Gültig	1 bis 3 Tage	97	10,0	11,9	11,9
	4 bis 6 Tage	74	7,6	9,1	21,0
	1 Woche	447	46,0	54,9	75,9
	Zwischen 1 und 2 Wochen	144	14,8	17,7	93,6
	2 Wochen	50	5,1	6,1	99,8
	Länger als 2 Wochen	2	0,2	0,2	100,0
	Gesamt	814	83,8	100,0	
Fehlend	System	157	16,2		
Gesamt		971	100,0		

Deutlich die **meisten Nennungen** entfallen hier auf die Antwort **„eine Woche"** (54,9 %). Gleichzeitig zeigt sich jedoch, dass in der Praxis **erhebliche Unterschiede** zu konstatieren sind. So beträgt die Regelfrist nach der Erfahrung einiger Praktiker auch zwei Wochen (6,1 %). Regionale Unterschiede in der praktischen Handhabung machen sich hier bemerkbar. Bezogen auf das Saarland entfielen etwa auf diese Antwort 3 von 12 Stimmen, mithin 25,0 %. Recht viele Nennungen entfallen zudem auf „zwischen einer und zwei Wochen" (17,7 %) und auf „vier bis sechs Tage" (9,1 %). Und sogar sehr kurze Fristen von einem bis drei Tagen bezeichnete ein beträchtlicher Anteil der Befragten (11,9 %) immer noch als Regelfall (siehe hierzu **Abb. 49 – S. 208**). Auch hier ist wieder die regionale Spreizung zu beobachten. Bezogen auf Thüringen entfielen auf diese Antwort z. B. 4 von 10 Stimmen, mithin 40,0 %.

bb) Zuwarten trotz des Wunsches nach sofortiger Beiordnung?

Aus der Praxis wurde im Schrifttum bereits berichtet,[185] dass Ermittlungsrichter, „um späteren Ärger zu vermeiden", auch dann mit der Beiordnung – z. B. eine Woche – zuwarten, wenn der Inhaftierte bzw. Untergebrachte ausdrücklich eine sofortige Beiordnung und Auswahl durch den Richter wünscht.

Ein Befragter hat auch im hiesigen Survey von seiner Erfahrung berichtet, die Gerichte würden bewusst zu spät beiordnen, um ein schnelles und einfaches Verfahren ohne Verteidigerbeteiligung zu bekommen. Ein anderer weist darauf hin, dass viele Verteidiger bedauerlicherweise Interesse an einer späten Beiordnung hätten, weil sie so „ihre Beziehungen" in den JVAs besser ausnutzen könnten; dem müsse entgegengewirkt werden.

185 Vgl. *Heydenreich* StV 2011, 700, 702 mit Fn. 9.

Es wurde daher weiter gefragt:

Wie häufig wird selbst dann mit der Beiordnung zugewartet, wenn der Beschuldigte ausdrücklich sofortige Beiordnung und Auswahl eines Verteidigers durch das Gericht wünscht? ?

(A) Überblick über die praktischen Erfahrungen

Zuwarten trotz Wunsch nach sofortiger Beiordnung

		Häufigkeit	Prozent	Gültige Prozente	Kumulierte Prozente
Gültig	Nie	210	22,3	40,2	40,2
	Selten	170	18,1	32,5	72,7
	Gelegentlich	95	10,1	18,2	90,8
	Regelmäßig	42	4,5	8,0	98,9
	Immer	6	0,6	1,1	100,0
	Gesamt	523	55,6	100,0	
Fehlend	System	418	44,4		
Gesamt		941	100,0		

Auch hier sind die Antworten sehr uneinheitlich (siehe hierzu **Abb. 50 – S. 208**). Es lässt sich aber feststellen, dass **im Normalfall** eher **nicht zugewartet** wird: Auf die Antworten „nie“ und „selten“ fallen zusammen 72,7 %, auf die Antworten „regelmäßig“ und „immer“ lediglich 9,1 %.

Kritisch gegenüber der Praxis äußerte sich in diesem Zusammenhang ein Teilnehmer der hiesigen Studie in seinen ergänzenden Anmerkungen: „Den Ermittlungsrichtern sollte auch verboten werden, einen bestimmten Anwalt namentlich gegenüber dem Beschuldigten als Pflichtverteidiger zu benennen und ihn dann auch sofort zu bestellen, sofern der Beschuldigte auf Frage des Richters sich bei der Inhaftierung damit einverstanden erklärt, dass ihm dieser Verteidiger bestellt wird. Beschuldigte, die von der Verhaftung überrascht sind und in Einzelfällen möglicherweise nicht ausreichend Deutsch sprechen, sind im Zeitpunkt der Verhaftung nicht in der Lage, eine vernünftige Auswahlentscheidung zu treffen.“

(B) Differenzierung nach Berufsgruppen

Bezogen auf die beiden **Berufsgruppen** ergibt sich folgendes Bild:

Zuwarten trotz des Wunsches nach sofortiger Beiordnung[186]

		Tätigkeit		Gesamt
		Strafverteidiger	Ermittlungsrichter am AG	
Nie	Anzahl	210	26	236
	% innerhalb von Tätigkeit	40,2 %	92,9 %	42,8 %
Selten	Anzahl	170	2	172
	% innerhalb von Tätigkeit	32,5 %	7,1 %	31,2 %
Gelegentlich	Anzahl	95	0	95
	% innerhalb von Tätigkeit	18,2 %	0,0 %	17,2 %
Regelmäßig	Anzahl	42	0	42
	% innerhalb von Tätigkeit	8,0 %	0,0 %	7,6 %
Immer	Anzahl	6	0	6
	% innerhalb von Tätigkeit	1,1 %	0,0 %	1,1 %
Gesamt	Anzahl	523	28	551
	% innerhalb von Tätigkeit	100,0 %	100,0 %	100,0 %

Die teilnehmenden hessischen **Ermittlungsrichter** gaben also mit 92,9 % **nahezu komplett** an, es würde in derartigen Konstellationen **nie** zugewartet (siehe hierzu **Abb. 51 – S. 209**). Die Verteidiger aus Hessen wählten „nie" hingegen nur zu 25,0 % (7 von 28).

cc) Zur Konkretisierung des Unverzüglichkeitsgebots in § 141 Abs. 3 Satz 4 StPO

(A) Darstellung der Auslegungskontroverse und Rechtslage

(1) Eigene Auffassung des Verfassers und Ansicht der BRAK: Starre Einwochenfrist

54,9 % aller Befragten weisen auf eine **starre Einwochenfrist** als „standard procedure" zur Konkretisierung des Unverzüglichkeitsgebotes in der bundesdeutschen Praxis hin. Dem mag im Sinne der Wirkungen eines Ankereffekts auch zugrunde liegen, dass sich etwa der *Strafrechtsausschuss der Bundesrechtsanwaltskammer*, wenn auch ohne nähere Begründung, für diese (starre) Frist ausgesprochen hat.[187] Sie

186 Gültig: 551 (56,7 %); fehlend: 420 (43,3 %).

187 *BRAK* StV 2010, 544, 545.

entspricht auch nach dem hier favorisierten Verständnis der von Rechts wegen gebotenen Auslegung des Unverzüglichkeitsgebotes in § 141 Abs. 3 Satz 4 StPO.

Eine Prüfungs- und Überlegungsfrist von **einer Woche** (§ 43 Abs. 1 StPO), wie sie in der Praxis vielerorts im Regelfall gesetzt wird, erscheint geboten, aber auch ausreichend. Wenn schon für die regelmäßig noch gewichtigere Frage, ob ein Rechtsmittel wie Berufung oder Revision eingelegt (§§ 314, 341 StPO) oder ein sonstiger Rechtsbehelf weiterverfolgt (§§ 45 Abs. 1 Satz 1, 311 Abs. 2, 356a Satz 2 StPO) werden soll, die Wochenfrist hinreichen muss, kann für die Pflichtverteidigerbestellung auch in Ansehung der Erschwernisse der Untersuchungshaft keine großzügigere Regelung gelten.[188]

Der Vorschlag eines an der vorliegenden Studie teilnehmenden Verteidigers, das Wort „unverzüglich" im Wege einer Neuregelung durch die Passage „wenn nicht innerhalb eines Monats ein Verteidiger genannt wird" zu ersetzen, kann daher nicht überzeugen.

(2) Zur Ablehnung der Gegenposition des DAV: Flexible Einwochenfrist

Aus Gründen der **Rechtssicherheit und -klarheit** ist diese Höchstfrist nach dem hier befürworteten Verständnis des Unverzüglichkeitsgebotes zudem zur Beendigung des Schwebezustandes ohne Rückausnahmen **starr** zu bemessen. Dem grundsätzlich erwägenswerten Vorschlag des **Deutschen AnwaltVereins**[189] einer Möglichkeit der **Verkürzung** der Wochenfrist im Einzelfall, sofern Ermittlungsmaßnahmen von erheblicher Bedeutung die Mitwirkung eines Verteidigers notwendig machen, ist also auch nach erneuter Prüfung im Ergebnis **nicht näher zu treten.**

---

188 LR/*Lüderssen*/*Jahn* Nachtr. § 141 Rn. 19; *Lammer* AnwBl. 2013, 325, 328 („in jedem Fall"). S. zur früheren Gesetzeslage bereits OLG Düsseldorf StV 2004, 63 m. – insoweit ergebnisoffener – Anm. *Bockemühl*; AK-StPO/*Stern*, 1992, § 141 Rn. 26; LR/*Lüderssen*/*Jahn* § 141 Rn. 14a a. E. Sich dem annähernd, aber gegen eine starre Frist *Schlothauer*/*Weider*, Untersuchungshaft, Rn. 301ff. (mindestens fünf Arbeitstage); Meyer-Goßner/*Schmitt* § 141 Rn. 3a („regelmäßig" eine Woche); *Brocke*/*Heller* StraFo 2011, 1, 7 („in der Regel" eine Woche). Eine Frist von zwei Tagen ist also in jedem Fall zu kurz bemessen (unverständlicherweise offengelassen von OLG Düsseldorf StV 2010, 351: „Die Frage, ob eine Frist von zwei Tagen, wie sie nach Ansicht des LG Kleve gesetzt wurde, für einen in Haft befindlichen Beschuldigten überhaupt ausreichend ist, um das rechtliche Gehör in qualifizierter Form wahrnehmen zu können, bedarf demnach keiner Entscheidung").

189 *DAV* Stellungnahme Nr. 55/2009, 6: „Regelfrist von einer Woche"; ebenso AnwK-UHaft/*König* § 141 Rn. 6: Eine Woche, „nach Lage des Einzelfalls auch etwas kürzer oder länger" – vgl. aber auch *dens.* AnwBl. 2010, 50, 51: „im Regelfall eine Woche" –, der in diesem Zusammenhang noch auf die Möglichkeit der Bestellung eines Notverteidigers hinweist. Für eine völlig flexible Handhabung demgegenüber OLG Stuttgart StV 2014, 11, 12: Das Beschleunigungsgebot könne „insbesondere (...), wenn (...) auch die Interessen weiterer in Untersuchungshaft befindlicher Mitangeschuldigter zu berücksichtigen sind", im Einzelfall zur Folge haben, dass „dem Angeschuldigten eine sehr kurze Stellungnahmefrist zuzumuten ist". I. d. S. auch *D. Herrmann* StraFo 2011, 133, 139; *ders.* StV 2011 652, 653; vgl. ferner OLG Hamm StV 2014, 274.

(3) Zur Ablehnung der Gegenpositionen u. a. der Strafverteidigervereinigung NRW und im Leitfaden Untersuchungshaftrecht der Staatsanwaltschaft München I: Starre oder flexible Zweiwochenfrist

Die vielfach aus der Praxis der Strafverteidigung[190], der Staatsanwaltschaften (so der weit verbreitete „Praktische Leitfaden zur Umsetzung des Untersuchungshaftrechts ab 1.1.2010" der Staatsanwaltschaft bei dem LG München I[191]), im Schrifttum[192] und von mehreren befragten Verteidigern i. R. d. der hiesigen Studie[193] vorgeschlagene (regelmäßige oder zumindest optionale) **Zwei-Wochen-Frist**, die zuweilen auch tatsächlich gewährt wird, ist jedenfalls zu lang bemessen und mit dem Wortlaut des Erfordernisses „unverzüglicher" Bestellung nicht mehr in Einklang zu bringen.[194] Auch das denkbare Gegenargument einer Analogie zur Zwei-Wochen-Einspruchsfrist beim Strafbefehl würde nicht zu überzeugen vermögen. Die durch das StVÄG 1987 gegenüber den sonstigen Rechtsmittelfristen verlängerte Sonderfrist des § 410 Abs. 1 Satz 1 StPO soll nur eine Einschränkung von Wiedereinsetzungsanträgen sowie Verfassungsbeschwerden wegen angeblicher Verletzungen des rechtlichen Gehörs bewirken, die gerade bei Strafbefehlen besonders häufig sind.[195]

! **Empirischer Forschungsbedarf** bestand hier also zu der speziellen Frage, ob eine Frist von ein oder zwei Wochen als „unverzüglich" angesehen werden *sollte* und ob der Rechtssicherheit oder der Flexibilität bei der Frage der Abweichung von der Frist im Einzelfall der Vorrang vor dem Gesichtspunkt der Rechtssicherheit eingeräumt werden sollte.

---

190 *Strafverteidigervereinigungen* StV 2010, 109 (zust. LG Krefeld StV 2011, 274) und bereits *Strafverteidigervereinigung NRW* Zur Praxis der Beiordnung von notwendigen Verteidigern ab dem 1.1.2010, abrufbar über strafverteidigervereinigung-nrw.de, 3; offen Justizministerium Thür. LTDrucks. 5/617, S. 2.

191 Fassung v. 1.3.2010 (ohne Geschäftszeichen), S. 11. S. zum empfohlenen Vorgehen im Einzelnen *Jahn* FS Rissing-van Saan, 275, 291f. Fn. 65.

192 *Heydenreich* StRR 2009, 444, 446; *ders.* StraFo 2011, 263, 265; *Thielmann* NJW 2011, 1927, 1928; *Lam/Meyer-Mews* NJW 2012, 177, 180; *F. Schmidt* NJ 2012, 284, 286; HK/*Julius* § 141 Rn. 9. Im Grundsatz ebenso *Wohlers* StV 2010, 151, 153, jedenfalls soweit absehbar sei, dass der Beschuldigte an der umgehenden Aufnahme der Bemühungen um einen Verteidiger seines Vertrauens gehindert ist; die Frist sei so anzusetzen, dass der Beschuldigte effektiv zwei Wochen zur Verfügung habe, um den Verteidiger seines Vertrauens zu finden.

193 Nötigenfalls wird von diesen auch eine dahingehende Gesetzesänderung befürwortet. Etwa hält ein Teilnehmer eine Frist von „mindestens zwei Wochen" in seinen ergänzenden Anmerkungen für „unbedingt erforderlich", damit sichergestellt sei, dass der Beschuldigte ausreichend Zeit habe, sich nach einem geeigneten Verteidiger zu erkundigen. Ein anderer schreibt: „Ich habe es in 20 Jahren – auch nach Einführung des § 140 Abs. 1 Nr. 4 – noch nie erlebt, dass die Beauftragung des selbst gewählten Verteidigers binnen 2–3 Wochen sich nachteilig ausgewirkt hätte – im Gegenteil, denn zeitaufwändiges Gerangel um die Mandatsfortführung entfällt und es bleibt mehr Zeit für tatsächliche Verteidigung."

194 LR/*Lüderssen/Jahn* Nachtr. § 141 Rn. 19; ausdrücklich zust. Radtke/Hohmann/*Reinhart* § 142 Rn. 8.

195 KK/*Maur* § 410 Rn. 3; LR/*Gössel*, 26. Aufl. 2009, § 410 Rn. 6.

(B) Einstellung zur starren Ein- und Zweiwochenfrist

Gefragt wurde daher:

Sollte eine Bezeichnungsfrist von einer oder zwei Wochen Ihrer Meinung nach noch als „unverzüglich" im Sinne von § 141 Abs. 3 Satz 4 StPO angesehen werden? ?

(1) Das Meinungsbild

1 oder 2 Wochen noch unverzüglich?

		Häufigkeit	Prozent	Gültige Prozente	Kumulierte Prozente
Gültig	Ausnahmslos ja	186	19,2	20,0	20,0
	Ausnahmslos nein	178	18,3	19,1	39,1
	1 Woche ausnahmslos ja, 2 Wochen ausnahmslos nein	258	26,6	27,7	66,7
	Es kommt immer auf den Einzelfall an	310	31,9	33,3	100,0
	Gesamt	932	96,0	100,0	
Fehlend	System	39	4,0		
Gesamt		971	100,0		

Auch hier zeigt sich **kein einheitliches Bild** (siehe hierzu **Abb. 52 – S. 209**). Die relative **Mehrheit** (33,3 %) vertritt die Auffassung, es komme insoweit stets auf den **Einzelfall** an. 20,0 % halten eine Frist von zwei Wochen ausnahmslos noch für unverzüglich. 19,1 % sind der Meinung, eine Frist von einer Woche sei ausnahmslos nicht mehr unverzüglich. Der Rest (27,7 %) hält eine Frist von einer Woche noch für rechtlich zulässig, nicht hingegen eine zweiwöchige Frist.

(2) Differenzierung des Meinungsbildes nach Berufsgruppen

Bezogen auf die unterschiedlichen **Berufsgruppen** ergibt sich folgendes Ergebnis:

1 oder 2 Wochen noch unverzüglich?[196]

		Tätigkeit		Gesamt
		Straf-verteidiger	Ermittlungs-richter am AG	
Ausnahmslos ja	Anzahl	178	8	186
	% innerhalb von Tätigkeit	19,7 %	26,7 %	20,0 %
Ausnahmslos nein	Anzahl	177	1	178
	% innerhalb von Tätigkeit	19,6 %	3,3 %	19,1 %
1 Woche ausnahmslos ja, 2 Wochen ausnahmslos nein	Anzahl	249	9	258
	% innerhalb von Tätigkeit	27,6 %	30,0 %	27,7 %
Es kommt immer auf den Einzelfall an	Anzahl	298	12	310
	% innerhalb von Tätigkeit	33,0 %	40,0 %	33,3 %
Gesamt	Anzahl	902	30	932
	% innerhalb von Tätigkeit	100,0 %	100,0 %	100,0 %

Auffallend ist hier nur, dass die befragten **Ermittlungsrichter** im Gegensatz zu den Verteidigern nur zu einem **sehr geringen Teil** angaben, eine Frist von **zwei Wochen** sei ausnahmslos **zu lang** (3,3 % im Vergleich zu 19,6 %) (siehe hierzu **Abb. 53 – S. 210**).

196 Gültig: 932 (96,0 %); fehlend: 39 (4,0 %).

(3) Differenzierung des Meinungsbildes nach Berufs- und Beiordnungserfahrung

Im Hinblick auf die **Dauer der Berufszugehörigkeit** ergibt sich Folgendes:

1 oder 2 Wochen noch unverzüglich?[197]

		Dauer der Tätigkeit			Gesamt
		Bis zu 3 Jahre	Bis zu 10 Jahre	Mehr als 10 Jahre	
Ausnahmslos ja	Anzahl	6	42	136	184
	% innerhalb von Dauer der Tätigkeit	11,3 %	18,4 %	21,1 %	19,8 %
Ausnahmslos nein	Anzahl	16	43	119	178
	% innerhalb von Dauer der Tätigkeit	30,2 %	18,9 %	18,4 %	19,2 %
1 Woche ausnahmslos ja, 2 Wochen ausnahmslos nein	Anzahl	7	58	192	257
	% innerhalb von Dauer der Tätigkeit	13,2 %	25,4 %	29,7 %	27,7 %
Es kommt immer auf den Einzelfall an	Anzahl	24	85	199	308
	% innerhalb von Dauer der Tätigkeit	45,3 %	37,3 %	30,8 %	33,2 %
Gesamt	Anzahl	53	228	646	927
	% innerhalb von Dauer der Tätigkeit	100,0 %	100,0 %	100,0 %	100,0 %

Die Befragten mit **größerer Berufserfahrung** halten u. a. eine Frist von **2 Wochen** zu einem **höheren Teil** noch für **unverzüglich** und eine Wochenfrist zu einem geringeren Teil für nicht mehr unverzüglich (siehe hierzu **Abb. 54 – S. 210**).

197 Gültig: 927 (95,5 %); fehlend: 44 (4,5 %).

Dies erfährt wiederum eine Bestätigung durch die Ergebnisse in Bezug auf die **Anzahl der Beiordnungen gem. § 140 Abs. 1 Nr. 4 StPO** (siehe hierzu **Abb. 55 – S. 211**):

1 oder 2 Wochen noch unverzüglich?[198]

		Anzahl der Beiordnungen gem. § 140 Abs. 1 Nr. 4 StPO					Gesamt
		Keine	Bis zu 10	Bis zu 20	Bis zu 50	Mehr als 50	
Ausnahmslos ja	Anzahl	49	93	19	12	4	177
	% innerhalb von Anzahl der Beiordnungen gem. § 140 Abs. 1 Nr. 4 StPO	15,4 %	19,8 %	25,0 %	48,0 %	80,0 %	19,8 %
Ausnahmslos nein	Anzahl	87	82	5	1	0	175
	% innerhalb von Anzahl der Beiordnungen gem. § 140 Abs. 1 Nr. 4 StPO	27,4 %	17,4 %	6,6 %	4,0 %	0,0 %	19,6 %
1 Woche ausnahmslos ja, 2 Wochen ausnahmslos nein	Anzahl	86	134	18	8	0	246
	% innerhalb von Anzahl der Beiordnungen gem. § 140 Abs. 1 Nr. 4 StPO	27,0 %	28,5 %	23,7 %	32,0 %	0,0 %	27,5 %
Es kommt immer auf den Einzelfall an	Anzahl	96	161	34	4	1	296
	% innerhalb von Anzahl der Beiordnungen gem. § 140 Abs. 1 Nr. 4 StPO	30,2 %	34,3 %	44,7 %	16,0 %	20,0 %	33,1 %
Gesamt	Anzahl	318	470	76	25	5	894
	% innerhalb von Anzahl der Beiordnungen gem. § 140 Abs. 1 Nr. 4 StPO	100,0 %	100,0 %	100,0 %	100,0 %	100,0 %	100,0 %

198 Gültig: 894 (95,0 %); fehlend: 47 (5,0 %).

Bestätigt wird auch dieser Befund im Vergleich von **Fachanwälten** zu Nicht-Fachanwälten:

1 oder 2 Wochen noch unverzüglich?[199]

		Fachanwalt für Strafrecht		Gesamt
		Ja	Nein	
Ausnahmslos ja	Anzahl	144	34	178
	% innerhalb von Fachanwalt für Strafrecht	22,6 %	13,1 %	19,8 %
Ausnahmslos nein	Anzahl	117	60	177
	% innerhalb von Fachanwalt für Strafrecht	18,3 %	23,2 %	19,7 %
1 Woche ausnahmslos ja, 2 Wochen ausnahmslos nein	Anzahl	167	79	246
	% innerhalb von Fachanwalt für Strafrecht	26,2 %	30,5 %	27,4 %
Es kommt immer auf den Einzelfall an	Anzahl	210	86	296
	% innerhalb von Fachanwalt für Strafrecht	32,9 %	33,2 %	33,0 %
Gesamt	Anzahl	638	259	897
	% innerhalb von Fachanwalt für Strafrecht	100,0 %	100,0 %	100,0 %

Hier lautet das Verhältnis in Bezug auf die Antwort „ausnahmslos ja" 22,6 % (Fachanwälte für Strafrecht) zu 13,1 % (Verteidiger ohne einen solchen Fachanwaltstitel) (siehe hierzu **Abb. 56 – S. 212**).

(C) Einstellung zur Starrheit oder Flexibilität der Frist

Im selben Zusammenhang wurde außerdem gefragt:

Sollte die Bezeichnungsfrist flexibel, also mit der Möglichkeit der Abweichung im Einzelfall, ausgestaltet werden oder erscheint eine starre Frist, z. B. aus Gründen der Rechtssicherheit, vorzugswürdig?

199 Gültig: 897 (95,3 %); fehlend: 44 (4,7 %).

		Häufigkeit	Prozent	Gültige Prozente
Gültig	Flexible Frist	489	50,4	53,9
	Starre Frist	419	43,2	46,1
	Gesamt	908	93,5	100,0
Fehlend	System	63	6,5	
Gesamt		971	100,0	

Bei der Beantwortung dieser Frage herrscht ebenso Uneinigkeit. Mit 53,9 % spricht sich **die knappe Mehrheit** – gegen die hier vertretene Auslegung des geltenden Rechts[200] – für eine **flexible Frist** aus (siehe hierzu **Abb. 57 – S. 212**).

(1) Differenzierung nach Berufsgruppen

Im Hinblick auf die befragten **Berufsgruppen** ergeben sich deutlichere Unterschiede:

Flexibel oder starr?[201]

		Tätigkeit		Gesamt
		Strafverteidiger	Ermittlungsrichter am AG	
Flexible Frist	Anzahl	470	19	489
	% innerhalb von Tätigkeit	53,3 %	70,4 %	53,9 %
Starre Frist	Anzahl	411	8	419
	% innerhalb von Tätigkeit	46,7 %	29,6 %	46,1 %
Gesamt	Anzahl	881	27	908
	% innerhalb von Tätigkeit	100,0 %	100,0 %	100,0 %

Unter den **Ermittlungsrichtern** sprechen sich sogar **70,4 %** für eine **flexible Frist** aus (Strafverteidiger: 53,3 %) (siehe hierzu **Abb. 58 – S. 213**). Hier offenbart sich der Wunsch – wohl auch im Hinblick auf etwaige „Sonderfälle"[202] – nicht an eine bestimmte Vorgabe gebunden zu sein, sondern im Einzelfall interessengerecht entscheiden zu können.

200 Oben *Abschn.* C.III.2.e.cc.(A).
201 Gültig: 908 (93,5 %); fehlend: 63 (6,5 %).
202 Denkbar erscheint etwa, dass zuweilen aus Sicht des Richters eine über das übliche Maß hinausgehende Eilbedürftigkeit besteht.

(2) Differenzierung nach Haftbeiordnungserfahrung

Betrachtet man **die Anzahl der Beiordnungen nach § 140 Abs. 1 Nr. 4** StPO, so stellt man Folgendes fest:

Flexibel oder starr?[203]

		Anzahl der Beiordnungen gem. § 140 Abs. 1 Nr. 4 StPO					Gesamt
		Keine	Bis zu 10	Bis zu 20	Bis zu 50	Mehr als 50	
Flexible Frist	Anzahl	147	258	43	14	4	466
	% innerhalb von Anzahl der Beiordnungen gem. § 140 Abs. 1 Nr. 4 StPO	47,4 %	55,6 %	61,4 %	58,3 %	80,0 %	53,4 %
Starre Frist	Anzahl	163	206	27	10	1	407
	% innerhalb von Anzahl der Beiordnungen gem. § 140 Abs. 1 Nr. 4 StPO	52,6 %	44,4 %	38,6 %	41,7 %	20,0 %	46,6 %
Gesamt	Anzahl	310	464	70	24	5	873
	% innerhalb von Anzahl der Beiordnungen gem. § 140 Abs. 1 Nr. 4 StPO	100,0 %	100,0 %	100,0 %	100,0 %	100,0 %	100,0 %

Der Wunsch nach einer **flexiblen** Vorgehensweise ist bei Anwälten, die im Rahmen ihrer beruflichen Tätigkeit schon **öfter beigeordnet** worden sind, damit tendenziell **ausgeprägter** (siehe hierzu **Abb. 59 – S. 213**).

3. Die Notwendigkeit einer transparenteren Beiordnungspraxis

a) Die Rechtsfolgen bei Benennung eines Verteidigers durch den Beschuldigten

Nach § 142 Abs. 1 Satz 2 StPO bestellt der Ermittlungsrichter (§ 141 Abs. 4 Hs. 2 StPO) den vom Beschuldigten innerhalb der Frist bezeichneten Verteidiger, „wenn dem kein wichtiger Grund entgegensteht". Sofern der Beschuldigte einen Verteidiger seiner Wahl benennt, steht dem Gericht damit **kein Ermessen** bei der Auswahlentscheidung mehr zu.[204] Ausschließlich ein „wichtiger Grund" im Sinne des § 142 Abs. 1 Satz 2 StPO kann der Bestellung jetzt noch entgegenstehen.[205] Sofern der zunächst gewählte Ver-

---

203 Gültig: 873 (92,8 %); fehlend: 68 (7,2 %).

204 Statt vieler *Wohlers* StV 2010, 151, 154; AnwK-UHaft/*König* § 141 Rn. 7; LR/*Lüderssen*/*Jahn* Nachtr. § 141 Rn. 20.

205 Zu ihnen ausf. LR/*Lüderssen*/*Jahn* § 142 Rn. 19ff.

teidiger bei seinem Vorliegen durch das Gericht abgelehnt wird, muss dem Beschuldigten Gelegenheit zu einer erneuten Auswahlentscheidung gegeben werden.[206]

! **Empirischer Forschungsbedarf** bestand damit zu der Frage, ob und ggf. mit welcher Zielrichtung entgegen der gesetzlichen Regelung in der Praxis ein Ermessen bei der Auswahl durch die Ermittlungsrichterinnen und Ermittlungsrichter geltend gemacht wird.

Gefragt wurde daher unter Hinweis auf die Regelung in § 142 Abs. 1 Satz 2 StPO:

? Wie häufig wird trotz dieser Vorgabe ohne einen solchen wichtigen Grund vom Gericht ein anderer Verteidiger beigeordnet?

aa) Bedenkliche Erfahrungen zur Beiordnung eines anderen als den durch den Beschuldigten benannten Verteidiger

(A) Generelles Erfahrungsbild

Beiordnung eines anderen Verteidigers

		Häufigkeit	Prozent	Gültige Prozente	Kumulierte Prozente
Gültig	Nie	313	32,2	44,3	44,3
	Selten	256	26,4	36,2	80,5
	Gelegentlich	106	10,9	15,0	95,5
	Regelmäßig	27	2,8	3,8	99,3
	Immer	5	0,5	0,7	100,0
	Gesamt	707	72,8	100,0	
Fehlend	System	264	27,2		
Gesamt		971	100,0		

Zunächst fällt angesichts der eindeutigen Rechtslage positiv auf, dass mit 44,3 % die meisten Antworten bei der Option **„nie"** hinterlegt sind. Das heißt aber andererseits leider auch, dass mit 55,7 % eine **Mehrheit** der Antwortenden angibt, eine derartige Beiordnung eines anderen Verteidigers komme in der Praxis – **contra legem** – vor. Immerhin entfallen 36,2 % auf „selten" und 15,0 % auf „gelegentlich". Auch hier gibt es wieder regionale Unterschiede. Von 10 Verteidigern aus Thüringen antworteten etwa sogar fünf (50,0 %) mit „gelegentlich" sowie drei (30,0 %) mit „selten" und einer

206 So auch *Wohlers* StV 2010, 151, 154f.

(10,0 %) mit „regelmäßig". **4,5 %** aller Teilnehmenden haben nach eigenen Angaben sogar die Erfahrung gemacht, eine Beiordnung eines anderen Verteidigers ohne einen wichtigen Grund durch das Gericht erfolge **regelmäßig** (3,8 %) **oder immer** (0,7 %) (siehe hierzu **Abb. 60 – S. 214**). Sollte dies zutreffen, wäre dies im Hinblick auf die damit einhergehende Beschneidung der Autonomie des Beschuldigten ungeachtet der – isoliert betrachtet – niedrigen Prozentzahl ohne Frage ein **beunruhigendes Ergebnis**.

Paradoxerweise geben allerdings Verteidiger, die schon **oft gem. § 140** StPO **beigeordnet wurden**, prozentual gesehen zu einem **größeren Teil** an, eine solche mit Blick auf den Anspruch auf den Verteidiger des Vertrauens fehlerhafte Beiordnung komme **nie** vor, als ihre insoweit weniger erfahrenen Kollegen (siehe hierzu **Abb. 61 – S. 214**):

Beiordnung eines anderen Verteidigers[207]

		Anzahl der Beiordnungen gem. § 140 StPO					Gesamt
		Keine	Bis zu 10	Bis zu 20	Bis zu 50	Mehr als 50	
Nie	Anzahl	14	77	76	84	37	288
	% innerhalb von Anzahl der Beiordnungen gem. § 140 StPO	34,1 %	34,2 %	42,2 %	53,2 %	52,1 %	42,7 %
Selten	Anzahl	11	90	73	52	24	250
	% innerhalb von Anzahl der Beiordnungen gem. § 140 StPO	26,8 %	40,0 %	40,6 %	32,9 %	33,8 %	37,0 %
Gelegentlich	Anzahl	8	49	25	17	6	105
	% innerhalb von Anzahl der Beiordnungen gem. § 140 StPO	19,5 %	21,8 %	13,9 %	10,8 %	8,5 %	15,6 %
Regelmäßig	Anzahl	7	9	5	3	3	27
	% innerhalb von Anzahl der Beiordnungen gem. § 140 StPO	17,1 %	4,0 %	2,8 %	1,9 %	4,2 %	4,0 %
Immer	Anzahl	1	0	1	2	1	5
	% innerhalb von Anzahl der Beiordnungen gem. § 140 StPO	2,4 %	0,0 %	0,6 %	1,3 %	1,4 %	0,7 %
	Anzahl	41	225	180	158	71	675
	% innerhalb von Anzahl der Beiordnungen gem. § 140 StPO	100,0 %	100,0 %	100,0 %	100,0 %	100,0 %	100,0 %

207 Gültig: 675 (71,7 %); 266 (28,3 %).

(B) Erfahrungsbild in den beiden Berufsgruppen
Folgendes zeigte sich konkret bezogen auf die befragten **Berufsgruppen:**

Beiordnung eines anderen Verteidigers[208]

		Tätigkeit		Gesamt
		Strafverteidiger	Ermittlungsrichter am AG	
Nie	Anzahl	290	23	313
	% innerhalb von Tätigkeit	42,8 %	79,3 %	44,3 %
Selten	Anzahl	250	6	256
	% innerhalb von Tätigkeit	36,9 %	20,7 %	36,2 %
Gelegentlich	Anzahl	106	0	106
	% innerhalb von Tätigkeit	15,6 %	0,0 %	15,0 %
Regelmäßig	Anzahl	27	0	27
	% innerhalb von Tätigkeit	4,0 %	0,0 %	3,8 %
Immer	Anzahl	5	0	5
	% innerhalb von Tätigkeit	0,7 %	0,0 %	0,7 %
Gesamt	Anzahl	678	29	707
	% innerhalb von Tätigkeit	100,0 %	100,0 %	100,0 %

Während 79,3 % der **Ermittlungsrichter** angeben, die beschriebene gesetzeswidrige Praxis gebe es nicht, räumen immerhin **20,7 %** ein, es komme **„selten"** vor, dass trotz Fehlens eines wichtigen Grundes ein anderer Verteidiger beigeordnet wird (siehe hierzu **Abb. 62 – S. 215**). Jeder fünfte hessische Ermittlungsrichter kann also davon berichten, dass der Anspruch des Beschuldigten auf den Pflichtverteidiger seines Vertrauens in Einzelfällen nicht erfüllt wird.

208 Gültig: 707 (72,8 %); fehlend: 264 (27,2 %).

bb) Mögliche Zielrichtungen der Versagung der Beiordnung des Vertrauensverteidigers trotz Fehlens eines wichtigen Grundes

Vertiefend wurde deshalb folgende Frage gestellt:

Mit welchen Zielrichtungen wird in den Fällen der Frage a.[209] gegebenenfalls eine solche vom Wunsch des Beschuldigten abweichende Beiordnung ausgeübt?[210] ?

(1) Das Erfahrungsbild

Zielrichtungen bei abweichender Beiordnung[211]

	Antworten		Prozent der Fälle
	N	Prozent	
Schutz des Beschuldigten vor als unsachgemäß und/oder prozessordnungswidrig empfundener Verteidigung	63	10,4 %	15,2 %
Auswahl eines aus Sicht des Gerichts geeigneteren Verteidigers	233	38,4 %	56,3 %
Fehlendes Vertrauensverhältnis zwischen dem Beschuldigten und dem Verteidiger	54	8,9 %	13,0 %
Ortsferne des Kanzleisitzes	188	31,0 %	45,4 %
Terminprobleme des Verteidigers*	6	1,0 %	1,4 %
Übersehen des Wunsches*	1	0,2 %	0,2 %
Verteidiger will Verteidigung nicht übernehmen*	2	0,3 %	0,5 %
Verteidiger steht nicht auf Pflichtverteidigerliste*	1	0,2 %	0,2 %
Auswahl eines dem Gericht bekannten („genehmeren") Verteidigers*	43	7,1 %	10,4 %
Fehlende Vollmacht*	1	0,2 %	0,2 %
Kosten*	1	0,2 %	0,2 %
Anderer Verteidiger drängt sich auf*	2	0,3 %	0,5 %
Beschuldigter hat bereits Verteidiger*	6	1,0 %	1,4 %
Verteidiger nicht (sofort) erreichbar*	5	0,8 %	1,2 %
Gesamt	606	100,0 %	146,4 %

209 „Wie häufig wird trotz dieser Vorgabe ohne eines solchen wichtigen Grundes vom Gericht ein anderer Verteidiger beigeordnet?"
210 Mehrfachnennungen waren möglich.
211 Gültig: 414 (42,6 %); fehlend: 557 (57,4 %).

Zunächst zu den vorgegebenen Optionen (siehe hierzu **Abb. 63 – S. 216**): **Über die Hälfte** (56,3 %) der Antwortenden setzte bei der Antwort „**Auswahl** eines aus Sicht des Gerichts **geeigneteren Verteidigers**" ein Kreuz, z. B. in Thüringen sogar 88,9 % (8 von 9 Verteidigern). Etwa zehn Prozent weniger **(45,4 %)** geben an, die **Ortsferne** des Kanzleisitzes spiele – nach der Fragestellung unabhängig von der in Schrifttum und Rechtsprechung seit den Änderungen durch das 2. ORRG nicht einheitlich beantworteten Frage, ob dies ein wichtiger Grund für die Nichtbestellung sein kann[212] – bei der Entscheidung für die Beiordnung eines anderen Verteidigers eine Rolle.[213] Die Antwort „**Schutz des Beschuldigten** vor als unsachgemäß und/oder prozessordnungswidrig empfundener Verteidigung" als eine Art ungeschriebene Schlecht- und Konfliktverteidigungsklausel der Praxis wählten immerhin **15,2 %** der Antwortenden. Das **fehlende Vertrauensverhältnis** zwischen dem Beschuldigten und dem Verteidiger ist nach den Erfahrungen von **13,0 %** ein Beweggrund des Richters, vom Wunsch des Beschuldigten abzuweichen.[214]

Folgendes wurde zusätzlich unter „Sonstiges" genannt: **10,4 %** haben nach eigenen Angaben die Erfahrung gemacht, ein Beweggrund sei die Auswahl eines dem Gericht **bekannten und/ oder „genehmeren" Verteidigers**. Nun könnte man auf den ersten Blick meinen, dies sei dasselbe wie die „Auswahl eines aus Sicht des Gerichts geeigneteren Verteidigers" (vorgegebene Antwort).[215] Gemeint ist allerdings offensichtlich, dass nicht unbedingt ein im Hinblick auf die Bedürfnisse *des Beschuldigten* geeigneter Verteidiger ausgewählt wird, sondern ein solcher, der – gewissermaßen umgekehrt – dem Gericht **keine Probleme** bereitet. So ist etwa die Rede von „gerichtlich altverdienten" Rechtsanwälten, von den **„typischen Verdächtigen"** bzw. „Freunden des Richters", von „Willkür des Gerichts", vom „Schutz der Justiz vor sachgerechter Verteidigung", von der „Sicherung einer kooperativen Verteidigung", von der Beiordnung sog. **„Geständnisbegleiter"** oder „junger, unerfahrener, bequemer Kollegen", von „bekannten Beisitzern", von „konfliktscheuen Verteidigern" oder von „persönlichen Beziehungen zum Richter". Insbesondere der Anwalt „von auswärts" werde nach den Angeben der Befragten ungern beigeordnet. **1,4 %** geben an, ein Grund könnten Terminprobleme des gewünschten Verteidigers[216] sein. Ebenfalls eine Handvoll Verteidiger – wiederum **1,4 %** – haben die Erfahrung gemacht, dass ein Verteidiger nicht beigeordnet wurde, weil der Beschuldigte bereits einen Verteidiger hatte.[217] **1,2 %** berichten, ein Grund könne im Einzelfall sein, dass der gewünschte **Verteidiger nicht** bzw. nicht sofort **erreichbar** sei. Je zweimal (0,5 %) wurde genannt, dass sich zuweilen

---

212 Siehe zum Meinungsstand unten *Abschn.* C.III.3.c.aa.

213 Diese Antwort wurde seltener gewählt für Bezirke, in denen das LG in einer Großstadt liegt (43,6 % [134 von 307]), als im gegenteiligen Fall (54,3 % [50 von 92]).

214 Diese Antwort wählten vermehrt wenig erfahrene (Tätigkeit bis zu 3 Jahre) Verteidiger, nämlich 8 von 27 (29,6 %), was nicht recht überrascht.

215 Es kann natürlich nicht ausgeschlossen werden, dass einige Befragte die Antwortoption so verstanden haben, als sei damit (ggf.: auch) ein für *die Interessen des Gerichts* (z. B. niedriger Arbeitsaufwand) geeigneterer Verteidiger gemeint.

216 Einmal wurde als Grund die „gerichtsbekannte" Überlastung genannt.

217 Gemeint ist: Vermeidung von Mehrfachverteidigung. Einmal wurde auch genannt: „Der Mandant hat in anderer Sache bereits einen Pflichtverteidiger." Einmal auch: „Verteidiger steht schon draußen."

ein anderer Verteidiger aufdränge[218] und dass der vom Beschuldigten gewünschte Verteidiger die Verteidigung nicht übernehmen möchte.[219] Je einmal (0,2%) genannt wurden das schlichte Übersehen des Wunsches des Beschuldigten,[220] das Nichtvorhandensein des Verteidigers auf der Liste, die fehlende Vollmacht (nicht unterschriebene Erklärung) sowie die Kosten.

(2) Die Erfahrungen innerhalb der beiden Berufsgruppen

Folgende Unterschiede zeigen sich bei den verschiedenen **Berufsgruppen**:

Zielrichtungen bei abweichender Beiordnung[221]

		Tätigkeit		Gesamt
		Strafverteidiger	Ermittlungsrichter am AG	
Schutz des Beschuldigten vor als unsachgemäß und/oder prozessordnungswidrig empfundener Verteidigung	Anzahl	61	2	63
	% innerhalb Tätigkeit	15,0 %	25,0 %	
Auswahl eines aus Sicht des Gerichts geeigneteren Verteidigers	Anzahl	231	2	233
	% innerhalb Tätigkeit	56,9 %	25,0 %	
Fehlendes Vertrauensverhältnis zwischen dem Beschuldigten und dem Verteidiger	Anzahl	53	1	54
	% innerhalb Tätigkeit	13,1 %	12,5 %	
Ortsferne des Kanzleisitzes	Anzahl	186	2	188
	% innerhalb Tätigkeit	45,8 %	25,0 %	
Terminprobleme des Verteidigers*	Anzahl	5	1	6
	% innerhalb Tätigkeit	1,2 %	12,5 %	
Übersehen des Wunsches*	Anzahl	1	0	1
	% innerhalb Tätigkeit	0,2 %	0,0 %	

218 Konkret: „Anderer Verteidiger will sich in das Mandat drängen" und „‚Abwerben' von Mandanten in der Haft durch Kollegen".
219 Dieser Kategorie wurde auch folgende Antwort zugeordnet: „gewünschter Rechtsanwalt bearbeitet kein Strafrecht". Diese Antwort könnte man auch der (vorgefertigten) Antwort „Auswahl eines aus Sicht des Gerichts geeigneteren Verteidigers" zuordnen.
220 Ein Verteidiger führt in seinen ergänzenden Anmerkungen aus: „Teilweise wird selbst die Ankündigung der Übernahme des Mandats per Telefax ‚übersehen' und ein anderer Rechtsanwalt beigeordnet."
221 Gültig: 414 (42,6 %); fehlend: 557 (57,4 %).

Verteidiger will Verteidigung nicht übernehmen*	Anzahl	2	0	2
	% innerhalb Tätigkeit	0,5 %	0,0 %	
Verteidiger steht nicht auf Pflichtverteidigerliste*	Anzahl	1	0	1
	% innerhalb Tätigkeit	0,2 %	0,0 %	
Auswahl eines dem Gericht bekannten („genehmeren") Verteidigers*	Anzahl	42	1	43
	% innerhalb Tätigkeit	10,3 %	12,5 %	
Fehlende Vollmacht*	Anzahl	1	0	1
	% innerhalb Tätigkeit	0,2 %	0,0 %	
Kosten*	Anzahl	1	0	1
	% innerhalb Tätigkeit	0,2 %	0,0 %	
Anderer Verteidiger drängt sich auf*	Anzahl	2	0	2
	% innerhalb Tätigkeit	0,5 %	0,0 %	
Beschuldigter hat bereits Verteidiger*	Anzahl	6	0	6
	% innerhalb Tätigkeit	1,5 %	0,0 %	
Verteidiger nicht (sofort) erreichbar*	Anzahl	5	0	5
	% innerhalb Tätigkeit	1,2 %	0,0 %	
Gesamt	Anzahl	406	8	414

Die (nur) **acht** antwortenden **Ermittlungsrichter** wählten die vorgefertigten Antwortmöglichkeiten **„Schutz des Beschuldigten** vor als unsachgemäß und/oder prozessordnungswidrig empfundener Verteidigung", Auswahl eines aus Sicht des Gerichts **geeigneteren Verteidigers**, die **Ortsferne** des Kanzleisitzes (je 2 Nennungen: je 25 %) und **„fehlendes Vertrauensverhältnis** zwischen dem Beschuldigten und dem Verteidiger" (eine Nennung: 12,5 %). Außerdem wurden Antworten genannt, die den Kategorien **„Terminprobleme** des Verteidigers" und „Auswahl eines dem Gericht **bekannten** („genehmeren") **Verteidigers"** (je eine Nennung: je 12,5 %) zugeordnet werden können (siehe hierzu **Abb. 64 – S. 217**).

b) Verteidigerlisten

aa) Maßgebliche Rechtsgrundsätze und Problembereiche für die Führung von Listen mit beiordnungsbereiten Strafverteidigern

Im Zusammenhang mit der Beiordnung von Verteidigern empfiehlt sich nach hier vertretener Auffassung, die dem Ansatz des **DAV**, der **BRAK** und der **Strafverteidigervereinigungen** entspricht, die Führung von in tunlichen Abständen zu aktualisierenden **Listen,** auf denen zur Übernahme der Pflichtverteidigung in Haftsachen (in den Grenzen des § 49 Abs. 2 i. V. m. § 48 Abs. 2 BRAO) bereite Rechtsanwälte verzeichnet sind. Sie sind dazu bestimmt – und müssen dazu auch geeignet sein –, dem unentschlossenen und unsicheren Beschuldigten als effektive **Auswahlhilfe** zu dienen.[222]

Angesichts des Ziels möglichst effektiver Verteidigung sollten dabei insbesondere am Ort der Untersuchungshaftanstalt ansässige oder ortsnahe Fachanwälte für Strafrecht, zumindest aber Rechtsanwälte mit einschlägigen Tätigkeitsschwerpunkten und möglichst Fortbildungsnachweisen im Haftrecht unter Hervorhebung ihrer einschlägigen Zusatzqualifikation(en) (z. B. Steuerberater, vereidigter Buchprüfer), ihrer Sprachkenntnisse, der Dauer ihrer Zulassung und der Erreichbarkeit auch an Wochenenden sowie Sonn- und Feiertagen (Handynummer) in derartige Listen aufgenommen werden.[223] Diesen Anforderungen genügende **Fotokopien** sind dem Beschuldigten physisch **auszuhändigen**. Daneben sind im Einzelfall dem Zweck der Auswahlentscheidung dienende **Telefonate** und Sprechstunden mit Vertrauenspersonen zum Zwecke der Informationsbeschaffung zu ermöglichen.[224]

Neben praktischen Problemen des „Handlings" werfen solche Verteidigerlisten allerdings auch **Wettbewerbsfragen** auf, wenn beispielsweise dem bestellungswilligen und nach § 142 Abs. 1 StPO seit dem 2. OpferRRG auch grundsätzlich bestellungsfähigen auswärtigen Junganwalt die Aufnahme in eine solche Liste verweigert wird. Diese Fragen haben vor dem Hintergrund des Art. 12 Abs. 1 GG verfassungsrechtlichen Gehalt und mögen in Zukunft eine Anpassung der BRAO erforderlich machen.[225]

Die **Praxis** der Aufstellung und Nutzung solcher Listen – so viel war schon dieser Studie bekannt – erfolgt bislang in den einzelnen Bundesländern und Gerichtsbezirken unterschiedlich, höchst intransparent und, gemessen an dem Ziel der Neuregelung, dem Beschuldigten eine effektive und geordnete Verteidigung zu gewährleisten, in einer Vielzahl von Fällen **unzureichend**:[226] Zum einen gibt es eine Vielzahl an Listen der unterschiedlichsten Autoren (Rechtsanwaltskammern, Strafverteidigerver-

---

222 LR/*Lüderssen*/*Jahn* Nachtr. § 141 Rn. 21. Zu den Vorschlägen im Einzelnen *DAV* Stellungnahme Nr. 55/2009, 4; *BRAK* StV 2010, 544, 545; *Strafverteidigervereinigungen* StV 2010, 109, 110; *Thielmann* HRRS 2009, 452, 454f.; *Heydenreich* StRR 2009, 444, 447; AnwK-UHaft/*König* § 141 Rn. 4f., der daneben auch für eine freigiebige Ermöglichung von Telefonaten und Sprechstunden mit Vertrauenspersonen zum Zwecke der Informationsbeschaffung plädiert; vgl. zur gebotenen Hilfe bei der Verteidigerauswahl ferner *F. Schmidt* NJ 2012, 284, 286. Ein Teilnehmer der hiesigen Studie fordert etwa pragmatisch: „Es sollte in jeder Polizeidienststelle ein ‚schwarzes Brett' geben, wo Rechtsanwälte frei Visitenkarten hinterlegen können!"

223 Vgl. *Wohlers* StV 2010, 151, 154; *Jahn* FS Rissing-van Saan, 275, 294f. (dort bereits auch zum Vorstehenden). Die von *Schlothauer*/*Weider*, Untersuchungshaft, Rn. 317 aufgeführten weiteren Kriterien wie Publikationen, Vorträge und Falllisten sind zweifelhaft.

224 LR/*Lüderssen*/*Jahn* Nachtr. § 141 Rn. 21 a. E.; AnwK-UHaft/*König* § 141 Rn. 4 a. E.

225 LR/*Lüderssen*/*Jahn* Nachtr. § 141 Rn. 22. Zu den Einzelheiten *Huff*, Pflichtverteidigerlisten – eine Aufgabe der Rechtsanwaltskammer? Unveröff. Referat auf der 209. Sitzung des Strafrechtsausschusses der BRAK in Hamburg am 17.10.2009, S. 4ff.

226 Für eine transparente Beiordnungspraxis aber zu Recht *Strafverteidigervereinigungen* StV 2010, 109, 110.

einigungen, Anwaltvereine, Haftrichter). Hier sollte eine gewisse Priorisierung Platz greifen.[227] Zum anderen enthalten die Listen – das war schon vor unserer Erhebung bekannt – häufig keine Aussage zur Qualifikation und Befähigung der genannten Verteidiger und zu den angewandten (sachlichen) Auswahlkriterien.[228]

! Unterstützender **empirischer Forschungsbedarf** bestand hier zu den Fragenkomplexen,
- wie diese Listen dort, wo sie existieren, in der Praxis ausgestaltet sind,
- ob sie tatsächlich dem Beschuldigten ausgehändigt werden,
- in welchem Umfang ggf. weitere Hilfestellungen (Telefonate usw.) angeregt oder zumindest ermöglicht werden,
- wer (Haftrichter, Rechtsanwaltskammern, Strafverteidigervereinigungen, Anwaltvereine) auf die Gestaltung der Pflichtverteidigerlisten (ggf.: in welchem Umfang) Einfluss nimmt und
- welche Aussagen zu Qualifikation und Befähigung der auf ihnen genannten Verteidiger und zu den angewandten (sachlichen) Auswahlkriterien diese Listen enthalten.

---

bb) Tatsächliche Verbreitung von Verteidigerlisten

Gefragt wurde zunächst:

? Wie häufig greifen die Gerichte auf derartige Listen bei ihrer Entscheidung zurück?

---

227 Vorgeschlagen wird (LR/*Lüderssen/Jahn* Nachtr. § 141 Rn. 23) eine Erstellung primär durch die örtlichen Rechtsanwaltskammern und sekundär durch die örtlichen Anwaltvereine und Strafverteidigervereinigungen. A. A. aber *Krekeler* Kammerreport Hamm 4/2009, 9: „In erster Linie wird es Aufgabe der örtlichen Anwaltvereine sein, (...) den für die Anordnung strafprozessualer Zwangsmaßnahmen zuständigen Abteilungen der Amtsgerichte Rechtsanwältinnen und Rechtsanwälte zu benennen, die bereit sind, sich beiordnen zu lassen (...)".

228 Eingehend dazu im Rahmen der bereits oben (*Abschn.* C. I.) angesprochenen, nicht repräsentativen statistischen Erhebung bereits *Heydenreich* StV 2011, 700, 701.

(A) Übersicht über das (disparate) Erfahrungsbild

Rückgriff auf Listen

		Häufigkeit	Prozent	Gültige Prozente	Kumulierte Prozente
Gültig	Nie	150	15,4	22,8	22,8
	Selten	199	20,5	30,3	53,1
	Gelegentlich	136	14,0	20,7	73,8
	Regelmäßig	154	15,9	23,4	97,3
	Immer	18	1,9	2,7	100,0
	Gesamt	657	67,7	100,0	
Fehlend	System	314	32,3		
Gesamt		971	100,0		

Es zeigt sich ein erstaunlich **uneinheitliches Bild** (siehe hierzu **Abb. 65 – S. 218**). Während etwa 23,4 % angeben, es werde regelmäßig auf Listen zurückgegriffen, haben mit 22,8 % ungefähr genauso viele Befragte die Erfahrung gemacht, dies geschehe nie. **Regionale Unterschiede** werden wieder wirkungsmächtig: Prozentual gesehen gab es besonders viele Antworten mit „nie" im Saarland: 7 von 12 Befragten (58,3 %) setzten hier ihr Kreuz. Die meisten Stimmen bei der Antwort „regelmäßig" gab es in Sachsen-Anhalt (4 von 10: 40 %). Das spricht klar dafür, dass in der Praxis einige Richter Listen nutzen, einige hingegen nicht.[229]

> Ein Verteidiger schlägt in seinen ergänzenden Anmerkungen vor: „Es sollten bei allen Gerichten, Staatsanwaltschaften, etc. pp. Listen – erstellt vom DAV – ausliegen, aus denen sich die Rechtsanwälte ergeben, die (Pflicht-)Verteidigungen übernehmen."[230]

(B) Bestätigung des disparaten Erfahrungsbildes durch die Angaben der Ermittlungsrichterinnen und Ermittlungsrichter

Das Ergebnis bestätigt sich, wenn man die Auswertung der Antworten der teilnehmenden hessischen **Ermittlungsrichter** betrachtet:

---

229 Bei einer späteren Frage merkt ein Verteidiger an, es würde keine Liste verwendet, sondern stattdessen mit gesammelten Visitenkarten gearbeitet.

230 Siehe zum – existierenden – Internetangebot der AG Strafrecht im DAV Fn. 384.

Rückgriff auf Listen[231]

		Tätigkeit		Gesamt
		Straf-verteidiger	Ermittlungs-richter am AG	
Nie	Anzahl	143	7	150
	% innerhalb von Tätigkeit	22,7 %	25,0 %	22,8 %
Selten	Anzahl	193	6	199
	% innerhalb von Tätigkeit	30,7 %	21,4 %	30,3 %
Gelegentlich	Anzahl	129	7	136
	% innerhalb von Tätigkeit	20,5 %	25,0 %	20,7 %
Regelmäßig	Anzahl	147	7	154
	% innerhalb von Tätigkeit	23,4 %	25,0 %	23,4 %
Immer	Anzahl	17	1	18
	% innerhalb von Tätigkeit	2,7 %	3,6 %	2,7 %
Gesamt	Anzahl	629	28	657
	% innerhalb von Tätigkeit	100,0 %	100,0 %	100,0 %

Sieben Richter geben an, es werde nie auf Verteidigerlisten zurückgegriffen. Ebenso viele antworten allerdings jeweils mit „regelmäßig“ und „gelegentlich“ (siehe hierzu **Abb. 66 – S. 218**).

Ein an der vorliegenden Studie teilnehmender Richter schlägt vor, in den **RiStBV** klarzustellen, ob derartige Pflichtverteidigerlisten bei den Gerichten oder den Staatsanwaltschaften geführt werden sollen und welche Kriterien ggf. für die Aufnahme in die Liste bestehen sollen. Diese Anregung bedarf weiterer Untersuchung.

cc) Zugänglichkeit von Verteidigerlisten

Gefragt wurde weiter:

? Handelt es sich hierbei um gerichtsinterne (d. h. nicht dem Einblick Dritter zugängliche) Listen?

231 Gültig: 657 (67,7 %); fehlend: 314 (32,3 %).

		Häufigkeit	Prozent	Gültige Prozente
Gültig	Ja	337	34,7	67,0
	Nein	166	17,1	33,0
	Gesamt	503	51,8	100,0
Fehlend	System	468	48,2	
Gesamt		971	100,0	

Hier gaben **67,0 %** an, es handle sich um **gerichtsinterne** Listen (siehe hierzu **Abb. 67 – S. 219**). Es sind in der Praxis der Gerichte also offenbar **beide Arten** von Listen **in Gebrauch**. Das wird bestätigt durch regionale Erfahrungen: Im Saarland gaben 100 % der Teilnehmenden (6 von 6) an, es handle sich um gerichtsinterne Listen, in Bremen 87,5 % (7 von 8). In Hamburg berichteten hingegen 80 % (4 von 5) von der Möglichkeit des Einblicks Außenstehender in die Listen.

Die Antworthäufigkeit in den beiden **Berufsgruppen** unterscheidet sich jedoch etwas:

Gerichtsinterne Listen?[232]

		Tätigkeit		Gesamt
		Straf-verteidiger	Ermittlungs-richter am AG	
Ja	Anzahl	329	8	337
	% innerhalb von Tätigkeit	67,8 %	44,4 %	67,0 %
Nein	Anzahl	156	10	166
	% innerhalb von Tätigkeit	32,2 %	55,6 %	33,0 %
Gesamt	Anzahl	485	18	503
	% innerhalb von Tätigkeit	100,0 %	100,0 %	100,0 %

Von 18 hessischen Ermittlungsrichtern gaben nur 8 (44,4 %) an, es würden gerichtsinterne Listen verwendet. Nach der Angabe von zehn Richtern (55,6 %) werden hingegen regelmäßig Listen gebraucht, die dem Einblick Dritter zugänglich sind (siehe hierzu **Abb. 68 – S. 219**).

232 Gültig: 503 (51,8 %); fehlend: 468 (48,2 %).

Nur graduell etwas **weiter verbreitet** sind „offene" Listen in **großstädtischen** Gebieten (65,4 % im Vergleich zu 73,5 %) (siehe hierzu **Abb. 69 – S. 220**):

Gerichtsinterne Listen?[233]

		Großstadt		Gesamt
		LG in Großstadt	LG nicht in Großstadt	
Ja	Anzahl	248	75	323
	% innerhalb von Großstadt	65,4 %	73,5 %	67,2 %
Nein	Anzahl	131	27	158
	% innerhalb von Großstadt	34,6 %	26,5 %	32,8 %
Gesamt	Anzahl	379	102	481
	% innerhalb von Großstadt	100,0 %	100,0 %	100,0 %

dd) Struktur von Verteidigerlisten

Weiter wurde gefragt:

? Wie sind diese Listen dort, wo sie existieren, strukturiert?[234]

(A) Generelles Erfahrungsbild

Strukturierung der Listen[235]

	Antworten		Prozent der Fälle
	N	Prozent	
Alphabetische Sortierung	293	67,4 %	72,2 %
Sortierung nach Bekanntheitsgrad des Anwalts	13	3,0 %	3,2 %
Sortierung nach Qualifikation des Anwalts	21	4,8 %	5,2 %
Zufällige Reihung/keine Sortierung	60	13,8 %	14,8 %
Nach den Vorlieben des Richters*	30	6,9 %	7,4 %
(Not-)Verteidigerliste Liste von Anwaltverein/Kammer*	11	2,5 %	2,7 %

233 Gültig: 481 (49,5 %); fehlend: 490 (50,5 %).
234 Mehrfachantworten waren möglich.
235 Gültig: 406 (41,8 %); fehlend: 565 (58,2 %).

Nach dem Zulassungsdatum*	1	0,2 %	0,2 %
Nach dem Kanzleisitz*	3	0,7 %	0,7 %
Nach dem Zeitpunkt des Aufnahmewunsches*	3	0,7 %	0,7 %
Gesamt	435	100,0 %	107,1 %

Mit **72,2 %** dominiert die **alphabetische** Sortierung.[236] Eine Reihung nach **Bekanntheitsgrad** oder **Qualifikation**[237] des Anwalts erfolgt demgegenüber nur ganz **selten** (3,2 % bzw. 5,2 %). **14,8 %** geben an, es existiere **keine Sortierung**. Abseits der vorgegebenen Antworten gaben mit **7,4 %** nicht wenige an, die Sortierung erfolge nach den **Vorlieben des Richters**: Es gebe also ein persönliches Ranking (siehe hierzu **Abb. 70 – S. 221**). Es stünden die dem Richter bekannten, ihm „genehmen" „problemlosen" Verteidiger auf der Liste bzw. diejenigen, zu denen er die besten persönlichen Beziehungen habe oder die ihm am sympathischsten seien. Nach einer „Konfliktverteidigung" werde ein Rechtsanwalt regelmäßig gestrichen, so ein Befragter.

Dabei bleibt freilich *teilweise* offen, ob die Antworten wirklich die Strukturiertheit (also Sortierung) im Sinne der Fragestellung betreffen, ob also z. B. die dem Richter bekanntesten oder die aus Sicht des Gerichts genehmsten Verteidiger oben stehen, oder ob die Befragten hier nicht in Wahrheit – eigentlich nicht indiziert durch die Fragestellung – den *Inhalt* der Listen schildern. Im Übrigen dürfte dann, wenn der Richter die Liste selbst erstellt hat, diese denknotwendig *immer* gewissermaßen nach dessen Vorlieben gestaltet sein.

2,7 % (11 Nennungen) berichten davon, es werde die (Not-)Verteidigerliste des Anwaltvereins oder der örtlichen Rechtsanwaltskammer verwendet. Auch hierbei handelt es sich jedoch streng genommen nicht um die Nennung einer Strukturierung im Sinne der Fragestellung. Immerhin gaben jedoch vier dieser Teilnehmer ausdrücklich an, es befänden sich ausschließlich Verteidiger des Notdienstes auf der Liste. Vereinzelt wurden noch Sortierungen nach dem Kanzleisitz[238] und nach dem Zeitpunkt des Aufnahmewunsches des Verteidigers[239] (je 0,7 %) sowie nach dem Zulassungsdatum (0,2 %) genannt.

236 Diese Antwort wurde häufiger gewählt für Bezirke, in denen das LG in einer Großstadt belegen ist (73,5 % [233 von 317]; im Vergleich: 26,7 % in Nicht-Großstädten [47 von 75]).
237 Dieser Kategorie wurden auch zwei unter „Sonstiges" gegebene Antworten zugeordnet, in denen geschildert wird, dass die Liste in Fachanwälte und Nicht-Fachanwälte eingeteilt ist.
238 Bzw. einmal „Anwälte aus dem AG/-LG-Bezirk".
239 Dabei stammen zwei von drei Nennungen von Ermittlungsrichtern, dazu sogleich unter (B).

(B) Nach Berufsgruppen differenziertes Erfahrungsbild

Bezogen auf die beiden untersuchten **Berufsgruppen** ergibt sich:

Strukturierung der Listen[240]

		Tätigkeit		Gesamt
		Strafverteidiger	Ermittlungsrichter am AG	
Alphabetische Sortierung	Anzahl	281	12	293
	% innerhalb Tätigkeit	72,4 %	66,7 %	
Sortierung nach Bekanntheitsgrad des Anwalts	Anzahl	13	0	13
	% innerhalb Tätigkeit	3,4 %	0,0 %	
Sortierung nach Qualifikation des Anwalts	Anzahl	21	0	21
	% innerhalb Tätigkeit	5,4 %	0,0 %	
Zufällige Reihung/keine Sortierung	Anzahl	57	3	60
	% innerhalb Tätigkeit	14,7 %	16,7 %	
Nach den Vorlieben des Richters*	Anzahl	30	0	30
	% innerhalb Tätigkeit	7,7 %	0,0 %	
(Not-)Verteidigerliste Liste von Anwaltverein/ Kammer*	Anzahl	10	1	11
	% innerhalb Tätigkeit	2,6 %	5,6 %	
Nach dem Zulassungsdatum*	Anzahl	1	0	1
	% innerhalb Tätigkeit	0,3 %	0,0 %	
Nach dem Kanzleisitz*	Anzahl	3	0	3
	% innerhalb Tätigkeit	0,8 %	0,0 %	
Nach dem Zeitpunkt des Aufnahmewunsches*	Anzahl	1	2	3
	% innerhalb Tätigkeit	0,3 %	11,1 %	
Gesamt	Anzahl	388	18	406

240 Gültig: 406 (41,8 %); fehlend: 565 (58,2 %).

Bei 18 antwortenden **Ermittlungsrichtern** geben 12 (**66,7 %**) an, es existierten Listen mit **alphabetischer Sortierung**. 3 Nennungen (**16,7 %**) erfolgten bei der Antwort **„zufällige Reihung/keine Sortierung"**. Unter „Sonstiges" gab es zwei Antworten (**11,1 %**), denen zufolge die Listen nach dem Zeitpunkt des anwaltlichen **Aufnahmewunsches** strukturiert seien. Einmal (5,6 %) wurde die (Not-)Verteidigerliste von Anwaltverein oder Kammer genannt (siehe hierzu **Abb. 71 – S. 222**).

ee) Absolute Anzahl der beiordnungsbereiten Anwälte auf den Verteidigerlisten

Ferner wurde gefragt:

Wie viele Rechtsanwälte sind durchschnittlich auf einer Liste verzeichnet? **?**

Durchschnittliche Anzahl an Rechtsanwälten

		Häufigkeit	Prozent	Gültige Prozente	Kumulierte Prozente
Gültig	Bis zu 20 Anwälte	91	9,4	24,7	24,7
	Bis zu 50 Anwälte	110	11,3	29,8	54,5
	Bis zu 100 Anwälte	84	8,7	22,8	77,2
	Bis zu 500 Anwälte	69	7,1	18,7	95,9
	Mehr als 500 Anwälte	15	1,5	4,1	100,0
	Gesamt	369	38,0	100,0	
Fehlend	System	602	62,0		
Gesamt		971	100,0		

Mit Blick auf die Anzahl der verzeichneten Rechtsanwälte existieren in der Praxis offenbar **sehr unterschiedlich lange Listen** (siehe hierzu **Abb. 72 – S. 223**). Die meisten Antworten entfallen auf die Option „bis zu 50 Anwälte" (29,8 %; zusammen mit der Antwort „bis zu 20 Anwälte": 54,5 %). Weitere 22,8 % berichten von „bis zu 100" Anwälten, noch einmal weitere 18,7 % von „bis zu 500 Anwälten". Dass mehr als 500 Verteidiger verzeichnet sind, ist hingegen – aus Praktikabilitätsgründen leicht einsichtig – selten (4,1 % der Nennungen).

Unterschiede bestehen naheliegenderweise im Hinblick auf Bezirke mit und ohne **Großstadtsitz** des Landgerichts:

Durchschnittliche Anzahl an Rechtsanwälten[241]

		Großstadt		Gesamt
		LG in Großstadt	LG nicht in Großstadt	
Bis zu 20 Anwälte	Anzahl	52	38	90
	% innerhalb von Großstadt	18,7 %	49,4 %	25,4 %
Bis zu 50 Anwälte	Anzahl	78	24	102
	% innerhalb von Großstadt	28,1 %	31,2 %	28,7 %
Bis zu 100 Anwälte	Anzahl	69	12	81
	% innerhalb von Großstadt	24,8 %	15,6 %	22,8 %
Bis zu 500 Anwälte	Anzahl	64	3	67
	% innerhalb von Großstadt	23,0 %	3,9 %	18,9 %
Mehr als 500 Anwälte	Anzahl	15	0	15
	% innerhalb von Großstadt	5,4 %	0,0 %	4,2 %
Gesamt	Anzahl	278	77	355
	% innerhalb von Großstadt	100,0 %	100,0 %	100,0 %

In Bezirken, in denen das Landgericht seinen Sitz in einer **Großstadt** hat, sind die **Listen** tendenziell **länger** (siehe hierzu **Abb. 73 – S. 223**). Gemessen an den abgegebenen Antworten sind dort auf nur 18,7 % der Listen nicht mehr als 20 Anwälte verzeichnet (anderswo 49,4 %). Auf **23,0 % der Listen** sind **bis zu 500 Anwälte** verzeichnet (anderswo nur 3,9 %).

ff) Auf den Verteidigerlisten berücksichtigte Auswahlkriterien

Weiter wurde gefragt:

? Welche Aussagen zu möglichen sachlichen Auswahlkriterien enthalten die Listen im Regelfall?[242]

241 Gültig: 355 (36,6 %); fehlend: 616 (63,4 %).
242 Mehrfachnennungen waren wieder möglich.

Auswahlkriterien auf den Listen[243]

	Antworten		Prozent der Fälle
	N	Prozent	
Fachanwalt für Strafrecht	331	48,8 %	83,2 %
Fortbildungsnachweise im Haft- oder Unterbringungsrecht	6	0,9 %	1,5 %
Sonstige Fortbildungen oder Zusatzqualifikationen	18	2,7 %	4,5 %
Anwaltliche Berufserfahrung als Strafverteidiger	56	8,3 %	14,1 %
Erfahrung als Rechtsanwalt/Datum der Zulassung	26	3,8 %	6,5 %
Interessengebiete/Tätigkeitsschwerpunkte	70	10,3 %	17,6 %
Zeitliche Erreichbarkeit	54	8,0 %	13,6 %
Lebensalter	7	1,0 %	1,8 %
Liste von Verfahren, an denen der Verteidiger beteiligt war	4	0,6 %	1,0 %
Geographischer Bereich, in dem der Anwalt bereit ist, als Verteidiger beigeordnet zu werden	58	8,6 %	14,6 %
Gerichtsbezirk des Kanzleisitzes*	3	0,4 %	0,8 %
Sprachkenntnisse	21	3,1 %	5,3 %
Mitgliedschaft in Strafverteidigervereinigung*	1	0,1 %	0,3 %
Bereitschaft zur Übernahme von Pflichtverteidigungen*	11	1,6 %	2,8 %
Bekanntheit/Beliebtheit beim Gericht*	12	1,8 %	3,0 %
Gesamt	678	100,0 %	170,4 %

83,2 % geben an, der **Fachanwaltstitel** im Strafrecht sei auf den **Listen** genannt.[244] Dahinter folgen – mit deutlich geringeren Prozentzahlen – die **Interessengebiete** bzw. **Tätigkeitsschwerpunkte (17,6 %)**, der **geographische Bereich**, in dem der Anwalt bereit ist, als Verteidiger beigeordnet zu werden **(14,6 %)**[245], die **Berufserfahrung** als Strafverteidiger **(14,1 %)**, die **zeitliche Erreichbarkeit (13,6 %)**[246], die Erfahrung als Rechtsanwalt bzw. das **Datum der Zulassung (6,5 %)**, **Sprachkenntnisse (5,3 %)**[247] und sonstige Fortbildungen oder **Zusatzqualifikationen (4,5 %)** (siehe

243 Gültig: 398 (41,0 %); fehlend: 573 (59,0 %).

244 Diese Antwort wurde häufiger gewählt für Bezirke, in denen das LG in einer Großstadt sitzt (85,3 % [256 von 300] – im Vergleich zu 73,5 % [61 von 83]).

245 Bezogen auf Nordrhein-Westfalen entfällt auf diese Antwort 23,6 % (29 von 107); bezogen auf das Saarland sind es – bei freilich nicht repräsentativer Gruppe – gar 75 % (3 von 4).

246 Diese Antwort wurde seltener gewählt für Bezirke, in denen das LG in einer Großstadt sitzt (11,0 % [33 von 300] im Vergleich zu 22,9 % [19 von 83]).

247 In Hamburg wählten diese Antwort 3 von 7 Verteidigern, mithin 42,9 %.

hierzu **Abb. 74 – S. 224**). Ein Verteidiger führt zum Inhalt der Listen **zusammenfassend** – und besonders prägnant – aus: „Das Problem mit einer ellenlangen Liste, auf der sich – aus finanziellen Gründen – auch Zivilrechtler befinden, besteht darin, dass der Beschuldigte, der keinen Strafverteidiger kennt, durch Zufall an einen/e weniger qualifizierten Kollegen/in gerät, von dem er nicht mehr wegkommt, sobald er es merkt. Die Fachanwälte sind im Gegenzug nur noch 1–2 Mal an der Reihe. Deshalb sollte Qualifikation das alleinige Kriterium auf einer Liste sein."

Kaum angekreuzt wurden die Antworten „Lebensalter" (1,8 %), „Fortbildungsnachweise im Haft- oder Unterbringungsrecht" (1,5 %), und „Liste von Verfahren, an denen der Verteidiger beteiligt war" (1,0 %). In der Kategorie „Sonstiges" erfolgte am häufigsten die Nennung der Kriterien „Bekanntheit bzw. **Beliebtheit beim Gericht"** **(3,0 %)**[248] sowie **„Bereitschaft** zur Übernahme von Pflichtverteidigungen" (entweder durch Erklärung der Bereitschaft bei Gericht oder durch Eintragung in die Notdienstliste eines Anwaltvereins: 2,8 %)[249]. Ferner wurden der Gerichtsbezirk des Kanzleisitzes (0,8 %)[250] und die Mitgliedschaft in einer Strafverteidigervereinigung (0,3 %) genannt.

Soweit unter „Sonstiges" Name, Anschrift, und/oder Telefonnummer genannt wurde, wurden diese Antworten für die Auswertung ignoriert, da es sich kaum um spezielle sachliche Auswahlkriterien handelt und diese Daten (zumindest aber Name und Adresse) zwangsläufig auf den Listen verzeichnet sein dürften. Freilich sei darauf hingewiesen, dass teilweise (3 Nennungen) explizit die *Mobilfunk*nummer erwähnt wurde, was natürlich – falls diese bei einem Teil der Verteidiger in der Liste *nicht* verzeichnet ist – im Hinblick auf die Erreichbarkeit ein Kriterium sein kann, einen Verteidiger zu wählen, bei dem diese angegeben ist.

gg) Urheber von Verteidigerlisten

Es wurde weiterhin abgefragt:

? Wer hat derartige Verteidigerlisten bereits erstellt?[251]

---

248 Hier soll es wiederum darum gehen, wer dem Gericht „genehm" ist, sei es aufgrund persönlicher Bekanntschaft oder sei es aufgrund vermuteter „pflegeleichter Verhandlungsweise".

249 Dabei sind vier Nennungen konkret bezogen auf den „Notdienst". Die Geeignetheit als Auswahlkriterium sinkt für den Fall, dass die jeweilige Liste *nur* Verteidiger enthält, die sich zu Pflichtverteidigungen bereit erklärt haben. Freilich kommen auch dann rein theoretisch für die Auswahl ebenfalls Verteidiger in Betracht, die nicht auf der Liste stehen, so dass eine gewisse Bedeutung für die Auswahl nicht geleugnet werden kann.

250 Die Geeignetheit als Auswahlkriterium sinkt wiederum, soweit „alle am Gerichtsort ansässigen Rechtsanwälte" (eine der Nennungen) verzeichnet sind. Oft dürfte sich der Amtsgerichtsbezirk im Übrigen natürlich bereits aus der Kontaktadresse ergeben. Zudem ist ein Zusammenhang mit der vorgegebenen Kategorie „Geographischer Bereich, in dem der Anwalt bereit ist, als Verteidiger beigeordnet zu werden" gegeben.

251 Mehrfachantworten waren möglich.

Ersteller von Listen[252]

	Antworten N	Antworten Prozent	Prozent der Fälle
Ermittlungsrichter	173	15,0 %	26,7 %
Staatsanwaltschaft	24	2,1 %	3,7 %
Örtliche Anwaltvereine einschließlich der AG Strafrecht im DAV	370	32,1 %	57,1 %
Strafverteidigervereinigungen	246	21,3 %	38,0 %
Örtliche Rechtsanwaltskammer	313	27,1 %	48,3 %
Gericht*	16	1,4 %	2,5 %
JVA*	6	0,5 %	0,9 %
Strafverteidigernotdienst*	5	0,4 %	0,8 %
Gesamt	1153	100,0 %	177,9 %

Mit 57,1 % kreuzten **deutlich mehr als die Hälfte** der auf diese Frage Antwortenden „**Örtliche Anwaltvereine** einschließlich der **AG Strafrecht** im DAV" an.[253] **Nahezu die Hälfte** (48,3 %) gibt an, die **örtliche Rechtsanwaltskammer** habe bereits Listen erstellt, auch hier mit regionalen Unterschieden etwa für den Stadtstaat Hamburg mit nur einer RAK (91,7 %), aber auch für den Flächenstaat Mecklenburg-Vorpommern (80,0 %).[254] **38,0 %** berichten von Listen der **Strafverteidigervereinigungen**, auch hier mit großen, aber aktivitäts- oder sichtbarkeitsbedingt erklärbaren Unterschieden: In Berlin erwähnen solche Listen 90,9 %, in Schleswig-Holstein immerhin noch 72,7 %.[255] **26,7 %** antworteten zudem unter Hinweis auf die Erstellung von Listen durch die **Ermittlungsrichter** – auch hier wieder mit **großen regionalen Unterschieden** zwischen 43,8 % in Bayern und 4,8 % in Sachsen.[256] Dass die **Staatsanwaltschaft** bereits Listen erstellt hat, können **nur 3,7 %** bestätigen. Trotz der explizit

252 Gültig: 648 (66,7 %); fehlend: 323 (33,3 %).
253 Besonders hohe Prozentzahlen gab es dazu in Baden-Württemberg (62 von 89: 69,7 %), Nordrhein-Westfalen (40 von 175: 72,6 %) und Rheinland-Pfalz (18 von 25: 72,0 %).
254 In Hamburg absolut 11 von 12 (= 91,7 %) und in Mecklenburg-Vorpommern 4 von 5 (= 80,0 %). Die Antwort wurde häufiger gewählt für Bezirke, in denen das LG in einer Großstadt sitzt (51,4 % [255 von 496] im Vergleich zu 36,2 % [46 von 127]).
255 In Berlin absolut 30 von 33 (= 90,9 %) und in Schleswig-Holstein 16 von 22 (= 72,7 %). Die Antwort wurde wiederum (Fn. 254) häufiger gewählt für Bezirke, in denen das LG in einer Großstadt sitzt (41,1 % [204 von 496] im Vergleich zu 28,3 % [36 von 127]).
256 Im Einzelnen: In Bayern wählten diese Antwort sogar 39 von 89 Antwortenden (43,8 %), in Hessen 26 von 65 (40,0 %) und in Thüringen 4 von 9 (44,4 %), niedrige Prozentzahlen dazu kamen hingegen in Hamburg (1 von 12: 8,3 %), Rheinland-Pfalz (2 von 25: 8,0 %) und Sachsen (1 von 21: 4,8 %) zustande.

vorgegebenen Antwort „Ermittlungsrichter“ wurde unter „Sonstiges“ noch mit **2,5 %** das **Gericht** genannt. Innerhalb des Gerichts werden also offenbar zuweilen auch von anderen Personen als dem Ermittlungsrichter derartige Listen erstellt. Bemerkenswert: Je zweimal wird insoweit explizit „das Landgericht“ (!) bzw. „das Präsidium“ sowie einmal die „Leitung des Amtsgerichts“ genannt. Einmal wird ausdrücklich die (Amts-)Gerichtsverwaltung genannt. Ferner wurden ergänzt: die JVA (0,9 %) und der Strafverteidigernotdienst (0,8 %) (siehe hierzu **Abb. 75 – S. 225**). Bei letzterer Antwort ist offensichtlich eine Eigeninitiative der Notdienstanwälte gemeint. Die Listenerstellung erfolgt also nicht unmittelbar durch den „eigentlichen“ örtlichen Anwaltverein (vorgegebene Antwortoption).

hh) Einflussnahme auf den Inhalt der Verteidigerlisten

Die Anschlussfrage lautete:

? Wer hat einschließlich des Erstellers auf die Gestaltung der Verteidigerlisten Einfluss genommen?[257]

Einflussnehmer[258]

	Antworten		Prozent der Fälle
	N	Prozent	
Ermittlungsrichter	108	15,5 %	26,9 %
Staatsanwaltschaft	24	3,4 %	6,0 %
Örtliche Anwaltvereine einschließlich der AG Strafrecht im DAV	217	31,1 %	54,1 %
Strafverteidigervereinigungen	168	24,1 %	41,9 %
Örtliche Rechtsanwaltskammer	166	23,8 %	41,4 %
Anwälte*	11	1,6 %	2,7 %
Gericht*	2	0,3 %	0,5 %
JVA*	1	0,1 %	0,2 %
Gesamt	697	100,0 %	173,8 %

257 Mehrfachnennungen waren möglich.
258 Gültig: 401 (41,3 %); fehlend: 570 (58,7 %).

Hier fällt vor allem auf, dass unter „Sonstiges" von 11 Antwortenden[259] **(2,7 %)**[260] darauf hingewiesen wird, dass **Anwälte**[261] selbst auf die Liste Einfluss nehmen (siehe hierzu **Abb. 76 – S. 226**). Dies geschieht in verschiedener Form: Es wird zum einen berichtet, dass sich Anwälte bei Gericht **anmelden** bzw. dort bewerben, z. B. durch Abgabe ihrer Visitenkarte. Verteidiger begehren also beim Ermittlungsrichter die Aufnahme in die Liste und nehmen so logischerweise Einfluss auf deren Inhalt. Ein Verteidiger schildert das in seinen ergänzenden Anmerkungen plastisch: „Bislang hat es sich noch immer ‚rentiert', die betreffenden, für die Verteidigerbestellung zuständigen Richter bei Gelegenheit auf die Bereitschaft zur Übernahme von Pflichtverteidigungen persönlich anzusprechen. Gelegentlich wird man auch danach gefragt." Zum anderen **lassen sich** Anwälte auf die Liste von der **Kammer** bzw. vom **Anwaltverein auf** die (Not-)**Verteidigerliste** setzen. Ein Verteidiger dazu in seinen ergänzenden Anmerkungen: „Das Problem der Listen ist meines Erachtens, dass jeder sich dort eintragen lassen kann! Leider erfolgt dies teilweise ohne entsprechendes Fachwissen (Mordverfahren etc.) nur aus finanzieller Notwendigkeit."

ii) Die Praxis der Aushändigung der Verteidigerlisten an den Beschuldigten

Ferner wurde gefragt:

Wie häufig werden die Listen, soweit vorhanden, im Bedarfsfall an den Beschuldigten ausgehändigt? **?**

Aushändigung der Listen

		Häufigkeit	Prozent	Gültige Prozente	Kumulierte Prozente
Gültig	Nie	213	21,9	46,4	46,4
	Selten	123	12,7	26,8	73,2
	Gelegentlich	63	6,5	13,7	86,9
	Regelmäßig	52	5,4	11,3	98,3
	Immer	8	0,8	1,7	100,0
	Gesamt	459	47,3	100,0	
Fehlend	System	512	52,7		
Gesamt		971	100,0		

259 Darunter ein Ermittlungsrichter.
260 Die Nennungen sind verteilt über 10 Bundesländer. Möglicherweise sind Gebiete, in denen sich das LG in einer Großstadt befindet, prozentual seltener betroffen (6 von 321 [1,9 %] im Vergleich zu 5 von 66 [7,6 %]).
261 Es wurden (konsequenterweise) auch „Notdienstanwälte" wieder genannt.

Der **größte Teil** (73,2 %) antwortete – erwartungsgemäß mit gewissen regionalen Unterschieden –, die Verteidigerlisten würden im Bedarfsfall **nie** (46,4 %)[262] oder **selten** (26,8 %) an den Beschuldigten ausgehändigt. Nur 13,0 % geben an, dies geschehe regelmäßig (11,3 %)[263] oder immer (1,7 %) (siehe hierzu **Abb. 77 – S. 226**). Ein Teilnehmer gab in seinen ergänzenden Anmerkungen an, die Überlegungsfrist für den Beschuldigten sei seiner Ansicht nach *nur dann* sinnvoll, wenn offene Listen geführt und diese dem Beschuldigten auch zugänglich gemacht würden.

Ergänzend wurde noch gefragt:

? Soweit dies nicht geschieht: Ist der Grund dafür, dass es sich um gerichtsinterne (d. h. nicht dem Einblick Dritter zugängliche) Listen handelt?

		Häufigkeit	Prozent	Gültige Prozente
Gültig	Ja	182	18,7	67,7
	Nein	87	9,0	32,3
	Gesamt	269	27,7	100,0
Fehlend	System	702	72,3	
Gesamt		971	100,0	

Die **Mehrheit** gibt mit 67,7 % an, der **Grund** dafür, dass keine Herausgabe der Liste an den Beschuldigten erfolge, sei, dass es sich um **gerichtsinterne Listen** handle (siehe hierzu **Abb. 78 – S. 227**). Mehrere Verteidiger fordern in ergänzenden Anmerkungen, dass dem Beschuldigten eine Verteidigerliste de lege ferenda schon bei der Polizei, spätestens aber beim Richter ausgehändigt werden sollte.[264]

262 Im Saarland antworteten sogar 75 % (6 von 8) mit „nie".

263 In Sachsen antworteten hingegen immerhin 40 % (6 von 15) mit „regelmäßig".

264 Bei Beschuldigten in Freiheit (Fälle des § 140 StPO außerhalb von Absatz 1 Nr. 4) solle die Liste nach Vorschlag eines Verteidigers mit der Anklage übersandt werden.

Bezogen auf die befragten **Berufsgruppen** ergeben sich folgende Unterschiede:

Grund: Gerichtsinterne Listen?[265]

		Tätigkeit		Gesamt
		Strafverteidiger	Ermittlungsrichter am AG	
Ja	Anzahl	179	3	182
	% innerhalb von Tätigkeit	69,4 %	27,3 %	67,7 %
Nein	Anzahl	79	8	87
	% innerhalb von Tätigkeit	30,6 %	72,7 %	32,3 %
Gesamt	Anzahl	258	11	269
	% innerhalb von Tätigkeit	100,0 %	100,0 %	100,0 %

Die **Ermittlungsrichter** geben mit 72,7 % **überwiegend** an, dass es sich um gerichtinterne Listen handle, sei **nicht** der **Grund** für das Unterbleiben einer Herausgabe der Liste(n) in der Praxis (Verteidiger: 30,6 %) (siehe hierzu **Abb. 79 – S. 227**).

c) Die Rechtsfolge bei Nichtbenennung eines Verteidigers durch den Beschuldigten

aa) Rechtliche Überlegungen zu den sachlichen Kriterien der Pflichtverteidigerauswahl

Bezeichnet der Beschuldigte innerhalb der ihm gesetzten angemessenen (Wochen-)Frist keinen Verteidiger – was in der Praxis keinen Einzelfall darstellt –[266], obliegt es dem Haftrichter bzw. der nach § 275a Abs. 6 StPO zuständigen Strafkammer, einen Verteidiger **von Amts wegen** zu bestellen. Welche **Kriterien** dabei die richterliche Auswahl begünstigen und ob sie stets sachlicher und fachlicher Natur sind, bleibt dabei nach dem Gesetz **im Dunkeln.**

Eine richterliche Verteidigerbestellung ohne die Heranziehung generalisierender Auswahlkriterien kann jedoch ungeachtet der richterlichen Unabhängigkeit den Vorwurf einer Konterkarierung des mit dem UHaftÄndG verfolgten Regelungsziels der Stärkung der Verteidigungsrechte im Vorverfahren erwecken und mit dem Recht des Beschuldigten auf ein **faires Verfahren** in Konflikt geraten.[267] Die gesteigerten Verteidigungsbedürfnisse des *inhaftierten* Beschuldigten gebieten es also, ihm unter Heran-

265 Gültig: 269 (27,7 %); fehlend: 702 (72,3 %).

266 LR/*Lüderssen*/*Jahn* Nachtr. § 141 Rn. 24; wie hier *F. Schmidt* NJ 2012, 284, 285; *Schlothauer* FS Samson, 709, 716.

267 Siehe bereits ausf. (auch zum Nachfolgenden) *Jahn* FS Rissing-van Saan 275, 295f.; LR/*Lüderssen*/*Jahn* Nachtr. § 141 Rn. 25.

ziehung generalisierender Entscheidungskriterien einen geeigneten Verteidiger zur Seite zu stellen. Daher steht dem Gericht, entgegen einer nach den Beobachtungen des wissenschaftlichen Schrifttums bislang teilweise anders verfahrenden Praxis, **kein freies Ermessen** bei der Auswahl zu.[268]

Die Bestellung des Verteidigers kommt ungeachtet der berufsrechtlichen Verpflichtung zur Übernahme des Mandats sinnvollerweise nur dann in Betracht, wenn er **tatsächlich in der Lage** ist, den Beschuldigten **zu verteidigen**. Dabei kann auch dem Kriterium der **Ortsferne** eines Verteidigers trotz der Neufassung des § 142 Abs. 1 StPO durch das 2. Opferrechtsreformgesetz noch eine gewisse Rolle zukommen. Dies muss aber beschränkt auf solche Einzelfälle bleiben, in denen die Kontaktmöglichkeiten zu dem in der JVA einsitzenden Mandanten *konkret* beeinträchtigt erscheinen.[269] Der stereotype Hinweis auf das staatliche Kosteninteresse mit dem Ziel der Bestellung eines ortsansässigen Verteidigers genügt jedenfalls nicht.

! **Empirischer Forschungsbedarf** bestand daher also zu der Frage, inwieweit bestimmte Kriterien wie insbesondere Kosteninteressen im Allgemeinen und die Ortsferne im Besonderen die Auswahl der Pflichtverteidiger auf den Listen steuern.

---

bb) Beobachtungen der Praxis zu den tatsächlichen Kriterien der Auswahl des Pflichtverteidigers

Gefragt wurde daher:

? Nach welchen Kriterien erfolgt die Auswahl eines vom Gericht selbst bestimmten Verteidigers, soweit Verteidigerlisten verwendet werden?[270]

---

268 Zutr. *Schlothauer* FS Samson, 709, 717; AnwK-UHaft/*König* § 141 Rn. 9; HK/*Julius* § 142 Rn. 11.

269 LR/*Lüderssen*/*Jahn* Nachtr. § 141 Rn. 26; ebenso *Wohlers* StV 2010, 151, 155 unter Hinweis auf *Jahn* FH Tepperwien, 25, 27. A. A. wohl OLG Köln NStZ-RR 2011, 49; zum Meinungsstand im Übrigen Meyer-Goßner/*Schmitt* § 142 Rn. 12. Das OLG Oldenburg StV 2010, 351, 352 m. Anm. *Burhoff* StRR 2010, 268 geht immerhin davon aus, dass eine große Entfernung (gemeint ist wohl: nur noch) „im Einzelfall" einer Bestellung eines auswärtigen Rechtsanwalts entgegen stehen kann.

270 Mehrfachnennungen waren wiederum möglich.

(A) Überblick über alle Kriterien bei der Verwendung von Verteidigerlisten – ein uneinheitliches Meinungsbild

Es zeigt sich ein gänzlich uneinheitliches Erfahrungsbild (siehe hierzu **Abb. 80 – S. 228**):

Kriterien bei Verwendung von Listen[271]

	Antworten		Prozent der Fälle
	N	Prozent	
Fachliche Kriterien	202	9,6 %	26,8 %
Allgemeiner Bekanntheitsgrad des Anwalts	208	9,9 %	27,5 %
Anwalt gehört zum persönlichen Bekanntenkreis des Ermittlungsrichters	397	18,9 %	52,6 %
Ermittlungsrichter kennt Anwalt aus vorherigem/-n Verfahren	504	23,9 %	66,8 %
Anwalt mit weniger als 2 Jahren Zulassung	108	5,1 %	14,3 %
Kostengesichtspunkte (allgemein)	89	4,2 %	11,8 %
Ortsnähe des Kanzleisitzes	286	13,6 %	37,9 %
Keine inhaltlichen Kriterien, sondern Abarbeitung der Verteidigerliste „von A bis Z"	101	4,8 %	13,4 %
Keine inhaltlichen Kriterien, sondern Zufallsprinzip	69	3,3 %	9,1 %
Auswahl eines dem Gericht bekannten („genehmen") Verteidigers*	121	5,7 %	16,0 %
Anweisung „von oben"*	1	0,0 %	0,1 %
Terminliche Verfügbarkeit/Erreichbarkeit*	7	0,3 %	0,9 %
Eingetragen für Notdienst*	2	0,1 %	0,3 %
Bereitschaft zur Übernahme von Pflichtverteidigungen*	3	0,1 %	0,4 %
Sprachkenntnisse*	3	0,1 %	0,4 %
Ortsnähe zur JVA*	1	0,0 %	0,1 %
Zufällige Begegnung*	1	0,0 %	0,1 %
Vorverhandlungen zwischen Anwalt und Beschuldigtem*	1	0,0 %	0,1 %
Finanzielle Unterstützung*	2	0,1 %	0,3 %
Gesamt	2106	100,0 %	278,9 %

271 Gültig: 757 (78,0 %); fehlend: 214 (22,0 %).

(1) Rein objektive Kriterien: „A bis Z" oder Zufallsprinzip

Mehr als jeder Fünfte der Befragten geht davon aus, dass rein **überindividuelle Kriterien** entscheiden, die nichts mit dem einzelnen Strafverteidiger zu tun haben. **13,4 %** der Antwortenden meint im Speziellen, die Beiordnung erfolge ohne inhaltliche Kriterien, sondern durch Abarbeitung der **Verteidigerliste „von A bis Z"**.[272] **Knapp ein Zehntel** (9,1 %) glaubt zu wissen oder weiß, dass schlicht nach dem **Zufallsprinzip** beigeordnet wird.[273]

(2) Individuelle Kriterien, oder: „Ein Verteidiger, der bellt, wird selten bestellt!"

Zwei Drittel (66,6 %) der Antwortenden gibt jedoch ganz im Gegenteil an, ein wesentliches Kriterium sei die Bekanntschaft mit dem Anwalt aus vorherigem/-n Verfahren. Hier gibt es aber erstaunliche regionale Unterschiede: Höchste Prozentsätze finden sich in Berlin (31 von 38: 81,6 %) und dem Umland in Brandenburg (11 von 13: 84,6 %), der niedrigste Prozentsatz zeigt sich im Saarland (5 von 13: 38,5 %).

- **Über die Hälfte** (52,6 %) kreuzte zudem die Antwort „Anwalt gehört zum **persönlichen Bekanntenkreis** des Ermittlungsrichters" an. Die Antwort wurde etwas häufiger gewählt für Bezirke, in denen das LG in einer Großstadt liegt (55,5 % [308 von 555] im Vergleich zu 43,5 % [73 von 168]). Höchste Prozentsätze finden sich im Stadtstaat Berlin (26 von 38: 68,4 %), aber auch im eher ländlich geprägten Bundesland Thüringen (8 von 12: 66,7 %). Zu diesem Kriterium des **„closed shop"** gab es eine Fülle von kommentierenden Anmerkungen. Gut bekannte bzw. befreundete Anwälte würden bei bestimmten Gerichten zu **„Berufspflichtverteidigern"** gemacht, heißt es. Es wird ferner davon berichtet, dass z. B. Ehepartner oder Töchter[274] der Ermittlungsrichter besonders häufig beigeordnet würden. Ein Berliner Verteidiger führt sehr anschaulich aus: „Den Richtern wird hier ein nicht nachprüfbarer Ermessensspielraum gegeben, der (...) dazu führt, dass **immer wieder die gleichen Anwälte** mit den Pflichtverteidigungen betraut werden. Man kennt sich dann ja sozusagen schon und es ist auch viel einfacher für den Richter, mit einem Anwalt über mehrere Fälle zu sprechen, als hier immer unterschiedliche Anwälte kontaktieren zu müssen. Ggf. hat man auch gemeinsam studiert oder kennt sich aus dem Sportverein. Einige dieser bevorzugten Anwälte sind eigentlich **täglich im Anwaltszimmer** des (...) **Kriminalgerichts** anzutreffen. Sie brüsten sich teilweise damit, dass sie ja keine ordentliche Kanzlei mehr bräuchten, da sie diese ja nun hier (also im Anwaltszimmer) hätten. Es wird gelacht und

---

272 Dieser Antwort wurden auch Antworten unter „Sonstiges" zugeordnet, nach denen die (möglicherweise auch gemeint: nicht alphabetisch geordnete) „Liste abgearbeitet" werde. Höchster Prozentsatz in Hamburg (4 von 9: 44,4 %).

273 Auch hier (Fn. 272) höchster Prozentsatz in Hamburg (4 von 9: 44,4 %).

274 Ein Richter sei aufgrund der hohen Beiordnungsquote mittlerweile in der Kanzlei seiner Tochter als Rechtsanwalt angestellt.

geraucht und eine StPO oder ein StGB hat niemand dabei. Da die Mandanten aber oft aus dem Ausland stammen, die deutsche Sprache nicht beherrschen und den Verfahrensgang in Deutschland auch nicht kennen, ahnen sie nicht, dass ihre Interessen mehr als sekundär sind und der beigeordnete (...) Pflichtverteidiger in ihnen nur wandelnde Geldbündel aus der Staatskasse erkennt."

- Die **Ortsnähe** des Kanzleisitzes halten **37,9 %** für ein Kriterium, das bei der Auswahl durch den Richter eine Rolle spielt.[275] Dies ist in Hinblick auf die Neufassung des § 142 Abs. 1 StPO durch das 2. OpferRRG (vgl. o.) eigentlich ein (zu) hoher Wert. Auch hier wurden viele Details mitgeteilt. So berichtet ein Verteidiger ergänzend, die Bereitschaft der Gerichte zur Bestellung eines auswärtigen Verteidigers in Untersuchungshaftfällen erscheine geringer als in Fällen von Wirtschafts- und Steuerkriminalität oder bei Staatsschutzdelikten. Ein anderer beschwert sich: „Beigeordnet werden gem. § 140 nur Anwälte vom Sitz des Haftrichters – auch wenn Wohnsitz des Beschuldigten z. B. am Ort des Kanzleisitzes ist." Ein weiterer: „Dabei bleiben die Strafkammern zumeist bei Verteidigern mit Sitz am Landgerichtsort. Verteidiger aus entlegenen AG-Orten desselben LG-Bezirks werden oftmals nicht berücksichtigt. Sie fehlen auch in den Listen der LG-örtlichen Anwaltsvereine." Und wiederum ein anderer: „Die Konzentration auf den Haftrichter am LG, die verstärkt stattfindet, führt zu einer Bevorzugung des dort konzentrierten, sicherlich befähigten Kollegen. Selbst Wünsche nach einem anderen Verteidiger werden gerne übergangen mit anderen Vorschlägen von Verteidigern, die kurzfristig zur Verfügung stehen. Der Verteidiger aus der Provinz hat keine Chance, wenn der Mandant nicht nachhaltig auf ihn besteht."
- Der ***allgemeine*** **Bekanntheitsgrad** des Anwalts spielt nach den Erfahrungen von **27,5 %** eine Rolle. Eine etwas geringere Zahl an Antwortenden (nur **26,8 %**) hält **fachliche Kriterien** für (mit-)entscheidend.[276] Der inhaltliche Zielkonflikt wird hier in den zwei konträren Kommentaren besonders deutlich. Ein Verteidiger führt in seinen ergänzenden Anmerkungen aus: „Ich denke, dass bei schwereren Delikten die Beiordnung eines Fachanwalts unerlässlich ist, da ansonsten die Rechte des Mandanten nicht ausreichend gewahrt werden." Ein anderer meint hingegen: „Ich wünsche mir eine gerechte Verteilung der Beiordnungen unter *allen* Kollegen und vor allem deliktsunabhängig (...). Jeder sollte mal die Chance haben, z. B. auch beim Schwurgericht beigeordnet zu werden!"
- Ob ein Anwalt seit **weniger als 2 Jahren zugelassen** ist (ob es sich also gewissermaßen um einen Berufsanfänger handelt), halten **14,3 %** für ein existieren-

275 Die Antwort wurde seltener gewählt für Bezirke, in denen das LG in einer Großstadt liegt (35,9 % [199 von 555] im Vergleich zu 45,8 % [77 von 168]). Höchster Prozentsatz in Sachsen-Anhalt (7 von 11: 63,6 %), niedrigste Prozentsätze in den Stadtstaaten Hamburg (1 von 9: 11,1 %) und Bremen (1 von 8: 12,5 %).

276 Höchster Prozentsatz in Schleswig-Holstein (11 von 21: 52,4 %), niedrigster im Saarland (1 von 13: 7,7 %).

des Auswahlkriterium.[277] Allgemeine **Kostengesichtspunkte** wurden von **11,8 %** der Antwortenden ausgewählt. Mit **16,0 %** wies eine beachtliche Anzahl der auf diese Frage antwortenden Befragten unter „Sonstiges" (also ohne Vorgabe!) darauf hin, dass der Richter bevorzugt einen ihm bekannten **„genehmen" Verteidiger** beiordne. Damit ist wiederum Folgendes gemeint: Die Befragten merken an, dass bevorzugt gerichtsbekannte Pflichtverteidiger (meist: aus einem engen Kreis) beigeordnet würden, die wenig „Ärger" machten bzw. **„bequem"**; „unkritisch", „soft", „devot", „harmlos", „handzahm", „kooperativ", **„dealfreudig"** und „pflegeleicht" seien und wenig Widerstand leisteten (respektive: passiv bzw. konfliktscheu oder wenig konfrontativ verteidigten[278]) und daher beim Richter beliebt (bzw. umgekehrt: nicht unbeliebt) seien.[279] Dadurch verschaffe sich der Richter einen ruhigen, **wenig arbeitsintensiven Prozessverlauf**. Gern gesehen seien auch möglichst unerfahrene Anwälte. Es ist die Rede von **„Geständnis-"** oder **„Verurteilungsbegleitern"**, „Abnickern", **„Gerichtsnutten"**[280], „Kuschelverteidigern" und **„Robenständern"**. Es wird zuweilen davon berichtet, dass Zivilrechtler, die keine oder wenig Ahnung im Strafrecht hätten, bestellt würden. Engagierte Verteidiger würden hingegen generell nicht beigeordnet. Aktensouveränität und **StPO-Kenntnisse** seien **nicht hilfreich**.

– Auch den **Raum** am Ende des Fragebogens für die **ergänzenden Anmerkungen** nimmt eine große Anzahl an Verteidigern zum Anlass, auf die aus ihrer Sicht großen Missstände bei der Beiordnung aufmerksam zu machen und an die **(An-) Klagemauer** zu treten. Nur ein Ausschnitt dieser Äußerungen kann hier wiedergegeben werden. So ist zu lesen, das Verhalten der Richter sei **rechtsmissbräuchlich**. Es bestehe zu viel Raum für **Willkür**. Die **Situation** sei **„skandalös"**

---

277 Höchster Prozentsatz in Hamburg (4 von 9: 44,4 %).

278 Z. B. keine Stellung von (Beweis-)Anträgen; keine Einlegung von Rechtsmitteln; schneller Rat zum Geständnis. Ein Verteidiger führt in seinen ergänzenden Anmerkungen aus: „Es ist wohl schon bei Berücksichtigung psychologischer Grundkenntnisse auszuschließen, dass ein Richter einen Verteidiger benennen wird, von dem er weiß oder gehört hat, dass dieser bereit ist, auch ggf. unbequeme Anträge zu stellen und/oder den Instanzenzug zu nutzen." Ein anderer drückt es wie folgt aus: „**Ein Verteidiger der bellt wird selten bestellt**!" Ein Richter wird mit den Worten zitiert: „Jetzt habe ich schon Verteidiger X beigeordnet, und der ist immer noch nicht geständig." Ein anderer soll (nach engagierter Verteidigung durch den Anwalt) gesagt haben: „So bekommen Sie bei mir keine Pflichtverteidigung." Ein weiterer Verteidiger schildert Ähnliches: „auffällig, dass nach Stellung eines Befangenheitsantrags keine Pflichtverteidigungen mehr erteilt wurden vom gesamten Gericht". Es wird ferner z. B. berichtet, dass in Einzelfällen Sachen, die eigentlich auf vier Tage terminiert worden waren, durch Mithilfe gerichtsfreundlicher Verteidiger in drei Stunden über die Bühne gebracht worden seien.

279 Ein Verteidiger gibt an, dies geschehe in seinem Bezirk besonders oft bei ausländischen, nicht ortsansässigen Beschuldigten. Ein anderer meint: „Unbequeme Verteidiger werden durch die Neuregelung regelrecht ‚ferngehalten' von großen Mandaten, insbesondere Kapitalstrafsachen."

280 Nach der ergänzenden Anmerkung eines befragten Verteidigers könnte man dies zuweilen sogar gewissermaßen wörtlich nehmen: „Intimverkehr führt zu vermehrten Beiordnungen u. ä.", so die Behauptung.

und „katastrophal". Es handle sich um einen Eingriff in die Berufsfreiheit. Sogar von „Korruption" und von „gnadenlosem Mobbing" ist die Rede. Die Qualität der Verteidigung leide darunter. Dem Rechtsstaat werde großer Schaden zugefügt.[281] Beschuldigte würden regelmäßig mangels Wissens alles hinnehmen. Es wird etwa berichtet, es würden in bestimmten Bereichen ca. **90 % der** vom Gericht ausgewählten **Beiordnungen** nach § 140 Abs. 1 Nr. 4 StPO **an** nicht einmal **5 % der zur Verfügung stehenden Verteidiger** vergeben. Es wird angegeben, es würden nicht oder kaum die Rechtsanwälte aus dem „Strafverteidigernotdienst" (alles Fachanwälte für Strafrecht) genommen, um „Konfliktverteidigungen" zu vermeiden. Ein Befragter berichtet ebenfalls von 2–3 „Standardverteidigern" (andere z. B. von „5", „6", „5–8", „10", „20" oder gar nur einem einzigen[282]). Gleichzeitig ist einem Befragten bekannt, dass ein Verteidiger an einem Tag 22 Beiordnungen erhalten habe. Ein anderer Verteidiger führt aus: „Ich bin seit der Gesetzesänderung [1.1.2010 – *d. Verf.*] in den Listen der Rechtsanwaltskammer und des örtlichen Anwaltvereins – mit Notrufnummer! – eingetragen. Eine Bestellung zum Pflichtverteidiger erfolgte bis heute nicht." Dieselben Erfahrungen (keine Beiordnungen[283]) haben nach eigenen Aussagen auch mehrere andere an der vorliegenden Studie teilnehmende Verteidiger gemacht. Ein weiterer: „Wir beobachten eine Beiordnungspraxis in unserem LG-Bezirk, bei der sehr wenige Rechtsanwälte, die z. B. **Rechtsanwalt für Familienrecht** sind und auf ihren Internetseiten keinen Interessen- oder Tätigkeitsschwerpunkt im Strafrecht angeben, **permanent beigeordnet** werden. Wenn wir später als Verteidiger in solche Verfahren kommen, sehen wir, dass diese Kollegen den Mandanten in 3–4 Monaten U-Haft kein einziges Mal besucht, den Akteninhalt nicht besprochen haben, in der Hauptverhandlung keine Aktenkenntnis besitzen, aber oft sofort Rechtsmittelverzicht erklären wollen." Verteidiger berichten, dass ihnen auf Anfrage seitens des Richters entgegnet worden sei „Der Kuchen ist bereits verteilt" oder „Sie sind doch gut im Geschäft, Sie brauchen die Pflichtverteidigungen doch nicht, oder?" Ein anderer führt aus: „Beim ‚Klinkenputzen' stellt es sich so dar, dass scheinbar kaum ein Richter Pflichtverteidigungen zu vergeben hat – trotzdem gibt es zahlreiche Fälle, die dann in der Zeitung stehen." Es wird ferner noch darauf hingewiesen, dass die Verteidiger, die nicht zum „engen Kreis" gehörten, erhebliche finanzielle Nachteile erlitten. Ein Verteidiger stellt die Kehrseite heraus: „Einige Verteidiger verdienen dadurch auf Kosten der Steuerzahler ungerechtfertigt zu viel Geld."

- Wenige Verteidiger wissen hingegen **Positives** zu berichten. Ein Beispiel: „Im hiesigen LG-Bezirk erfolgt die Beiordnung m. E. nach fairen Kriterien. Es werden nur im Strafrecht qualifizierte Kolleg/innen beigeordnet. Nennenswerte Bevorzugungen konnten bisher nicht festgestellt werden." Oder: „Ich sehe durchaus die Gefahr von ‚Seilschaften' zwischen miteinander befreundeten Ermittlungsrichtern/Strafverteidigern. Ich kann aber für meine örtliche Praxis (...) diese Gefahr

281 Ein Verteidiger wörtlich: „Der Rechtsstaat ist in diesem Bereich völlig abwesend."

nicht positiv bestätigen, da ich auch ohne freundschaftliche Verbindung und ohne Gefälligkeitsverteidigung regelmäßig nach § 140 Abs. 1 Nr. 4 bestellt werde."

- 0,9 % weisen schließlich auf das Kriterium der terminlichen Verfügbarkeit bzw. Erreichbarkeit des Verteidigers[284] hin. Jeweils 0,4 % geben noch die (erklärte oder bekannte) Bereitschaft zur Übernahme von Pflichtverteidigungen bzw. (Fremd-) Sprachkenntnisse des Verteidigers als Auswahlkriterium an. 0,3 % erwähnen das Eingetragensein für den Notdienst.[285] Ebenso viele gaben an, der Richter ordne Verteidiger bei, um ihnen (im Hinblick auf eine finanziell schlechte Situation) auf diese Weise finanzielle Unterstützung zukommen zu lassen. Außerdem werden als Kriterien genannt: eine Anweisung „von oben", die Ortsnähe der Kanzlei zur JVA[286], die zufällige Begegnung auf dem Gang sowie Vorverhandlungen zwischen dem Anwalt und dem Beschuldigten (je eine Nennung: je 0,1 %).

(B) Differenzierung nach Berufsgruppen; Auseinanderfallen von Selbst- und Fremdwahrnehmung

Bezogen auf die unterschiedlichen **Berufsgruppen** ergibt sich nach dem Vorstehenden ein erwartungsgemäß **zweigeteiltes Bild** (siehe hierzu **Abb. 81 – S. 229** und **82 –** ebenfalls **S. 229**).

282 Dessen Plädoyer beschränke sich i. d. R. auf „Ich plädiere auf milde Bestrafung."

283 Einer berichtet etwa: „Ich bin seit mehr als 20 Jahren als Strafverteidiger tätig und *noch nie* von Amts wegen beigeordnet worden." Ein anderer: „In mindestens 15 Jahren Tätigkeit als Fachanwalt für Strafrecht bin ich *noch nie* ohne eigenen Antrag zum Pflichtverteidiger bestellt worden, schon gar nicht im Falle des § 140 Abs. 1 Nr. 4. Sämtliche Bemühungen des DAV, auch mittels Einrichtung eines Notrufhandys u. a. werden völlig übergangen." Ein weiterer Verteidiger wörtlich: „In mehr als 20 Jahren Verteidigertätigkeit im hiesigen Landgerichtsbezirk wurde der Unterzeichner ganze 3 Mal vom Gericht angesprochen und beigeordnet, nach § 140 Abs. 1 Nr. 4 wurde er noch nie vom Gericht ausgewählt."

284 Es wurde dabei einmal auch angegeben, bekanntlich vielbeschäftigte Strafverteidiger würden nicht beigeordnet, sondern solche, bei denen mit Verfügbarkeit gerechnet werden könne.

285 Dies hätte man auch der Kategorie „Bereitschaft zur Übernahme von Pflichtverteidigungen" zuordnen können, ist aber noch etwas konkreter.

286 Diese Antwort unter „Sonstiges" ergibt freilich nur dann Sinn, wenn man davon ausgeht (was nicht zwingend ist), unter die vorgegebene Antwort „Ortsnähe des Kanzleisitzes" falle nur die Ortsnähe zum Gericht oder zum Wohnsitz des Beschuldigten. Ein Verteidiger merkt in den ergänzenden Anmerkungen an: „Die Verlegung der Zuständigkeit des Ermittlungsrichters durch Landesverordnung bei U-Haft (Sitz der JVA) führt regelmäßig zu einer Verlegung der Beiordnung auf Verteidiger mit Kanzleisitz im Bereich der JVA des Gerichts!"

Kriterien bei Verwendung von Listen[287]

		Tätigkeit		Gesamt
		Straf-verteidiger	Ermittlungs-richter am AG	
Fachliche Kriterien	Anzahl	179	23	202
	% innerhalb Tätigkeit	24,5 %	95,8 %	
Allgemeiner Bekanntheitsgrad des Anwalts	Anzahl	206	2	208
	% innerhalb Tätigkeit	28,2 %	8,3 %	
Anwalt gehört zum persönlichen Bekanntenkreis des Ermittlungs-richters	Anzahl	395	2	397
	% innerhalb Tätigkeit	54,0 %	8,3 %	
Ermittlungsrichter kennt Anwalt aus vorherigem/-n Verfahren	Anzahl	489	15	504
	% innerhalb Tätigkeit	66,9 %	62,5 %	
Anwalt mit weniger als 2 Jahren Zulassung	Anzahl	108	0	108
	% innerhalb Tätigkeit	14,8 %	0,0 %	
Kostengesichtspunkte (allgemein)	Anzahl	88	1	89
	% innerhalb Tätigkeit	12,0 %	4,2 %	
Ortsnähe des Kanzleisitzes	Anzahl	271	15	286
	% innerhalb Tätigkeit	37,1 %	62,5 %	
Keine inhaltlichen Kriterien, sondern Abarbeitung der Verteidigerliste „von A bis Z"	Anzahl	99	2	101
	% innerhalb Tätigkeit	13,5 %	8,3 %	
Keine inhaltlichen Kriterien, sondern Zufallsprinzip	Anzahl	69	0	69
	% innerhalb Tätigkeit	9,4 %	0,0 %	
Auswahl eines dem Gericht bekannten („genehmen") Verteidigers*	Anzahl	120	1	121
	% innerhalb Tätigkeit	16,4 %	4,2 %	
Anweisung „von oben"*	Anzahl	1	0	1
	% innerhalb Tätigkeit	0,1 %	0,0 %	
Terminliche Verfügbarkeit/ Erreichbarkeit*	Anzahl	7	0	7
	% innerhalb Tätigkeit	1,0 %	0,0 %	
Eingetragen für Notdienst*	Anzahl	2	0	2
	% innerhalb Tätigkeit	0,3 %	0,0 %	

287 Gültig: 757 (78,0 %); fehlend: 214 (22,0 %).

Bereitschaft zur Übernahme von Pflichtverteidigungen*	Anzahl	3	0	3
	% innerhalb Tätigkeit	0,4 %	0,0 %	
Sprachkenntnisse*	Anzahl	2	1	3
	% innerhalb Tätigkeit	0,3 %	4,2 %	
Ortsnähe zur JVA*	Anzahl	1	0	1
	% innerhalb Tätigkeit	0,1 %	0,0 %	
Zufällige Begegnung*	Anzahl	1	0	1
	% innerhalb Tätigkeit	0,1 %	0,0 %	
Vorverhandlungen zwischen Anwalt und Beschuldigtem*	Anzahl	1	0	1
	% innerhalb Tätigkeit	0,1 %	0,0 %	
Finanzielle Unterstützung*	Anzahl	2	0	2
	% innerhalb Tätigkeit	0,3 %	0,0 %	
Gesamt	Anzahl	731	24	755

Direkt gegenübergestellt ergeben diese beiden Tabellen folgendes – markant abweichendes – Bild (siehe hierzu **Abb. 83 – S. 230**):

Die gravierendsten **Unterschiede** zeigen sich bei den Antworten **„fachliche Kriterien" (Richter: 95,8 %; Verteidiger: 24,5 %)** – hier gehen **Selbst- und Fremdwahrnehmung** denkbar weit auseinander –, allgemeiner Bekanntheitsgrad des Anwalts (Richter: 8,3 %; Verteidiger: 28,2 %), **persönlicher Bekanntenkreis (Richter: 8,3 %; Verteidiger: 54,0 %)** und Ortsnähe des Kanzleisitzes (Richter: 62,5 %; Verteidiger: 37,1 %). Dass bevorzugt „genehmere" Verteidiger beigeordnet werden, geben prozentual gesehen weniger Richter (4,2 %) als Verteidiger (16,4 %) an. Die teilnehmenden (!) **Richter** behaupten – im Unterschied zu den Angaben der teilnehmenden Verteidiger – zusammenfassend, sich **weniger** von **persönlichen Beziehungen**, sondern **eher** von **fachlichen Kriterien** und der **Lage des Kanzleisitzes** leiten zu lassen.

(C) Überblick über alle Kriterien, soweit Verteidigerlisten nicht verwendet werden

Weiter wurde gefragt:

? Nach welchen Kriterien erfolgt die Auswahl eines vom Gericht selbst bestimmten Verteidigers, soweit *keine* Verteidigerlisten verwendet werden?[288]

288 Mehrfachnennungen waren möglich.

Kriterien bei Nichtverwendung von Listen[289]

	Antworten		Prozent der Fälle
	N	Prozent	
Fachliche Kriterien	192	9,9 %	26,9 %
Allgemeiner Bekanntheitsgrad des Anwalts	211	10,8 %	29,5 %
Anwalt gehört zum persönlichen Bekanntenkreis des Ermittlungsrichters	406	20,9 %	56,8 %
Ermittlungsrichter kennt Anwalt aus vorherigem/-n Verfahren	499	25,6 %	69,8 %
Anwalt mit weniger als 2 Jahren Zulassung	97	5,0 %	13,6 %
Kostengesichtspunkte (allgemein)	87	4,5 %	12,2 %
Ortsnähe des Kanzleisitzes	272	14,0 %	38,0 %
Keine inhaltlichen Kriterien, sondern Zufallsprinzip	44	2,3 %	6,2 %
Auswahl eines dem Gericht bekannten („genehmen") Verteidigers*[290]	124	6,4 %	17,3 %
Anweisung „von oben"*	1	0,1 %	0,1 %
Terminliche Verfügbarkeit/Erreichbarkeit*	8	0,4 %	1,1 %
Eingetragen für Notdienst*	1	0,1 %	0,1 %
Sprachkenntnisse*	1	0,1 %	0,1 %
Bereitschaft zur Übernahme von Pflichtverteidigungen*	1	0,1 %	0,1 %
Vorverhandlungen zwischen Anwalt und Beschuldigtem*	1	0,1 %	0,1 %
Finanzielle Unterstützung*	1	0,1 %	0,1 %
Verteidiger hat Beschuldigten bereits vertreten*	1	0,1 %	0,1 %
Gesamt	1947	100,0 %	272,3 %

Es zeigt sich, dass die **Kriterien** bei einer Beiordnung ohne Listen nach den Erfahrungen der antwortenden Teilnehmer im Wesentlichen **dieselben** sind **wie bei** der **Verwendung von Listen**. Die Prozentzahlen unterscheiden sich nur minimal (siehe hierzu **Abb. 84 – S. 231**).

289 Gültig: 715 (73,6 %); fehlend: 256 (26,4 %).
290 Bei einer Antwort wurde „oder Bevorzugung des weiblichen Geschlechts" ergänzt. Dies wurde nicht als eigenständige Kategorie ausgewiesen.

Bezogen auf die **Berufsgruppen** ergibt sich folgendes Bild:

Kriterien bei Nichtverwendung von Listen[291]

		Tätigkeit		Gesamt
		Strafverteidiger	Ermittlungsrichter am AG	
Fachliche Kriterien	Anzahl	166	26	192
	% innerhalb Tätigkeit	24,1 %	96,3 %	
Allgemeiner Bekanntheitsgrad des Anwalts	Anzahl	207	4	211
	% innerhalb Tätigkeit	30,1 %	14,8 %	
Anwalt gehört zum persönlichen Bekanntenkreis des Ermittlungsrichters	Anzahl	404	2	406
	% innerhalb Tätigkeit	58,7 %	7,4 %	
Ermittlungsrichter kennt Anwalt aus vorherigem/-n Verfahren	Anzahl	482	17	499
	% innerhalb Tätigkeit	70,1 %	63,0 %	
Anwalt mit weniger als 2 Jahren Zulassung	Anzahl	96	1	97
	% innerhalb Tätigkeit	14,0 %	3,7 %	
Kostengesichtspunkte (allgemein)	Anzahl	84	3	87
	% innerhalb Tätigkeit	12,2 %	11,1 %	
Ortsnähe des Kanzleisitzes	Anzahl	253	19	272
	% innerhalb Tätigkeit	36,8 %	70,4 %	
Keine inhaltlichen Kriterien, sondern Zufallsprinzip	Anzahl	44	0	44
	% innerhalb Tätigkeit	6,4 %	0,0 %	
Auswahl eines dem Gericht bekannten („genehmen") Verteidigers*	Anzahl	124	0	124
	% innerhalb Tätigkeit	18,0 %	0,0 %	
Anweisung „von oben"*	Anzahl	1	0	1
	% innerhalb Tätigkeit	0,1 %	0,0 %	
Terminliche Verfügbarkeit/ Erreichbarkeit*	Anzahl	8	0	8
	% innerhalb Tätigkeit	1,2 %	0,0 %	
Eingetragen für Notdienst*	Anzahl	1	0	1
	% innerhalb Tätigkeit	0,1 %	0,0 %	

291 Gültig: 715 (73,6 %); fehlend: 256 (26,4 %).

Sprachkenntnisse*	Anzahl	1	0	1
	% innerhalb Tätigkeit	0,1 %	0,0 %	
Bereitschaft zur Übernahme von Pflichtverteidigungen*	Anzahl	1	0	1
	% innerhalb Tätigkeit	0,1 %	0,0 %	
Vorverhandlungen zwischen Anwalt und Beschuldigtem*	Anzahl	1	0	1
	% innerhalb Tätigkeit	0,1 %	0,0 %	
Finanzielle Unterstützung*	Anzahl	1	0	1
	% innerhalb Tätigkeit	0,1 %	0,0 %	
Verteidiger hat Beschuldigten bereits vertreten*	Anzahl	1	0	1
	% innerhalb Tätigkeit	0,1 %	0,0 %	
Gesamt	Anzahl	688	27	715

Betrachtet man die Zahlen der Erhebung bei den **Ermittlungsrichtern** (siehe hierzu **Abb. 85 – S. 232**), sind insbesondere folgende, recht geringfügige Unterschiede festzustellen: Der **allgemeine Bekanntheitsgrad** des Anwalts spielt, soweit keine Listen verwendet werden, für **14,8 %** eine Rolle (sonst: 8,3 %). Ein Richter (**3,7 %**) gibt an, es könne bei Nichtverwendung von Listen ein Faktor sein, dass es sich um einen **Berufsanfänger** (Anwalt mit weniger als 2 Jahren Zulassung) handle (sonst: 0 %). Das Kriterium der **Ortsferne** wählten **70,4 %** (anstatt 62,5 % bei Listenverwendung). Bei den allgemeinen Kostengesichtspunkten sind **11,1 %** (anstatt 4,2 % bei Listenverwendung) zu verzeichnen. Eine Rolle für diese Abweichungen nach oben könnte spielen, dass eine *kriterienlose* Abarbeitung („von A bis Z") ohne Liste denknotwendig ausgeschlossen ist.

d) Herstellung von Transparenz de lege ferenda

aa) Propädeutische Überlegungen zur Methodik zukünftiger regelmäßiger Gesetzesevaluationen

Dem im vorstehenden Abschnitt von Seiten der Strafverteidiger erhobenen Vorwurf der Bevorzugung bestimmter Verteidiger, insbesondere solcher, die dem Gericht bekannt sind oder einen einseitig konsensualen Verteidigungsstil ohne latent vorhandene Konfliktbereitschaft oder auch nur -fähigkeit pflegen und dann womöglich auch ohne Anhörung des Beschuldigten beigeordnet werden, kann – wie vom **DAV**[292] gefordert – tatsächlich nur durch die zukünftig regelmäßige **Evaluierung der Beiordnungspraxis** und der damit einhergehenden Schaffung von Transparenz vorgebeugt werden. Dies dürfte angesichts der abweichenden Selbstwahrnehmung der

292 *DAV* Stellungnahme Nr. 55/2009, 6f.; *Lammer* AnwBl. 2013, 325, 329; siehe bereits den Ausgangspunkt oben *Abschn.* B.

Ermittlungsrichterinnen und Ermittlungsrichter (in Hessen) auch in deren **Interesse** liegen, um möglicherweise ganz oder jedenfalls im Ausmaß ungerechtfertigten Anwürfen sachlich begründet entgegentreten zu können. Eine vollständige Umsetzung dieser Forderung steht noch aus; mit dieser Studie ist freilich ein erster Schritt in diese Richtung getan. Voraussetzung ist dafür auch die zukünftige Bereitschaft in der Richterschaft, die ermessensleitenden Gründe für eine Beiordnung (anonymisiert) zu dokumentieren und zu Zwecken der Auswertung mitzuteilen.[293]

Die **Intransparenz** und die fehlende Überprüfung der Gerichte werden in den ergänzenden Anmerkungen auch von vielen Teilnehmern der vorliegenden Studie kritisiert. Der ausdrücklich geäußerte Verdacht eines Befragten im Hinblick auf die Auswahlkriterien ist etwa: „Man hat offenbar etwas zu verbergen." Befragte Verteidiger schlagen eine bei Gericht einsehbare bzw. eine von diesem zu veröffentlichende (z. B. jährliche) Beiordnungsstatistik vor, aus der das Auswahlverfahren einschließlich der maßgeblichen Kriterien sowie die Beiordnungszahlen (auch bezogen auf die einzelnen Anwälte) hervorgingen. Wieder andere sprechen sich für öffentlich zugängliche Listen oder dafür aus, die Benutzung von (bestimmten) Listen und/oder eine Begründung für die Auswahlentscheidung (z. B. mit Sprachkenntnissen, Fachanwaltstiteln, Erfahrung, etc.) zur Pflicht zu machen.

bb) Rechtliche Vorzugswürdigkeit schematischer Verteilungsmechanismen?

(A) Pro

Von Teilen der Anwaltschaft[294] wird ferner gefordert, neben fachlichen Aspekten eine **gleichmäßige Verteilung** bei der Bestellung von Pflichtverteidigern sicherzustellen, da die Wahrnehmung solcher Mandate mindestens für solche Rechtsanwälte, deren beruflicher Schwerpunkt das Strafrecht ist, vielfach einen erheblichen Anteil an der wirtschaftlichen Grundlage ihrer Tätigkeit hat. Es wird deshalb angeregt,[295] den Ermittlungsrichtern von den regionalen Rechtsanwaltskammern erstellte Pflichtverteidigerlisten an die Hand zu geben, die diese nach den oben[296] dargestellten **schematisierten Verfahren** (Abarbeitung von „A bis Z", Bestellung nach dem Zufallsprinzip o. ä.) zu erschöpfen hätten. So könne auch den turnusmäßigen Eilrichtern im Nacht-, Feiertags- und Wochenenddienst die Auswahl erleichtert werden, da diesen mit ihrem (häufig zivilrechtlichen) Regeldezernat nicht immer aktuelle und breite Kenntnisse übernahmebereiter Pflichtverteidiger zur Verfügung stehen werden.

---

293 *Meier-Göring* DRiZ 2011, 307; siehe zum Ganzen bereits LR/*Lüderssen*/*Jahn* Nachtr. § 141 Rn. 27.
294 Vgl. nur *Thielmann* StraFo 2006, 358, 359; *Lewitzki*/*Thielmann* DRiZ 2011, 306.
295 S. *Latz* DRiZ 2010, 16; *Hilbers*/*Lam* StraFo 2005, 70, 71.
296 *Abschn.* C.III.3.c.bb.(A).

(B) Contra

Diesen Vorschlägen sollte nach meiner Auffassung nicht näher getreten werden. Es wird **übersehen**, dass eine rein schematische Bestellung von Pflichtverteidigern den Interessen des Beschuldigten jedenfalls in solchen Fällen nicht ausreichend Rechnung tragen kann, in denen dieser an Hand der Aktenlage nachvollziehbare Wünsche – etwa bestimmte Sprach- oder Rechtskenntnisse – zur Qualifikation seines Verteidigers äußert. Dann liegt ein **Ermessensausfall** vor, der zur Rechtswidrigkeit der Entscheidung führt.[297]

Eine Auswahl nach einem ohne inhaltlichen Spielraum vorgegebenen Muster ohne die ergänzende Heranziehung sachlicher Kriterien im Einzelfall dürfte zudem nur schwerlich mit der **richterlichen Unabhängigkeit** zu vereinbaren sein.[298] Legt man die für den Bereich der Insolvenzverwaltung durch das *BVerfG*[299] entwickelten Kriterien zum Rechtsprechungsbegriff i. S. d. **Art. 92 GG** an, wird man nicht umhin können, die Pflichtverteidigerbestellung als letztverbindliche Klärung der Rechtslage im Rahmen eines besonders geregelten Verfahrens anzusehen.[300]

Der Gegenposition[301], nach der die Pflichtverteidigerbeiordnung zwar dem Beschuldigten gegenüber Akt der Rechtsprechung sei, dem Rechtsanwalt gegenüber jedoch Justizverwaltungsakt gem. § 23 EGGVG auf Grundlage von § 49 BRAO, ist nicht zu folgen. Diese – nicht weiter begründete – „Theorie von der Bestellungsaktsrelativität" kann schon deshalb nicht überzeugen, weil jeder Akt der öffentlichen Gewalt i. S. d. Art. 1 Abs. 3 GG bereits aus Gründen der Rechtssicherheit in seiner Rechtsnatur grundsätzlich unteilbar ist.[302] Es muss damit in letzter Konsequenz dem Richter selbst überlassen bleiben, den nach seiner Einschätzung geeignete(re)n Verteidiger zu bestellen.

---

297 So auch *BRAK* StV 2010, 544, 547; *Schlothauer* FS Samson, 709, 720; AnwK-UHaft/*König* § 141 Rn. 9. Ein Verteidiger merkt auch im Feld der ergänzenden Anmerkungen des hiesigen Fragebogens an, dem Beschuldigten sollten Auswahlkriterien wie Fachanwaltstitel, Sprachkenntnisse oder Geschlecht zugutekommen dürfen.

298 So auch *Wohlers* StV 2010, 151, 156; *Fühling* DRiZ 2010, 17 und bereits *Jahn* FS Rissing-van Saan, 275, 297; LR/*Lüderssen*/*Jahn* Nachtr. § 141 Rn. 29, dort auch bereits zum Nachstehenden. A. A. – konsequent – *Thielmann* StraFo 2006, 358, 362; *Hilbers*/*Lam* StraFo 2005, 70, 71.

299 BVerfGK 4, 1, 6 unter Hinweis auf BVerfGE 103, 111, 137f.

300 So auch *Wohlers* StV 2010, 151, 155 und bereits LR/*Lüderssen*/*Jahn* Vorb. § 137 Rn. 72; siehe auch LTDrucks. Berlin 17/1131, S. 1f. A. A. *Wenske* NStZ 2010, 479, 481ff. (u. a. in Verkennung der zivilrechtlichen Fundierung der Pflichtverteidigung, vgl. dazu LR/*Lüderssen*/*Jahn* § 141 Rn. 3ff.; *Jahn* JR 1999, 1, 2ff.).

301 Wiederum vertreten von *Schlothauer* FS Samson, 709, 713f. sowie von *dems.*/*Weider*, Untersuchungshaft, Rn. 290.

302 S. für den Verwaltungsakt gegen die „Lehre vom relativen VA" nur *Stelkens*/Bonk/Sachs, VwVfG, 7. Aufl. 2008, § 35 Rn. 23 mit zahlreichen Nachweisen.

! **Empirischer Forschungsbedarf** bestand hier also mit Blick auf eine künftige Rechtsänderung zu der Frage, ob solchen schematisierenden „A bis Z-Listen" nach der Einschätzung und/oder Erfahrung der Verfahrensbeteiligten – gerade auch der Strafverteidiger – (unabhängig von der hier favorisierten Einschätzung der Rechtslage, deshalb ggf. auch de lege ferenda) der Vorzug gegenüber „Qualifikationslisten" gegeben werden sollte.

Gefragt wurde daher:

? Sollte unabhängig von der gegenwärtigen Rechtslage, also gegebenenfalls nach einer Gesetzesnovelle, die Bestellung durch das Gericht bei fehlender Bezeichnung eines Verteidigers durch den Beschuldigten nach einem rein schematischen Verfahren (z. B. Abarbeitung „von A bis Z" oder Zufallsprinzip) anstatt nach fachlichen Kriterien erfolgen?

cc) Generelles Meinungsbild zur Frage der Gestaltung einer zukünftigen Auswahlpraxis und Überlegungen zur Anlehnung an die §§ 56ff. InsO de lege ferenda

Schematisches Verfahren?

		Häufigkeit	Prozent	Gültige Prozente	Kumulierte Prozente
Gültig	Ja	346	35,6	38,9	38,9
	Nein	543	55,9	61,1	100,0
	Gesamt	889	91,6	100,0	
Fehlend	System	82	8,4		
Gesamt		971	100,0		

Eine recht deutliche **Mehrheit** (61,1 %) spricht sich – mit der hier vertretenen Auffassung[303] – **gegen** ein **schematisches Verfahren** (z. B. Abarbeitung „von A bis Z" oder Zufallsprinzip) aus[304] (siehe hierzu **Abb. 86 – S. 233**). Ein Verteidiger befürwortet in den ergänzenden Anmerkungen als Anregung für die zukünftige Gestaltung der Rechtslage konkret, dass die Verteidigerbestellung nach ähnlichen Regeln erfolgen soll wie bei den **Insolvenzverwaltern** (vgl. dazu insbesondere § 56 Abs. 1 Satz 1 InsO [„Zum Insolvenzverwalter ist eine für den jeweiligen Einzelfall geeignete, insbesondere geschäftskundige und von den Gläubigern und dem Schuldner unabhängige natürliche Person zu bestellen, die aus dem Kreis aller zur Übernahme von Insolven-

303 Soeben *Abschn.* C.III.3.d.bb.(B).

304 Nur die in Brandenburg ansässigen Verteidiger antworteten mehrheitlich (8 von 14: 57,1 %) mit „ja".

zverwaltungen bereiten Personen auszuwählen ist"] und § 56a Abs. 1 Satz 1 InsO [„Vor der Bestellung des Verwalters ist dem vorläufigen Gläubigerausschuss Gelegenheit zu geben, sich zu den Anforderungen, die an den Verwalter zu stellen sind, und zur Person des Verwalters zu äußern, {...}"]). Das bedarf in der konkreten Ausgestaltung weiterer Prüfung.

dd) Differenzierung nach Berufsgruppen

Bezogen auf die beiden **Berufsgruppen** zeigt sich folgendes Bild:

Schematisches Verfahren?[305]

		Tätigkeit		Gesamt
		Strafverteidiger	Ermittlungsrichter am AG	
Ja	Anzahl	346	0	346
	% innerhalb von Tätigkeit	40,2 %	0,0 %	38,9 %
Nein	Anzahl	514	29	543
	% innerhalb von Tätigkeit	59,8 %	100,0 %	61,1 %
Gesamt	Anzahl	860	29	889
	% innerhalb von Tätigkeit	100,0 %	100,0 %	100,0 %

Die teilnehmenden **Ermittlungsrichter** sprechen sich (bei einer Enthaltung) **komplett gegen** ein **schematisches Verfahren** bei der Verteidigerbestellung aus (Verteidiger: 59,8 %) (siehe hierzu **Abb. 87 – S. 233**). Dies überrascht insbesondere mit Blick auf die eingeschränkte richterliche Unabhängigkeit im Falle eines streng schematischen Verfahrens nicht unbedingt.

ee) Differenzierung nach Berufsqualifikation in der Gruppe der Strafverteidiger

Deutliche Unterschiede sind zwischen den Antworten von Anwälten mit und ohne **Fachanwaltstitel** im Strafrecht zu verzeichnen:

305 Gültig: 889 (91,6 %); fehlend: 82 (8,4 %).

Schematisches Verfahren?[306]

		Fachanwalt für Strafrecht		Gesamt
		Ja	Nein	
Ja	Anzahl	210	135	345
	% innerhalb von Fachanwalt für Strafrecht	34,5 %	54,4 %	40,3 %
Nein	Anzahl	398	113	511
	% innerhalb von Fachanwalt für Strafrecht	65,5 %	45,6 %	59,7 %
Gesamt	Anzahl	608	248	856
	% innerhalb von Fachanwalt für Strafrecht	100,0 %	100,0 %	100,0 %

Fachanwälte für Strafrecht sprechen sich prozentual gesehen deutlich **häufiger gegen** ein **schematisches Verfahren** aus als Verteidiger ohne einen solchen Titel (65,5 % im Vergleich zu 45,6 %) (siehe hierzu **Abb. 88 – S. 233**). Dies dürfte daran liegen, dass diese Fachanwälte glauben, im Falle einer Auswahl des Verteidigers nach gerichtlichen Kriterien häufiger beigeordnet zu werden als im Falle der Durchführung eines rein schematischen Verfahrens.

ff) Differenzierung nach Beiordnungserfahrung in der Gruppe der Strafverteidiger

Bezogen auf **Anzahl der Beiordnungen gem. § 140** StPO im Jahre 2012 ergibt sich folgendes Bild:

Schematisches Verfahren?[307]

		Anzahl der Beiordnungen gem. § 140 StPO					Gesamt
		Keine	Bis zu 10	Bis zu 20	Bis zu 50	Mehr als 50	
Ja	Anzahl	55	151	74	48	18	346
	% innerhalb von Anzahl der Beiordnungen gem. § 140 StPO	64,0 %	48,2 %	35,4 %	27,3 %	24,7 %	40,4 %

306 Gültig: 856 (91,0 %); fehlend: 85 (9,0 %).
307 Gültig: 857 (91,1 %); fehlend: 84 (8,9 %).

Nein	Anzahl	31	162	135	128	55	511
	% innerhalb von Anzahl der Beiordnungen gem. § 140 StPO	36,0 %	51,8 %	64,6 %	72,7 %	75,3 %	59,6 %
Gesamt	Anzahl	86	313	209	176	73	857
	% innerhalb von Anzahl der Beiordnungen gem. § 140 StPO	100,0 %	100,0 %	100,0 %	100,0 %	100,0 %	100,0 %

Verteidiger, die in letzter Zeit **seltener beigeordnet** worden sind, wünschen sich durchschnittlich **häufiger** die Durchführung eines **schematischen Verfahrens** als Kollegen, die öfter vom Gericht ausgewählt werden (siehe hierzu **Abb. 89 – S. 234**). Auch hier dürfte die Hoffnung auf die Besserung der Bestellungssituation bzw. – genau umgekehrt – die Wahrung von „Besitzständen" den Ausschlag geben. Jene Befürworter eines rein schematischen Verfahrens wurden deshalb weiter nach den **Gründen** für ihre Ansicht gefragt:

Wenn „ja": Weshalb?[308] ?

Wenn „ja": Weshalb?[309]

	Antworten N	Antworten Prozent	Prozent der Fälle
Gerechter/weniger willkürlich	337	84,3 %	98,5 %
Geringerer Aufwand	40	10,0 %	11,7 %
Höhere Chance der Beiordnung eines fachlich qualifizierten Verteidigers	18	4,5 %	5,3 %
Zeitmangel der fachlich qualifizierten Verteidiger*	1	0,3 %	0,3 %
Größere Transparenz*	4	1,0 %	1,2 %
Gesamt	400	100,0 %	117,0 %

Die Frage wurde – folgerichtig – **nur** von **Verteidigern** bearbeitet. **Fast alle** (98,5 %) der auf diese Frage Antwortenden (!) befürworten ein rein schematisches Verfahren, weil sie ein solches für **gerechter** bzw. **weniger willkürlich** halten (siehe hierzu **Abb. 90 – S. 234**). Dieser Kategorie wurden auch Antworten unter „Sonstiges" zuge-

308 Mehrfachnennungen waren möglich.
309 Gültig: 342 (35,2 %); fehlend: 629 (64,8 %).

rechnet, die wiederum auf die Chancengleichheit bzw. die Vermeidung einer Bevorzugung von dem Gericht bekannten „genehmeren“ Verteidigern hinweisen, da dahinter ebenfalls der Gedanke steht, dass ein schematisches Verfahren als gerechter bzw. weniger willkürlich erachtet wird.

Einige dieser Antworten seien colorandi causa ausdrücklich erwähnt: Für Neu-/Quereinsteiger sei es schwer, sich das Fachwissen anzueignen, wenn nur „erfahrene“ „alte Hasen“ beigeordnet würden. Es ergäben sich so Chancen für **junge Kollegen** mit wenig Erfahrung. Es wird darauf hingewiesen, es würden sich ohnehin kaum fachliche Vorgaben allgemein definieren lassen, die dem Einzelfall gerecht würden. Es kämen so auch „richtige Verteidiger“ zum Zuge und **nicht nur „Geständnisberater“**. Korruptionsgefahr und „Vetternwirtschaft“ könne so entgegengewirkt werden. Ein schematisches Verfahren führe zu einer „gesunden Durchmischung“ aller bereiten Anwälte. Ein schematisches Verfahren habe die **Durchbrechung** von gerichtlich installierten **„Pflichtverteidiger-Kartellen“** zur Folge. Bei „geeigneter Liste“[310] trüge dies zur Qualitätssicherung bei. Nicht immer sei dem Gericht die Qualifikation des Verteidigers bekannt oder genehm. Verteidiger würden so nicht mehr dafür „belohnt“, sich wenig Arbeit zu machen. Es müsse etwa nicht mehr befürchtet werden, dass gezielt ein mit dem Richter befreundeter Rechtsanwalt für Mietrecht anstatt eines kritischen Verteidigers beigeordnet würde. Ein Befragter schreibt: „Ungerechter als derzeit geht es nicht:“ Ein weiterer ist sich sicher: **„Jede andere Regelung wird sofort wieder unterlaufen.“**

11,7 % (wohlgemerkt: allesamt Verteidiger, also eher altruistisch motiviert) wählten die Antwort **„geringerer Aufwand“**. **5,3 %** der Antwortenden weisen in der Kategorie „Sonstiges“ (also ohne entsprechende Vorgabe!) auf die ihrer Ansicht nach **höhere Chance** der Beiordnung eines **fachlich qualifizierten Verteidigers hin** (jedenfalls bei „qualitativ hochwertiger“ Liste). Von den Fachanwälten taten dies sogar 7,2 % (15 von 208 im Vergleich zu 2,3 % der Nicht-Fachanwälte [3 von 133]).[311]

Viele Befürworter eines schematischen Verfahrens glauben also offenbar, im Falle einer Beiordnung „von A bis Z“ oder nach dem Zufallsprinzip **vermehrt zum Zuge zu kommen.** Dies gilt zum Teil für jüngere Kollegen, die der Richter nicht kennt.[312] Es gilt

---

310 Gemeint ist wohl eine gewisse Mindestqualifikation der auf der Liste verzeichneten Anwälte. Ein Verteidiger schlägt in seinen ergänzenden Anmerkungen vor: „Wünschenswert wäre m. E., dass alle Kollegen, die Pflichtverteidigungen übernehmen wollen, verpflichtet wären, sich im strafrechtlichen Bereich regelmäßig fortzubilden.“ Ein anderer meint: „Pflichtverteidiger sollen zwingend Fachanwälte für Strafrecht sein!!!“ Ähnlich (Beiordnung nur qualifizierter Verteidiger) äußern sich auch weitere Befragte.

311 Zudem steigt dieser Prozentsatz tendenziell mit wachsender Zahl der Beiordnungen gem. § 140 StPO: keine: 2,6 % (4 von 155); bis zu 10: 6,9 % (11 von 159); bis zu 20: 10,5 % (2 von 19); bis zu 50: 16,7 % (1 von 6).

312 Es gibt allerdings auch, glaubt man den Angaben der Befragten, umgekehrt Richter, die besonders gerne junge, unerfahrene Anwälte beiordnen (z. B. um diesen die Erlangung von Mandaten für den Fachanwaltstitel zu ermöglichen oder aber auch um ihre Unerfahrenheit auszunutzen). Eine Verallgemeinerung verbietet sich daher.

aber offenbar vermehrt auch für Verteidiger mit hoher Qualifikation, die bereit sind, auch eine für das Gericht „unbequeme" Verteidigungsstrategie zu verfolgen. Diese befürchten oft bzw. haben die Erfahrung gemacht, dass Richter unabhängig von der Qualität nur konfliktscheue Verteidiger beiordnen, wenn sie frei wählen können. Es ergibt sich also (vermeintlich) eine Art Paradoxon: Während offensichtlich manche (Fach-)Anwälte mit erhöhter Qualifikation glauben, im Falle einer Auswahl des Verteidigers nach gerichtlichen Kriterien häufiger beigeordnet zu werden, glauben wiederum andere, sie kämen bei Durchführung eines rein schematischen Verfahrens öfter zum Zuge. Da nicht alle Richter auf dieselbe Weise verfahren, dürften wohl beide Gruppen Recht haben. Im Hinblick auf eine mögliche Gesetzesneufassung würde dies aber weitere Probleme aufwerfen. Ein **Ansatz** mag sein (so der Vorschlag einiger Befragter), ein schematisches Verfahren einzuführen, für die Listen aber eine Mindestqualifikation (z. B. Fachanwaltstitel) zu verlangen. Dem stehen aber die bereits oben dargelegten Argumente (richterliche Unabhängigkeit[313] u. a.) entgegen. Zudem kann es sich natürlich auch bei Anwälten, die „auf dem Papier" eine hohe Qualifikation haben, um sog. „Verurteilungsbegleiter" handeln. Ferner darf die Hürde für Berufsanfänger nicht allzu hoch angesetzt werden.

1,2 % der Antwortenden wiesen ergänzend noch auf den Aspekt der Transparenz hin: Die Durchführung eines schematischen Verfahrens sei besser kontrollierbar. Ein Befragter (0,3 %) betont noch den Gesichtspunkt des Zeitmangels fachlich qualifizierter Verteidiger.[314]

gg) Einstellung zur „hilfweisen" Übertragung der Auswahl auf die örtliche Rechtsanwaltskammer

Außerdem wurde auf freundliche Anregung eines Pretest-Teilnehmers hin gefragt:

Sollte durch Gesetzesnovelle die Auswahl eines Verteidigers bei ausgebliebener Bezeichnung durch den Beschuldigten auf die Rechtsanwaltskammer übertragen werden? ?

---

313 Ein Verteidiger räumt in seinen ergänzenden Anmerkungen ein: „Auch wenn die Folgen nicht immer wünschenswert sind, in die richterliche Unabhängigkeit sollte – auch bei der Strafverteidigerwahl – nicht eingegriffen werden!"

314 Wörtliches Zitat: „Was nützen die fachlichen Kriterien (Koryphäe), wenn dieser aus Zeitmangel seinen Mandanten in der JVA nicht besucht oder das ungerne macht?"

(A) Generelles Meinungsbild

Übertragung der Auswahl auf die Rechtsanwaltskammer

		Häufigkeit	Prozent	Gültige Prozente	Kumulierte Prozente
Gültig	Ja	319	32,9	38,2	38,2
	Nein	516	53,1	61,8	100,0
	Gesamt	835	86,0	100,0	
Fehlend	System	136	14,0		
Gesamt		971	100,0		

Mit 61,8 % spricht sich die **Mehrheit gegen** eine **Übertragung** der Auswahl des Verteidigers auf die Kammer aus.[315] Immerhin 38,2 % sind jedoch – wohl meist in der Hoffnung, es würden dann weniger unsachliche Aspekte eine Rolle spielen –[316] dafür (siehe hierzu **Abb. 91 – S. 235**).

Ein Verteidiger führt in seinen ergänzenden Anmerkungen sogar aus, die Auswahl solle „unbedingt durch eine Anwaltsorganisation" erfolgen. Ein anderer meint: „Es ist Aufgabe der Anwaltschaft (Kammer, Vereinigungen, DAV), die Auswahl der Pflichtverteidiger zu organisieren!" Ein weiterer wörtlich: „Das Recht, einen Verteidiger zu benennen/zu bestimmen, sollte ausschließlich beim Beschuldigten bleiben, jedenfalls bis zum Zeitpunkt der Eröffnung des Hauptverfahrens; keinesfalls Auswahl durch Ermittlungsrichter." Ein Vierter vertritt ebenfalls den Standpunkt, eine Auswahl durch Gericht oder Staatsanwaltschaft verbiete sich, da dies zwangsläufig zu Spekulationen über verfahrenswidrige Auswahlkriterien verführe.

(B) Meinungsbild nach Berufsgruppen

Bezogen auf die verschiedenen **Berufsgruppen** ist das Ergebnis folgendes:

315 Hingegen wählte die Mehrheit der Verteidiger in Hamburg (9 von 13: 69,2 %), Mecklenburg-Vorpommern (3 von 5: 60 %) und Sachsen-Anhalt (7 von 12: 58,3 %) die Antwort „ja".

316 So ausdrücklich ein Verteidiger in seinen ergänzenden Anmerkungen.

Übertragung der Auswahl auf die Rechtsanwaltskammer[317]

		Tätigkeit		Gesamt
		Straf-verteidiger	Ermittlungs-richter am AG	
Ja	Anzahl	319	0	319
	% innerhalb von Tätigkeit	39,5 %	0,0 %	38,2 %
Nein	Anzahl	488	28	516
	% innerhalb von Tätigkeit	60,5 %	100,0 %	61,8 %
Gesamt	Anzahl	807	28	835
	% innerhalb von Tätigkeit	100,0 %	100,0 %	100,0 %

Die **Ermittlungsrichter** sprechen sich also (bei zwei Enthaltungen) sogar **allesamt gegen** die **Übertragung** auf die Rechtsanwaltskammer aus (Verteidiger: 60,5 %) (siehe hierzu **Abb. 92 – S. 235**).

(C) Meinungsbild nach Berufserfahrung und -qualifikation sowie Region

Der **Wunsch** nach einem solchen Kompetenzwechsel ist **unter berufserfahrenen** Befragten ein wenig **häufiger** vorzufinden (siehe hierzu **Abb. 93 – S. 236**):

Übertragung der Auswahl auf die Rechtsanwaltskammer[318]

		Dauer der Tätigkeit			Gesamt
		Bis zu 3 Jahre	Bis zu 10 Jahre	Mehr als 10 Jahre	
Ja	Anzahl	16	74	228	318
	% innerhalb von Dauer der Tätigkeit	32,7 %	36,5 %	39,3 %	38,2 %
Nein	Anzahl	33	129	352	514
	% innerhalb von Dauer der Tätigkeit	67,3 %	63,5 %	60,7 %	61,8 %
Gesamt	Anzahl	49	203	580	832
	% innerhalb von Dauer der Tätigkeit	100,0 %	100,0 %	100,0 %	100,0 %

317 Gültig: 835 (86,0 %); fehlend: 136 (14,0 %).

318 Gültig: 832 (85,7 %); fehlend: 139 (14,3 %).

Ähnliches gilt für **Fachanwälte** (42,1 % im Vergleich zu 32,9 %) (siehe hierzu **Abb. 94 – S. 236**):

Übertragung der Auswahl auf die Rechtsanwaltskammer[319]

		Fachanwalt für Strafrecht		Gesamt
		Ja	Nein	
Ja	Anzahl	239	77	316
	% innerhalb von Fachanwalt für Strafrecht	42,1 %	32,9 %	39,4 %
Nein	Anzahl	329	157	486
	% innerhalb von Fachanwalt für Strafrecht	57,9 %	67,1 %	60,6 %
Gesamt	Anzahl	568	234	802
	% innerhalb von Fachanwalt für Strafrecht	100,0 %	100,0 %	100,0 %

Ferner wurde in Bezirken, in denen das Landgericht in einer **Großstadt** sitzt, der o. g. Wunsch **häufiger** geäußert (40,7 % im Vergleich zu 30,4 %) (siehe hierzu **Abb. 95 – S. 237**). Dieser etwas höhere **Vertrauensvorschuss** mag zumindest auch in der engeren Anbindung der Berufsträger an die regelmäßig in den Großstädten bzw. am Sitz des LG belegenen örtlichen Rechtsanwaltskammern begründet liegen:

Übertragung der Auswahl auf die Rechtsanwaltskammer[320]

		Großstadt		Gesamt
		LG in Großstadt	LG nicht in Großstadt	
Ja	Anzahl	247	59	306
	% innerhalb von Großstadt	40,7 %	30,4 %	38,2 %
Nein	Anzahl	360	135	495
	% innerhalb von Großstadt	59,3 %	69,6 %	61,8 %
Gesamt	Anzahl	607	194	801
	% innerhalb von Großstadt	100,0 %	100,0 %	100,0 %

319 Gültig: 802 (85,2 %); fehlend: 139 (14,8 %).
320 Gültig: 801 (82,5 %); fehlend: 170 (17,5 %).

4. Die Zuständigkeit für die Bestellung des Pflichtverteidigers

a) Die heutige Rechtslage

Zuständig für die Bestellung im Fall des § 140 Abs. 1 Nr. 4 StPO ist auf Grund des neuen Absatzes 4 Halbsatz 2 das nach § 126 StPO oder § 275 a Abs. 6 StPO zuständige Gericht, d. h. im Falle der Vollstreckung von Untersuchungshaft der **Haftrichter** und in den Fällen einstweiliger Unterbringung die **Strafkammer**. Dieses Gericht ist, so die zutreffende Begründung,[321] am besten mit der Sache vertraut, und zwar insbesondere auch dann, wenn der Haft- und Unterbringungsbefehl durch das „nächste" Amtsgericht (§ 115a StPO) verkündet worden ist. Daneben bleibt für die anderen Fälle der Pflichtverteidigerbestellung (also z. B. Kammersachen, Verbrechen, Generalklausel des § 140 Abs. 2 StPO) weiterhin das erkennende Gericht zuständig.

Dies führt in der jüngeren Praxis zu der allgemeinen Frage, wie zu verfahren ist, wenn in derselben Sache nicht nur § 140 Abs. 1 Nr. 4 StPO einschlägig ist, sondern auch einer der anderen Katalogfälle des Absatzes 1, es also z. B. um eine Schwurgerichtssache geht (§ 140 Abs. 1 Nr. 1 StPO). Richtigerweise ist die mit dem 1.1.2010 geschaffene Rechtslage nicht so auszudeuten, dass die Pflichtverteidigerbestellung bei nur kumulativer Einschlägigkeit des § 140 Abs. 1 Nr. 4 StPO allein durch den Ermittlungsrichter erfolgen könnte. Das entspricht weder der Systematik des § 141 Abs. 4 StPO,[322] dem zum Zweck der frühen Verteidigerbestellung durch das UHaftRÄndG nur ein weiterer Halbsatz beigegeben wurde, noch dem Sinn und Zweck des Gesetzes. Durch die Notwendigkeit der Bestellung des Pflichtverteidigers wegen eines der Fälle außerhalb des § 140 Abs. 1 Nr. 4 StPO kann sich der **Vorsitzende des für** die **Hauptsache zuständigen Gerichts** vielmehr – wie bisher – in den in Kürze bei ihm zur Verhandlung anstehenden Sachverhalt einarbeiten und unter dem Gesichtspunkt des Beschleunigungsgebots seine Terminbelastung abschätzen. Hier bleibt es also bei der Grundregel des § 141 Abs. 4 Halbsatz 1 StPO.[323] Gleiches gilt im Ergebnis, wenn in anderer Sache in einem anderen Verfahren eine freiheitsentziehende Maßnahme im Sinne der §§ 112, 112a, 126, 275a Abs. 6 StPO vollstreckt wird.[324] Die Zuständigkeitszuweisung in Absatz 4 Halbsatz 2 ist in diesen Fällen also **teleologisch** zu **reduzieren**, soweit die Notwendigkeit der Verteidigung in dem nicht die Haftsache betreffenden Verfahren außerhalb des § 140 Abs. 1 Nr. 4 StPO in Frage steht.[325]

---

321 Vgl. BTDrucks. 16/11644, S. 33.

322 Zuletzt geändert durch Art. 1 des Gesetzes zur Stärkung der Rechte von Opfern sexuellen Missbrauchs (StORMG) mit Wirkung zum 1.9.2013.

323 *Jahn* FS Rissing-van Saan, 275, 283f.; LR/*Lüderssen*/*Jahn* Nachtr. § 141 Rn. 32. A. A. Meyer-Goßner/*Schmitt* § 141 Rn. 6a.

324 S. zur Anwendbarkeit des § 140 Abs. 1 Nr. 4 StPO in diesen (Kumulations-)Fällen LR/*Lüderssen*/*Jahn* Nachtr. § 140 Rn. 25ff.

325 Wie hier *Tachau* StV 2010, 563; ergänzend *Jahn* FS Rissing-van Saan, 275, 283 Fn. 35. A. A. wohl OLG Frankfurt StV 2011, 218f. m. Anm. *Deutscher* jurisPR extra 2011, 34; LG Nürnberg-Fürth StV 2012, 658.

! **Empirischer Forschungsbedarf** bestand angesichts der Lage bei den gerichtlichen Zuständigkeiten hier nur zu der Frage, ob in der Anordnungspraxis Unterschiede zwischen Haftrichter- und Strafkammerfällen (sei es in Sicherungsverwahrungssachen oder bei „Kumulationssachverhalten") festzustellen sind.

Gefragt wurde daher:

? Sind in der Anordnungspraxis der Ermittlungsrichter einerseits und der Strafkammern andererseits nach Ihren Erfahrungen Unterschiede festzustellen?

b) Unterschiede zwischen Ermittlungsrichter- und Strafkammerfällen (Sicherungsverwahrung, „Kumulationssachverhalte")?

Unterschiede zwischen Anordnungspraxis der Ermittlungsrichter und der Strafkammern[326]

		Tätigkeit		Gesamt
		Strafverteidiger	Ermittlungsrichter am AG	
Ja	Anzahl	148	0	148
	% innerhalb von Tätigkeit	30,1 %	0,0 %	29,6 %
Nein	Anzahl	343	9	352
	% innerhalb von Tätigkeit	69,9 %	100,0 %	70,4 %
Gesamt	Anzahl	491	9	500
	% innerhalb von Tätigkeit	100,0 %	100,0 %	100,0 %

Die Verteilung zeigt, dass **zwei Drittel** (**70,4 %**) der Befragten insgesamt **keine unterschiedliche Beiordnungspraxis** zwischen Ermittlungsrichtern einerseits und Strafkammern andererseits feststellen (siehe hierzu **Abb. 96 – S. 237**). Für **29,6 %** der Befragten bestehen solche Unterschiede. Auffällig ist ein relativ **hoher Fehlerquotient**[327] insgesamt (**48,5 %**) sowie insbesondere bei den **Ermittlungsrichtern** (**70 %**). Nur **9 von 30 Ermittlungsrichtern** antworteten überhaupt mit „Ja" oder „Nein" auf die Frage (**30 %**). Der hohe Anteil von Enthaltungen dürfte seitens der Strafverteidiger mit der Schwierigkeit zu erklären sein, einen Einblick in die **Kriterien** der jeweiligen Richter bei der Beiordnung zu nehmen. Ermittlungsrichter beim AG erlangen

326 Gültig: 500 (51,5 %); fehlend 471 (48,5 %).
327 Einschließlich der Option „weiß nicht".

tendenziell selten einen Einblick in die Details der Beiordnungspraxis ihrer Kollegen in den Kammern des LG.

Die Verteilung insgesamt weist darauf hin, dass überwiegend **keine Unterschiede** bei Beiordnungen zwischen Ermittlungsrichtern und Strafkammern bestehen. Dieses Ergebnis wird **durch offene Antworten bestätigt**, die auf die Frage nach den konkreten Unterschieden in der Anordnungspraxis gegeben wurden. Hier traten mit einer bereits erheblichen Häufung (12) Antworten auf, die die mangelnde Transparenz oder die Auswahl nach jeweils persönlichen Vorlieben durch die jeweiligen (Kammer- oder Amts-) Richter hervorhoben, jedoch keine unterschiedlichen Beiordnungs**kriterien** benannten.[328] Ein Verteidiger hierzu (exemplarisch): „Andere ‚Günstlinge' werden beigeordnet, Kriterien aber gleich". Die antwortenden Ermittlungsrichter **verneinten** ohne Ausnahme die Frage, ob sie Unterschiede in der Beiordnungspraxis feststellen können. Immerhin fast **ein Drittel (30,1 %)** der Strafverteidiger beobachtet hingegen **Unterschiede** in der Anordnungspraxis zwischen Amtsrichtern und Kammern.

Zur weiteren Differenzierung wurden die **Unterschiede** in der Anordnungspraxis zwischen Ermittlungsrichtern und Strafkammern erfragt[329]:

Wenn „ja": Welche? ?

Unterschiede in der Anordnungspraxis zwischen Ermittlungsrichtern und Strafkammern[330]

	Antworten N	Antworten Prozent	Prozent der Fälle
Strafkammer berücksichtigt eher fachliche Kompetenz*	64	52,9 %	53,3 %
Auswahl eher nach persönlichen Vorlieben durch die Strafkammer*	38	31,4 %	31,7 %
Berücksichtigung von Ortsnähe durch die Strafkammer*	3	2,5 %	2,5 %
Andere*	16	13,2 %	13,3 %
Gesamt	121	100,0 %	100,8 %

Der **Hauptunterschied**, der von Strafverteidigern zwischen Ermittlungsrichtern und Strafkammern ausgemacht wird, orientiert sich am Kriterium der **fachlichen Kompetenz** der beizuordnenden Verteidiger (siehe hierzu **Abb. 97 – S. 238**). **52,9 %** der

328 In der Auswertung wurden diese Antworten daher der vorgegebenen Antwortkategorie „Keine Unterschiede" zugeordnet.

329 Es bestand die Möglichkeit zur Mehrfachnennung und zur offenen Antwort; da die befragten Ermittlungsrichter insgesamt keine Unterschiede feststellen, entfällt eine tätigkeitsbezogene Darstellung.

330 Gültig: 120 (12,4 %); fehlend 851 (87,6 %).

Verteidiger[331] sind der Ansicht, die Strafkammern berücksichtigen eher fachlich versierte Strafrechtler (z. B. durch Fachanwaltstitel nachgewiesen). Alarmierende **31,4 %** der Strafverteidiger gaben an, die **persönliche Nähe zu bestimmten Verteidigern** sei in den Kammern eher ausschlaggebend für die Auswahl des Pflichtverteidigers. Lediglich **2,5 %** der Befragten sehen das Kriterium der **Ortsnähe** durch die Kammer in besonderer Weise berücksichtigt. Die Kategorie **Andere (13,3 %)** hat Unterschiede wie „größere Transparenz“ und die „Berücksichtigung junger Kollegen durch die Ermittlungsrichter“ zum Inhalt, die nur einzeln angegeben wurden. Aufgrund der Verteilung lässt sich **tendenziell** auf eine **besondere Berücksichtigung** von **fachlicher Kompetenz** durch die Strafkammern schließen. Die Häufung des Kriteriums **persönlicher Vorliebe** steht diesem Ergebnis nicht entgegen. Denn die Kategorie „Auswahl eher nach persönlichen Vorlieben durch die Strafkammer“ erfasst auch solche Antworten, die einen „verurteilungsbegleitenden“ oder eben persönlich bekannten Strafrechtler als eher bevorzugt durch die Kammern ansehen. Mithin wählen die Strafkammern – typisiert – tendenziell eher als Ermittlungsrichter aus einem Kreis fachlich qualifizierter und persönlich bekannter Strafverteidiger aus. Lapidar fasst ein Verteidiger seine Beobachtungen zu den einschlägigen Kriterien der Strafkammern so zusammen: **„Bekanntheitsgrad, Kompetenz, ‚üblicher Verdächtigter‘“.**

Bezogen auf die Frage, ob das Landgericht am Kanzleisitz in einer **Großstadt** liegt, ergibt sich folgende Verteilung der Unterschiede:

Unterschiede nach Urbanität[332]

		Großstadt		Gesamt
		LG in Großstadt	LG nicht in Großstadt	
Strafkammer berücksichtigt eher fachliche Kompetenz*	Anzahl	46	17	63
	% innerhalb von Großstadt	48,4 %	70,8 %	
Auswahl eher nach persönlichen Vorlieben durch die Strafkammer*	Anzahl	36	2	38
	% innerhalb von Großstadt	37,9 %	8,3 %	
Berücksichtigung von Ortsnähe durch die Strafkammer*	Anzahl	2	1	3
	% innerhalb von Großstadt	2,1 %	4,2 %	
Andere*	Anzahl	12	4	16
	% innerhalb von Großstadt	12,6 %	16,7 %	
Gesamt	Anzahl	95	24	119

331 Berücksichtigt sind alle *Verteidiger*, die einen Unterschied benannten.
332 Gültig: 119 (12,6 %); fehlend 822 (87,4 %).

Strafverteidiger in Großstädten beobachten **seltener** (**48,4 %**) eine **besondere Berücksichtigung fachlicher Kriterien** durch die Strafkammern als Kollegen in ländlichen LG-Bezirken (**70,8 %**; siehe hierzu **Abb. 98 – S. 238**). Augenfällig ist spiegelbildlich die **Auswahl eher nach persönlichen Vorlieben** durch die Strafkammer: **37,9 %** der Strafverteidiger in Großstädten formulierten diese offene Antwort, während nur **8,3 %** der Verteidiger in ländlichen LG-Bezirken eine Auswahl eher nach persönlichen Kriterien durch die Kammer annehmen. Die **fachliche Auswahl** durch die Strafkammer spielt in **kleineren Städten** gegenüber der Auswahl nach persönlichen Vorlieben – vermutlich wegen der größeren örtlichen Distanzen – eine deutlich **gewichtigere Rolle** als in Großstädten.

Mit Blick auf die Verteilung der Antworten nach Bundesländern ergaben sich keine signifikanten Abweichungen mit Ausnahme **Baden-Württembergs**. Sämtliche Verteidiger (14), die in diesem Bundesland die Möglichkeit zur offenen Antwort nutzten, hoben die eher fachliche Auswahl durch die Strafkammern hervor.

5. Die Dauer der Beiordnung; insbesondere: Praxis der Anwendung des § 143 StPO

Für das Ende der Beiordnung des Pflichtverteidigers sind bestimmte Ereignisse ausschlaggebend, die teils fakultative und teils obligatorische Folgeentscheidungen nach sich ziehen.

a) Positiv-rechtlicher Ausgangspunkt

Nach § 141 Abs. 3 Satz 2 StPO gilt die Bestellung nach § 140 Abs. 1 Nr. 4 StPO zunächst für das Ermittlungsverfahren und für das gerichtliche Verfahren unter den Voraussetzungen des § 140 Abs. 1 Nr. 5 StPO fort, also wenn sich der Beschuldigte mindestens drei Monate in Haft befunden hat und nicht mindestens zwei Wochen vor Beginn der Hauptverhandlung entlassen wurde, soweit nicht ein anderer Verteidiger bestellt wird.

b) Der erleichterte Verteidigerwechsel analog § 143 StPO

Der unverzüglich im Vorverfahren beigeordnete Verteidiger ist grundsätzlich – eine wichtige Ausnahme bildet bereits die Regelung in § 141 Abs. 3 Satz 2 StPO – für das gesamte Verfahren bestellt. Zum Beiordnungszeitpunkt ist aber regelmäßig nicht absehbar, welche Entwicklungen der Prozess nehmen wird. Somit kann es zu einer Kollision mit dem Recht des Beschuldigten auf effektive Verteidigung (z. B. gegen einen Tatvorwurf, der spezielle Sachkenntnisse des Verteidigers erfordert) bzw. auf Verteidigung durch den **Rechtsanwalt seines Vertrauens** kommen, auch wenn die frühzeitig erfolgte Beiordnung als Eilmaßnahme grundsätzlich zu begrüßen ist.

Ein Verteidigerwechsel auf Initiative des Beschuldigten ist über den Wortlaut hinaus **analog § 143** StPO in der Praxis immer dann möglich, wenn ein wichtiger Grund vorliegt. Die an solche Gründe zu stellenden inhaltlichen Anforderungen sind aber traditionell **umstritten.** Akzeptiert werden nach noch vorherrschender Auslegung insbesondere die erhebliche Zerrüttung des Vertrauensverhältnisses zwischen Pflichtverteidiger und Beschuldigtem oder eine besondere Pflichtwidrigkeit bei der Führung der Verteidigungsgeschäfte. Das war in dieser Allgemeinheit schon bislang zweifelhaft.[333] Im neuen Recht seit dem 1.1.2010 ist diese (zu) enge Auslegung des § 143 StPO für den ersten Fall, also den vom Beschuldigten *gewollten* Austausch des Pflichtverteidigers, **mit** dem **Gesetz** schlechthin **nicht mehr vereinbar.** Es will die Verteidigungsbelange und damit die Autonomie des Beschuldigten stärken, nicht schwächen. Es steht daher zu erwarten, dass infolge der Anerkennung dieses Zusammenhanges durch die bislang vorliegende Rechtsprechung zum U-Haft-Reformgesetz auch die bisherige Auslegung des § 143 StPO im Ganzen auf den Prüfstand gestellt wird – ein längst überfälliger Vorgang.[334]

c) Speziell: Ansätze zur interessengerechten Lösung von „Verlegenheitswahlfällen" nach neuem Recht

Der Verteidigerbeistand nach Absatz 1 Nummer 4 ist also im Ganzen ein vorläufiger in dem eingeschränkten Sinne, dass ein **Wechsel** nach § 143 StPO ausnahmsweise unter **vereinfachten Voraussetzungen** zulässig ist. Der wesensmäßigen Einschränkung der Beschuldigtenrechte durch frühzeitige Beiordnung eines letztlich nicht ausreichend qualifizierten oder gar inhabilen Verteidigers tritt die Rechtsprechung indes trotz der weitgehend einmütigen Forderungen im Schrifttum[335] und gleich dreier Interessenvertretungen der Strafverteidiger – **DAV**, **BRAK** und **Strafverteidigervereinigungen –**[336] bislang nicht mit einer Herabsetzung der Anforderungen an einen Pflichtverteidigerwechsel bei. Sie will auch für die Fälle des Absatzes 1 Nummer 4 an

---

333 Vgl. LR/*Lüderssen/Jahn* Nachtr. § 140 Rn. 20. Siehe zu den notwendigen Differenzierungen aufgrund der unangefochtenen Prämisse der Gleichstellung von Pflicht- und Wahlverteidigung LR/*Lüderssen/Jahn* § 141 Rn. 6 u. § 143 Rn. 9 (extensive Auslegung bei Artikulation der Autonomie des Beschuldigten); sich dem erfreulicherweise annähernd *Bittmann* JuS 2010, 510, 513. A. A. OLG München NJW 2010, 1766f.; *Kett-Straub* NStZ 2006, 361, 363, je m. w. N.

334 Siehe *Lammer* AnwBl. 2013, 325, 329; *Lam/Meyer-Mews* NJW 2012, 177, 183; *Wenske* NStZ 2010, 479, 484; *Jahn* FS Rissing-van Saan, 275, 287; LR/*Lüderssen/Jahn* Nachtr. § 140 Rn. 20 a. E.

335 *Schlothauer* FS Samson, 709, 715; *Jahn* FS Rissing-van Saan, 275, 287; LR/*Lüderssen/Jahn* Nachtr. § 140 Rn. 21; AnwK-UHaft/*König* § 141 Rn. 10; *ders.* AnwBl. 2010, 50, 51; HK/*Julius* § 141 Rn. 9; ebenfalls i. Grds. zust., aber krit. zur praktischen Durchsetzbarkeit *Heydenreich* StRR 2009, 444, 446 („frommer Wunsch"). A. A. KK/*Laufhütte/Willnow*, § 141 Rn. 6 a. E. („ein Verteidigerwechsel ist nur unter den üblichen Einschränkungen möglich"); siehe aber noch sogleich Fn. 337 a. E.

336 *DAV* Stellungnahme Nr. 55/2009, 7; *BRAK* StV 2010, 544, 547; *Strafverteidigervereinigungen* StV 2010, 109, 110.

den hergebrachten Voraussetzungen des wichtigen Grundes nach § 143 StPO (Störung des Vertrauensverhältnisses; Gebührenverzicht; Einvernehmlichkeit) festhalten.[337]

Das vermag nicht zu überzeugen. Immerhin hat auch der *Ermittlungsrichter* des *BGH* klargestellt, dass die Anforderungen an die Darlegung einer Störung des Vertrauensverhältnisses „**nicht überspannt**" werden dürfen, wenn dem Beschuldigten „wegen der Gegebenheiten des Verfahrens zur Haftbefehlseröffnung eine nur sehr eingeschränkte Überlegungszeit für die Auswahl eines Verteidigers eingeräumt werden konnte"[338]. Eine Auswechselung des Pflichtverteidigers auch **ohne ein gestörtes Vertrauensverhältnis** ist im Übrigen nach der vom *Ermittlungsrichter* des *BGH* bereits kurz nach Inkrafttreten der Neufassung des Gesetzes gebilligten Auffassung des *GBA* zumindest dann zulässig, wenn es sich bei dem beigeordneten Verteidiger lediglich um eine „Verlegenheitswahl" gehandelt hat, der Beschuldigte nun selbst einen Wechsel ausdrücklich wünscht, der bisher beigeordnete Verteidiger damit einverstanden ist und dadurch keine Verfahrensverzögerungen und – wie regelmäßig – keine nennenswerten Mehrkosten entstehen.[339] Dem ist ohne Einschränkungen zuzustimmen. Einem **weiteren Wechsel** kann hingegen umgekehrt regelmäßig **entgegenstehen,** dass der Beschuldigte bis zur Äußerung seines Wechselbegehrens ausreichend Bedenkzeit hatte.[340]

Empirischer Forschungsbedarf bestand hier zu der Frage der praktischen Handhabung der Rückabwicklung von „Verlegenheitswahlfällen" aus Sicht der verschiedenen Verfahrensbeteiligten, insbesondere der Verteidigerschaft. **!**

---

337 Stellungnahme des Justizministeriums Sachsen v. 5.2.2010 zum Antrag der Fraktion Die Linke, LTDrucks. 5, 1047, S. 4; OLG Braunschweig StV 2012, 719f.; OLG Düsseldorf StV 2011, 85; LG Osnabrück StV 2010, 563; LG Berlin StV 2011, 665, 666; zusf. AG München StV 2011, 668: „Da es die gesetzgeberische Intention des § 140 Abs. 1 Nr. 4 ist, sofort nach der Inhaftierung den Kontakt des Untersuchungsgefangenen mit einem Verteidiger sicherzustellen, rechtfertigt die erheblich verzögerte Kontaktaufnahme des beigeordneten Verteidigers mit dem Gefangenen (hier: zwei Monate) das fehlende Vertrauen des Beschuldigten zum beigeordneten Verteidiger und damit den Pflichtverteidigerwechsel" sowie *Heydenreich* StV 2011, 700, 703 und *Wohlers* StV 2010, 151, 157.

338 Beide Zitate bei BGH (Ermittlungsrichter) StraFo 2013, 23; ebenso AG Bitterfeld-Wolfen, StV 2014, 281f.

339 Stellungnahme des GBA v. 1.3.2010 – 2 BGs 73/10, dokumentiert bei *Weider* StV 2010, 390, 391; Meyer-Goßner/*Schmitt* § 143 Rn. 5a a. E. Dies entspricht einer allerdings auch im Normbereich des § 143 StPO unabhängig von § 140 Abs. 1 Nr. 4 StPO mittlerweile allgemein akzeptierten Rückausnahme, vgl. OLG Oldenburg StV 2010, 351. Kommt es während des Ermittlungsverfahrens zum Pflichtverteidigerwechsel, entstehen durch die Beiordnung des neuen Pflichtverteidigers eine weitere Grundgebühr (VV RVG Nr. 4100, 4101) und eine Verfahrensgebühr (VV RVG Nr. 4104, 4105). Die Zusatzkosten belaufen sich also auf € 299,–. Dem neu bestellten Verteidiger einen (rechtlich zulässigen: *LR/Lüderssen/Jahn* § 143 Rn. 9 Fn. 46; ausf. LG Osnabrück, Beschl. v. 12.2.2014 – 10 Qs 1366 Js 49405/13 [juris]; a. A. OLG Bremen Beschl. v. 12.7.2013 – Ws 184/12 [juris] m. w. N.) Verzicht auf die Geltendmachung dieser Gebühren anzusinnen, muss angesichts der besonderen Anforderungen, die mit der Verteidigung von nicht auf freiem Fuß befindlichen Beschuldigten verbunden sind, ausscheiden (so auch *BRAK* StV 2010, 544f.).

340 Vgl. AnwK-UHaft/*König* § 141 Rn. 10; *DAV* Stellungnahme Nr. 55/2009, 7.

Gefragt wurde daher:

? Ermöglicht das Gericht im Regelfall einen Verteidigerwechsel, wenn es sich bei dem beigeordneten Verteidiger lediglich um eine „Verlegenheitswahl“ mangels (in der Kürze der Zeit zur Verfügung stehender) Alternative handelte und der Beschuldigte und beide Verteidiger mit einem Wechsel einverstanden sind?

d) Praktische Erfahrungen zum Verteidigerwechsel in „Verlegenheitswahlfällen“

aa) Generelles Erfahrungsbild

Ermöglichung eines Verteidigerwechsels[341]

		Tätigkeit		Gesamt
		Strafverteidiger	Ermittlungsrichter am AG	
Ja	Anzahl	511	26	537
	% innerhalb von Tätigkeit	63,2 %	89,7 %	64,2 %
Nein	Anzahl	297	3	300
	% innerhalb von Tätigkeit	36,8 %	10,3 %	35,8 %
	Anzahl	808	29	837
	% innerhalb von Tätigkeit	100,0 %	100,0 %	100,0 %

Aus der Sicht des **überwiegenden Teils** der Befragten insgesamt (**64,2 %**) ermöglicht das Gericht bei „Verlegenheitsfällen“ einen Verteidigerwechsel auf Wunsch des Beschuldigten, wenn beide Verteidiger hiermit einverstanden sind (**vereinfachter Verteidigerwechsel**; siehe hierzu **Abb. 99 – S. 239**). Bei der Gruppe der Strafverteidiger sind **63,2 %**, bei den Ermittlungsrichtern sogar **89,7 %** dieser Überzeugung. Über **ein Drittel** (**36,8 %**) der Strafverteidiger hat hingegen die gegenteilige Erfahrung gemacht, dass also die Gerichte im Regelfall einen Verteidigerwechsel nach „Verlegenheitswahl“ **nicht** unter vereinfachten Voraussetzungen **zulassen**. Dieser Ansicht sind nur **10,3 %** der befragten Ermittlungsrichter.

341 Gültig: 837 (86,2 %); fehlend 134 (13,8 %).

bb) Erfahrungsbild nach Bundesländern

Sortiert nach **Bundesländern** ergibt sich folgendes Bild:

Ermöglichung eines Verteidigerwechsels nach Bundesländern[342]

	Ermöglichung eines Verteidigerwechsels				Gesamt	
	Ja		Nein			
	Anzahl	% innerhalb von Kanzleisitz bzw. Ort der Tätigkeit: Bundesland	Anzahl	% innerhalb von Kanzleisitz bzw. Ort der Tätigkeit: Bundesland	Anzahl	% innerhalb von Kanzleisitz bzw. Ort der Tätigkeit: Bundesland
Baden-Württemberg	76	65,0 %	41	35,0 %	117	100,0 %
Bayern	67	50,0 %	67	50,0 %	134	100,0 %
Berlin	27	75,0 %	9	25,0 %	36	100,0 %
Brandenburg	11	78,6 %	3	21,4 %	14	100,0 %
Bremen	8	72,7 %	3	27,3 %	11	100,0 %
Hamburg	12	92,3 %	1	7,7 %	13	100,0 %
Hessen	39	65,0 %	21	35,0 %	60	100,0 %
Mecklenburg-Vorpommern	6	75,0 %	2	25,0 %	8	100,0 %
Niedersachsen	43	68,3 %	20	31,7 %	63	100,0 %
Nordrhein-Westfalen	144	65,2 %	77	34,8 %	221	100,0 %
Rheinland-Pfalz	13	43,3 %	17	56,7 %	30	100,0 %
Saarland	7	53,8 %	6	46,2 %	13	100,0 %
Sachsen	17	58,6 %	12	41,4 %	29	100,0 %
Sachsen-Anhalt	6	54,5 %	5	45,5 %	11	100,0 %
Schleswig-Holstein	21	91,3 %	2	8,7 %	23	100,0 %
Thüringen	7	63,6 %	4	36,4 %	11	100,0 %
	504	63,5 %	290	36,5 %	794	100,0 %

342 Gültig: 794 (84,4 %); fehlend 147 (15,6 %).

Durchschnittlich beobachten **63,5 %** der Strafverteidiger im **Bundesgebiet** eine Bereitschaft der Gerichte, im Regelfall einen vereinfachten Verteidigerwechsel bei „Verlegenheitswahl“ des „alten“ Verteidigers zu ermöglichen (siehe hierzu **Abb. 100 – S. 240**). Die Verteilung weist teils erhebliche **regionale Unterschiede** auf. Signifikant häufiger werden vereinfachte Verteidigerwechsel in **Hamburg** (**92,3 %**) ermöglicht. Ebenso überdurchschnittlich häufig ist die Ermöglichung eines Verteidigerwechsels den Erfahrungen der Befragten nach bei „Verlegenheitswahl“ in **Schleswig-Holstein** (**91,3 %**), **Brandenburg** (**78,6 %**), **Mecklenburg-Vorpommern** und **Berlin** (jeweils 75 %).

Besonders selten lassen hingegen Gerichte in **Rheinland-Pfalz** (**43,3 %**) einen Verteidigerwechsel zu. Auch in **Bayern** ist die wahrgenommene Bereitschaft zur Ermöglichung eines Verteidigerwechsels mit **50,0 %** unter dem Durchschnitt. Ein **Nord-Süd-Gefälle** besteht jedoch **nicht**: Auch in **Sachsen** (**58,6 %**) und **Sachsen-Anhalt** (**54,5 %**) wird die Bereitschaft der Gerichte, einen Verteidigerwechsel unter vereinfachten Voraussetzungen zuzulassen, unterdurchschnittlich oft beobachtet. In diesen Bundesländern hat sich die hier vertretene Rechtsansicht, die bundesrechtlich durch den BGH-Ermittlungsrichter bzw. *Generalbundesanwalt* unterstützt und z. B. in den weit verbreiteten Fachzeitschriften *Strafverteidiger, Strafverteidiger-Forum* und *Neue Zeitschrift für Strafrecht – Rechtsprechungs-Report* dokumentiert ist,[343] (noch) nicht durchgesetzt.

Keine signifikanten Unterschiede ergeben sich zu der Frage, ob die Gerichte in **Großstädten** angesiedelt sind, oder nicht. In Großstädten wird ein Verteidigerwechsel bei „Verlegenheitswahl“ etwa so oft ermöglicht, wie in kleineren Städten.

cc) Erfahrungsbild nach Haftbeiordnungserfahrung

Die **Anzahl der jährlichen Beiordnungen nach § 140 Abs. 1 Nr. 4 StPO** korreliert hingegen eindeutig mit der Wahrnehmung der Bereitschaft der Gerichte, einen Verteidigerwechsel zu ermöglichen:

343 Oben *Abschn.* C.III.5.c.

Ermöglichung eines Verteidigerwechsels nach Anzahl der Beiordnungen gem. § 140 Abs. 1 Nr. 4 StPO[344]

		Anzahl der Beiordnungen gem. § 140 Abs. 1 Nr. 4 StPO					Gesamt
		Keine	Bis zu 10	Bis zu 20	Bis zu 50	Mehr als 50	
Ja	Anzahl	160	285	53	10	1	509
	% innerhalb von Anzahl der Beiordnungen gem. § 140 Abs. 1 Nr. 4 StPO	62,5 %	64,3 %	70,7 %	41,7 %	20,0 %	63,4 %
Nein	Anzahl	96	158	22	14	4	294
	% innerhalb von Anzahl der Beiordnungen gem. § 140 Abs. 1 Nr. 4 StPO	37,5 %	35,7 %	29,3 %	58,3 %	80,0 %	36,6 %
Gesamt	Anzahl	256	443	75	24	5	803
	% innerhalb von Anzahl der Beiordnungen gem. § 140 Abs. 1 Nr. 4 StPO	100,0 %	100,0 %	100,0 %	100,0 %	100,0 %	100,0 %

Sofort wird beim Blick auf die Verteilung (siehe hierzu **Abb. 101 – S. 241**) die Diskrepanz augenfällig, die zwischen den Beobachtungen selten bis leicht überdurchschnittlich häufig beigeordneten und sehr oft bestellten Verteidigern besteht. Während insgesamt durchschnittlich **36,6 %** der Verteidiger eine Bereitschaft der Gerichte zum vereinfachten Verteidigerwechsel verneinten, gaben dies **58,3 %** der Verteidiger mit **bis zu 50 jährlichen Beiordnungen** an. Die zunächst an der Anzahl jährlicher Beiordnung gemessen leicht abnehmende Tendenz der beobachteten Entpflichtungsbereitschaft, die bei jährlich **bis zu 20 Beiordnungen** ihren Minimalwert (**29,3 %**) erreicht, kehrt sich hierbei für die auf Grundlage des vermuteten Geschäftsmodells „Pflichtverteidigung" tätigen Anwälte gewissermaßen um. Von den **5** Strafverteidigern mit jährlich **über 50 Beiordnungen** gaben sogar **4** der Befragten (mithin **80 %**) an, die Gerichte ermöglichten im Regelfall einen vereinfachten Verteidigerwechsel. Besonders häufig beigeordnete Verteidiger erfahren also nach dieser Wahrnehmung eine doppelte **Privilegierung**: Nicht nur werden sie eben **besonders häufig gem. § 140 Abs. 1 Nr. 4 StPO beigeordnet**, sondern sie werden auch **seltener als der Durch-**

344 Gültig: 803 (85,3 %); fehlend 138 (14,7 %).

schnitt (vereinfacht) **entpflichtet**, wenn sie aus „Verlegenheit" gewählt worden sind. Da diese Gruppe weit überdurchschnittlich viele Beiordnungen wahrnimmt, kann die alternative Interpretationsmöglichkeit ausgeschlossen werden, nach der diesen Verteidigern als „neu" in das Mandat drängenden Anwälten der Wechsel vermehrt versagt bleibt. Es bestätigt sich damit die mitgeteilte Beobachtung eines Verteidigers: „Es werden regelmäßig dieselben 2–3 ‚Standard'-Pflichtverteidiger beigeordnet, die das Gericht oder die Staatsanwaltschaft zum Vorführtermin bzw. zur Haftbefehlseröffnung ‚bereithalten'. Der Beschuldigte unterschreibt diesem Verteidiger dann eine Vollmacht, nach kurzer Beratung in einem Erstgespräch mit ‚seinem' Anwalt. Von dieser Wahl, die unmittelbar in eine Beiordnung mündet, kommt der Beschuldigte nicht mehr los". Ein anderer Verteidiger meint hierzu: „Die tats(ächliche) Situation ist katastrophal. Es werden wenigen Verteidigern die Fälle zugeschoben. Es entsteht naturgemäß ein Abhängigkeitsverhältnis. Die anderen Verteidiger haben erhebliche finanz(ielle) Nachteile (keine Empfehlung in U-Haft etc.). Der **Begriff Amtsverteidiger** ist gerecht. Alle bisherigen Bemühungen etwas zu ändern (Gespräche Präsident u. a.) waren erfolglos. Bin bald 30 Jahre im Strafrecht – prakt(isch) ausschließlich – tätig und diesbezüglich sehr verärgert."

e) Erfahrungen zu den Gründen der Versagung des Verteidigerwechsels in „Verlegenheitswahlfällen"

Weiter wurde nach den **Gründen** gefragt, mit denen die Gerichte in Fällen der „Verlegenheitswahl" einen Verteidigerwechsel versagen:[345]

? Mit welchen Argumenten wird ein Verteidigerwechsel seitens des Gerichts in diesem Falle versagt?

Versagungsgründe des Gerichts bei „Verlegenheitswahl"[346]

		Tätigkeit		Gesamt
		Strafverteidiger	Ermittlungsrichter am AG	
Kein hinreichender Anlass/Ohne bzw. mit pauschaler Begründung*	Anzahl	19	0	19
	% innerhalb von Tätigkeit	2,8 %	0,0 %	
Gericht möchte bequemen Verteidiger*	Anzahl	6	0	6
	% innerhalb von Tätigkeit	0,9 %	0,0 %	

345 Es bestand wiederum die Möglichkeit der Mehrfachnennung.
346 Gültig: 694 (71,5 %); fehlend 277 (28,5 %).

Mehrkosten	Anzahl	531	13	544
	% innerhalb von Tätigkeit	78,2 %	86,7 %	
Verfahrensverzögerung	Anzahl	254	6	260
	% innerhalb von Tätigkeit	37,4 %	40,0 %	
Heilung des Fehlers durch eine mehrere Wochen unbeanstandet andauernde Verteidigung	Anzahl	78	0	78
	% innerhalb von Tätigkeit	11,5 %	0,0 %	
Rechtsansicht, dass ein Wechsel in diesem Falle nicht möglich ist	Anzahl	271	1	272
	% innerhalb von Tätigkeit	39,9 %	6,7 %	
Beschuldigter hatte genug Bedenkzeit/ „Verwirkungsgedanke“	Anzahl	294	8	302
	% innerhalb von Tätigkeit	43,3 %	53,3 %	
Gesamt	Anzahl	679	15	694

Die Antworten sind zwischen den Tätigkeitsgruppen in den meisten Kategorien **ähnlich verteilt** (siehe hierzu **Abb. 102 – S. 241** – und **103 – S. 242**). Die **häufigsten Gründe** für die Versagung eines Verteidigerwechsels seitens des Gerichts bei „Verlegenheitswahl“ des (ersten) Verteidigers sind die **Mehrkosten** (Gewählt von **78,2 %** der Strafverteidiger und von **86,7 %** der Ermittlungsrichter), das Vermeiden einer **Verfahrensverzögerung** (**37,4 %** Strafverteidiger; **40,0 %** Ermittlungsrichter) sowie der allgemeine **Verwirkungsgedanke**, nach dem der Beschuldigte **genug Bedenkzeit** gehabt habe (**43,3 %** Strafverteidiger; **53,3 %** Ermittlungsrichter).

Die – nach hiesiger Ansicht unzutreffende –[347] **Rechtsansicht**, dass ein Wechsel in Fällen der Verlegenheitswahl unter erleichterten Voraussetzungen **nicht möglich** sei, wurde jedoch von **39,9 %** (**!**) der befragten Strafverteidiger gewählt. Markant ist vor dem Hintergrund der grundsätzlich ähnlichen Verteilung eine deutliche Abweichung in dieser Kategorie zu der Kontrollgruppe: denn nur **einer** (!) der befragten Ermittlungsrichter gab diese Rechtsansicht als Versagungsgrund an.

Die häufige Versagung des Verteidigerwechsels wegen der Entstehung von Mehrkosten führt dazu, dass Gerichte die Verpflichtung mitunter von einer **Gebührenteilung** oder gar dem **Gebührenverzicht** eines Verteidigers abhängig machen. Ein Verteidiger antwortet (exemplarisch): „Oft wird Zustimmung zum Wechsel vom Verzicht des RA auf bereits angefallene Gebühren abhängig gemacht!“; ein anderer: „PV-Wechsel nur unter Verzicht auf Gebühren des bisherigen PV“.

347 Oben *Abschn.* C.III.5.c.

Nur von Strafverteidigern wurden Antworten in den Kategorien **Heilung des Fehlers** durch eine mehrere Wochen unbeanstandet andauernde Verteidigung (**11,5 %**), **kein hinreichender Anlass**/ohne bzw. mit pauschaler Begründung (**2,8 %**) oder die Begründung angegeben, das **Gericht** wolle einen **„bequemen" Verteidiger** (**0,9 %**).

Die Verteilung der Versagungsgründe nach Dauer der Berufszugehörigkeit **entspricht im Wesentlichen der Gesamtverteilung** der Versagungsgründe. Der Versagungsgrund der **Mehrkosten** wird jedoch etwas seltener gegenüber jungen Verteidigern (**60,6 %**) genannt als gegenüber ihren berufserfahrenen Kollegen (**76,3 %** bei mehr als 3 und weniger als 10 Jahren Berufserfahrung; **80,0 %** in der Gruppe der Verteidiger mit mehr als 10 Jahren Berufserfahrung). Eine **Heilung des Fehlers durch eine mehrere Wochen unbeanstandet andauernde Verteidigung** wird mit der **Zunahme von Berufserfahrung** vermehrt genannt. Nur **2** Verteidiger (**6,1 %** derjenigen mit weniger als 3 Jahren Berufserfahrung) nannten diesen Versagungsgrund, der von **16** Verteidigern (**9,2 %** derjenigen mit mehr als drei und weniger als 10 Jahren Berufserfahrung) und von **59** Verteidigern (**12,6 %** derjenigen mit mehr als 10 Jahren Berufserfahrung) angegeben wird. Der Grund hierfür dürfte in einer großzügigeren Auslegung der Heilungskriterien bei besonders erfahrenen und beruflich qualifizierten Strafverteidigern liegen – diese genießen vermutlich einen **„Vertrauensvorschuss"** seitens des Gerichts. Zusätzlich auswirken dürfte sich die Interpretation, nach der den Berufserfahrenen der Eintritt häufiger versagt bleibt, wenn ein jüngerer Kollege bereits mehrere Wochen das Mandat beanstandungsfrei ausgeübt hat, dann aber etwa die Familie des Beschuldigten einen etablierteren Kollegen erst recherchiert und benennt. Beide Aspekte dürften kumulativ zu einer Häufung führen.

f) Konflikte zwischen dem „alten" und dem „eintretenden" Verteidiger in „Verlegenheitswahlfällen"

Konflikte bei Fällen der „Verlegenheitswahl" können auch **zwischen dem „alten" und dem präsumtiven Verteidiger** entstehen. Dies insbesondere deshalb, weil die Vermeidung von Mehrkosten eine der Voraussetzungen für einen vereinfachten Verteidigerwechsel ist.[348] Seine Entpflichtung verhindern kann der „alte" Verteidiger, indem er seine Zustimmung zum Verteidigerwechsel versagt. In diesem Zusammenhang wurde gefragt:

? Wie häufig stimmt der aktuelle Verteidiger einem Verteidigerwechsel zu, wenn der Beschuldigte an ihn mit diesem Wunsch herantritt, weil er glaubt, eine „Verlegenheitswahl" getroffen zu haben?

---

348 S. hierzu bereits oben *Abschn.* C.III.5.c.

aa) Häufigkeit der Zustimmung zum Verteidigerwechsel nach „Verlegenheitswahl"

Zustimmung des Verteidigers zum Wechsel bei Verlegenheitswahl[349]

		Tätigkeit		Gesamt
		Strafverteidiger	Ermittlungsrichter am AG	
Nie	Anzahl	17	0	17
	% innerhalb von Tätigkeit	2,2 %	0,0 %	2,1 %
Selten	Anzahl	162	3	165
	% innerhalb von Tätigkeit	20,7 %	12,5 %	20,5 %
Gelegentlich	Anzahl	272	4	276
	% innerhalb von Tätigkeit	34,8 %	16,7 %	34,2 %
Regelmäßig	Anzahl	302	13	315
	% innerhalb von Tätigkeit	38,6 %	54,2 %	39,1 %
Immer	Anzahl	29	4	33
	% innerhalb von Tätigkeit	3,7 %	16,7 %	4,1 %
Gesamt	Anzahl	782	24	806
	% innerhalb von Tätigkeit	100,0 %	100,0 %	100,0 %

Nur wenige Verteidiger (**3,7 %**) und Ermittlungsrichter (**16,7 %**) beobachten eine **pauschale Zustimmungsbereitschaft** des aktuellen Verteidigers zu einem Wechsel bei „Verlegenheitswahl" (siehe hierzu **Abb. 104 – S. 242**). Ihre **regelmäßige Zustimmung** zu einem Wechsel erteilen hingegen die meisten Verteidiger: **38,6 %** der Strafverteidiger und sogar **54,2 %** der Ermittlungsrichter kommen zu diesem Ergebnis. Mit abnehmender Tendenz steht die Bereitschaft zur **gelegentlichen Zustimmung** (wahrgenommen von **34,8 %** der Strafverteidiger und **16,7 %** der Ermittlungsrichter) vor der **seltenen Zustimmung**, die **20,7 %** der Verteidiger und **12,5 %** der Ermittlungsrichter festgestellt haben. Nur **2,2 %** der Strafverteidiger sind der Ansicht, ihre Kollegen stimmten einem Wechsel **nie** zu.

In **Großstädten** ist die Zustimmungsbereitschaft zu einem Verteidigerwechsel nicht wesentlich geringer als in kleineren Städten bzw. auf dem Land (siehe hierzu **Abb. 105 – S. 243**). Der **höhere Marktdruck** in den Metropolen führt mithin nicht zu einem „**Festbeißen**" am Mandat. Die Tendenz zur **regelmäßigen** und zur **steten** Zustimmung ist in ländlichen Bezirken jedoch etwas ausgeprägter:

---

349 Gültig: 806 (83,0 %); fehlend 165 (17,0 %).

Zustimmung des Verteidigers zum Wechsel bei Verlegenheitswahl nach Urbanität[350]

		Großstadt		Gesamt
		LG in Großstadt	LG nicht in Großstadt	
Nie	Anzahl	12	3	15
	% innerhalb von Großstadt	2,1 %	1,7 %	2,0 %
Selten	Anzahl	122	33	155
	% innerhalb von Großstadt	21,1 %	18,5 %	20,5 %
Gelegentlich	Anzahl	203	61	264
	% innerhalb von Großstadt	35,2 %	34,3 %	35,0 %
Regelmäßig	Anzahl	220	74	294
	% innerhalb von Großstadt	38,1 %	41,6 %	38,9 %
Immer	Anzahl	20	7	27
	% innerhalb von Großstadt	3,5 %	3,9 %	3,6 %
Gesamt	Anzahl	577	178	755
	% innerhalb von Großstadt	100,0 %	100,0 %	100,0 %

Die Zustimmungsbereitschaft nach persönlichen Merkmalen ist im Übrigen **homogen** verteilt.

bb) Gründe für die Versagung der Zustimmung zum Verteidigerwechsel nach „Verlegenheitswahl"

Weiter wurde nach den **Gründen** gefragt, mit denen der aktuelle Verteidiger einen Verteidigerwechsel bei Verlegenheitswahl ablehnt:[351]

? Aus welchen Gründen wird seitens des aktuellen Verteidigers in diesem Falle eine Einwilligung zum Verteidigerwechsel verweigert?

350 Gültig: 755 (80,2 %); fehlend 186 (19,8 %).

351 Wiederum: Möglichkeit der Mehrfachnennung.

Verweigerungsgründe des aktuellen Verteidigers[352]

		Tätigkeit		Gesamt
		Strafverteidiger	Ermittlungsrichter am AG	
Sachgerechte Verteidigung ist (nach Auffassung des aktuellen Verteidigers) auch ohne Wechsel gewährleistet	Anzahl	322	6	328
	% innerhalb von Tätigkeit	48,1 %	54,5 %	
Finanzielle Interessen	Anzahl	548	9	557
	% innerhalb von Tätigkeit	81,9 %	81,8 %	
Ohne bzw. mit pauschaler Begründung*	Anzahl	13	0	13
	% innerhalb von Tätigkeit	1,9 %	0,0 %	
Stolz/Berufsehre*	Anzahl	39	0	39
	% innerhalb von Tätigkeit	5,8 %	0,0 %	
Unlauterer Wettbewerb in der JVA*	Anzahl	4	0	4
	% innerhalb von Tätigkeit	0,6 %	0,0 %	
Gesamt	Anzahl	669	11	680

Die befragten Strafverteidiger und Ermittlungsrichter gaben **ähnliche Gründe** an, die vom jeweils aktuellen Verteidiger zur Verweigerung eines Wechsels genannt werden (siehe hierzu **Abb. 106 – S. 244** und **107 – S. 245**).

Finanzielle Interessen werden sowohl von Strafverteidigern als auch von Ermittlungsrichtern am häufigsten – und bis auf die Kommastelle in gleicher Höhe – als Verweigerungsgrund wahrgenommen (**81,9 %** bei den Strafverteidigern; **81,8 %** bei den Ermittlungsrichtern). Die Ansicht, eine **sachgerechte Verteidigung sei auch ohne Wechsel gewährleistet**, gaben **48,1 %** der Strafverteidiger und **54,5 %** der Ermittlungsrichter als Verweigerungsgrund an. Die Möglichkeit der offenen Antwort nutzten die befragten Strafverteidiger zur Mitteilung **weiterer Beobachtungen: 13** Strafverteidiger (**1,9 %**) haben Fälle erlebt, in denen das Gericht gänzlich auf eine **sachliche Begründung verzichtet** hat. **39** Strafverteidiger (**5,8 %**) gaben an, der aktuelle Verteidiger wolle aus **verletztem Stolz** bzw. wegen seiner **Berufsehre** das Mandat nicht aufgeben. Das Verhindern **unlauteren Wettbewerbs in der JVA** nannten **4** Verteidiger (**0,6 %**) als Verweigerungsgrund. Exemplarisch sind hier die

352 Gültig: 680 (70,0 %); fehlend 291 (30,0 %).

Antworten „Unterbrechung einer **‚Verteidiger-Rally' in JVA**" und „Abwerbung durch Mitarbeiter der JVA".

Die ähnliche Verteilung zwischen Strafverteidigern und Ermittlungsrichtern **validiert** das Ergebnis. **Vorwiegend finanzielle Interessen** begründen demnach die Verweigerungshaltung des aktuellen Verteidigers. In vielen Fällen sieht dieser allerdings auch (zusätzlich) keinen Anlass zur Abgabe des Mandats, weil er eine **sachgerechte Verteidigung** ohne Wechsel als gewährleistet erachtet.

Signifikante Unterschiede zwischen **Großstädten** und **Kleinstädten** bestehen im Übrigen nicht. Mit **83,3 %** gaben die in Großstädten tätigen Praktiker insgesamt jedoch etwas häufiger finanzielle Interessen als Verweigerungsgrund an (Kleinstädte: **77,7 %**).[353] In den Großstädten dürfte der Wettbewerb also geringfügig schärfer sein.

cc) Erfahrungen durch berufliche Betroffenheit von einem Verteidigerwechsel nach „Verlegenheitswahl"

Aufschlussreich ist die Antwort auf die Frage, welcher Teil der Befragten schon einmal als „alter" bzw. als „neuer" Verteidiger oder als Ermittlungsrichter von einer Verlegenheitswahl betroffen war:[354]

? Waren Sie schon einmal von den Folgen einer „Verlegenheitswahl" betroffen?

Häufigkeit von Verlegenheitswahlen[355]

		Tätigkeit		Gesamt
		Straf-verteidiger	Ermittlungs-richter am AG	
Ja, als „alter" Verteidiger, der ausgewechselt werden sollte	Anzahl	483	1	484
	% innerhalb von Tätigkeit	52,1 %	3,6 %	
Ja, als „neuer" Verteidiger, der ausgewechselt werden sollte	Anzahl	672	1	673
	% innerhalb von Tätigkeit	72,5 %	3,6 %	
Ja, als Ermittlungsrichter, bei dem der Wechsel beantragt wurde	Anzahl	3	22	25
	% innerhalb von Tätigkeit	0,3 %	78,6 %	

353 Gültig: 652 (67,1 %); fehlend: 319 (32,9 %).
354 Möglichkeit der Mehrfachantwort für Strafverteidiger.
355 Gültig: 955 (98,4 %); fehlend 16 (1,6 %).

Nein	Anzahl	175	5	180
	% innerhalb von Tätigkeit	18,9 %	17,9 %	
Gesamt	Anzahl	927	28	955

Die **meisten** der befragten **Strafverteidiger (72,5 %)** haben die Situation erlebt, in der sie als „neue" Verteidiger ausgewechselt werden sollten (siehe hierzu **Abb. 108 – S. 245)**. **52,1 %** der Strafverteidiger waren schon einmal als „alte" Verteidiger von einer „Verlegenheitswahl" betroffen. **18,9 %** der Anwälte haben keine Erfahrung mit einem Verteidigerwechsel aufgrund von „Verlegenheitswahl". 3 der teilnehmenden Verteidiger **(0,3 %)** haben in ihrer – vorherigen – Tätigkeit als Ermittlungsrichter schon Kontakt mit einer „Verlegenheitswahl" gehabt. „Seitenwechsel" sind auch bei den **Ermittlungsrichtern** zu beobachten (siehe hierzu **Abb. 109 – S. 246)**: 22 der befragten Richter **(78,6 %)** waren in dieser Funktion von einer Verlegenheitswahl betroffen – 2 der Richter jedoch in ihrer vorherigen Tätigkeit als Strafverteidiger (jeweils einer [3,6 %] als ein- bzw. ausgewechselter Verteidiger).

In den **Großstädten** findet eine **leichte Verschiebung** statt:

Betroffenheit von Verteidigerwechsel nach Urbanität[356]

		Großstadt		Gesamt
		LG in Großstadt	LG nicht in Großstadt	
Ja, als „alter" Verteidiger, der ausgewechselt werden sollte	Anzahl	345	121	466
	% innerhalb von Großstadt	49,5 %	56,3 %	
Ja, als „neuer" Verteidiger, der ausgewechselt werden sollte	Anzahl	498	155	653
	% innerhalb von Großstadt	71,4 %	72,1 %	
Ja, als Ermittlungsrichter, bei dem der Wechsel beantragt wurde	Anzahl	14	6	20
	% innerhalb von Großstadt	2,0 %	2,8 %	
Nein	Anzahl	136	30	166
	% innerhalb von Großstadt	19,5 %	14,0 %	
Gesamt	Anzahl	697	215	912

Die Zahl der Praktiker, die schon einmal in der Situation als „neuer" Verteidiger standen, ist zwischen **Groß- und Kleinstadt** mit **71,4 %** bzw. **72,1 %** annähernd **gleich** (siehe hierzu **Abb. 110 – S. 246**). In **Kleinstädten** angesiedelte Verteidiger

356 Gültig: 912 (93,9 %); fehlend 59 (6,1 %).

haben aber **etwas häufiger (56,3 %)** in der Situation als **„alter" Verteidiger** gestanden, der ausgewechselt werden sollte. In Großstädten haben **49,5 %** der Verteidiger diese Erfahrung gemacht. Verantwortlich hierfür dürfte der höhere Spezialisierungsgrad der Rechtsanwälte (auch innerhalb des Fachgebiets Strafrecht) in den Ballungszentren sein. Nur **19,5 %** der befragten Strafverteidiger waren noch überhaupt nicht von einem Fall der Auswechslung wegen einer „Verlegenheitswahl" betroffen.

g) Angemessene rechtliche Reaktion auf das Vorenthalten von Mitwirkungsmöglichkeiten

aa) Der Stand der Rechtsprechung zur Anwendung des § 143 StPO in „Vorenthaltungsfällen"

Über die eben behandelte[357] Fallgruppe des Pflichtverteidigerwechsels bei „Verlegenheitswahl" hinaus muss ein Wechsel auch ohne ein gestörtes Vertrauensverhältnis in Fällen möglich sein, in denen dem Beschuldigten **keine ausreichende Mitwirkungsmöglichkeit** an der ursprünglichen Auswahl des Verteidigers eingeräumt worden ist. Das ergibt sich bereits aus der verfassungsrechtlichen Grundlage der Regelung in § 142 StPO im Rechtsstaatsprinzip und dem Grundsatz rechtlichen Gehörs.[358] Von der Soll-Vorschrift des § 142 Abs. 1 Satz 1 StPO kann also auch in den Fällen des Absatzes 1 Nummer 4 nur in seltenen Ausnahmefällen abgewichen werden; sie kommt in praxi einer **Anhörungspflicht** gleich.[359] Sofern also die erforderliche **Anhörung unterblieben** ist, ist der vom Gericht bestellte Verteidiger auf Antrag des Beschuldigten nach **§ 143** StPO zu **entpflichten** und der vom Beschuldigten benannte Rechtsanwalt beizuordnen, sofern dem seinerseits keine (anderen) wichtigen Gründe entgegenstehen. Dies ist in der seit dem 1.1.2010 veröffentlichten Rechtsprechung mit Recht einhellig anerkannt.[360] Ebenso ist – wiederum auch nach der Rechtsprechung – zu verfahren, wenn ein Pflichtverteidiger nach Absatz 1 Nummer 4 bereits **vor** dem ungenutzten **Verstreichen** der dem Beschuldigten zu setzenden **angemessenen Frist** gem. § 142 Abs. 1 Satz 1 StPO bestellt wird bzw. dem Beschuldigten **keine** der Untersuchungshaft-Situation angemessene **Möglichkeit** eingeräumt worden ist, sich über die zur

---

357 Oben *Abschn.* C.III.5.c.

358 LR/*Lüderssen*/*Jahn* Nachtr. § 140 Rn. 22; zur Begründung im Einzelnen LR/*Lüderssen*/*Jahn* § 142 Rn. 12, 15.

359 LR/*Lüderssen*/*Jahn* § 142 Rn. 14.

360 Vgl. OLG Braunschweig StraFo 2013, 115, 116; KG StV 2012, 656, 657; OLG Celle StV 2012, 720; OLG Jena StraFo 2012, 138, 139; OLG Dresden NStZ-RR 2012, 213; OLG Düsseldorf StV 2010, 350 m. zust. Anm. *Burhoff* StRR 2010, 223 u. Anm. *Wollschläger* jurisPR extra 2010, 208; OLG Karlsruhe StV 2010, 179; LG Siegen StRR 2012, 104, 105 m. Anm. *Nobis*; LG Dresden StraFo 2012, 14; LG Frankfurt (Oder) StV 2010, 235, 236; LG Landshut Beschl. v. 1.7.2010 – 4 Qs 172/10 (unveröff.); AG Stuttgart StV 2010, 677; *Lam*/*Meyer-Mews* NJW 2012, 177, 180; AnwK-UHaft/*König* § 141 Rn. 10; HK/*Julius* § 142 Rn. 8; Meyer-Goßner/*Schmitt* § 141 Rn. 3a. Dies entspricht zudem der Rspr. vor dem UHaftÄndG, s. nur KG StV 2010, 63, 65; LR/*Lüderssen*/*Jahn* § 142 Rn. 16a.

Verfügung stehenden Verteidiger **zu informieren.**[361] Entsprechendes gilt, wenn die Mitteilung der Frist nach § 142 Abs. 1 StPO entgegen § 35 Abs. 2 Satz 1 StPO nicht förmlich **zugestellt** worden ist und deswegen nicht geklärt werden kann, ob der Beschuldigte die Frist hat verstreichen lassen.[362]

Auch hier bestand – ungeachtet der vor allem durch die Oberlandesgerichte weithin geklärten Rechtslage – **empirischer Forschungsbedarf** zu der Frage der praktischen Handhabung der Lösung eines Verteidigungsverhältnisses bei Vorenthaltung von Mitwirkungsmöglichkeiten aus Sicht der verschiedenen Verfahrensbeteiligten, insbesondere der Verteidigerschaft. **!**

Gefragt wurde daher:

Ermöglicht das Gericht im Regelfall einen Verteidigerwechsel, wenn dem Beschuldigten entgegen § 142 Abs. 1 Satz 1 StPO keine angemessene Frist gesetzt wurde? **?**

---

bb) Erfahrungen zur Beachtung und Umsetzung der Rechtsprechung in der Praxis

(A) Überblick über den praktischen Umgang mit „Vorenthaltungsfällen“ bei unterlassener Setzung einer angemessenen Frist

Ermöglichung eines Wechsels im Regelfall bei unterlassener Setzung einer angemessenen Frist gem. § 142 Abs. 1 Satz 1 StPO[363]

		Tätigkeit		Gesamt
		Strafverteidiger	Ermittlungsrichter am AG	
Ja	Anzahl	419	22	441
	% innerhalb von Tätigkeit	70,9 %	100,0 %	71,9 %
Nein	Anzahl	172	0	172
	% innerhalb von Tätigkeit	29,1 %	0,0 %	28,1 %
Gesamt	Anzahl	591	22	613
	% innerhalb von Tätigkeit	100,0 %	100,0 %	100,0 %

361 LG Bochum StV 2011, 155; LG Krefeld StV 2011, 274; AG Stuttgart StV 2010, 677; AG Arnsberg StRR 2012, 104, 105 m. Anm. Nobis; *Wohlers* StV 2010, 151, 157; *Schlothauer/Weider*, Untersuchungshaft, Rn. 326; Meyer-Goßner/*Schmitt* § 141 Rn. 3a; AnwK-UHaft/*König* § 141 Rn. 10. Ein erleichterter Wechsel wurde vor dem UHaftÄndG bei zu kurzer Überlegungsfrist nur vereinzelt gewährt, s. etwa LG Berlin StV 2009, 14.
362 So zutr. LG Bochum StV 2012, 526.
363 Gültig: 613 (63,1 %); fehlend 358 (36,9 %).

Es ergibt sich ein **uneinheitliches Bild** zwischen den befragten Gruppen (siehe hierzu **Abb. 111 – S. 247**). Sämtliche **Ermittlungsrichter**, die eine gültige Antwort auf die Frage abgegeben haben (**22**), kommen im Einklang mit der einhelligen Rechtsprechung von der OLG-Ebene abwärts zu dem Ergebnis, das Gericht ermögliche im Regelfall einen Verteidigerwechsel, wenn dem Beschuldigten **entgegen § 142 Abs. 1 Satz 1 StPO keine angemessene Frist** gesetzt worden sei. Auch seitens der **Strafverteidiger** wird dies zwar überwiegend (**70,9 %**) beobachtet. Fast **ein Drittel** der befragten Verteidiger (**29,1 %**) gibt jedoch irritierenderweise an, dass die Ermöglichung eines Verteidigerwechsels bei unterlassener Fristsetzung **nicht der Regelfall** sei. Die tätigkeitsbezogenen Unterschiede lassen sich in der Weise deuten, dass die Kontrollgruppe (Ermittlungsrichter) wenig Bereitschaft haben wird, selbst eine die Vorgaben der obergerichtlichen Rechtsprechung missachtende Entscheidungspraxis einzuräumen. Zudem kann die Frage der Angemessenheit einer Frist **unterschiedlich beurteilt** werden und daher Verzerrungen verursachen. Die Häufung der verneinenden Antworten in der Experimentalgruppe (absolut: 172 Strafverteidiger) dürfte allerdings jedenfalls hinreichender Beleg für ein **Vollzugsdefizit** bei der Anwendung von **§ 142 Abs. 1 Satz 1 StPO** durch die Gerichte sein. Unklar bleibt freilich, ob einige der zunächst rechtswidrigen Entscheidungen „des“ Gerichts im Beschwerderechtszug noch korrigiert wurden.

(B) Teilweise irritierende regionale Praxis in „Vorenthaltungs-Fristfällen“

Bundeslandbezogen ergibt sich folgende Verteilung:

Ermöglichung eines Wechsels im Regelfall bei unterlassenem Setzen einer angemessenen Frist nach Bundesländern[364]

	Ermöglichung eines Wechsels im Regelfall bei unterlassenem Setzen einer angemessenen Frist				Gesamt	
	Ja		Nein			
	Anzahl	% innerhalb von Kanzleisitz bzw. Ort der Tätigkeit: Bundesland	Anzahl	% innerhalb von Kanzleisitz bzw. Ort der Tätigkeit: Bundesland	Anzahl	% innerhalb von Kanzleisitz bzw. Ort der Tätigkeit: Bundesland
Baden-Württemberg	70	82,4 %	15	17,6 %	85	100,0 %
Bayern	56	56,6 %	43	43,4 %	99	100,0 %
Berlin	23	74,2 %	8	25,8 %	31	100,0 %
Brandenburg	8	88,9 %	1	11,1 %	9	100,0 %

364 Gültig: 582 (61,8 %); fehlend 359 (38,2 %).

Bremen	6	85,7 %	1	14,3 %	7	100,0 %
Hamburg	6	66,7 %	3	33,3 %	9	100,0 %
Hessen	25	67,6 %	12	32,4 %	37	100,0 %
Mecklenburg-Vorpommern	5	83,3 %	1	16,7 %	6	100,0 %
Niedersachsen	36	78,3 %	10	21,7 %	46	100,0 %
Nordrhein-Westfalen	117	74,1 %	41	25,9 %	158	100,0 %
Rheinland-Pfalz	10	47,6 %	11	52,4 %	21	100,0 %
Saarland	9	81,8 %	2	18,2 %	11	100,0 %
Sachsen	16	69,6 %	7	30,4 %	23	100,0 %
Sachsen-Anhalt	6	54,5 %	5	45,5 %	11	100,0 %
Schleswig-Holstein	17	89,5 %	2	10,5 %	19	100,0 %
Thüringen	6	60,0 %	4	40,0 %	10	100,0 %
Gesamt	416	71,5 %	166	28,5 %	582	100,0 %

Fast im **gesamten Bundesgebiet** beobachten die befragten **Strafverteidiger mehrheitlich**, dass die Gerichte im Regelfall bei initial unterlassener Fristsetzung einen Verteidigerwechsel ermöglichen (siehe hierzu **Abb. 112 – S. 248**). Eine Ausnahme bildet **Rheinland-Pfalz.** Hier sehen nur **10** der **21** Antwortenden (**47,6 %**) eine solche Bereitschaft der Gerichte im Regelfall. Vollzugsdefizite sind vermehrt auch in **Bayern** und **Sachsen-Anhalt** auf Grundlage des Datenbestandes ausgewiesen: In beiden Bundesländern wird der Durchschnitt von **71,5 %** unterschritten. Während im südlicheren Bundesland **56** der **99** Befragten (**56,6 %**) die Frage bejahen, sind es in Sachsen-Anhalt **6** von **11** Strafverteidigern (**54,5 %**). Besonders groß ist die Bereitschaft der Gerichte zur Ermöglichung eines Wechsels in **Schleswig-Holstein** (**89,5 %**), **Brandenburg** (**88,9 %**), **Bremen** (**85,7 %**), **Mecklenburg-Vorpommern** (**83,3 %**) und **Baden-Württemberg** (**82,4 %**).

Die Verteilung entspricht strukturell den Antworten zur Praxis der Gerichte bei „Verlegenheitswahlen".[365] **Baden-Württemberg** bildet auch hier einen **Kontrast** zum Flächenland **Bayern**, so dass hier wie dort insgesamt **nicht** von einem **Nord-Süd-Gefälle** gesprochen werden kann. **Irritierend** ist aber, dass auch in solchen Bundesländern, in denen von dem oder jedenfalls einem bzw. sogar mehreren dort belegenen Oberlandesgerichten die gegenteilige Rechtslage in leicht verfügbaren Fachpublikationen dargelegt worden ist, eine **entgegenstehende Praxis** in relevantem Umfang zu existieren scheint, so in

365 S. oben *Abschn.* C.III.5.d.bb.

- **Thüringen** (40 % negative Rückmeldungen entgegen *OLG Jena* StraFo 2012, 138, 139),
- **Sachsen** (30,4 % negative Rückmeldungen entgegen *OLG Dresden* NStZ-RR 2012, 213),
- **Berlin** (25,8 % negative Rückmeldungen entgegen *KG* StV 2012, 656, 657),
- **Nordrhein-Westfalen** (25,9 % negative Rückmeldungen entgegen *OLG Düsseldorf* StV 2010, 350),
- **Niedersachsen** (21,7 % negative Rückmeldungen entgegen *OLG Braunschweig* StraFo 2013, 115, 116 und *OLG Celle* StV 2012, 720) und schließlich selbst in
- **Baden-Württemberg** (17,6 % negative Rückmeldungen entgegen *OLG Karlsruhe* StV 2010, 179).

(C) Überblick über den defizitären praktischen Umgang mit „Vorenthaltungsfällen" bei mangelnder Informationsmöglichkeit für den Beschuldigten

Weiter wurde gefragt, wie es um die Praxis der Gerichte bei **mangelnder Informationsmöglichkeit** des Beschuldigten bestellt ist:

? Ermöglicht das Gericht im Regelfall einen Verteidigerwechsel, wenn dem Beschuldigten entgegen § 142 Abs. 1 Satz 1 StPO keine angemessene Möglichkeit eingeräumt worden ist, sich über die zur Verfügung stehenden Verteidiger zu informieren?

(1) Gesamtüberblick

Ermöglichung eines Wechsels im Regelfall bei fehlender Einräumung der Möglichkeit angemessener Information[366]

		Tätigkeit		Gesamt
		Strafverteidiger	Ermittlungsrichter am AG	
Ja	Anzahl	248	17	265
	% innerhalb von Tätigkeit	50,1 %	94,4 %	51,7 %
Nein	Anzahl	247	1	248
	% innerhalb von Tätigkeit	49,9 %	5,6 %	48,3 %
Gesamt	Anzahl	495	18	513
	% innerhalb von Tätigkeit	100,0 %	100,0 %	100,0 %

366 Gültig: 513 (52,8 %); fehlend 458 (47,2 %).

Bei den befragten Gruppen zeigen sich auch hier auf den ersten Blick **deutliche Unterschiede** (siehe hierzu **Abb. 113 – S. 249**). Nur etwa die **Hälfte der Strafverteidiger** (**50,1 %**) gibt an, das Gericht ermögliche im Regelfall bei fehlender Einräumung der Möglichkeit angemessener Information einen vereinfachten Verteidigerwechsel. Demgegenüber sind **94,4 %** der befragten Ermittlungsrichter dieser Ansicht. **Nur ein Ermittlungsrichter** (**5,6 %**) gab an, beim Vorenthalten von Informationsmöglichkeiten ließe das Gericht im Regelfall keinen Wechsel zu. Diese Beobachtung machen hingegen **49,9 %** (!) der **Strafverteidiger**.

Die Verteilung – bei den Antworten der Strafverteidiger – legt im Anschluss an die teilweise defizitäre Behandlung von **„Vorenthaltungs-Fristfällen"** offen, dass die Gerichte auch bei fehlender Gelegenheit des Beschuldigten, sich über zur Verfügung stehende Verteidiger zu informieren (**„Vorenthaltungs-Informationsdefizitfälle"**), nur **sehr zurückhaltend** einen Wechsel ermöglichen. Auch hier dürfte ein Vollzugsdefizit bestehen. In **vielen Fällen** bleibt der Beschuldigte langfristig an einen Pflichtverteidiger gebunden, den er nicht gewählt hat und an dessen Auswahl er sich nicht hinreichend qualifiziert beteiligen konnte. Dem Zweck von § 140 Abs. 1 Nr. 4 StPO – die Stärkung der Rechtstellung des Beschuldigten unter dem Gesichtspunkt seiner Verteidigung – wird in dieser Situation nicht hinreichend Rechnung getragen.

Freilich: Die Verwendung des (notwendig) unbestimmten Begriffs der **Angemessenheit** in der Fragestellung könnte zu leichten Verzerrungen geführt und die Diskrepanz zwischen den befragten Gruppen provoziert haben. Denn es ist **nicht eindeutig**, welche Medien dem – in den meisten Fällen überraschend in Haft genommenen – Beschuldigten zur Verfügung gestellt werden müssen, um der Haft-Situation hinreichend Rechnung zu tragen.

(2) Unterschiedliche regionale Praxis

Bundeslandbezogen ergeben sich folgende Besonderheiten:

Ermöglichung eines Wechsels im Regelfall bei fehlender Einräumung der Möglichkeit angemessener Information nach Bundesländern[367]

	Ermöglichung eines Wechsels im Regelfall bei fehlender Einräumung der Möglichkeit angemessener Information				Gesamt	
	Ja		Nein			
	Anzahl	% innerhalb von Kanzleisitz bzw. Ort der Tätigkeit: Bundesland	Anzahl	% innerhalb von Kanzleisitz bzw. Ort der Tätigkeit: Bundesland	Anzahl	% innerhalb von Kanzleisitz bzw. Ort der Tätigkeit: Bundesland
Baden-Württemberg	38	53,5 %	33	46,5 %	71	100,0 %
Bayern	32	37,2 %	54	62,8 %	86	100,0 %
Berlin	18	69,2 %	8	30,8 %	26	100,0 %
Brandenburg	4	57,1 %	3	42,9 %	7	100,0 %
Bremen	5	71,4 %	2	28,6 %	7	100,0 %
Hamburg	5	62,5 %	3	37,5 %	8	100,0 %
Hessen	13	40,6 %	19	59,4 %	32	100,0 %
Mecklenburg-Vorpommern	1	33,3 %	2	66,7 %	3	100,0 %
Niedersachsen	19	47,5 %	21	52,5 %	40	100,0 %
Nordrhein-Westfalen	72	52,2 %	66	47,8 %	138	100,0 %
Rheinland-Pfalz	8	50,0 %	8	50,0 %	16	100,0 %
Saarland	5	55,6 %	4	44,4 %	9	100,0 %
Sachsen	5	45,5 %	6	54,5 %	11	100,0 %
Sachsen-Anhalt	4	44,4 %	5	55,6 %	9	100,0 %
Schleswig-Holstein	11	78,6 %	3	21,4 %	14	100,0 %
Thüringen	6	66,7 %	3	33,3 %	9	100,0 %
Gesamt	246	50,6 %	240	49,4 %	486	100,0 %

367 Gültig: 486 (51,6 %); fehlend 455 (48,4 %).

Von den Strafverteidigern im gesamten **Bundesgebiet** gaben im Durchschnitt **50,6 %** an, das Gericht ermögliche einen Wechsel im Regelfall bei **fehlender Einräumung der Möglichkeit angemessener Information** (siehe hierzu **Abb. 114 – S. 250**). Überdurchschnittlich **zurückhaltend** ist die Spruchpraxis in **Mecklenburg-Vorpommern**[368] **(33,3 %)**, **Bayern (37,2 %)**, **Hessen (40,6 %)**, **Sachsen-Anhalt (44,5 %)**, **Sachsen (45,5 %)**, und **Niedersachsen (47,5 %)**. Außerordentlich häufig ermöglichen die Gerichte in **Schleswig-Holstein (78,6 %)**, **Bremen (71,4 %)**, **Berlin (69,2 %)** und **Hamburg (62,5 %)** einen Verteidigerwechsel.

Deutlich wird auch hier, dass erhebliche **regionale Unterschiede** bestehen. Zudem handhaben die Gerichte die Ermöglichung eines Verteidigerwechsels bei fehlender Einräumung von Mitwirkungsmöglichkeiten regional **nicht einheitlich**. In **Rheinland-Pfalz** etwa ist die Bereitschaft der Gerichte, **bei fehlender Fristsetzung gem. § 142 Abs. Satz 1 StPO** einen Verteidigerwechsel zu ermöglichen, unterdurchschnittlich ausgeprägt. Bei **fehlender Informationsmöglichkeit** des Beschuldigten reagieren die Gerichte in diesem Bundesland aber etwa **durchschnittlich oft (50,0 %)** mit einem vereinfachten Wechsel. Auch in **Hessen** findet sich eine signifikante Abweichung bezogen auf den Sachgrund des Beschuldigten, den Verteidiger zu wechseln. **Besonders zurückhaltend** sind die Gerichte hier bei fehlender Informationsmöglichkeit des Beschuldigten (**40,6 %**). Zum Vergleich: In **„Verlegenheitswahl-Fristfällen“** stimmen die hessischen Ermittlungsrichter nach Angaben der Strafverteidiger überdurchschnittlich oft einem vereinfachten Wechsel zu (**67,6 %**; Durchschnitt 63,5 %).

(3) Differenzierung nach Haftbeiordnungserfahrung

Auch bezogen auf die **durchschnittliche Anzahl der Beiordnungen** des Verteidigers nach **§ 140 Abs. 1 Nr. 4 StPO** im (letzten) Kalenderjahr ergibt sich eine markante **Verschiebung:**

368 In diesem Bundesland beantworteten allerdings auch nur 3 Strafverteidiger die Frage.

Ermöglichung eines Wechsels im Regelfall bei fehlender Einräumung der Möglichkeit angemessener Information nach Anzahl der Beiordnungen gem. § 140 Abs. 1 Nr. 4 StPO[369]

		Anzahl der Beiordnungen gem. § 140 Abs. 1 Nr. 4 StPO					Gesamt
		Keine	Bis zu 10	Bis zu 20	Bis zu 50	Mehr als 50	
Ja	Anzahl	64	147	31	4	0	246
	% innerhalb von Anzahl der Beiordnungen gem. § 140 Abs. 1 Nr. 4 StPO	46,7 %	53,6 %	53,4 %	23,5 %	0,0 %	50,2 %
Nein	Anzahl	73	127	27	13	4	244
	% innerhalb von Anzahl der Beiordnungen gem. § 140 Abs. 1 Nr. 4 StPO	53,3 %	46,4 %	46,6 %	76,5 %	100,0 %	49,8 %
Gesamt	Anzahl	137	274	58	17	4	490
	% innerhalb von Anzahl der Beiordnungen gem. § 140 Abs. 1 Nr. 4 StPO	100,0 %	100,0 %	100,0 %	100,0 %	100,0 %	100,0 %

Je mehr Beiordnungen nach § 140 Abs. 1 Nr. 4 StPO der jeweilige Verteidiger im letzten Jahr wahrgenommen hat, desto **häufiger** gab er an, das Gericht ermögliche **keinen** vereinfachten Verteidigerwechsel (siehe hierzu **Abb. 115 – S. 251**). Von den Verteidigern, die im Jahr 2012 **bis zu 50 Beiordnungen** erlangten, gaben **76,5 %** (Durchschnitt: **49,8 %**) an, das Gericht ermögliche einen Verteidigerwechsel im Regelfall nicht. Von den 4 Strafverteidigern mit **mehr als 50 jährlichen Beiordnungen** gaben **alle** an, eine solche Wechselmöglichkeit bestünde im Regelfall **nicht**. Die Erfahrungen in der Verteidigerschaft sind als also durchaus unterschiedlich. Dass vor allem **häufig beigeordnete** Verteidiger **selten eine Wechselbereitschaft** des Gerichts beobachten, ist bereits durch die Daten zur „Verlegenheitswahl" belegt.[370]

369 Gültig: 490 (52,1 %); fehlend 451 (47,9 %).
370 Oben *Abschn.* C.III.5.d.cc.

(D) Überblick über die Gründe für die Versagung des Verteidigerwechsels in „Vorenthaltungs-Informationsdefizitfällen"

Die tatsächliche Verteilung der Wechselmöglichkeit im Regelfall gibt noch keinen Aufschluss über die **Ursachen** der – vor allem regional – teils unterschiedlichen Praxis. Deshalb wurde auch nach den **Argumenten** gefragt, mit denen die Gerichte **die Versagung eines Verteidigerwechsels** beim **Vorenthalten von Mitwirkungsmöglichkeiten** begründen:[371]

Mit welchen Argumenten wird ein Verteidigerwechsel seitens des Gerichts in diesem Falle versagt? **?**

Argumente gegen Verteidigerwechsel[372]

		Tätigkeit		Gesamt
		Strafverteidiger	**Ermittlungsrichter am AG**	
Mehrkosten	Anzahl	395	2	397
	% innerhalb von Tätigkeit	80,0 %	40,0 %	
Verfahrensverzögerung	Anzahl	233	2	235
	% innerhalb von Tätigkeit	47,2 %	40,0 %	
Heilung des Fehlers durch eine mehrere Wochen unbeanstandet andauernde Verteidigung	Anzahl	107	2	109
	% innerhalb von Tätigkeit	21,7 %	40,0 %	
Rechtsansicht, die Einräumung von Mitwirkungsmöglichkeiten gemäß § 142 Abs. 1 Satz 1 StPO sei in Fällen des § 140 Abs. 1 Nr. 4 StPO nicht oder nur eingeschränkt nötig	Anzahl	143	0	143
	% innerhalb von Tätigkeit	28,9 %	0,0 %	
Ohne bzw. mit pauschaler Begründung*	Anzahl	6	0	6
	% innerhalb von Tätigkeit	1,2 %	0,0 %	
Gesamt	Anzahl	494	5	499

Die häufigsten Nennungen bei den **Strafverteidigern** sind **Mehrkosten (80,0 %)** und **Verfahrensverzögerung (47,2 %)** als Argumente zur Verweigerung eines Wechsels bei fehlender Mitwirkungsmöglichkeit des Beschuldigten (siehe hierzu **Abb. 116** –

371 Wieder: Möglichkeit der Mehrfachnennung.

372 Gültig: 499 (51,4 %); fehlend 472 (48,6 %).

S. 251 und **117 – S. 252**). Die – **unzutreffende** –[373] **Rechtsansicht,** die Einräumung von Mitwirkungsmöglichkeiten gemäß § 142 Abs. 1 Satz 1 StPO sei in Fällen des § 140 Abs. 1 Nr. 4 StPO nicht oder nur eingeschränkt nötig, wird von immerhin fast einem Drittel (**28,9 %**) der Verteidiger genannt. Auch die **Heilung des Fehlers durch eine mehrere Wochen unbeanstandet andauernde Verteidigung** wird mit einer signifikanten Häufung (**21,7 %**) angegeben. Vielfach wurden seitens der Strafverteidiger auch Fälle genannt, in denen eine sachliche Begründung ganz fehlte (6 Antworten; **1,2 %**). Eine von einem Strafverteidiger angegebene Begründung des Gerichts lautete etwa: „Einen Wechsel gibt es nicht, basta". Es wird auch von Einzelfällen berichtet, in denen das Gericht einen Wechsel versagt, weil es schlicht „nichts falsch gemacht" habe.

Bei den **Ermittlungsrichtern** verteilen sich die Argumente etwa gleich. 2 Angaben durch 2 der 5 auf diese Frage antwortenden Ermittlungsrichter entfielen jeweils auf **Mehrkosten**, **Verfahrensverzögerung** und die **Heilung des Fehlers durch eine mehrere Wochen unbeanstandet andauernde Verteidigung**. Im Zentrum der Argumentation seitens der Gerichte stehen folglich **Kostengesichtspunkte**. Ein Verteidiger weist in diesem Zusammenhang auf das bekannte **Rechtsschutzdefizit** von finanziell schlechter gestellten Beschuldigten hin: „Fazit: in den meisten Fällen bleibt der originär beigeordnete Verteidiger dauerhaft der Pflichtverteidiger und wird nicht ausgewechselt (Ausnahme: der Altverteidiger bejaht gestörtes Vertrauensverhältnis). Ansonsten erhält nur der zahlungsfähige Beschuldigte den (Wahl)Verteidiger seines Vertrauens." Bedenklich ist ferner die hohe Signifikanz von **Verfahrensverzögerungen** als Versagungsgrund. Hier steht zu befürchten, dass aus Erledigungsdruck vorschnell **Beschuldigtenrechte** der **Beschleunigungsmaxime** geopfert werden. Nach der hier vertretenen Auffassung kann aber ein Verteidigerwechsel bei Beschneidung von Mitwirkungsmöglichkeiten nur in **Ausnahmefällen** untersagt werden, die in Gestalt von Verfahrensverzögerungen nur selten die Versagung der Verpflichtung des „Wunschanwaltes" rechtfertigen.

h) Speziell: Heilbarkeit der Versagung von Mitwirkungsrechten?

aa) Überblick über die Rechtslage und ihre Auslegung in der Rechtsprechung

Ein Verzicht des Beschuldigten auf sein Benennungsrecht ändert nach der Rechtsprechung[374] nichts am Fristsetzungserfordernis, wenn zweifelhaft erscheint, ob er sich der Tragweite und Bindungswirkung seiner Erklärung bewusst war. Ebenso wird eine fehlende Anhörung durch eine **widerspruchslose Zusammenarbeit** mit dem bestellten Verteidiger nach richtiger Auffassung, die allerdings von der Mehrheit der OLG-Senate nicht geteilt wird, **nicht geheilt**. Ein Wechsel ist entgegen dieser Judika-

373 Vgl. oben *Abschn.* C.III.5.g.aa.

374 OLG Düsseldorf NJW 2011, 1618 m. Anm. *D. Herrmann* StV 2011, 652, 653f.; OLG Koblenz StV 2011, 349, 351; HK/*Julius* § 142 Rn. 8, 11.

tur auch dann noch ohne das Vorliegen besonderer Widerrufsgründe zulässig.[375] Eine Heilung wird auch nicht ohne Weiteres dadurch herbeigeführt, dass der Beschuldigte eine **Einverständniserklärung** gegenüber dem ihm ohne ordnungsgemäße Anhörung beigeordneten Verteidiger abgibt.[376] Die Begründung ergibt sich hier daraus, dass ein Rechtsverzicht subjektiv voraussetzt, dass überhaupt ein Bewusstsein des Vorhandenseins einer Alternative besteht. Dies kann allein aus der – durchaus auch einvernehmlichen – Entfaltung von Verteidigungsaktivitäten nicht geschlossen werden. Einem Verteidigerwechsel steht eine mehrere Wochen unbeanstandet andauernde Verteidigung durch den erstbeigeordneten Verteidiger deshalb auch dann nicht entgegen, wenn nicht auszuschließen ist, dass der Beschuldigte erst zu einem späteren Zeitpunkt von seinem Bezeichnungsrecht Kenntnis erlangt hat.[377]

Ein erneuter Wechsel ist aber **abzulehnen**, wenn das Gericht dem Wunsch des Beschuldigten auf Auswechslung des im Vorführungstermin beigeordneten Verteidigers nachgekommen ist und für einen erneuten Austausch keine Gründe ersichtlich sind, insbesondere weil sich der Beschuldigte dazu **nicht äußert**.[378] Hinzuweisen ist schließlich auf die Konstellation, dass dann, wenn der Beschuldigte anlässlich der Verkündung des Haftbefehls die Beiordnung eines bestimmten Verteidigers wünscht, die ohne nochmalige Anhörung des Beschuldigten nach § 142 Abs. 1 StPO erfolgte Bestellung dieses Verteidigers aufzuheben ist, wenn sich zuvor ein Wahlverteidiger gemeldet hat.[379]

Die in der Praxis recht häufig anzutreffende Konstellation, dass der Beschuldigte in der ihm gesetzten Frist zunächst keinen Pflichtverteidiger benennt, das Gericht ihm sodann einen Verteidiger bestellt und **nach Ablauf der Frist** schließlich doch ein **Schriftsatz des Beschuldigten** mit einer Benennung eingeht, ist im Lichte der Bedeutung der Wahrung der Autonomiesphäre des Beschuldigten durch die Vorschriften über die notwendige Verteidigung zu lösen.[380] Die Rechtsprechung[381] geht inzwischen begrüßenswerter Weise dahin, dass in diesem Falle die Bestellung durch das Gericht wieder aufzuheben ist, wenn der Angeschuldigte noch die Beiordnung eines bestimmten Rechtsanwalts beantragt, bevor der Beschluss **Außenwirkung** erlangen konnte, und kein wichtiger Grund entgegensteht. Die **Benennungsfrist** des § 142 Abs. 1 Satz 1 StPO, innerhalb der der Beschuldigte einen Verteidiger seiner Wahl

375 LR/*Lüderssen/Jahn* Nachtr. § 140 Rn. 23. A. A. indes OLG München NJW 2010, 1766; OLG Koblenz StV 2011, 349, 351; KG StV 2012, 656, 657f.; LG Dresden StraFo 2012, 14; wohl auch OLG Dresden NStZ-RR 2012, 213; LG Frankfurt (Oder) StV 2010, 235, 236; zumindest ausdrücklich offen gelassen hingegen von OLG Jena StraFo 2012, 138, 139.

376 OLG Stuttgart StV 2014, 11, 12.

377 AG Stuttgart StV 2010, 677.

378 BGH (Ermittlungsrichter) v. 24.3.2010 – 2 BGs 87/10, dokumentiert bei *Weider* StV 2010, 390, 391.

379 OLG Karlsruhe StV 2010, 179; LG Bonn StV 2010, 180f.; AnwK-UHaft/*König* § 141 Rn. 6; zum Ganzen bereits LR/*Lüderssen/Jahn* Nachtr. § 140 Rn. 23.

380 Vgl. LR/*Lüderssen/Jahn* § 141 Rn. 6f.

381 OLG Braunschweig StV 2012, 401; LG Braunschweig StV 2010, 69; LG Magdeburg StV 2012, 525f.; LG Magdeburg, Beschl. v. 26.03.2013 – 21 Qs 22/13 (juris).

bezeichnen kann, der zum Pflichtverteidiger bestellt werden soll, ist also **keine Ausschlussfrist.**

bb) Zum feststellbaren Umgang mit der Rechtslage in der Praxis

Die Bejahung der Möglichkeit der **Heilung des Fehlers durch eine mehrere Wochen unbeanstandet andauernde Verteidigung** durch **2** der **5** auf diese Frage antwortenden **Ermittlungsrichter**[382] legt eine eher großzügige Annahme von Heilungsmöglichkeiten in der Rechtspraxis nahe.

Bezogen auf die **Dauer der Tätigkeit** des jeweiligen Verteidigers wird eine **mehrere Wochen unbeanstandet andauernde Verteidigung** als Versagungsgrund unterschiedlich oft benannt:

Versagungsgründe nach Berufserfahrung[383]

		Dauer der Tätigkeit			Gesamt
		Bis zu 3 Jahre	Bis zu 10 Jahre	Mehr als 10 Jahre	
Mehrkosten	Anzahl	16	96	281	393
	% innerhalb von Dauer der Tätigkeit	72,7 %	82,1 %	79,6 %	
Verfahrensverzögerung	Anzahl	12	49	171	232
	% innerhalb von Dauer der Tätigkeit	54,5 %	41,9 %	48,4 %	
Heilung des Fehlers durch eine mehrere Wochen unbeanstandet andauernde Verteidigung	Anzahl	3	22	82	107
	% innerhalb von Dauer der Tätigkeit	13,6 %	18,8 %	23,2 %	
Rechtsansicht, die Einräumung von Mitwirkungsmöglichkeiten gemäß § 142 Abs. 1 Satz 1 StPO sei in Fällen des § 140 Abs. 1 Nr. 4 StPO nicht oder nur eingeschränkt nötig	Anzahl	6	40	97	143
	% innerhalb von Dauer der Tätigkeit	27,3 %	34,2 %	27,5 %	
Ohne bzw. mit pauschaler Begründung*	Anzahl	0	1	5	6
	% innerhalb von Dauer der Tätigkeit	0,0 %	0,9 %	1,4 %	
Gesamt	Anzahl	22	117	353	492

382 Tabellarische Darstellung s. soeben *Abschn.* C.III.5.g.bb.(D).
383 Gültig: 492 (52,3 %); fehlend 449 (47,7 %).

Mit der **Dauer der Berufstätigkeit** nimmt die Erfahrung der teilnehmenden Strafverteidiger zu, dass das Gericht einen Verteidigerwechsel wegen einer **Heilung des Fehlers** ausschließt. Bei den seit **bis zu 3 Jahren** tätigen Verteidigern geben diesen Versagungsgrund nur **3** von **22** Teilnehmern an (**13,6 %**). Von den seit **mehr als drei, aber weniger als 10 Jahren** tätigen Verteidigern kommen **22** der **117** Befragten (**18,8 %**) zu diesem Ergebnis. In der Gruppe der Strafverteidiger mit **mehr als 10 Jahren Berufserfahrung** geben dies **23,2 %** (**82** von **353**) an. Diese steigende Tendenz könnte damit zu erklären sein, dass die Gerichte einen erfahrenen (und regelmäßig[er] beigeordneten) Verteidiger überproportional häufig als **„gute Wahl"** ansehen und daher auch beim Vorenthalten von Mitwirkungsmöglichkeiten des Beschuldigten die **Bereitschaft geringer** ist, diesen wieder **zu entpflichten**. Andererseits dürfte sich hier auswirken, dass ein erfahrener und spezialisierter Strafverteidiger oftmals erst in gewissem zeitlichem Abstand benannt wird, wenn ein zunächst beigeordneter Pflichtverteidiger beanstandungslos das Mandat geführt hat. Die Annahme einer Heilung liegt dann für die Gerichte nahe.

D. Zusammenfassung

Die wesentlichen Ergebnisse der vorliegenden empirischen Studie mit **941** teilnehmenden **Strafverteidigerinnen und Strafverteidigern** (Experimentalgruppe; 29 % der faktischen Grundgesamtheit von 3.300 Mitgliedern der AG Strafrecht im DAV) und **30** hessischen **Ermittlungsrichterinnen und Ermittlungsrichtern** (Kontrollgruppe) lassen sich wie folgt zusammenfassen:

1. Die Regelung in § 141 Abs. 3 Satz 4 StPO – zum Zeitpunkt der Beiordnung

- *Im Fall des § 140 Abs. 1 Nr. 4 StPO – bei Untersuchungshaft oder einstweiliger Unterbringung – wird der Verteidiger seit dem 1.1.2010 „nach Beginn der Vollstreckung" bestellt.*
  - Eine klare Mehrheit von 80 % der Verteidiger hält eine **Vorverlagerung des Bestellungszeitpunkts** vom Zeitpunkt des Vollstreckungsbeginns auf den Zeitpunkt der Vorführung des Beschuldigten für **geboten** (51,2 % halten dies für „zwingend", weitere 28,8 % für „wünschenswert").
  - Demgegenüber sind 69 % der **Ermittlungsrichter** gegen eine derartige Vorverlagerung (dies sei **„nicht wünschenswert"**). Die Gegner einer Vorverlagerung verweisen zu 91,7 % auf die mögliche Bindungswirkung einer übereilten Wahl und zu 75,1 % auf die damit verbundene Verkürzung der Überlegungsfrist für den Beschuldigten.

2. Der Begriff der „Unverzüglichkeit" in § 141 Abs. 3 Satz 4 StPO

- *Die vorstehend beschriebene Bestellung des Verteidigers nach Beginn der Vollstreckung muss nach der Formulierung in § 141 Abs. 3 Satz 4 StPO „unverzüglich" erfolgen. Gleichzeitig ordnet § 142 Abs. 1 Satz 1 StPO an, dass „vor der Bestellung eines Verteidigers (...) dem Beschuldigten Gelegenheit gegeben werden (soll), innerhalb einer zu bestimmenden Frist einen Verteidiger seiner Wahl zu bezeichnen".*
- **Rechtstatsachen zur Wahrung des Anhörungs- und Bezeichnungsrechts**
  - Zwar wird aus Sicht von 44,9 % der Verteidiger das **Anhörungs- und Bezeichnungsrecht** des Beschuldigten gem. § 142 Abs. 1 StPO in der Praxis auch im Falle einer Bestellung nach § 141 Abs. 3 Satz 4 StPO regelmäßig gewahrt. **Bedenklich und alarmierend** ist aber, dass umgekehrt 46,3 % der Verteidiger antworten, dieses Recht werde nur **„selten"** oder „gelegentlich" **gewährt**. Nach Einschätzung nahezu aller Ermittlungsrichter sei das Anhörungs- und Bezeichnungsrecht des Beschuldigten hingegen regelmäßig (30,0 %) bzw. immer (63,3 %) gewährleistet.

  - Beinahe alle der 971 teilnehmenden Praktiker (genau: 95,8 %) halten das Anhörungs- und Bezeichnungsrecht für **sinnvoll**. Als Grund hierfür wird vor allem die Ermöglichung einer eigenverantwortlichen Auswahl des (Vertrauens-)Anwalts genannt (78,8 %). Speziell die Gruppe der Ermittlungsrichter weist außerdem vielfach (26,9 %) auf die Vermeidung eines späteren Verteidigerwechsels hin.
- **Rechtstatsachen zu den immanenten Ausnahmen von der Gewährung des Anhörungs- und Bezeichnungsrechts**
  - 80 % der Teilnehmenden geben an, die **Nutzung des Internets** zu Zwecken der **Verteidigersuche** werde dem Beschuldigten „nie" ermöglicht; 15,7 % wählen die Antwort „selten". Nur 0,8 % entfallen auf „regelmäßig" und „immer". Speziell auf die **Strafverteidigersuche** auf der **Homepage der AG Strafrecht im DAV** greift der Beschuldigte nie (64,7 %) oder selten (26,6 %) zurück.
  - 48,1 % der Ermittlungsrichter, aber nur 11 % der Verteidiger geben an, die **Herstellung unmittelbaren Kontakts** mit dem ins Auge gefassten Verteidiger werde dem Beschuldigten immer ermöglicht.
- **„Unverzüglich" ist nicht „sofort"**
  - 44,1 % der Praktiker geben an, „regelmäßig" erfolge die **Verteidigerbestellung sofort nach Beginn der Vollstreckung**, obgleich das Gesetz nur von der Notwendigkeit „unverzüglicher" Bestellung spricht.
  - Der Großteil (91,3 %) der **Ermittlungsrichter** hält ungeachtet der Formulierung des Gesetzes eine sofortige Bestellung für **sachgerecht**; Gleiches gilt für 60,8 % der Verteidiger.
- **Zur Konkretisierung des Unverzüglichkeitsgebots: Starre Frist oder flexible Handhabung?**
  - Soweit keine sofortige Bestellung praktiziert wird, wird dem Beschuldigten nach Angaben von 54,9 % der Praktiker **im Regelfall** eine **Bezeichnungsfrist** von **einer Woche** gesetzt. Dahinter folgen die Antworten „zwischen 1 und 2 Wochen" (17,7 %) und „1 bis 3 Tage" (11,9 %).
  - Über die Auslegung des gesetzlichen Unverzüglichkeitsgebotes besteht Uneinigkeit. So halten 20,0 % eine Frist von **zwei Wochen** ausnahmslos noch für unverzüglich, anderseits sind 19,1 % der Meinung, eine Frist von **einer Woche** sei ausnahmslos nicht mehr unverzüglich. Ein Drittel (33,3 %) der Teilnehmenden vertritt die Auffassung, es komme insoweit stets auf den **Einzelfall** an. 70,4 % der Ermittlungsrichter und 53,3 % der Strafverteidiger sprechen sich generell für eine **flexible Frist** aus.

3. Die Notwendigkeit einer transparenteren Beiordnungspraxis

- **Die Rechtsfolgen bei Benennung eines Verteidigers durch den Beschuldigten**
- *Nach § 142 Abs. 1 Satz 2 StPO bestellt der Ermittlungsrichter (§ 141 Abs. 4 Hs. 2 StPO) den vom Beschuldigten innerhalb der Frist bezeichneten Verteidiger, „wenn dem kein wichtiger Grund entgegensteht“.*
  - Zwar berichten 42,8 % der Strafverteidiger, es werde vom Gericht **ohne** Vorliegen eines **wichtigen Grundes** im Sinne des § 142 Abs. 1 Satz 2 StPO nie ein **anderer Verteidiger beigeordnet.** Gleichzeitig entfallen angesichts der kein Bestellungsermessen eröffnenden Formulierung des Gesetzes **bedenkliche 36,9 %** auf die Alternative **„selten“** und **15,6 % auf „gelegentlich“**. Auch 20,7 % der Ermittlungsrichter geben an, dass trotz Fehlens eines wichtigen Grundes gleichwohl „selten“ ein anderer als der bezeichnete Verteidiger bestellt werde.
  - Als **Zielrichtungen** für eine solche vom Wunsch des Beschuldigten abweichende Beiordnung werden insbesondere genannt: die Auswahl eines aus Sicht des Gerichts geeigneteren Verteidigers (Verteidiger: 56,9 %; Richter: 25,0 %), die Ortsferne des Kanzleisitzes (Verteidiger: 45,8 %; Richter: 25,0 %), der Schutz des Beschuldigten vor als unsachgemäß und/oder prozessordnungswidrig empfundener Verteidigung (Verteidiger: 15,0 %; Richter: 25,0 %) und die Auswahl eines dem Gericht bekannten („genehmeren“) Verteidigers (Verteidiger: 10,3 %; Richter: 12,5 %).

- **Verteidigerlisten**
  - Die Erfahrungen mit der Nutzung von Verteidigerlisten sind **disparat.** 23,4 % der Praktiker geben an, es werde „regelmäßig“ **auf Listen zurückgegriffen,** nach den Erfahrungen fast ebenso vieler (22,8 %) geschieht dies „nie“.
  - Nach der Angabe von mehr als der Hälfte der Richter (55,6 %) – aber weniger als einem Drittel der Verteidiger (32,2 %) – werden regelmäßig Listen gebraucht, die dem **Einblick Dritter** zugänglich und nicht nur Gerichtsinterna sind.
  - Mit 72,2 % berichtet der ganz überwiegende Teil der Teilnehmenden von einer alphabetischen **Strukturierung der Listen.** Eine Sortierung nach der formalen Qualifikation der Anwälte (Fachanwaltstitel) erfolgt offenbar selten (5,2 %).
  - Bei der Frage nach **sachlichen Auswahlkriterien** für die **Aufnahme** in die **Listen** werden am häufigsten die Antworten „Fachanwalt für Strafrecht“ (83,2 %), „Interessengebiete/Tätigkeitsschwerpunkte“ (17,6 %), „Geographischer Bereich, in dem der Anwalt bereit ist, als Verteidiger beigeordnet zu werden“ (14,6 %) und „zeitliche Erreichbarkeit“ (13,6 %) genannt.

  - Laut 57,1 % der Antwortenden sind die örtlichen Anwaltvereine einschließlich der AG Strafrecht im DAV als **Ersteller von Verteidigerlisten** in Erscheinung getreten. 48,3 % nennen hier die örtliche Rechtsanwaltskammer, 38,0 % die Strafverteidigervereinigungen, 26,7 % die Ermittlungsrichter und 3,7 % die Staatsanwaltschaften.
  - Fast drei Viertel (73,2 %) der Teilnehmer geben an, etwa vorhandene **Listen** würden im Bedarfsfall „nie" oder „selten" **an den Beschuldigten ausgehändigt**. Nur 13,0 % geben an, dies geschehe „regelmäßig" oder „immer".

- **Die Rechtsfolge bei Nichtbenennung eines Verteidigers durch den Beschuldigten**
  - **Kriterien**, nach denen die **Auswahl eines vom Gericht selbst bestimmten Verteidigers** erfolgt, werden für den Fall, dass **Verteidigerlisten verwendet** werden, uneinheitlich genannt. Dazu gehört u. a., dass der Anwalt aus vorherigem/-n Verfahren bekannt ist (66,6 %), die Zugehörigkeit des Anwalts zum persönlichen Bekanntenkreis des Ermittlungsrichters (52,6 %; dabei allerdings Richter 8,3 % und Verteidiger 54,0 %) und fachliche Kriterien (26,8 %; dabei allerdings Richter 95,8 % und Verteidiger 24,5 %).
  - 13,4 % der Antwortenden meinen, die Beiordnung erfolge schlicht durch Abarbeitung der Verteidigerliste „von A bis Z"; 9,1 % glauben oder wissen, dass nach dem Zufallsprinzip beigeordnet wird.
  - Nur 40,2 % der Verteidiger meinen, dass – unabhängig von der gegenwärtigen Rechtslage – die **Bestellung durch das Gericht** bei ausbleibender Bezeichnung eines Verteidigers durch den Beschuldigten nach einem **rein schematischen Verfahren** (z. B. „von A bis Z" oder nach dem Zufallsprinzip) anstatt nach fachlichen Kriterien erfolgen solle. Dies sei weniger willkürlich (innerhalb dieser Gruppe: 98,5 %). 59,8 % der Verteidiger sind gegen ein solches Vorgehen; die teilnehmenden Ermittlungsrichter sprechen sich sämtlich gegen ein schematisches Verfahren bei der Verteidigerbestellung aus.
  - Ebenfalls **alle** teilnehmenden **Ermittlungsrichter** sprechen sich gegen die **Übertragung der Auswahl eines Verteidigers** bei ausgebliebener Bezeichnung durch den Beschuldigten **auf die örtlichen Rechtsanwaltskammern** de lege ferenda aus. Auch **60,5 %** der Verteidiger **stimmen** diesem Vorschlag **nicht zu**.

- **Die Zuständigkeit für die Bestellung des Pflichtverteidigers**
  - Die große Mehrheit der Befragten (70,4 % insgesamt, davon 100 % der Ermittlungsrichter) vermag keine **Unterschiede in der Beiordnungspraxis** durch Ermittlungsrichter einerseits und **Strafkammern** (etwa bei Sicherverwahrungssachverhalten) andererseits festzustellen.

4. Die Dauer der Beiordnung; insbesondere: Praxis der Anwendung des § 143 StPO

– *Nach § 143 StPO ist die Bestellung des beigeordneten Verteidigers zurückzunehmen, wenn demnächst ein anderer Verteidiger gewählt wird und die Wahl annimmt. Die Norm wird allgemein so interpretiert, dass unter gewissen Voraussetzungen die Aufhebung der Pflichtverteidigerbestellung auch jenseits dieses gesetzlich geregelten Spezialfalles möglich ist.*

– **Praktische Erfahrungen zum Verteidigerwechsel in „Verlegenheitswahlfällen"**
– Nach der Erfahrung von 64,2 % der Befragten ermöglicht das Gericht nach einer **„Verlegenheitswahl"** in der Haftsituation des § 140 Abs. 1 Nr. 4 StPO im Regelfall später einen vereinfachten Verteidigerwechsel; der gegenteiligen Ansicht sind aber immerhin 36,8 % der Strafverteidiger (10,3 % der Ermittlungsrichter).
– Es bestehen große **regionale Unterschiede** bei der Handhabung eines Wechsels bei „Verlegenheitswahl": besonders häufig wird eine Bereitschaft der Gerichte hierzu z. B. aus Hamburg (92,3 %) und Schleswig-Holstein (91,3 %) angegeben, deutlich seltener in Bayern (50,0 %) und Rheinland-Pfalz (43,3 %).
– Die häufigsten **Gründe** für die Versagung eines Verteidigerwechsels seitens der Gerichte bei „Verlegenheitswahl" sind Mehrkosten (nach Angabe von 78,2 % der Strafverteidiger und 86,7 % der Ermittlungsrichter), das Vermeiden einer Verfahrensverzögerung (37,4 % Strafverteidiger; 40,0 % Ermittlungsrichter) sowie der allgemeine Verwirkungsgedanke, nach dem der Beschuldigte genug Bedenkzeit gehabt habe (43,3 % Strafverteidiger; 53,3 % Ermittlungsrichter).
– **Finanzielle Interessen** werden sowohl von Strafverteidigern als auch von Ermittlungsrichtern am häufigsten als Verweigerungsgrund des „alten" Verteidigers wahrgenommen (81,9 % bei den Strafverteidigern; 81,8 % bei den Ermittlungsrichtern).

– **Angemessene rechtliche Reaktion auf das Vorenthalten von Mitwirkungsmöglichkeiten**
  – Sämtliche Ermittlungsrichter geben an, das Gericht ermögliche im Regelfall einen Verteidigerwechsel, wenn dem Beschuldigten entgegen **§ 142 Abs. 1 Satz 1 StPO keine angemessene Frist** gesetzt worden sei; auch seitens der Strafverteidiger wird dies überwiegend (70,9 %) beobachtet. **Irritierend** ist aber, dass auch in solchen Bundesländern, in denen von dem oder jedenfalls einem dortigen Oberlandesgericht die gegenteilige Rechtslage in leicht verfügbaren Fachpublikationen dargelegt worden ist, eine **entgegenstehende Praxis** in relevantem Umfang zu existieren scheint, so etwa in **Thüringen** (40 % negative Rückmeldungen) oder **Sachsen** (30,4 % negative Rückmeldungen).

– Nur etwa die Hälfte der Strafverteidiger (50,1 %) gibt an, das Gericht ermögliche im Regelfall bei **fehlender Einräumung der Möglichkeit angemessener Information** des Beschuldigten einen vereinfachten Verteidigerwechsel; nur ein Ermittlungsrichter ist der gegenteiligen Ansicht.

E. Abbildungen

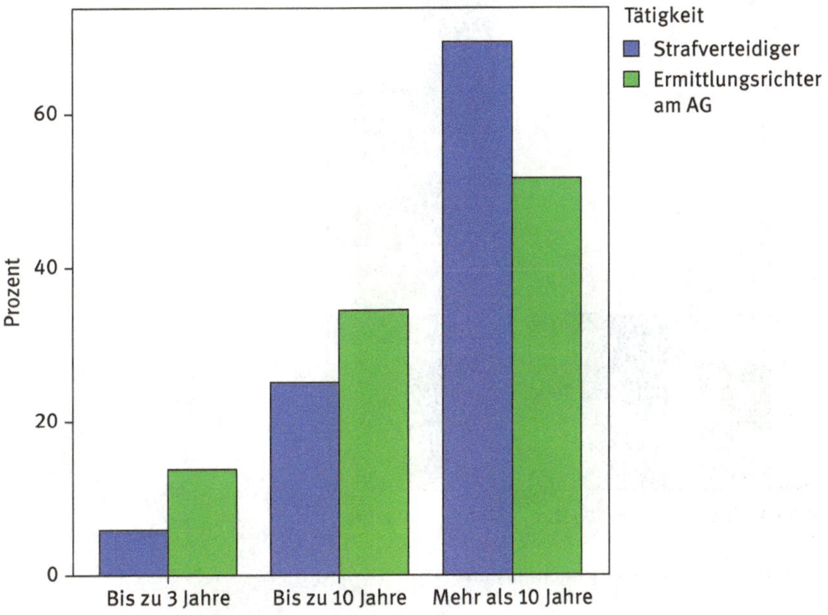

Abb. 1: Übersicht zur Dauer der Tätigkeit

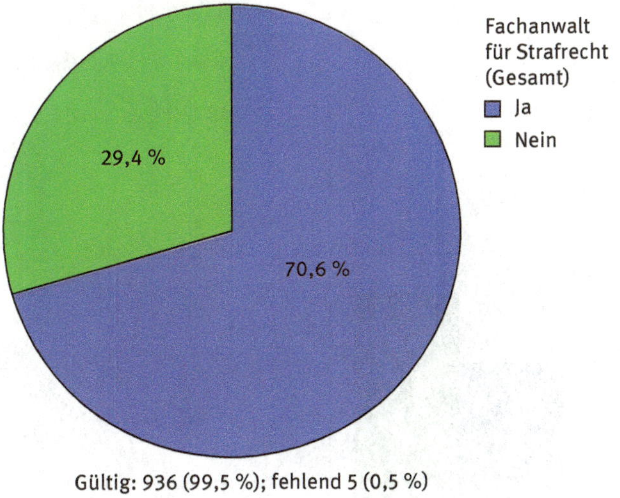

Abb. 2: Übersicht zum Anteil an Fachanwälten

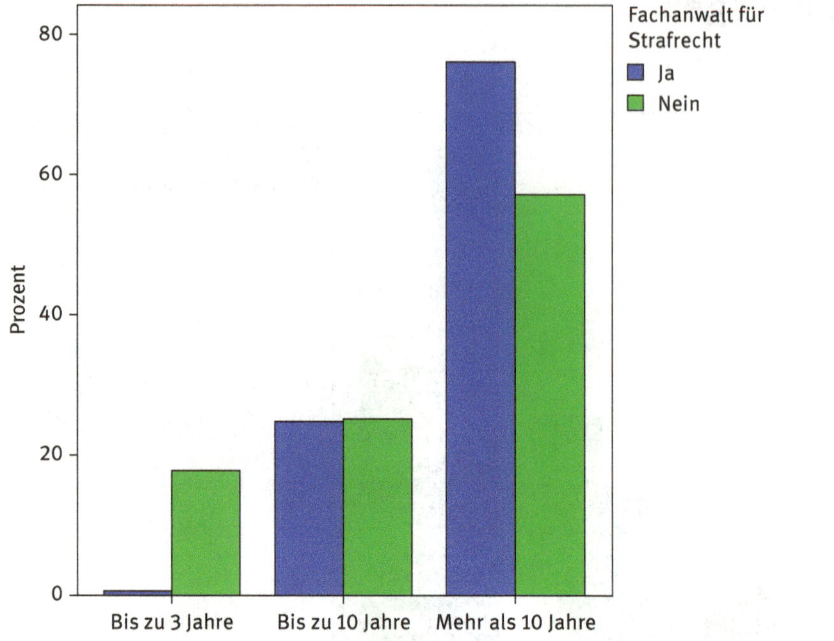

Abb. 3: Übersicht zur Berufserfahrung nach Fachanwaltstitel

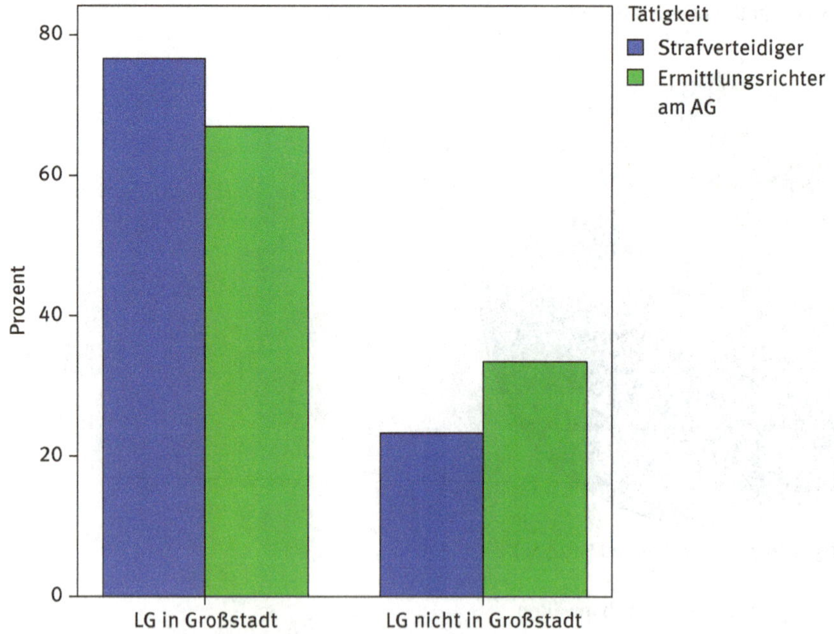

Abb. 4: Übersicht zum Anteil der Tätigkeit in Großstädten

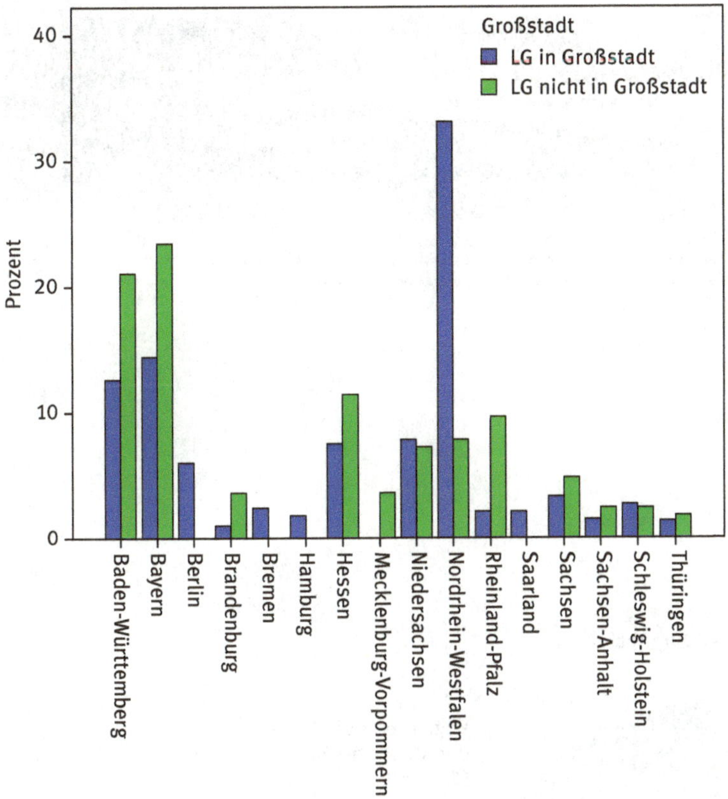

Abb. 5: Übersicht zum Anteil der Tätigkeit in Großstädten nach Bundesländern

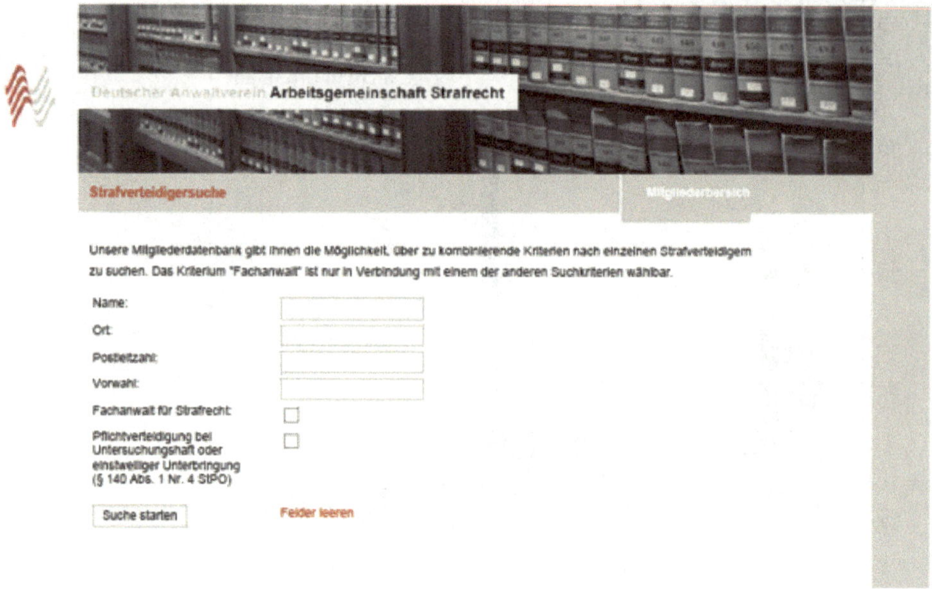

Abb. 6: Suchmaske der AG Strafrecht[384]

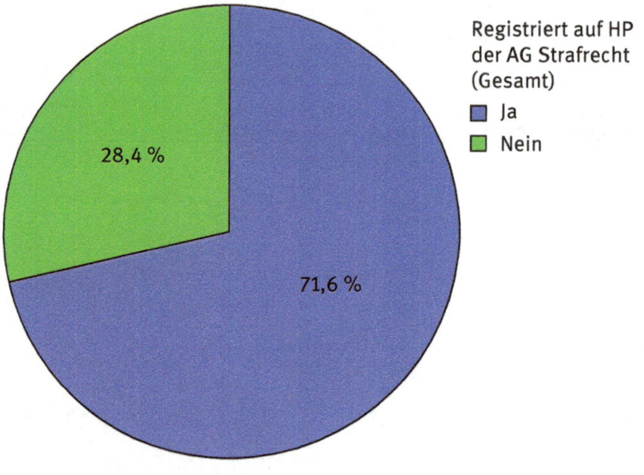

Abb. 7: Übersicht zur Registrierung

384 Siehe zum Screenshot www.ag-strafrecht.de/Strafverteidigersuche.aspx (zuletzt besucht am 1.4.2014): „Unsere Mitgliederdatenbank gibt Ihnen die Möglichkeit, über zu kombinierende Kriterien nach einzelnen Strafverteidigern zu suchen." Aktivierbar ist dabei auch die Funktion „Pflichtverteidigung bei Untersuchungshaft oder einstweiliger Unterbringung (§ 140 Abs. 1 Nr. 4 StPO)".

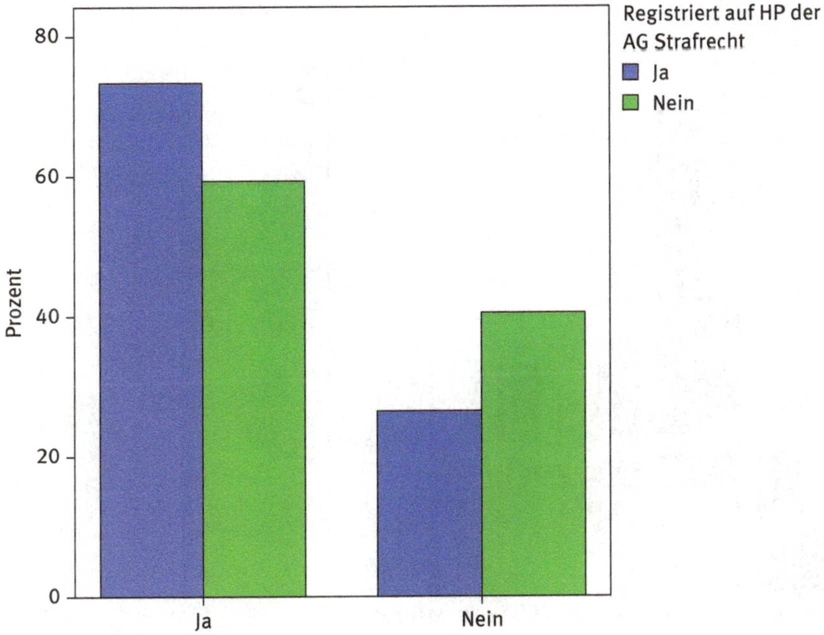

Abb. 8: Übersicht zur Registrierung nach Fachanwaltstitel

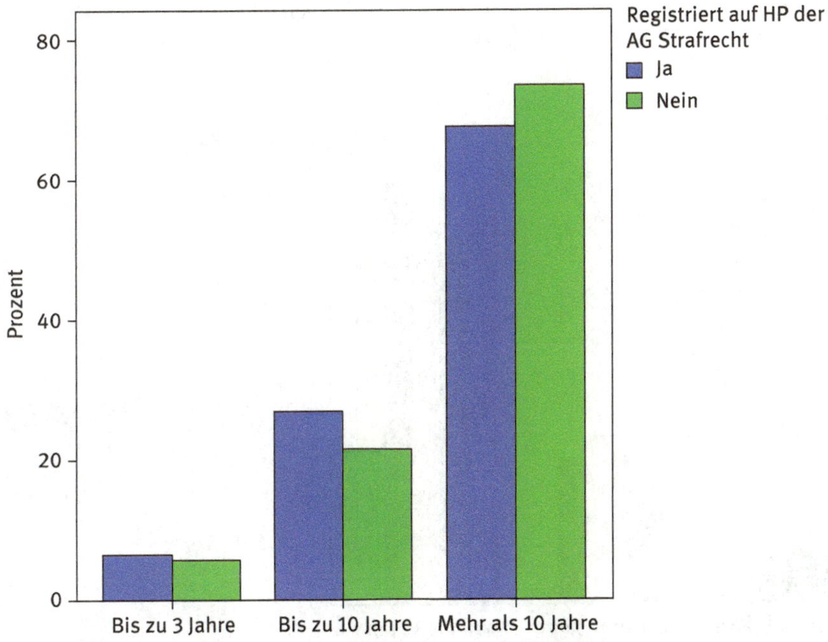

Abb. 9: Übersicht zu den Registrierungen im Verhältnis zur Berufserfahrung

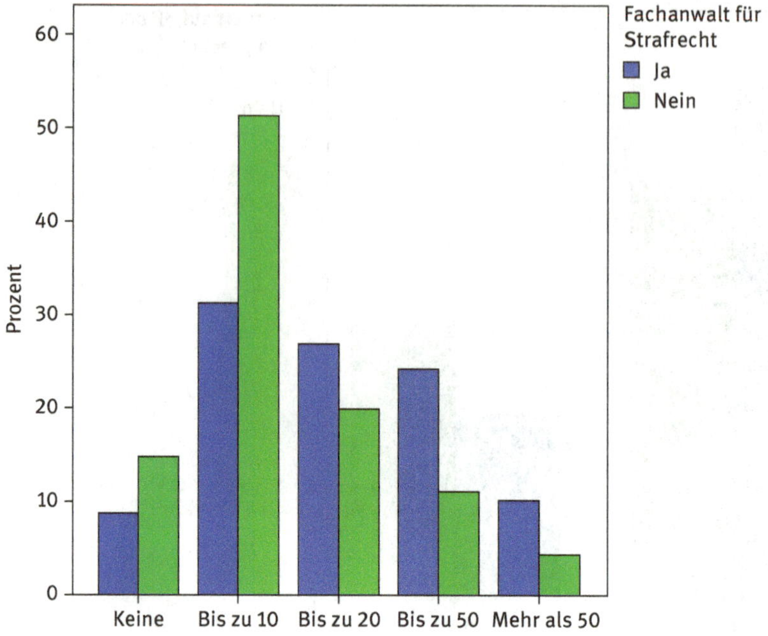

Abb. 10: Übersicht zur Anzahl der Beiordnungen nach § 140 StPO nach Fachanwaltstitel

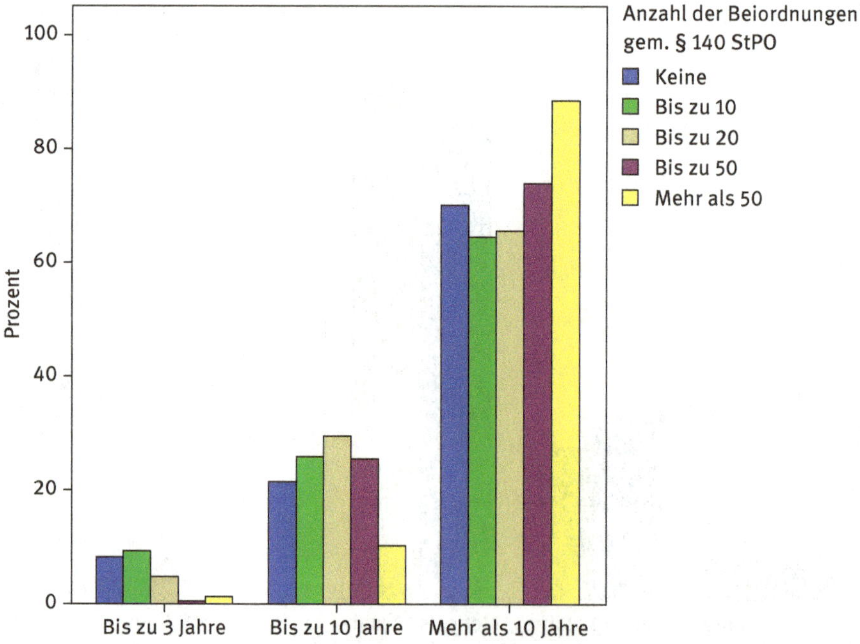

Abb. 11: Übersicht zur Anzahl der Beiordnungen nach Dauer der Berufszugehörigkeit

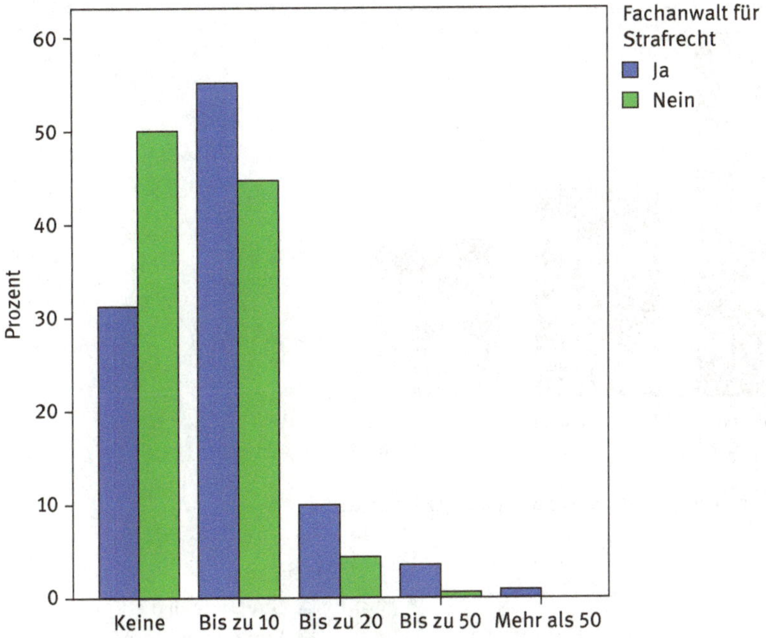

Abb. 12: Übersicht zur Anzahl der Beiordnungen nach § 140 Abs. 1 Nr. 4 StPO nach Fachanwaltstitel

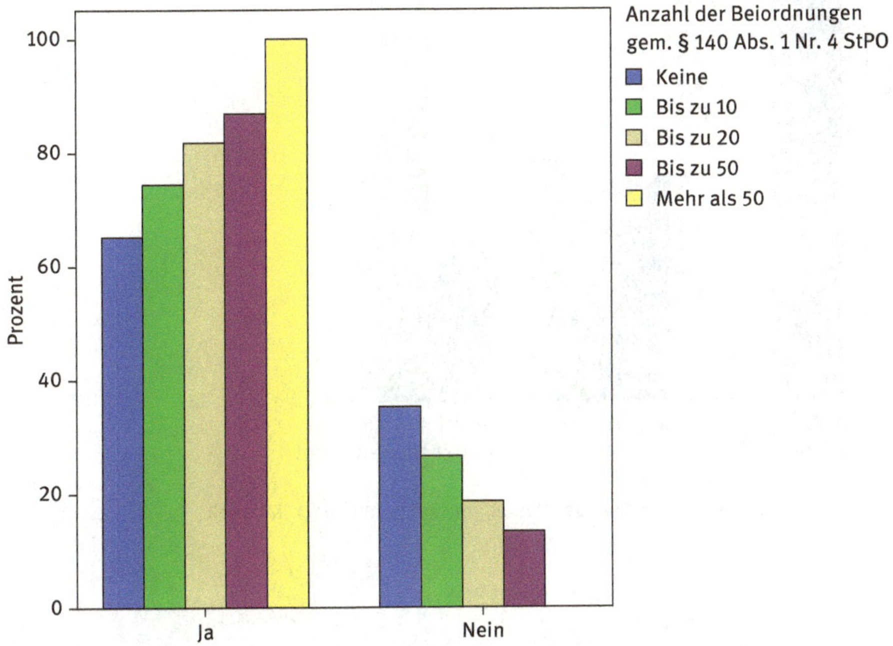

Abb. 13: Übersicht zur Anzahl an Beiordnungen gemäß § 140 Abs. 1 Nr. 4 StPO abhängig von der Registrierung

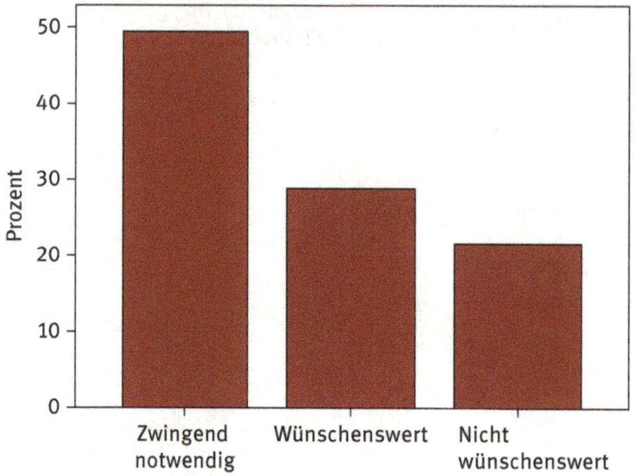

Abb. 14: Übersicht zur Vorverlagerung des Bestellungszeitpunkts

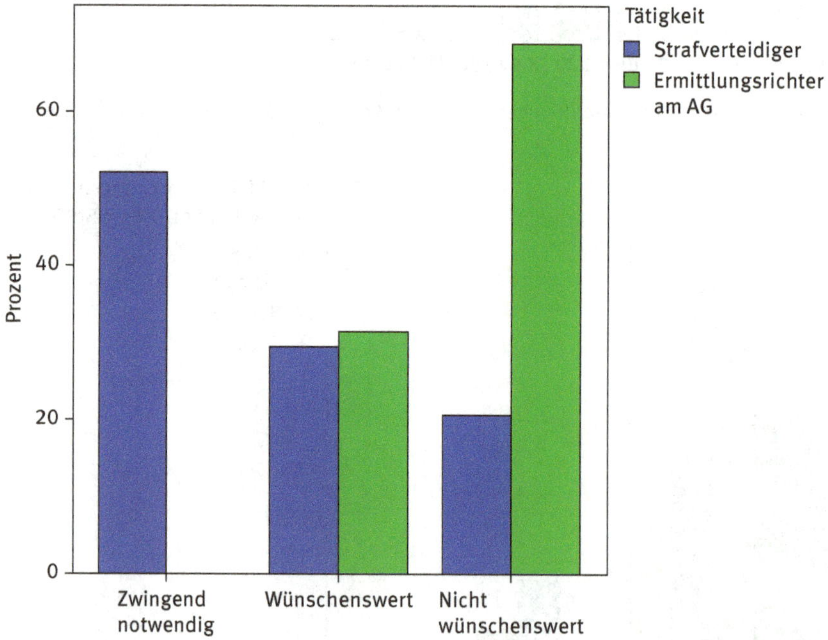

Abb. 15: Übersicht zur Vorverlagerung des Bestellungszeitpunkts nach Tätigkeit

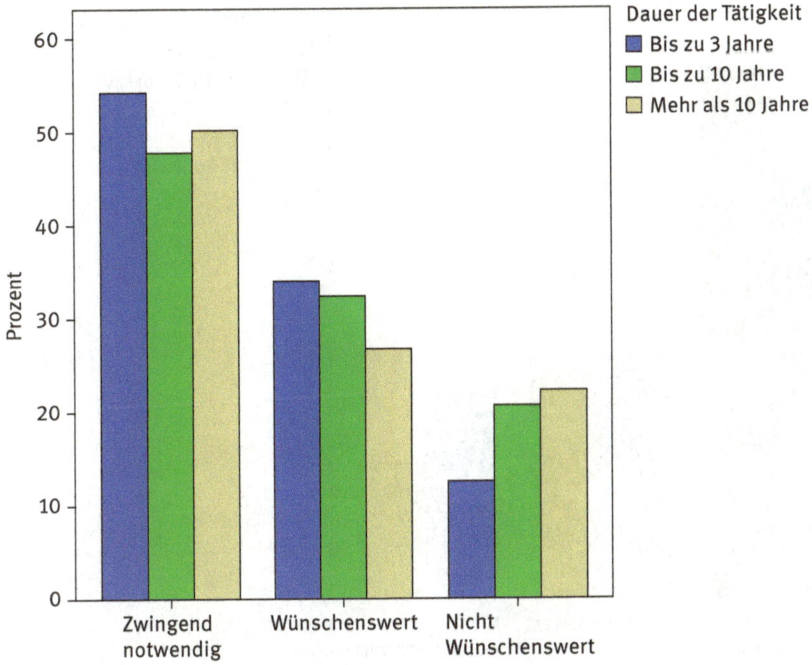

Abb. 16: Übersicht zur Vorverlagerung des Bestellungszeitpunkts nach Dauer der Tätigkeit

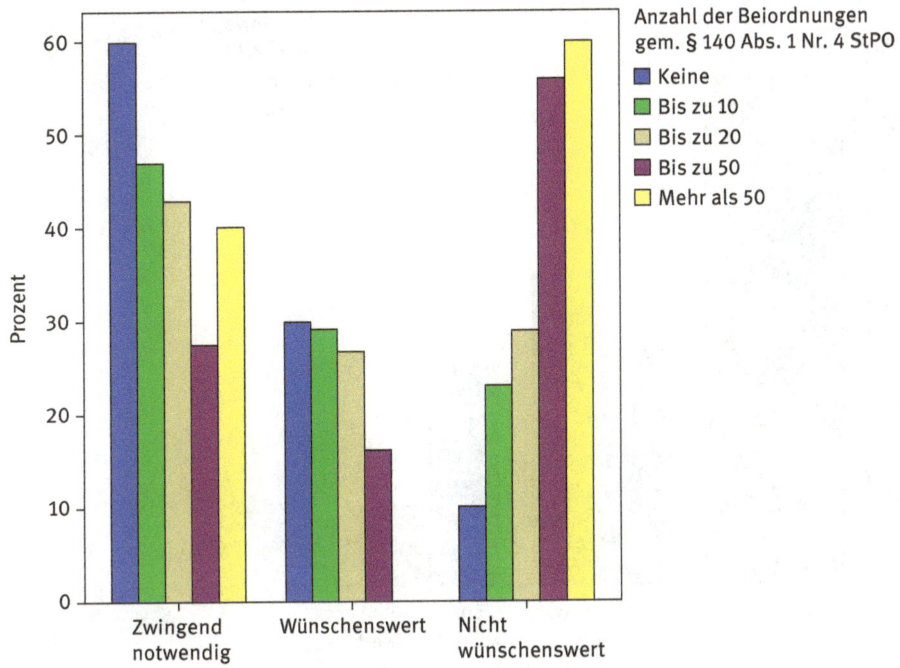

Abb. 17: Übersicht zur Vorverlagerung des Bestellungszeitpunkts nach Anzahl der Beiordnungen

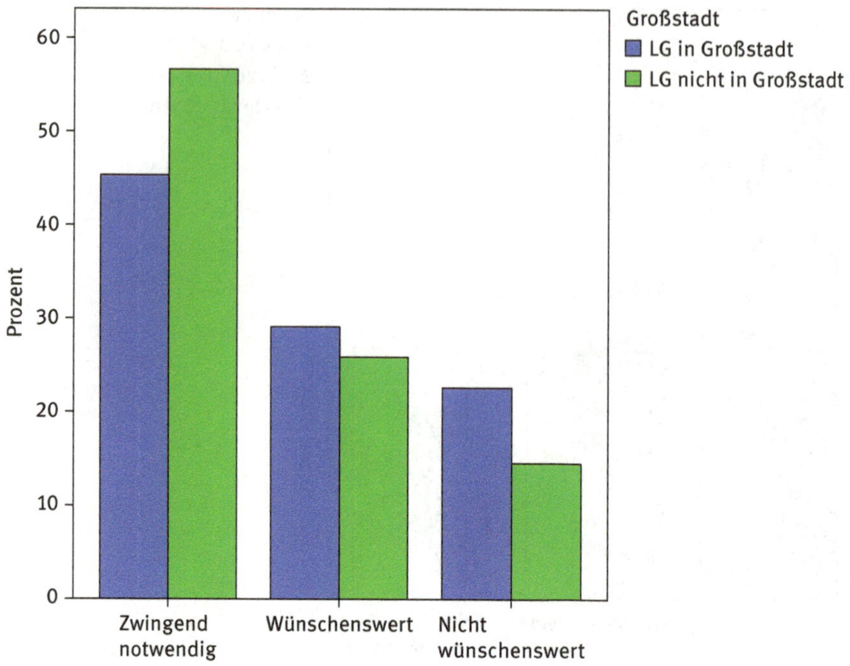

Abb. 18: Übersicht zur Vorverlagerung des Bestellungszeitpunkts nach Sitz des LG

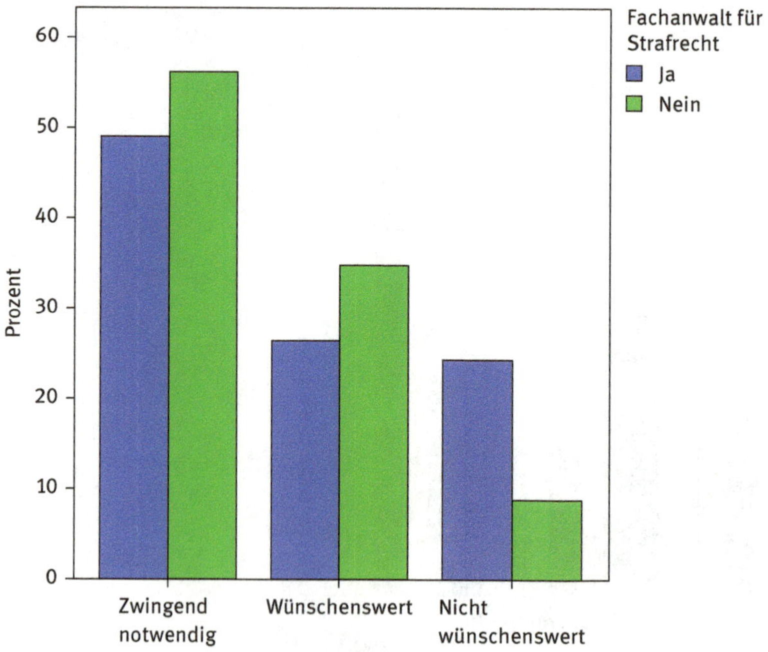

Abb. 19: Übersicht zur Vorverlagerung des Bestellungszeitpunkts nach Fachanwaltstitel

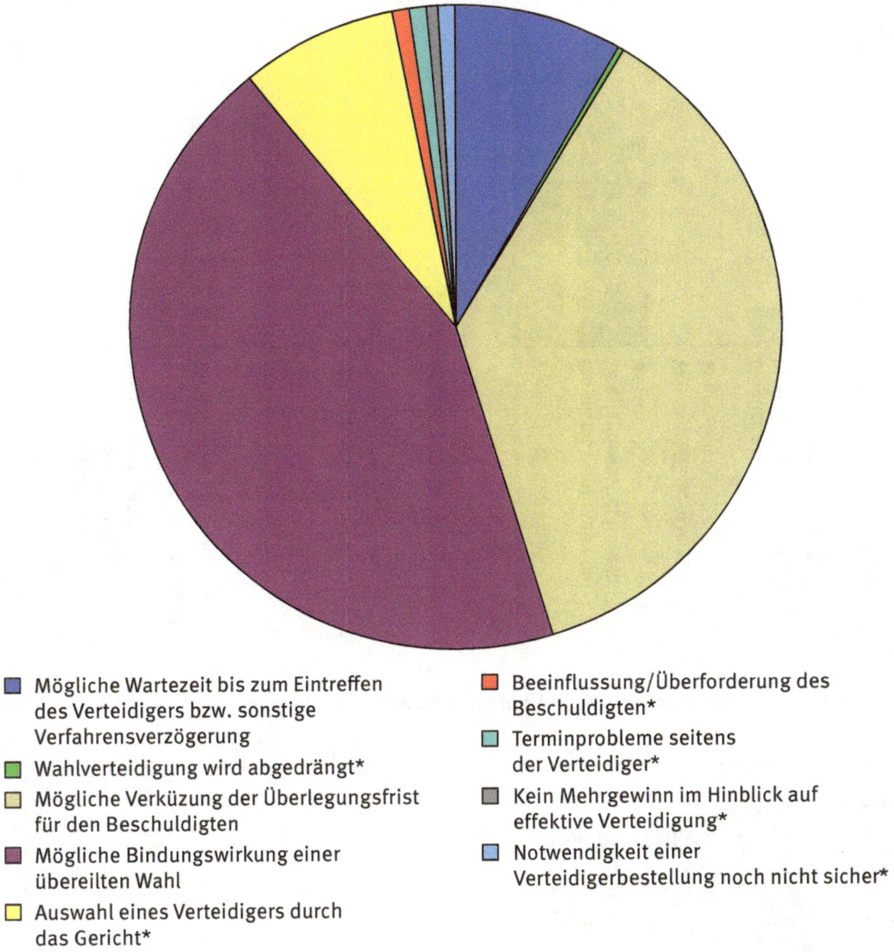

Abb. 20: Übersicht zu den Gründen für eine Ablehnung der Vorverlagerung

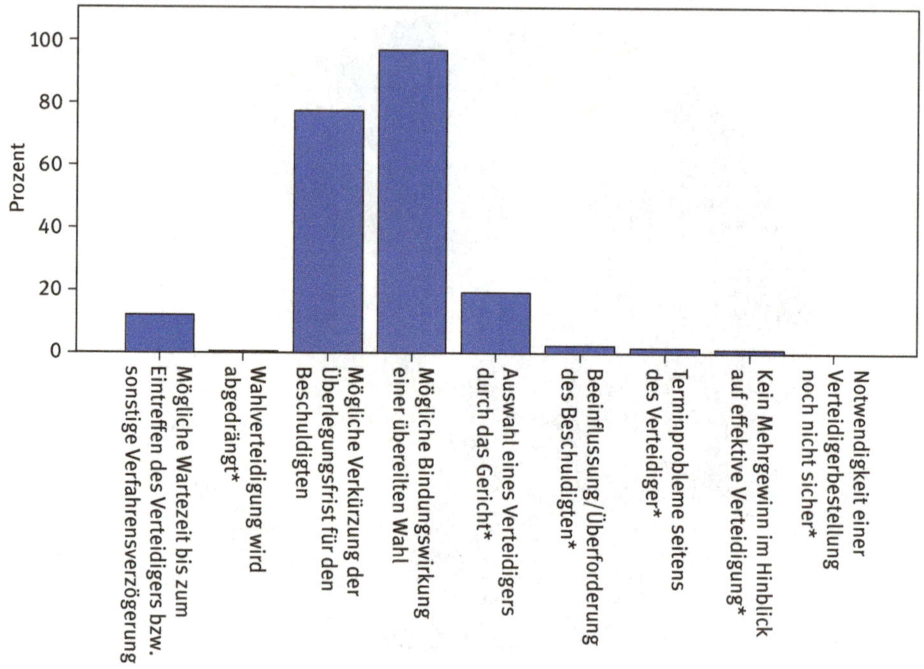

Abb. 21: Übersicht zu den Gründen für die Ablehnung einer Vorverlagerung – Strafverteidiger

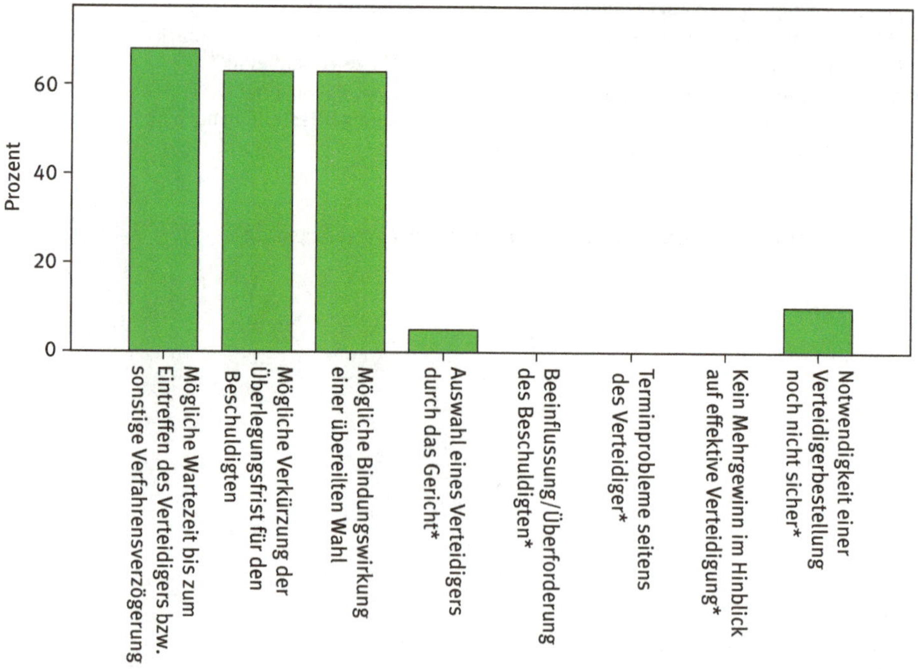

Abb. 22: Übersicht zu den Gründen für die Ablehnung einer Vorverlagerung – Ermittlungsrichter

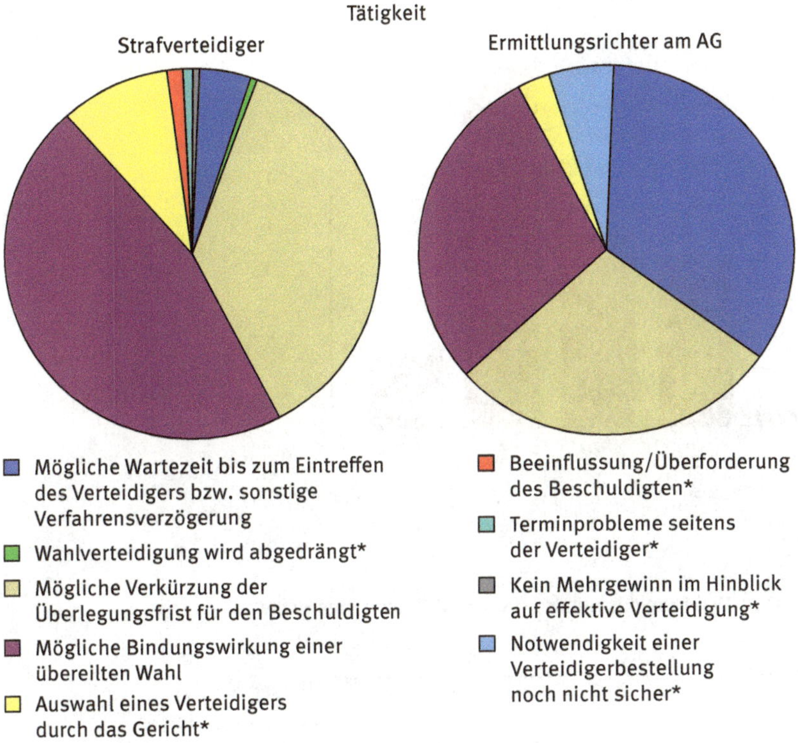

Abb. 23: Übersicht zu den Gründen für die Ablehnung einer Vorverlagerung nach Tätigkeit

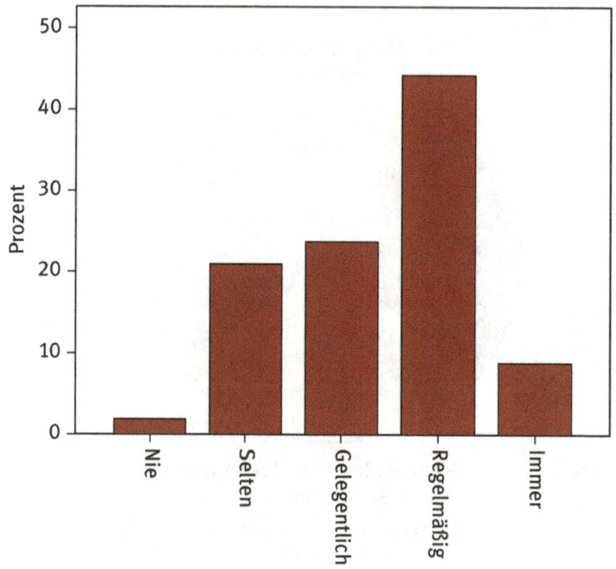

Abb. 24: Übersicht zur Wahrung des Anhörungs- und Bezeichnungsrechts

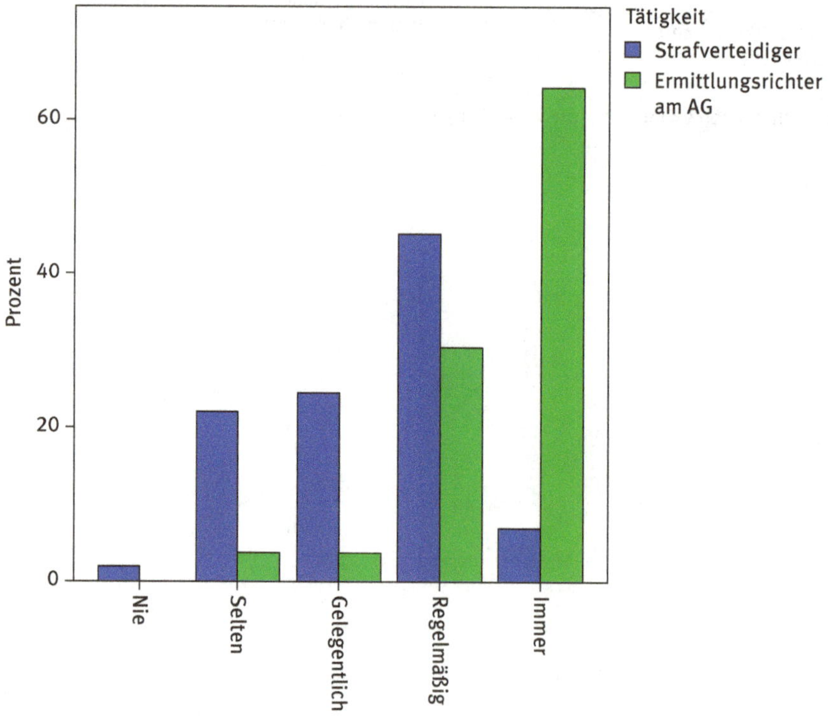

Abb. 25: Übersicht zur Wahrung des Anhörungs- und Bezeichnungsrechts nach Tätigkeit

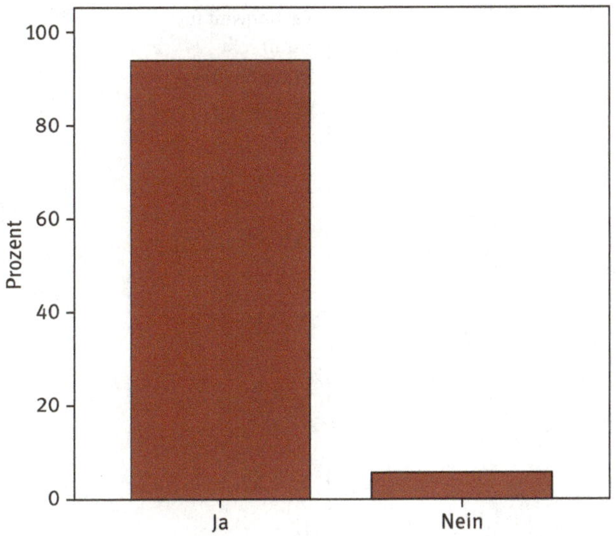

Abb. 26: Übersicht zur Sinnhaftigkeit des Anhörungs- und Bezeichnungsrechts

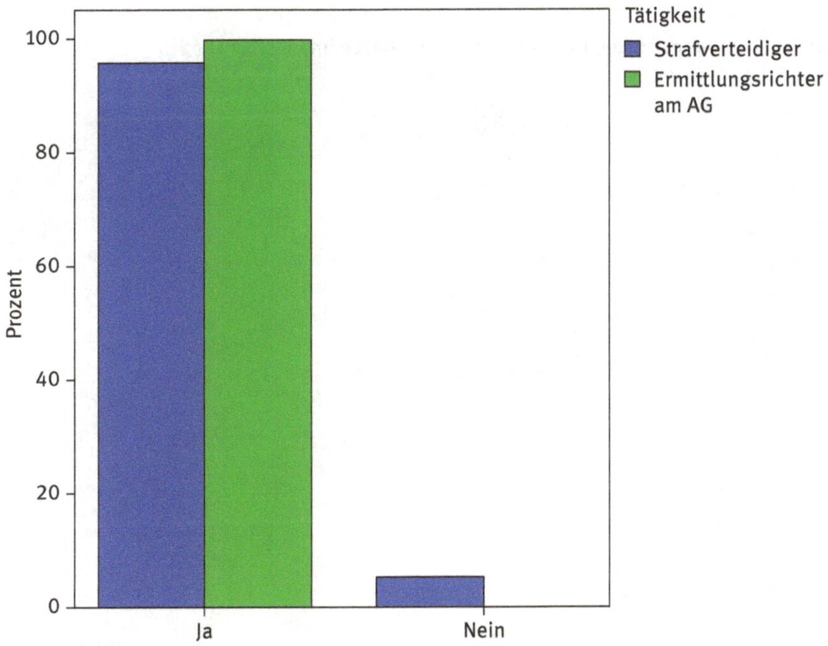

Abb. 27: Übersicht zur Sinnhaftigkeit des Anhörungs- und Bezeichnungsrechts nach Tätigkeit

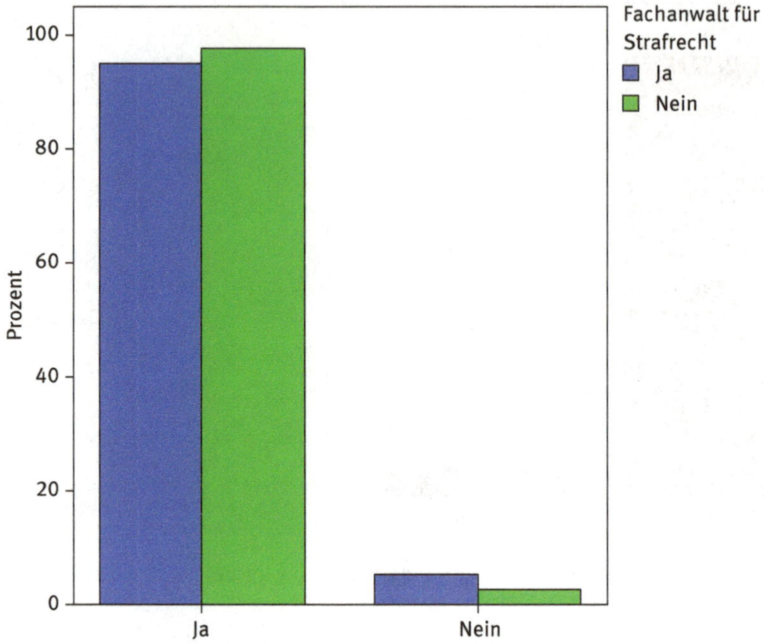

Abb. 28: Übersicht zur Sinnhaftigkeit des Anhörungs- und Bezeichnungsrechts nach Fachanwaltstitel

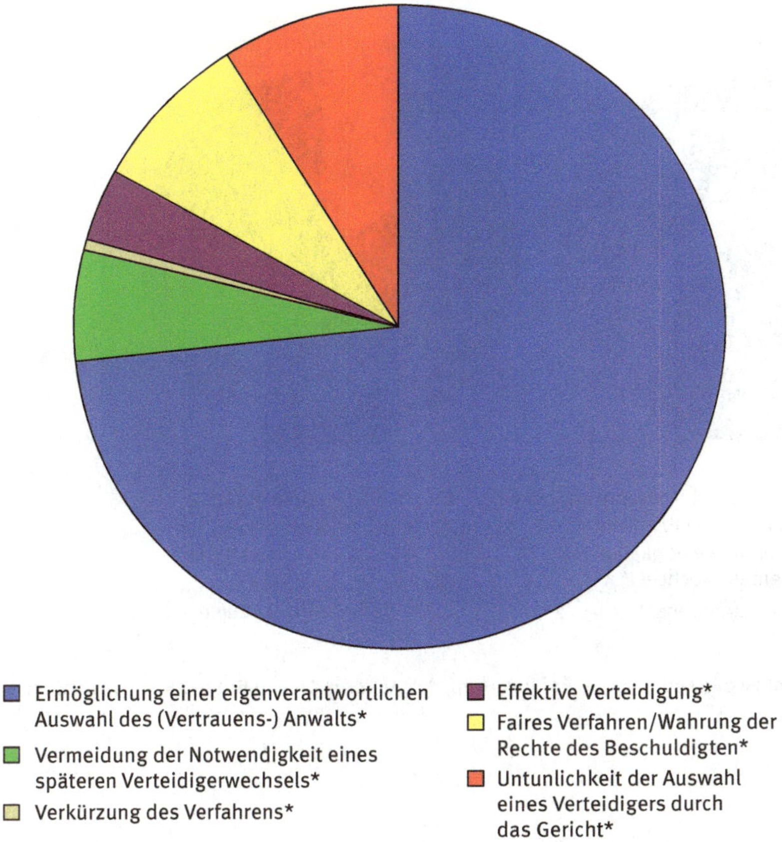

Abb. 29: Übersicht zu den Gründen der Befürwortung des Anhörungs- und Bezeichnungsrechts

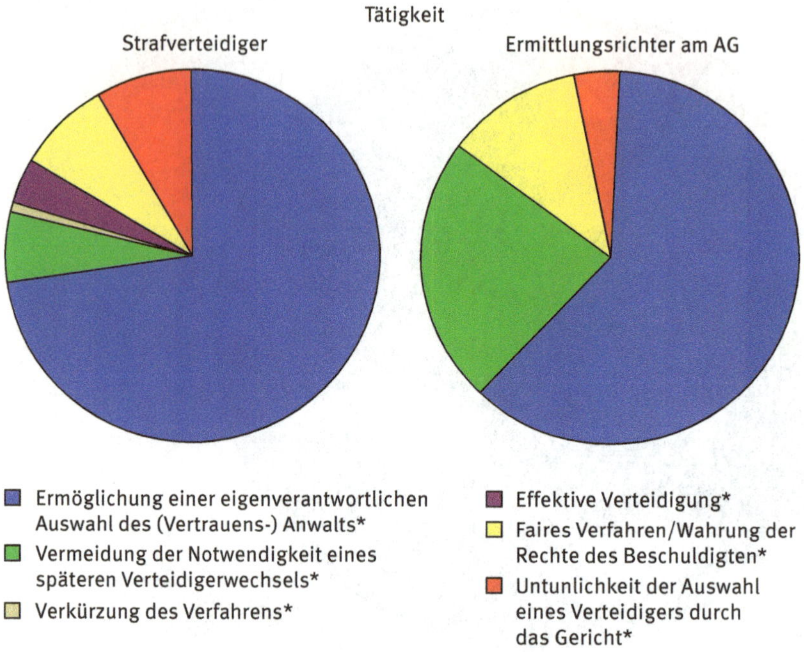

Abb. 30: Übersicht zu den Gründen der Befürwortung des Anhörungs- und Bezeichnungsrechts nach Tätigkeit

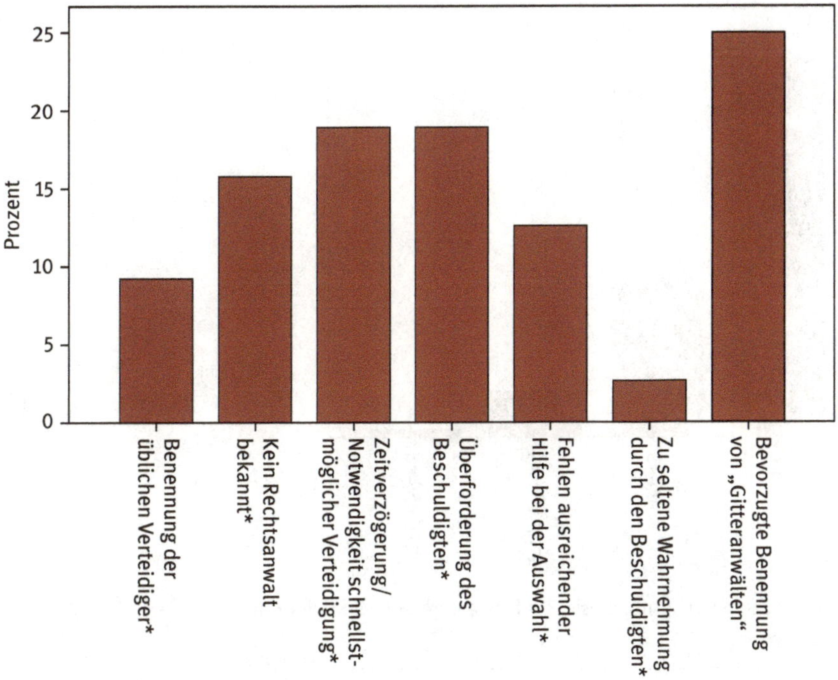

Abb. 31: Übersicht zu den Gründen für die Ablehnung des Anhörungs- und Bezeichnungsrechts

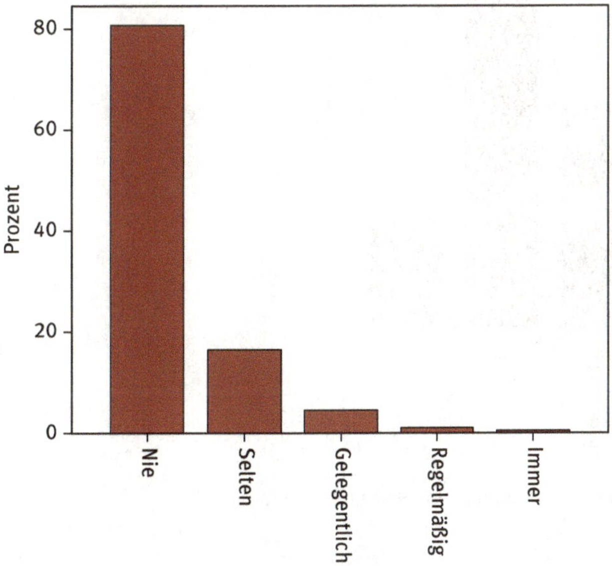

Abb. 32: Übersicht zur Nutzung des Internets

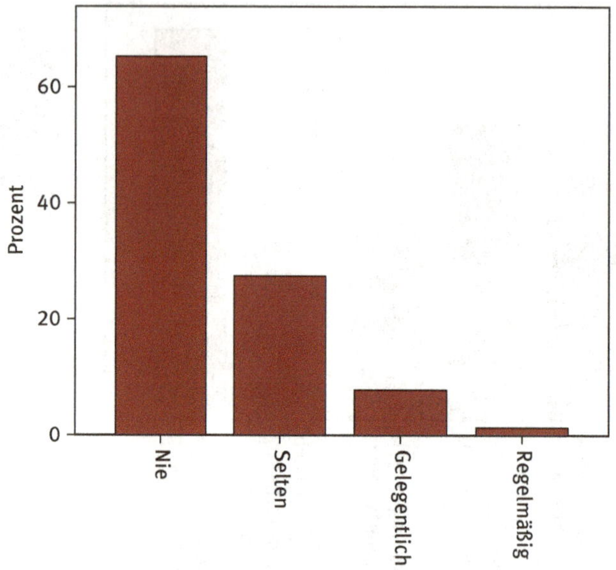

Abb. 33: Übersicht zum Rückgriff auf die Strafverteidigersuche auf der Homepage der AG Strafrecht

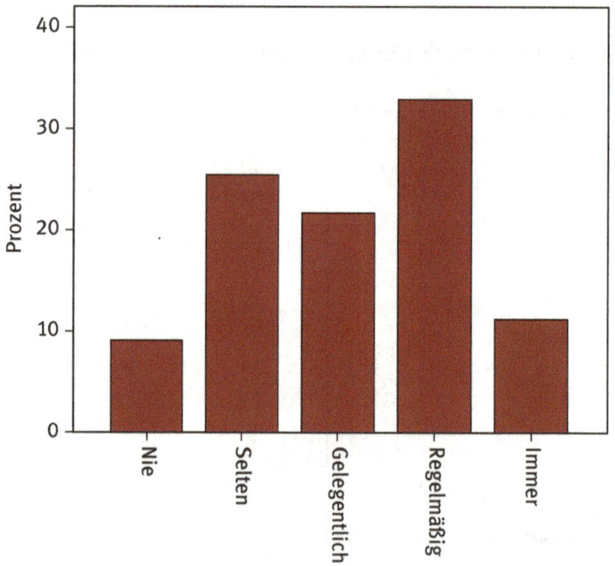

Abb. 34: Übersicht zur Gewährung einer Herstellung unmittelbaren Kontakts

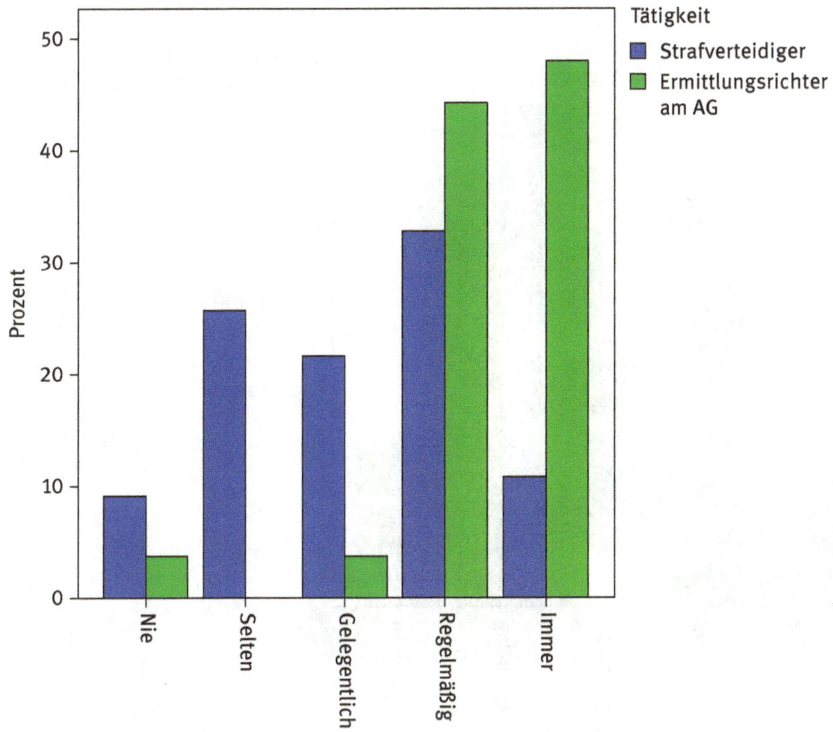

Abb. 35: Übersicht zur Gewährung einer Herstellung unmittelbaren Kontakts nach Tätigkeit

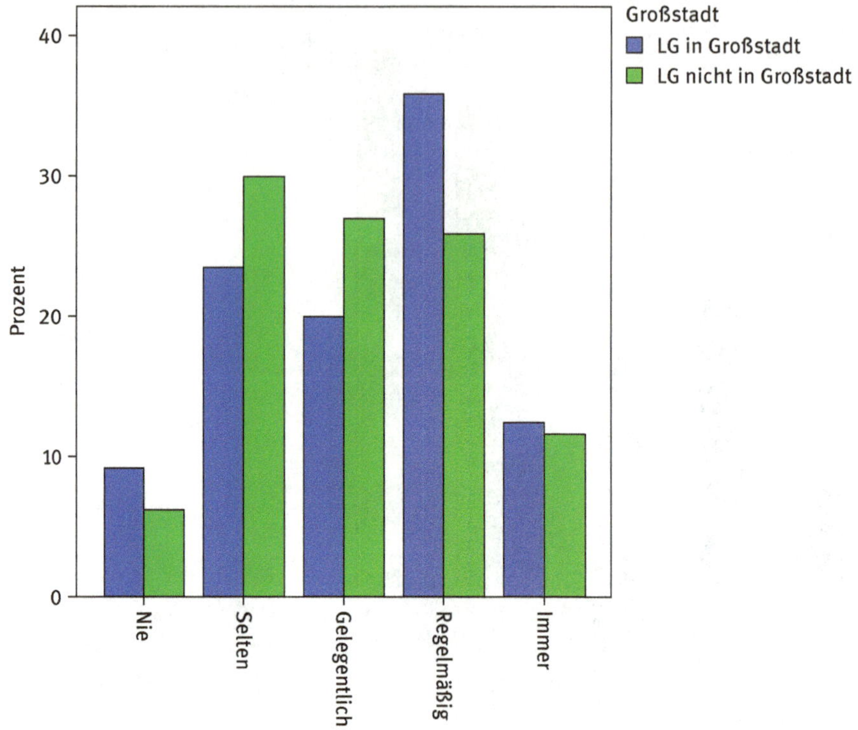

Abb. 36: Übersicht zur Gewährung einer Herstellung unmittelbaren Kontakts nach Sitz des LG

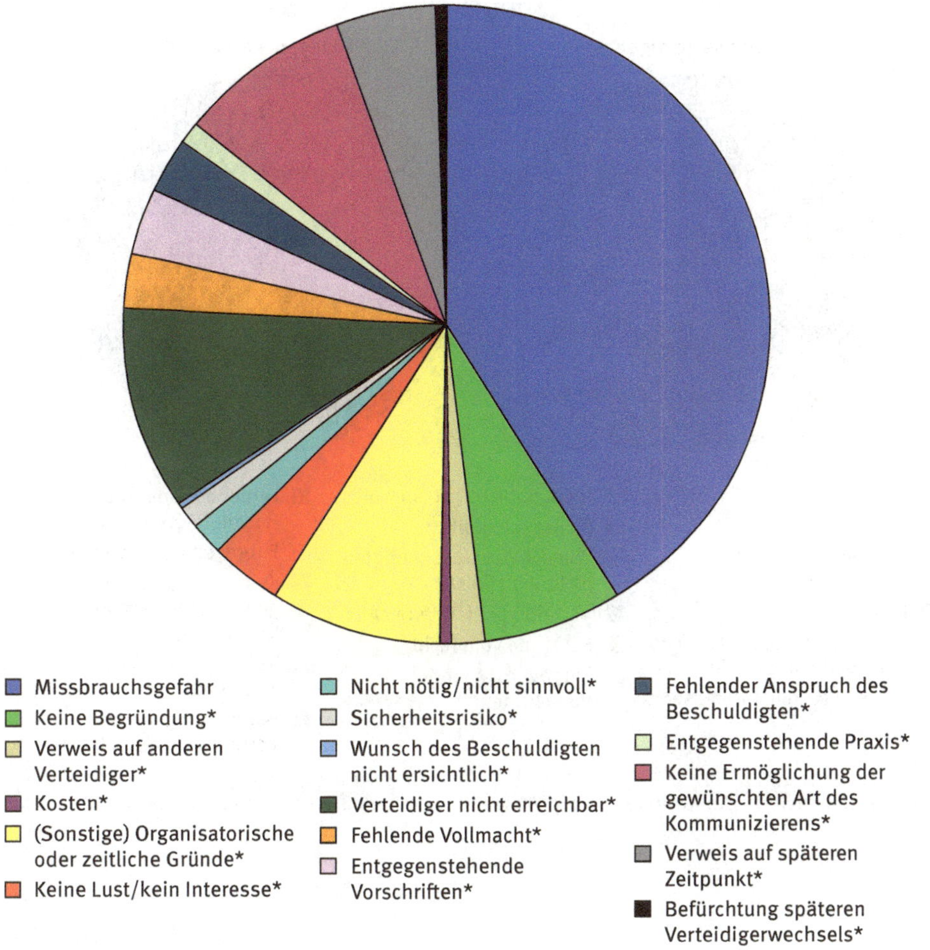

Abb. 37: Übersicht zu den Gründen für die Versagung unmittelbaren Kontakts

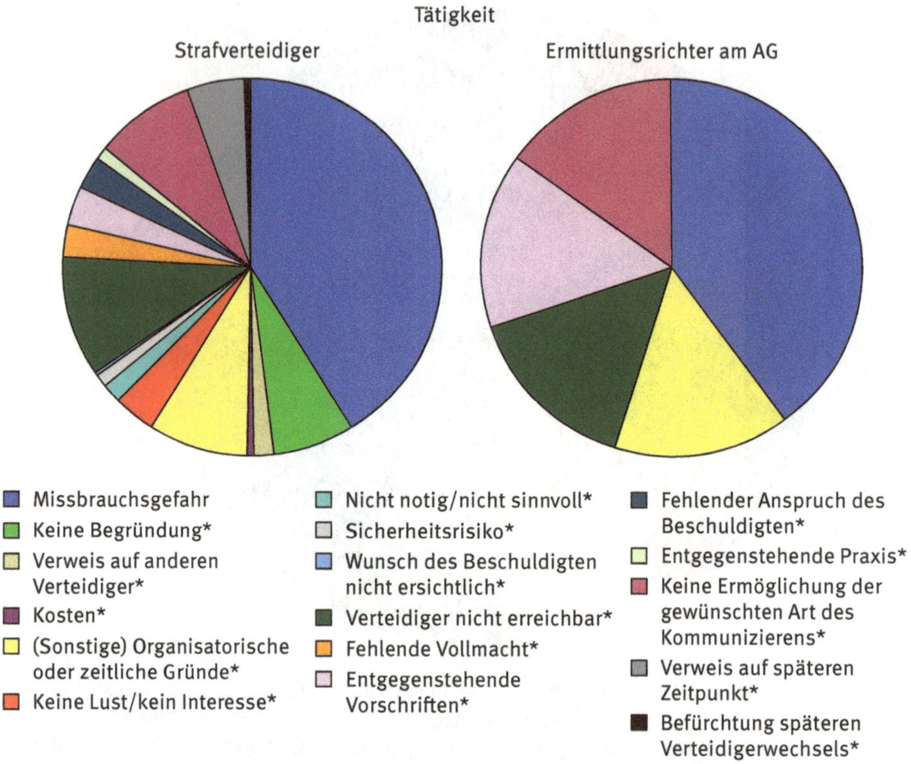

Abb. 38: Übersicht zu den Gründen für die Versagung unmittelbaren Kontakts nach Tätigkeit

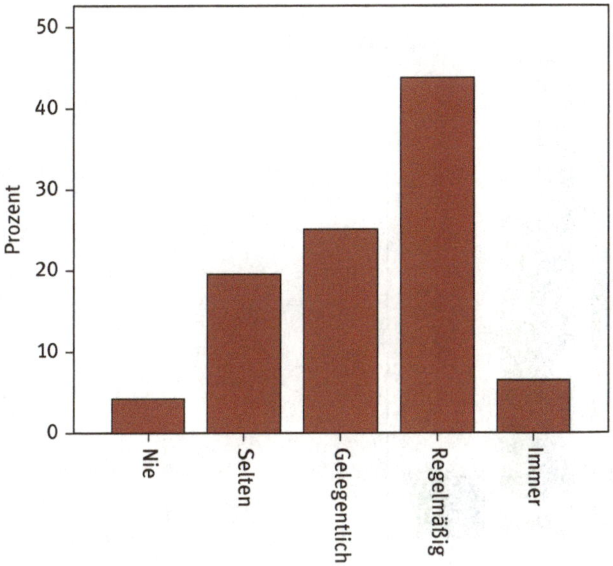

Abb. 39: Übersicht zur sofortigen Bestellung

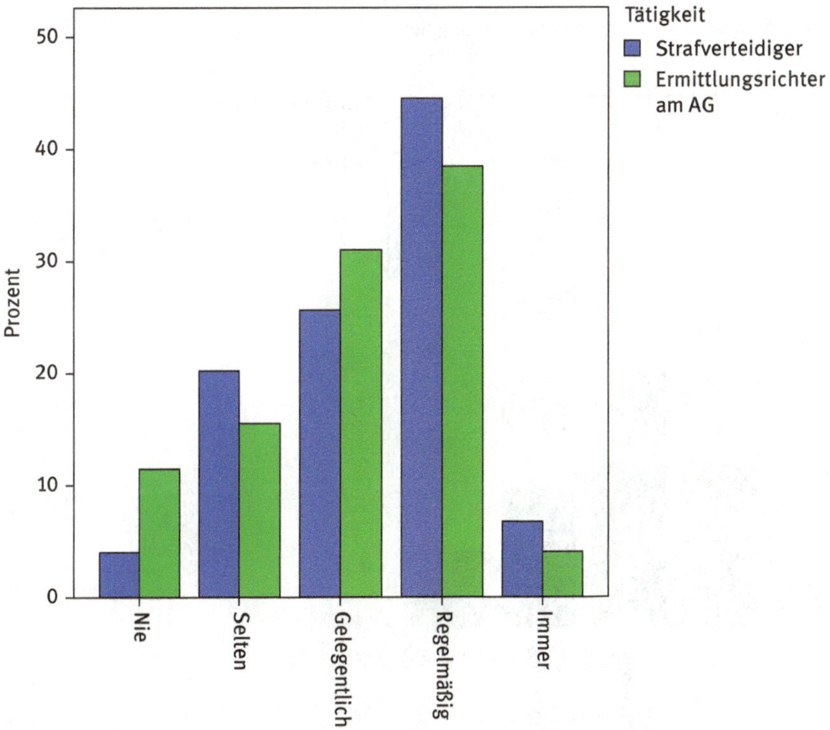

Abb. 40: Übersicht zur sofortigen Bestellung nach Tätigkeit

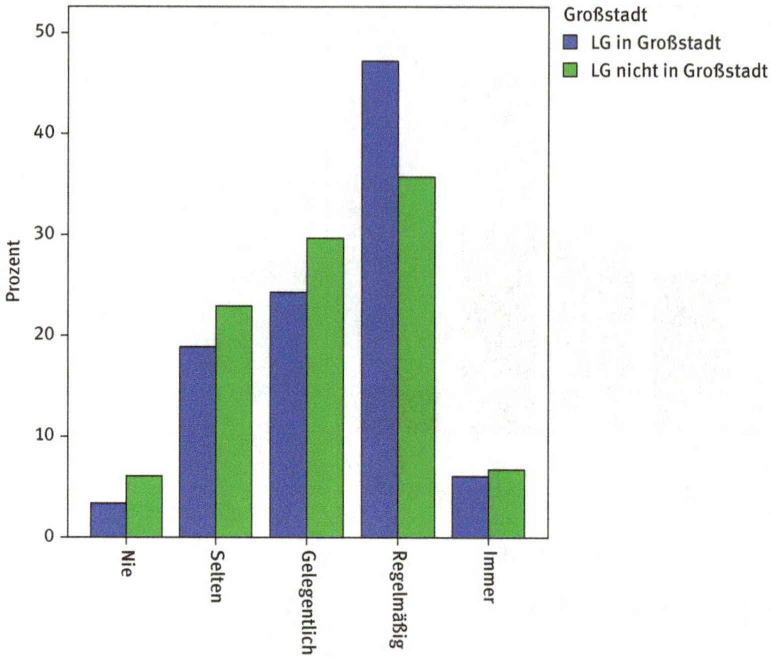

Abb. 41: Übersicht zur sofortigen Bestellung nach Sitz des LG

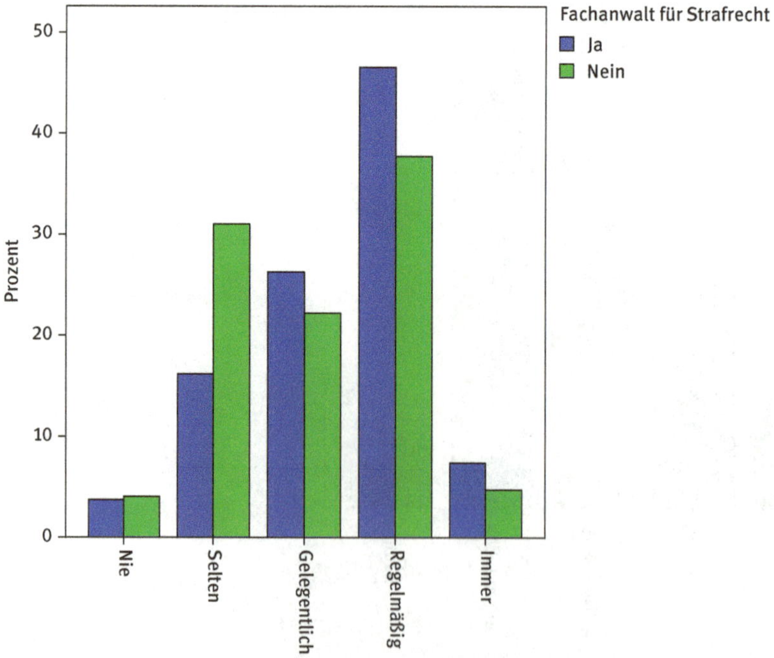

Abb. 42: Übersicht zur sofortigen Bestellung nach Fachanwaltstitel

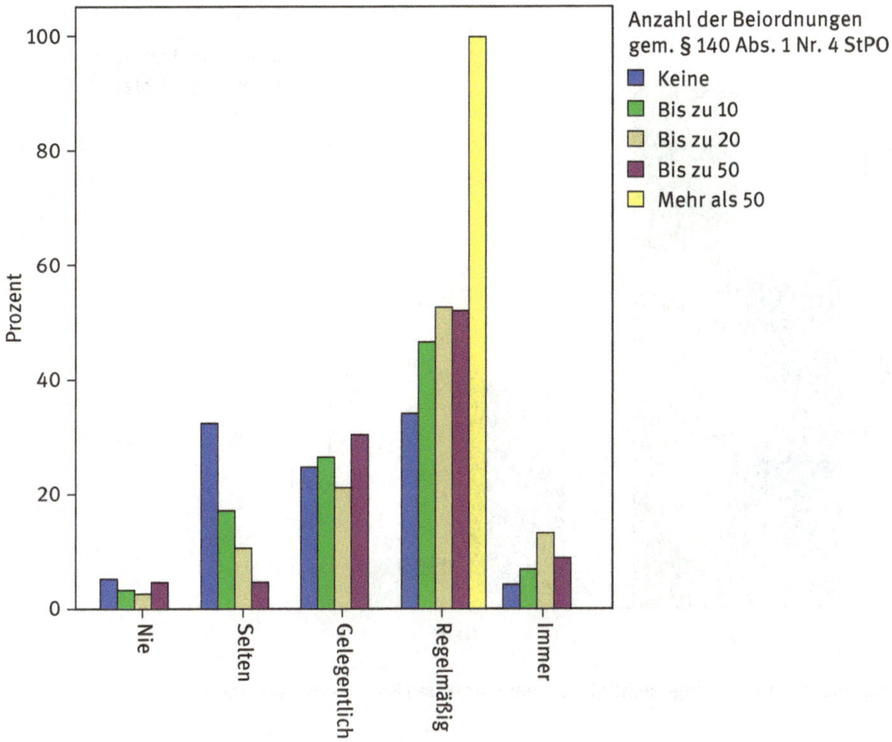

Abb. 43: Übersicht zur sofortigen Bestellung nach Anzahl der Beiordnungen

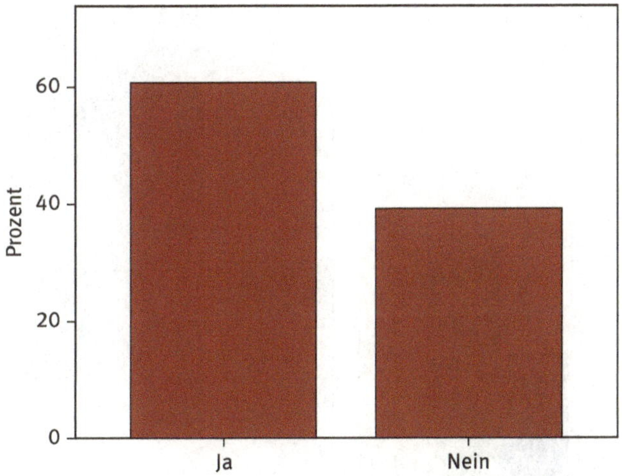

Abb. 44: Übersicht zur Sachgerechtigkeit einer sofortigen Bestellung

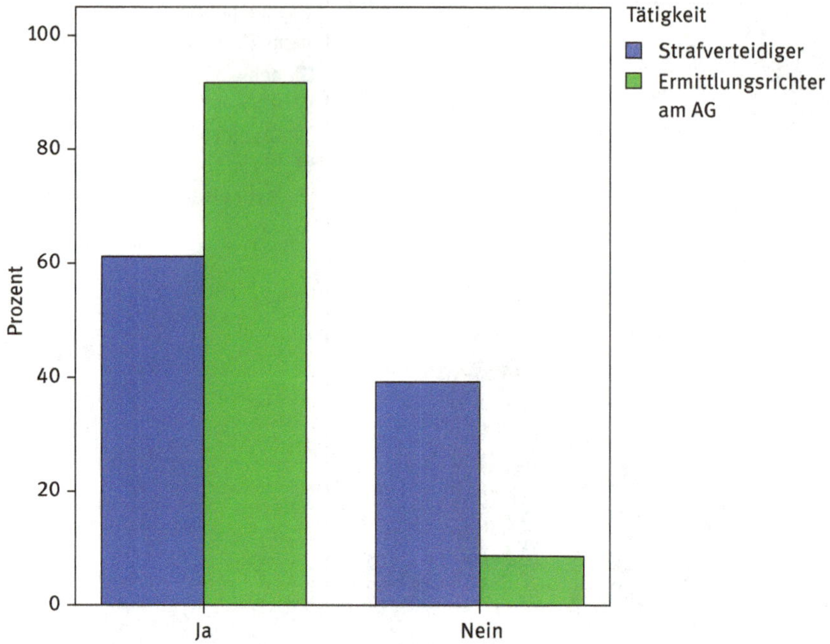

Abb. 45: Übersicht zur Sachgerechtigkeit einer sofortigen Bestellung nach Tätigkeit

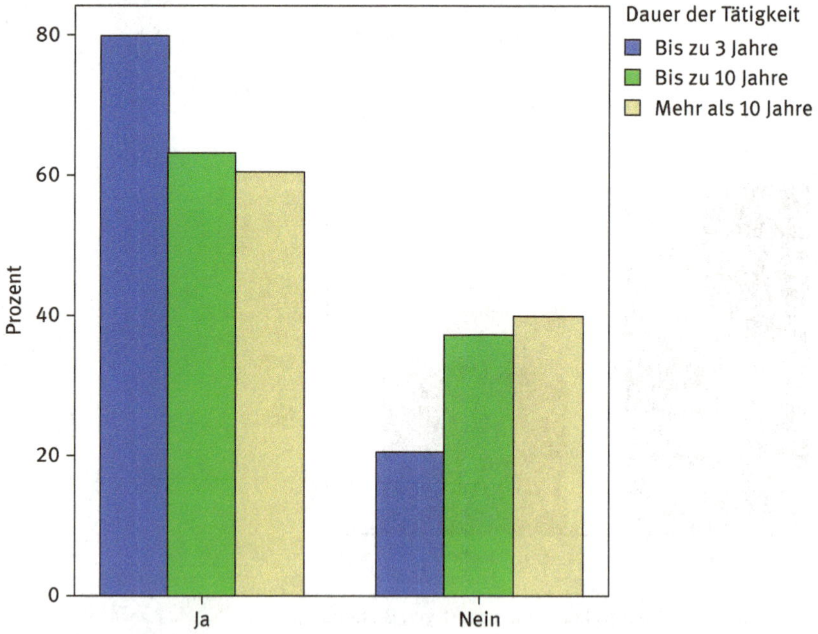

Abb. 46: Übersicht zur Sachgerechtigkeit einer sofortigen Bestellung nach Dauer der Tätigkeit

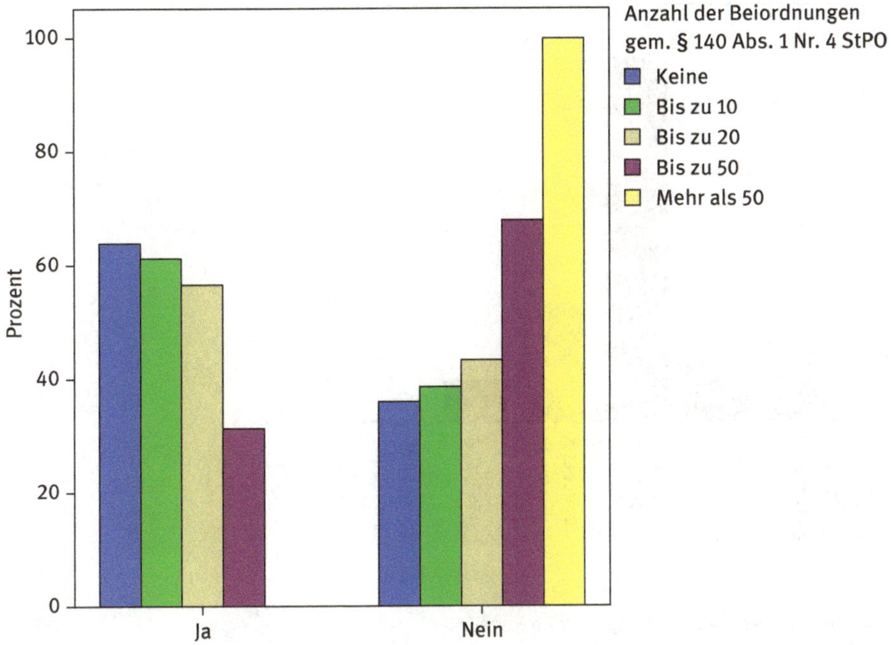

Abb. 47: Übersicht zur Sachgerechtigkeit einer sofortigen Bestellung nach Anzahl der Beiordnungen

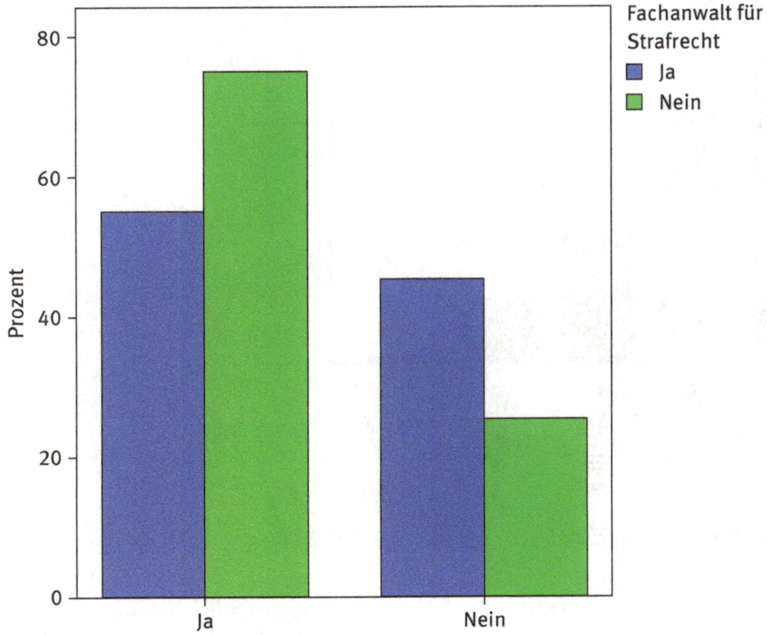

Abb. 48: Übersicht zur Sachgerechtigkeit einer sofortigen Bestellung nach Fachanwaltstitel

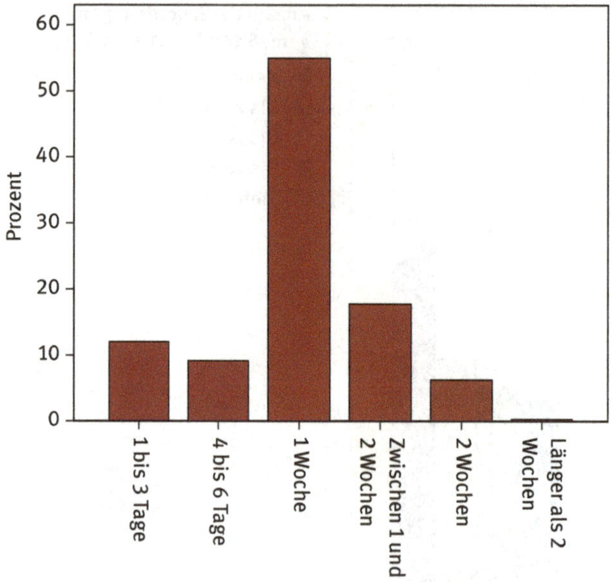

Abb. 49: Übersicht zur Bezeichnungsfrist im Regelfall

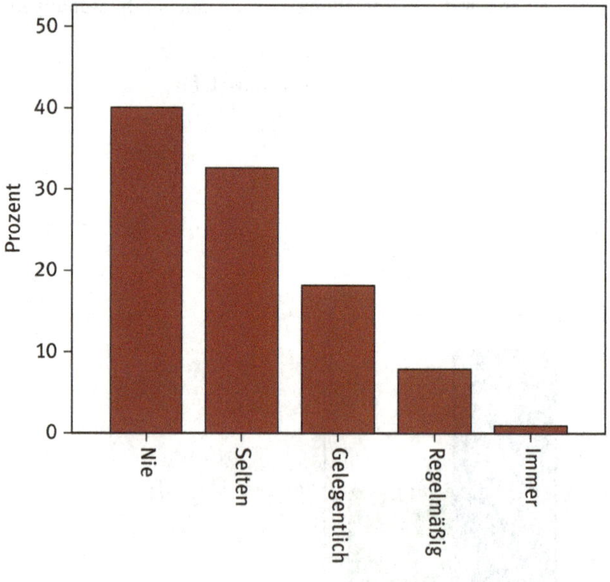

Abb. 50: Übersicht zum Zuwarten trotz Wunsch nach sofortiger Beiordnung

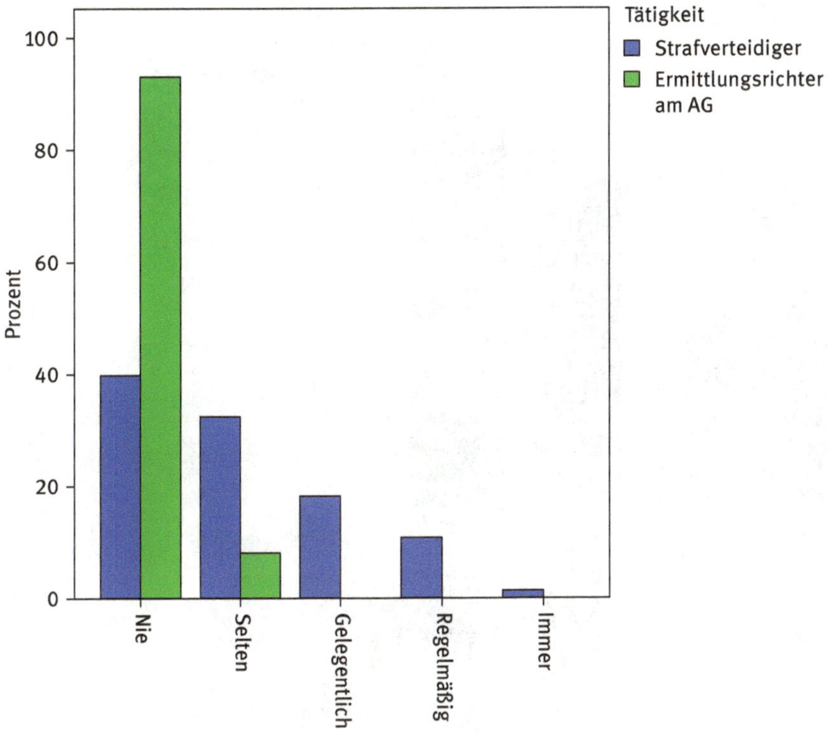

Abb. 51: Übersicht zum Zuwarten trotz Wunsch nach sofortiger Beiordnung nach Tätigkeit

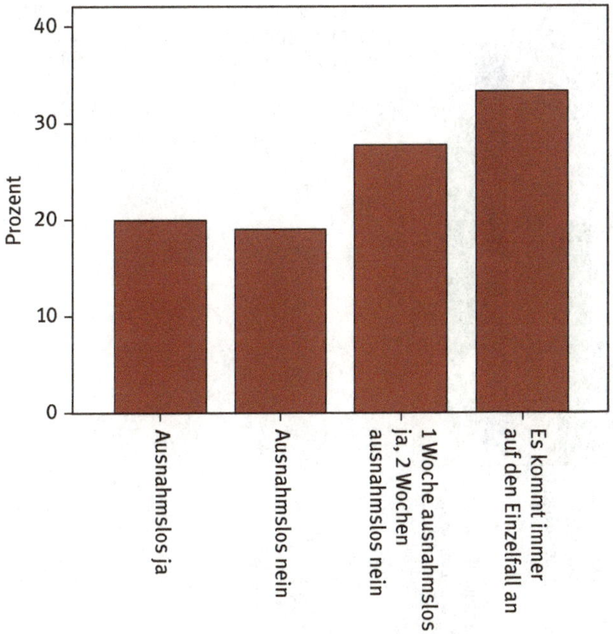

Abb. 52: Übersicht zur Unverzüglichkeit einer 1- bzw. 2-Wochen-Frist

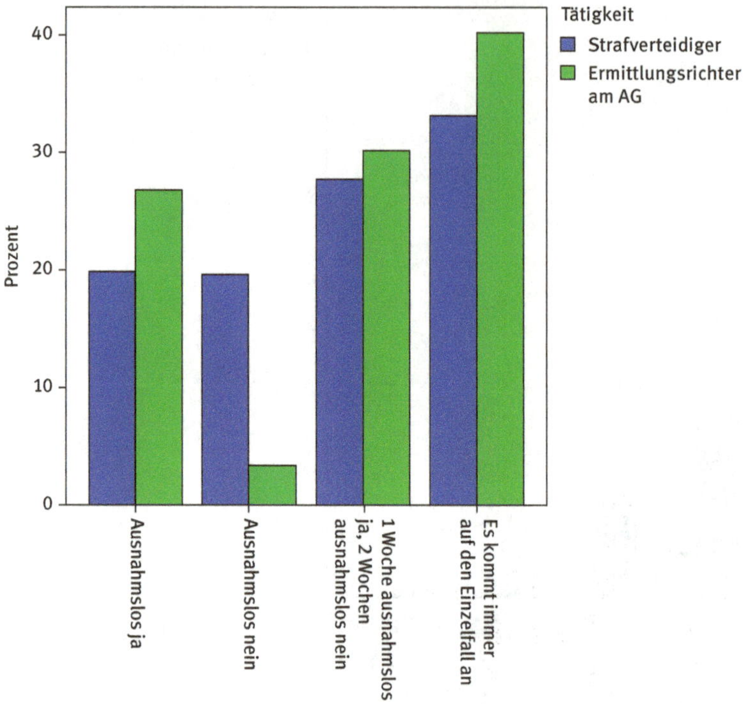

Abb. 53: Übersicht zur Unverzüglichkeit einer 1- bzw. 2-Wochen-Frist nach Tätigkeit

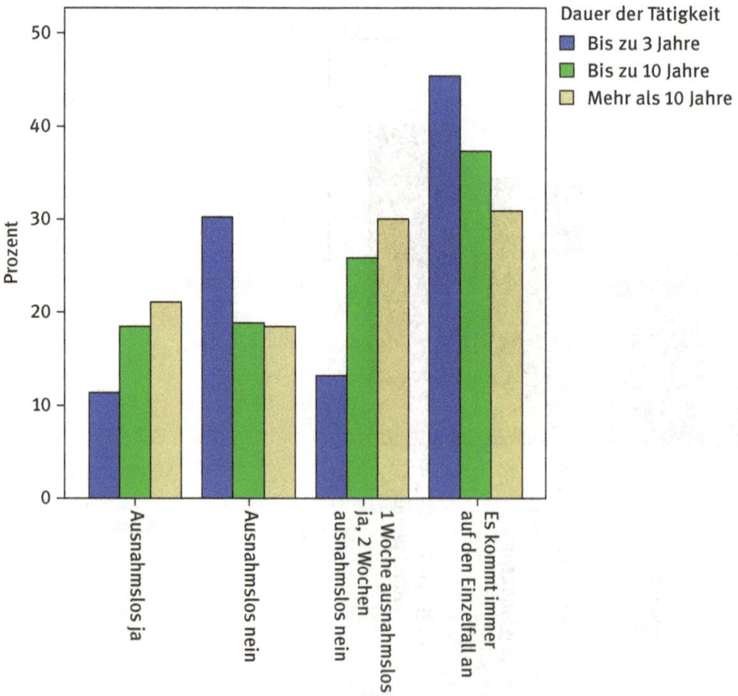

Abb. 54: Übersicht zur Unverzüglichkeit einer 1- bzw. 2-Wochen-Frist nach Dauer der Tätigkeit

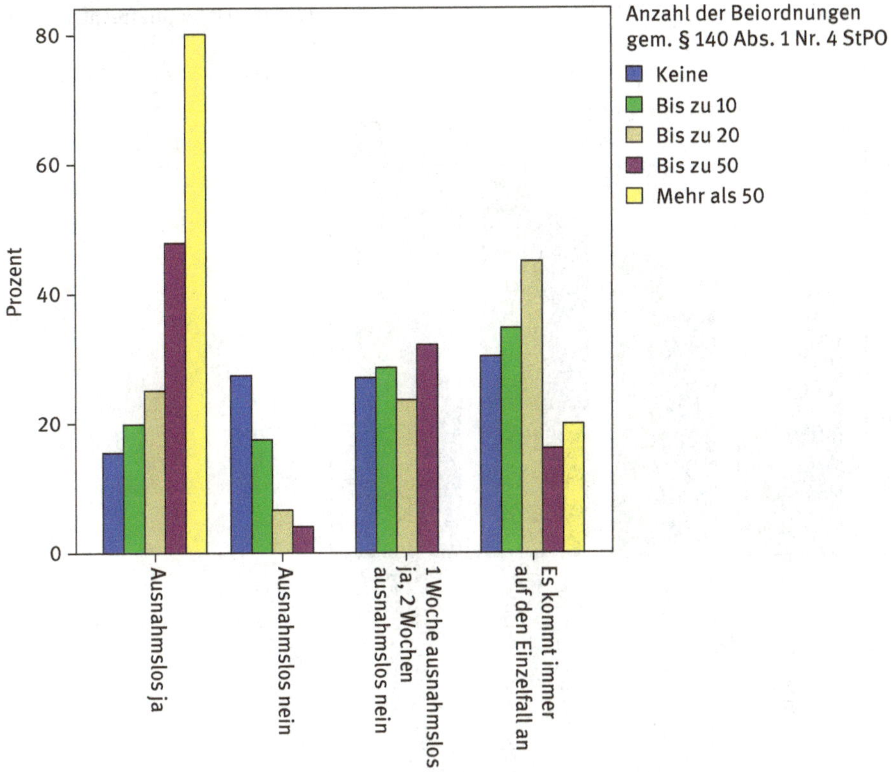

Abb. 55: Übersicht zur Unverzüglichkeit einer 1- bzw. 2-Wochen-Frist nach Anzahl der Beiordnungen

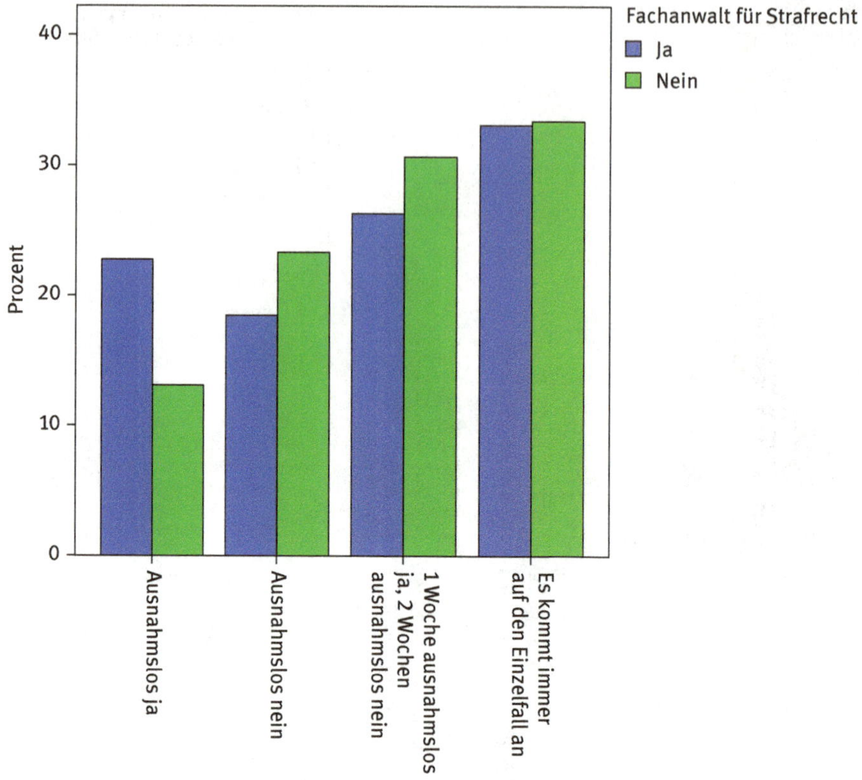

Abb. 56: Übersicht zur Unverzüglichkeit einer 1- bzw. 2-Wochen-Frist nach Fachanwaltstitel

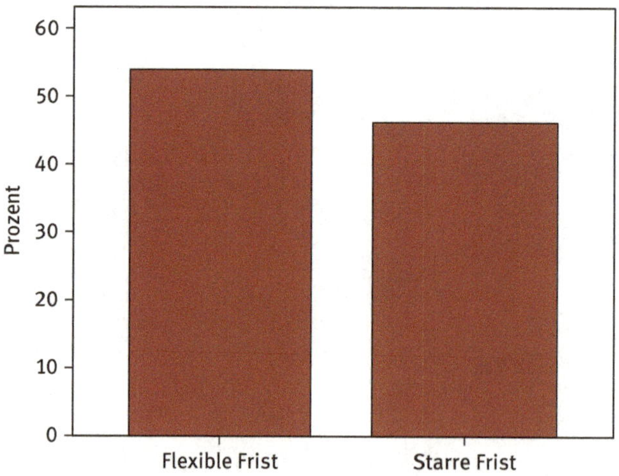

Abb. 57: Übersicht zur Frage einer flexiblen oder starren Frist

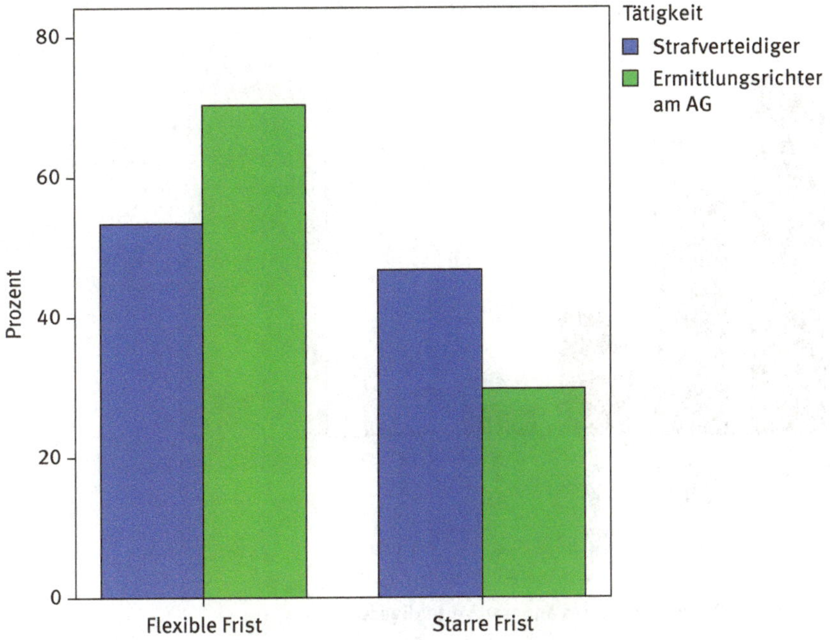

Abb. 58: Übersicht zur Frage einer flexiblen oder starren Frist nach Tätigkeit

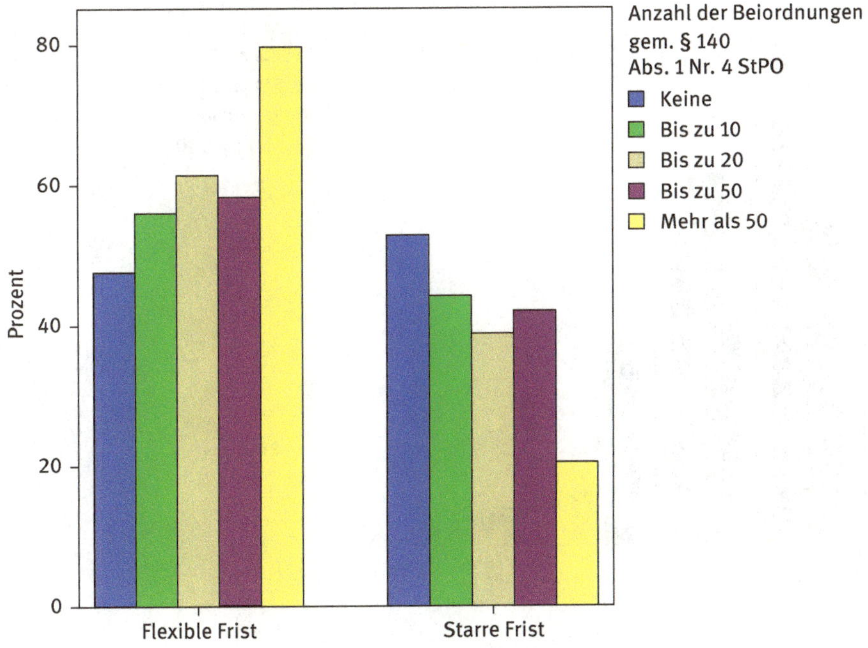

Abb. 59: Übersicht zur Frage einer flexiblen oder starren Frist nach Anzahl der Beiordnungen

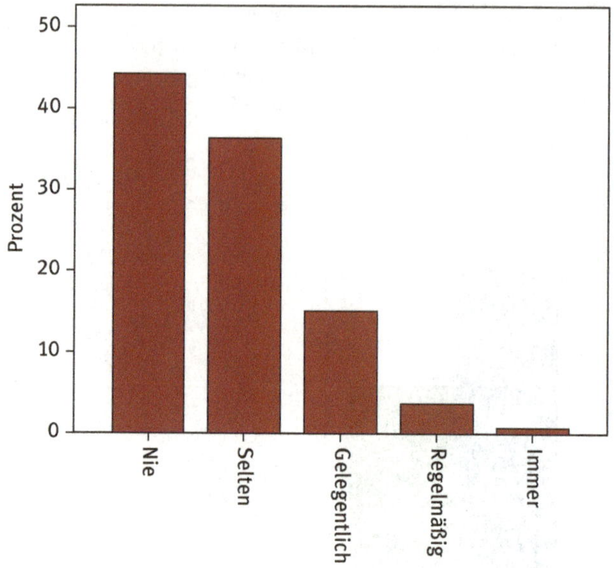

Abb. 60: Übersicht zur Beiordnung eines anderen Verteidigers

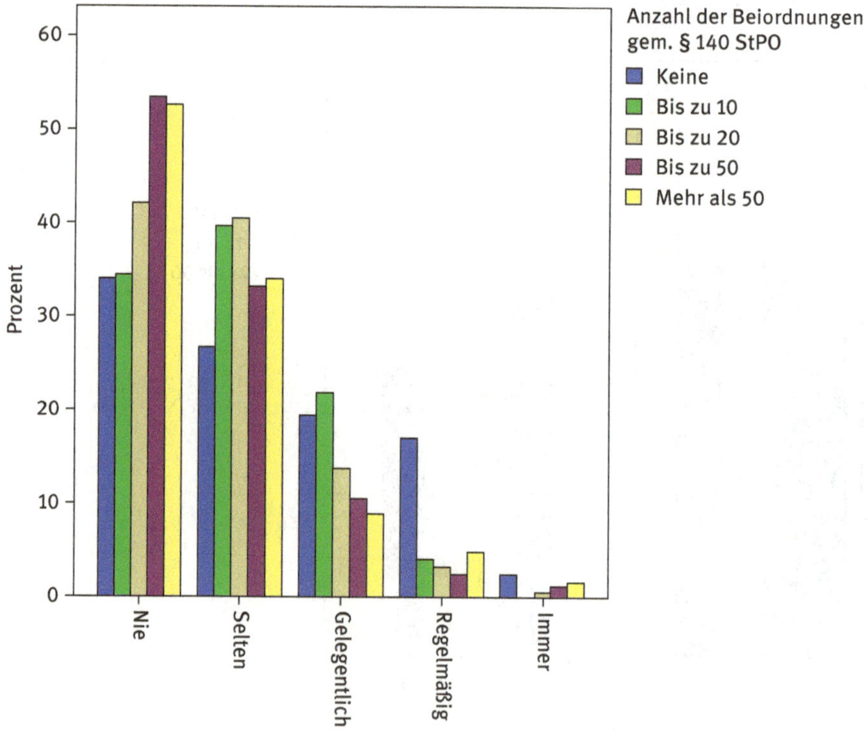

Abb. 61: Übersicht zur Beiordnung eines anderen Verteidigers nach Anzahl der Beiordnungen

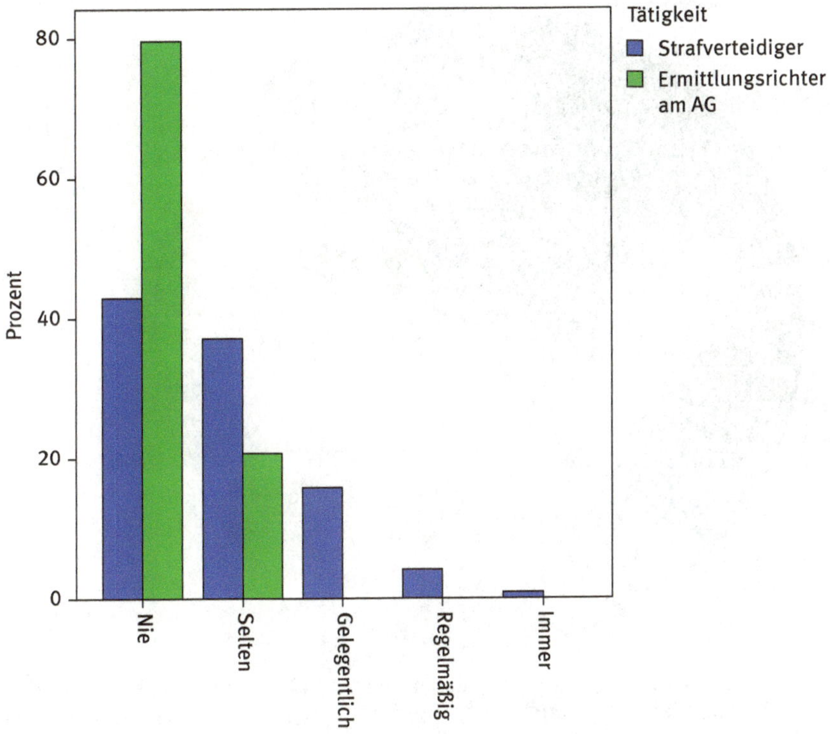

Abb. 62: Übersicht zur Beiordnung eines anderen Verteidigers nach Tätigkeit

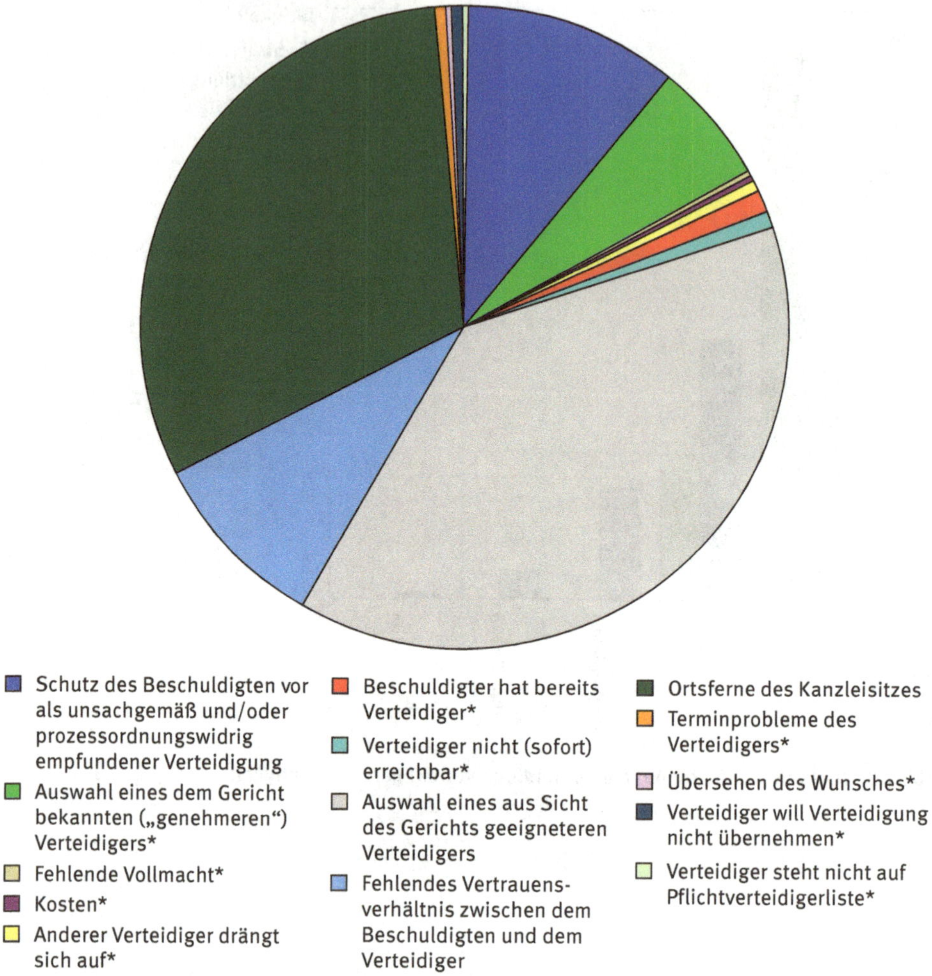

Abb. 63: Übersicht zu den Zielrichtungen bei einer abweichenden Beiordnung

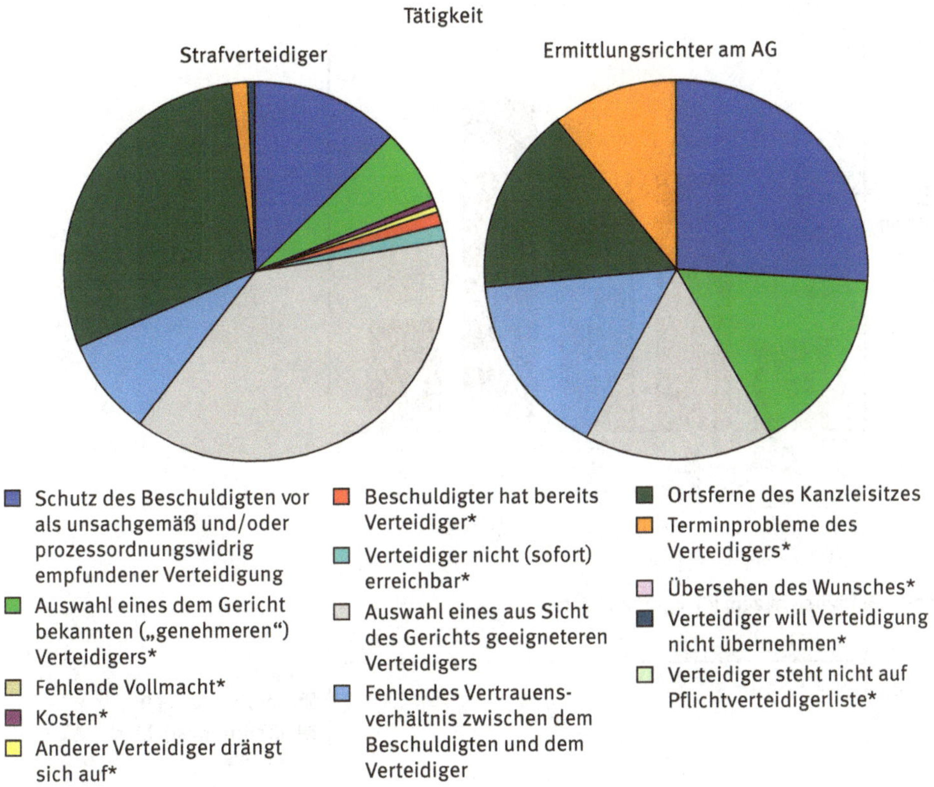

Abb. 64: Übersicht zu den Zielrichtungen bei einer abweichenden Beiordnung nach Tätigkeit

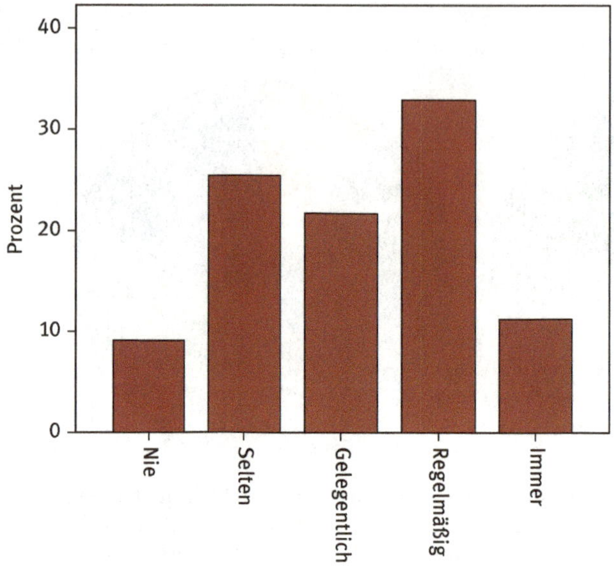

Abb. 65: Übersicht zum Rückgriff auf Listen

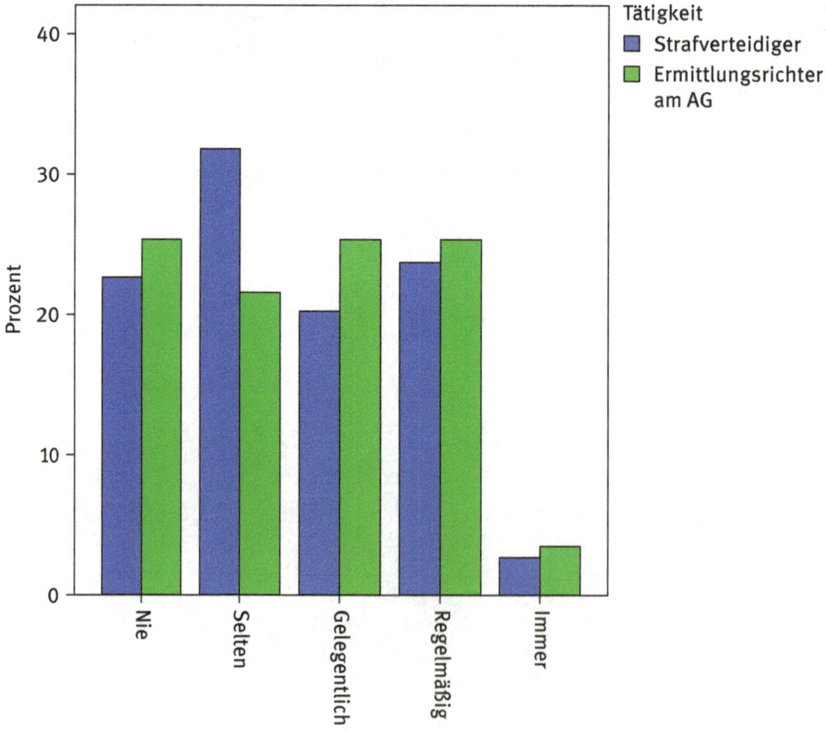

Abb. 66: Übersicht zum Rückgriff auf Listen nach Tätigkeit

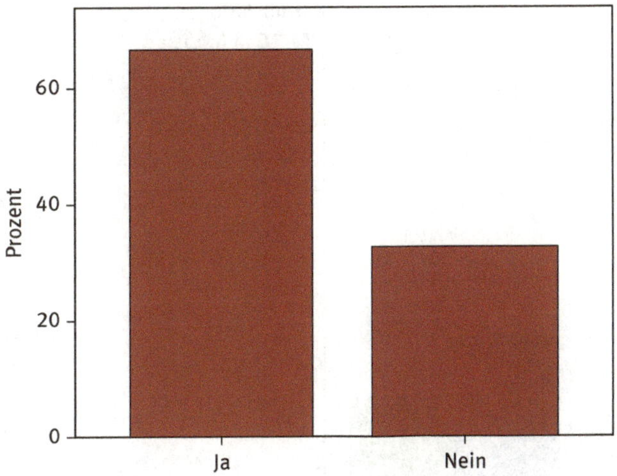

Abb. 67: Übersicht zur Frage der Verwendung gerichtsinterner Listen

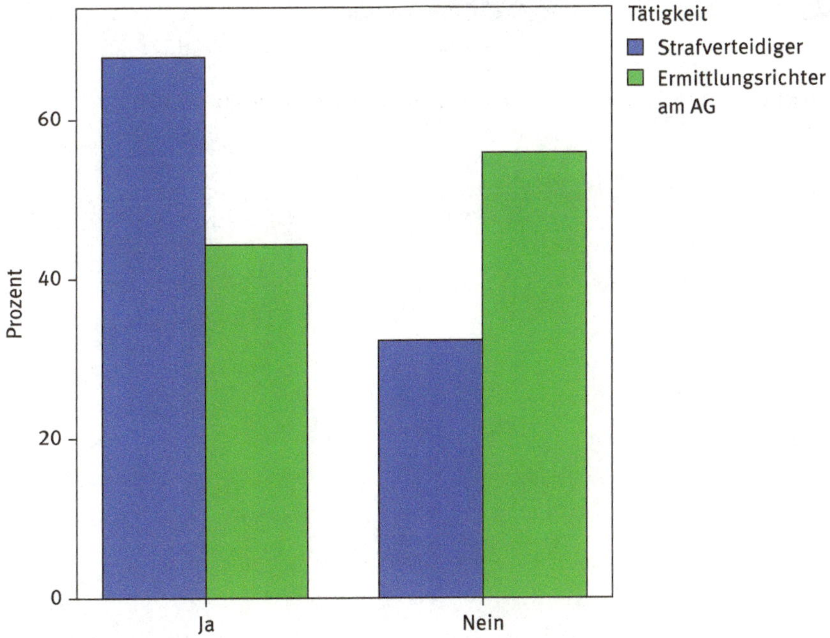

Abb. 68: Übersicht zur Frage der Verwendung gerichtsinterner Listen nach Tätigkeit

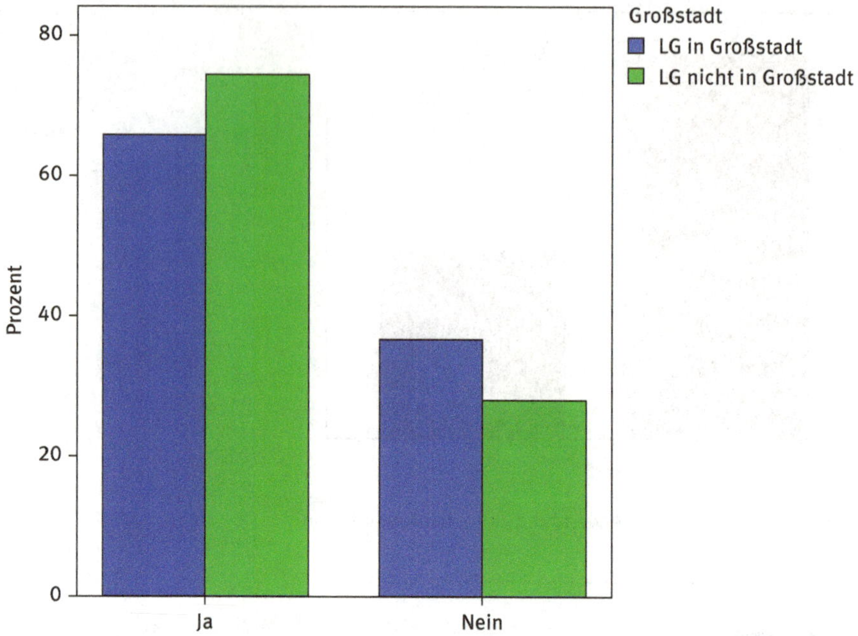

Abb. 69: Übersicht zur Frage der Verwendung gerichtsinterner Listen nach Sitz des LG

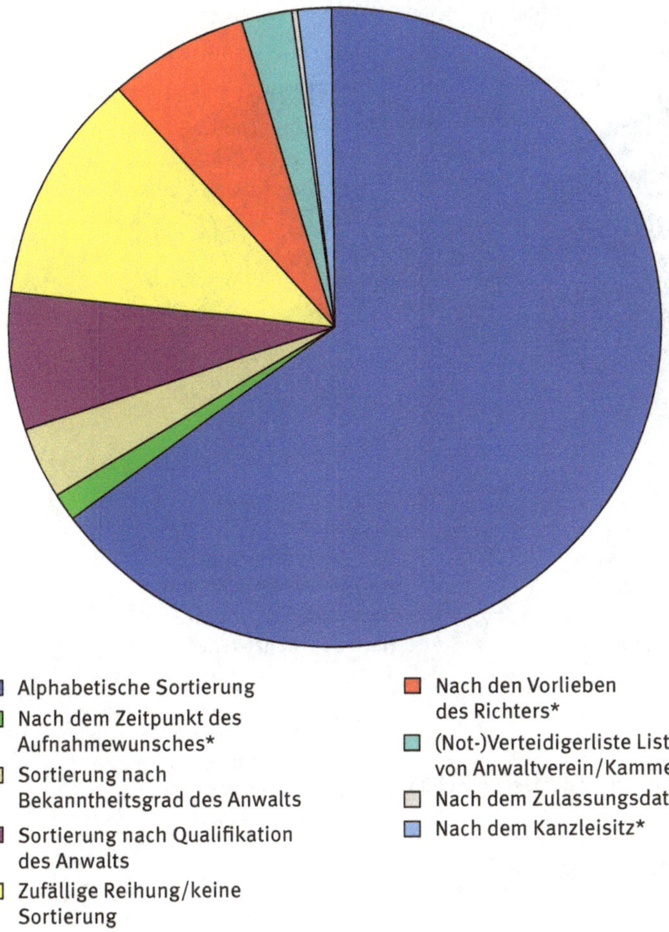

Abb. 70: Übersicht zur Strukturierung der Listen

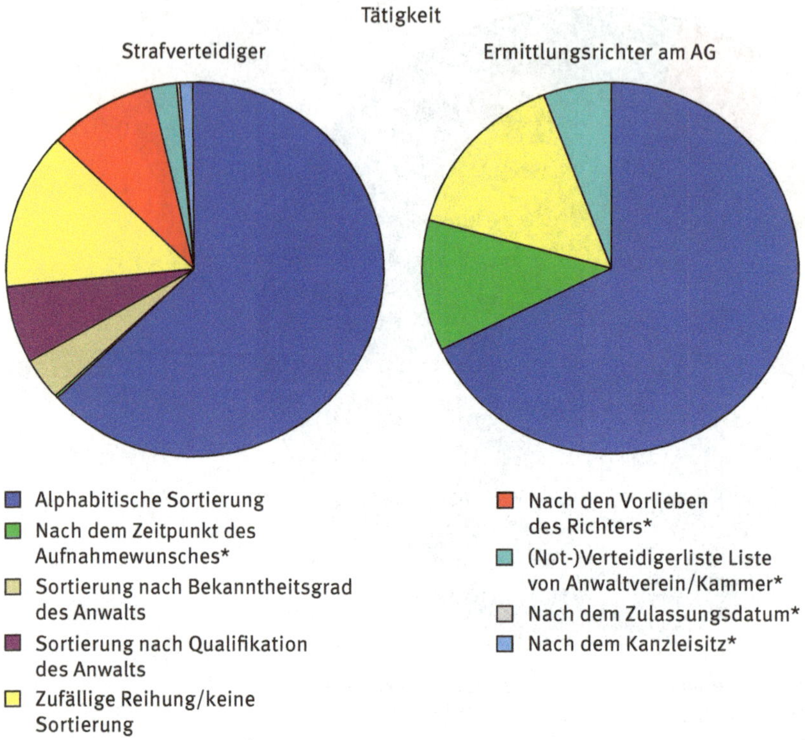

Abb. 71: Übersicht zur Strukturierung der Listen nach Tätigkeit

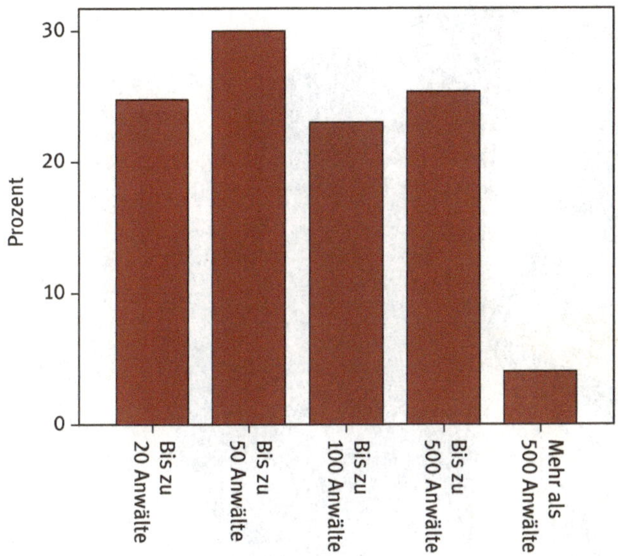

Abb. 72: Übersicht zur durchschnittlichen Anzahl an Rechtsanwälten auf den Listen

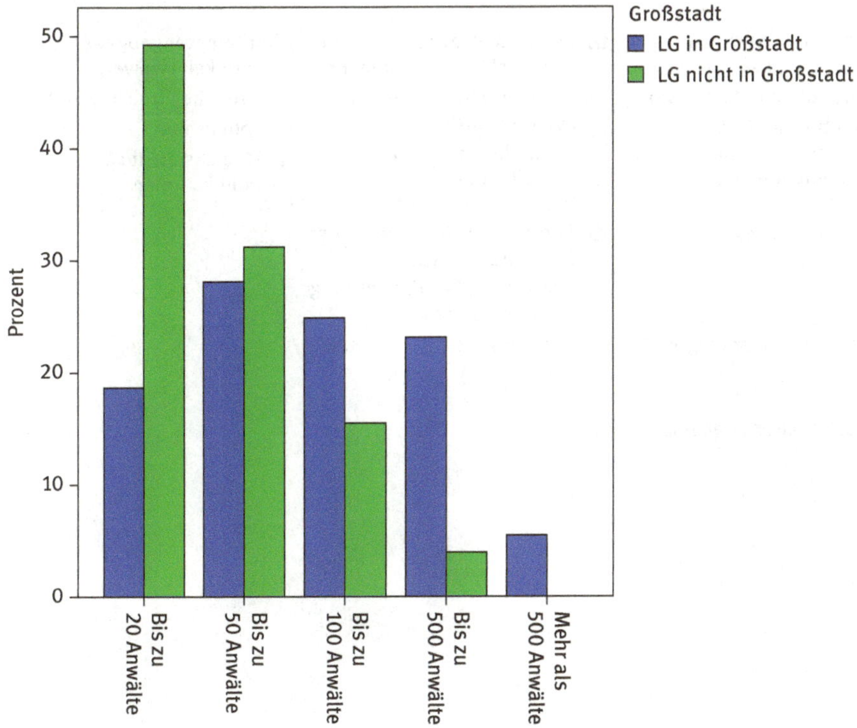

Abb. 73: Übersicht zur durchschnittlichen Anzahl an Rechtsanwälten auf den Listen nach Sitz des LG

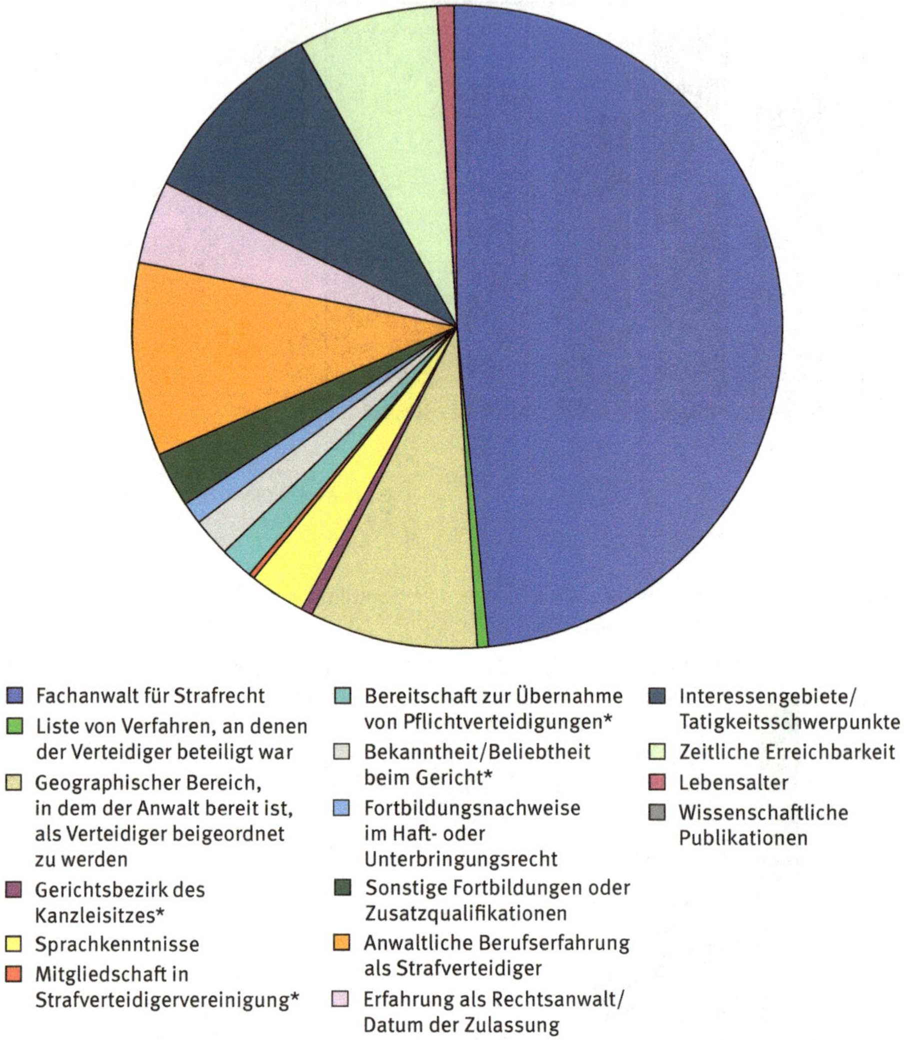

Abb. 74: Übersicht zu den Auswahlkriterien auf den Listen

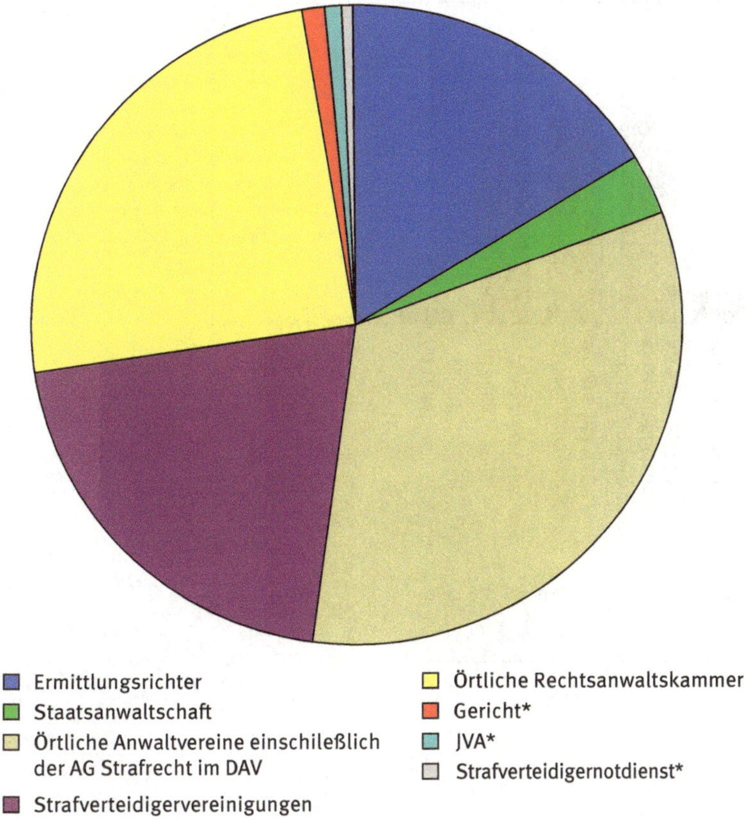

Abb. 75: Übersicht zu den Urhebern der Listen

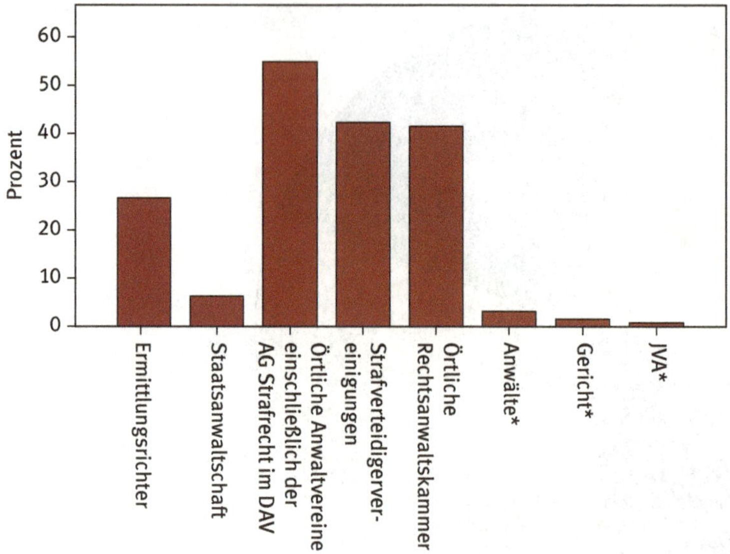

Abb. 76: Übersicht zu den Einflussnehmern auf die Listen

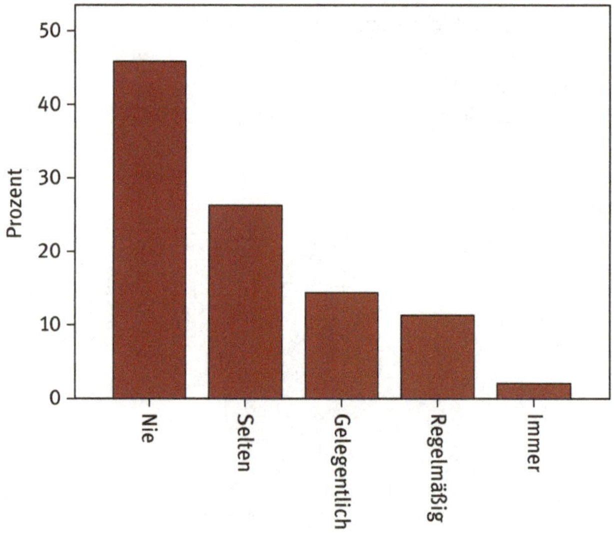

Abb. 77: Übersicht zur Aushändigung der Listen

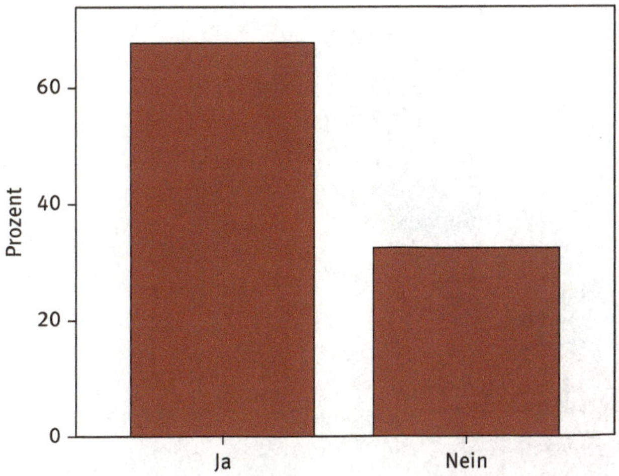

Abb. 78: Übersicht zur nur gerichtsinternen Verfügbarkeit als Grund für die Nichhtaushändigung der Listen

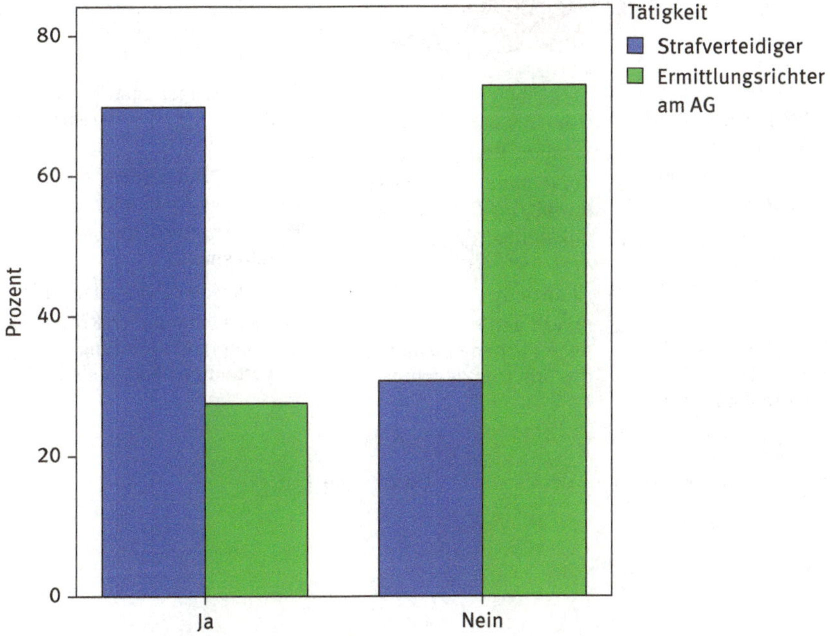

Abb. 79: Übersicht zur nur gerichtsinternen Verfügbarkeit als Grund für die Nichhtaushändigung der Listen nach Tätigkeit

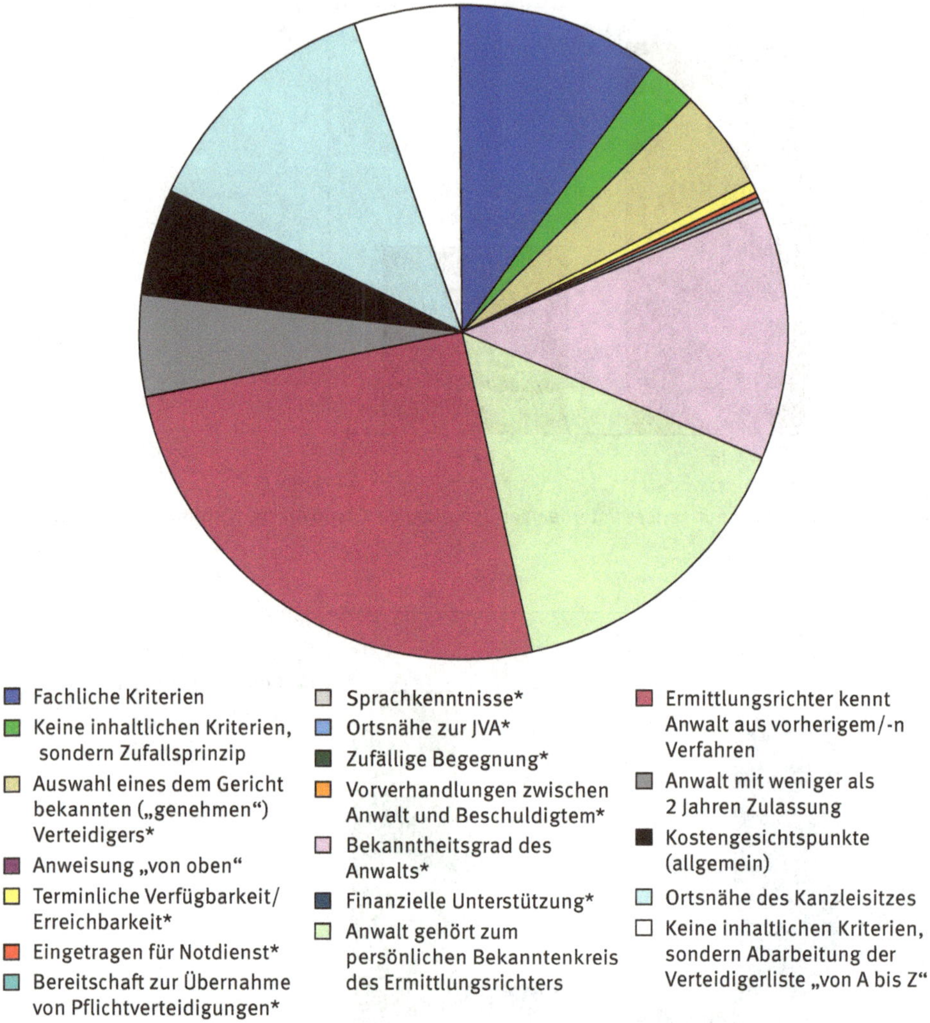

Abb. 80: Übersicht zu den Kriterien bei der Verwendung von Listen

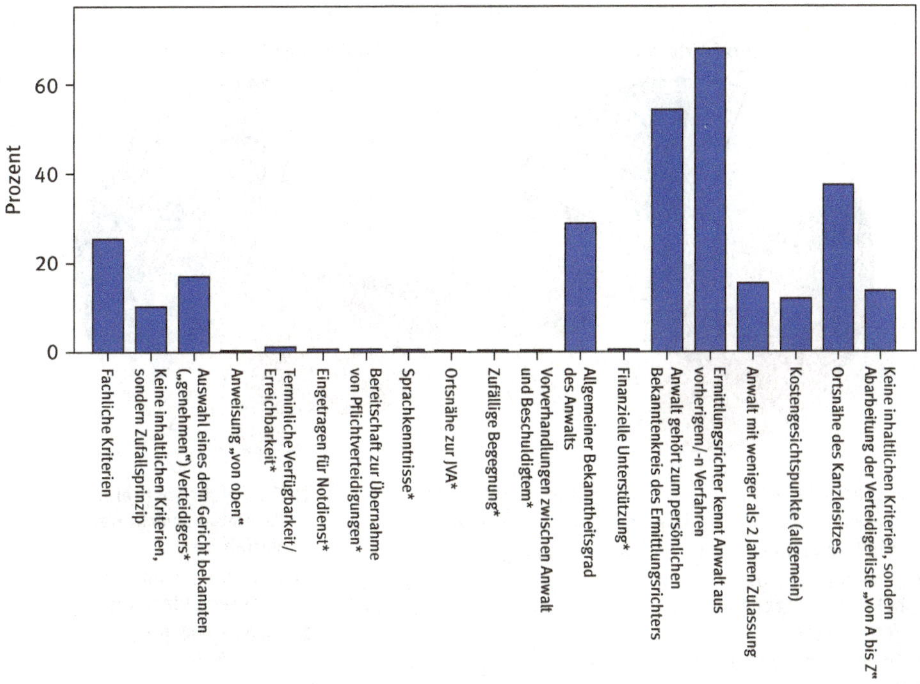

Abb. 81: Übersicht zu den Kriterien bei der Verwendung von Listen – Strafverteidiger

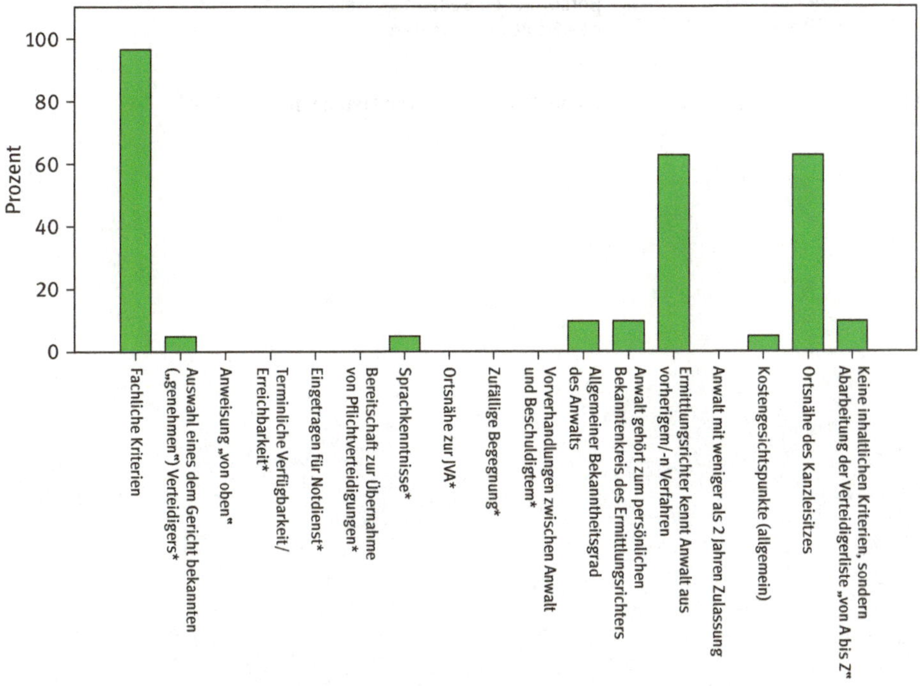

Abb. 82: Übersicht zu den Kriterien bei der Verwendung von Listen – Ermittlungsrichter

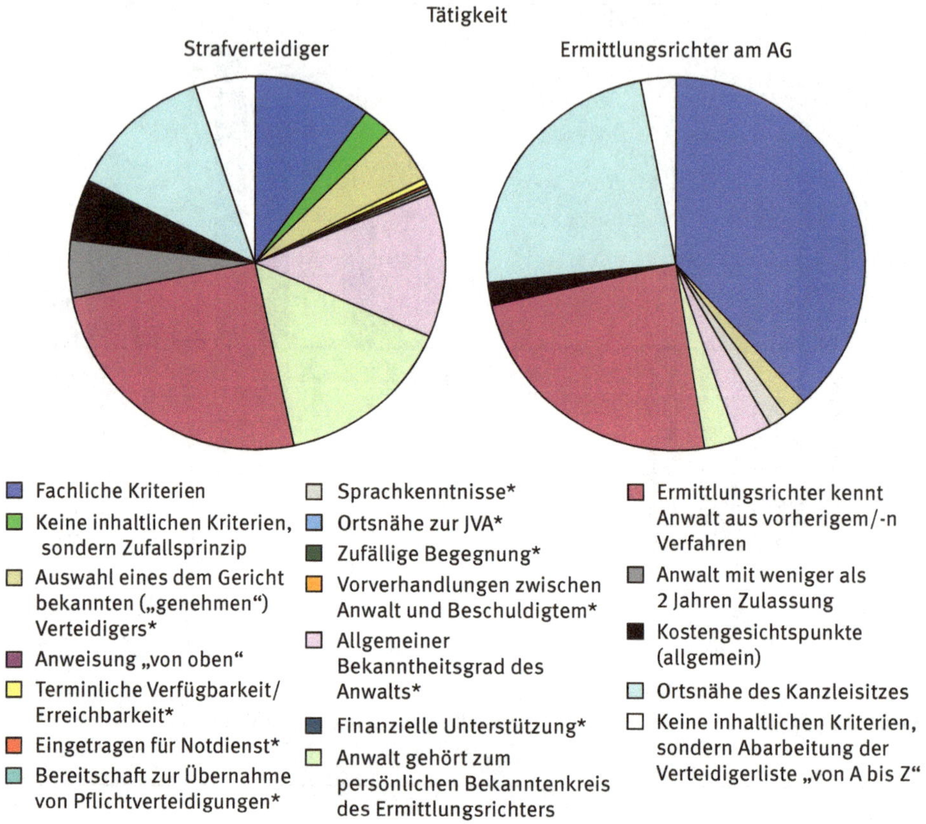

Abb. 83: Übersicht zu den Kriterien bei der Verwendung von Listen nach Tätigkeit

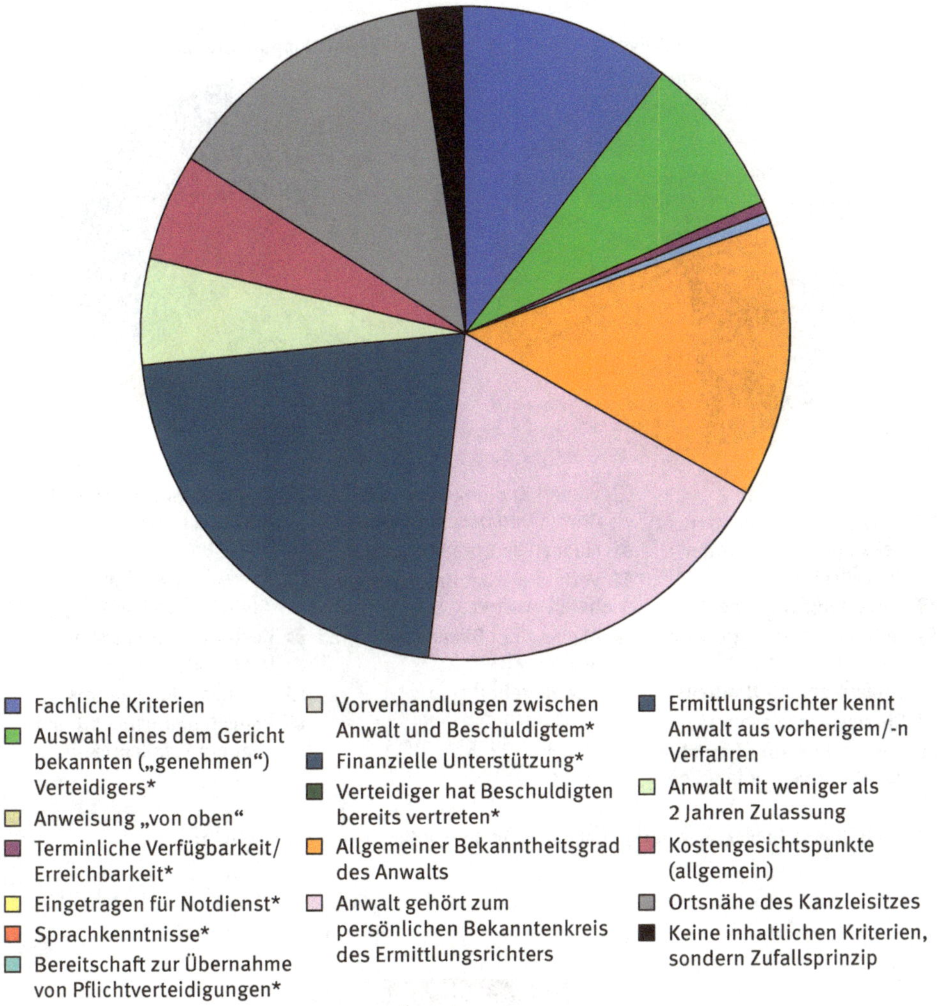

Abb. 84: Übersicht zu den Kriterien bei der Nichtverwendung von Listen

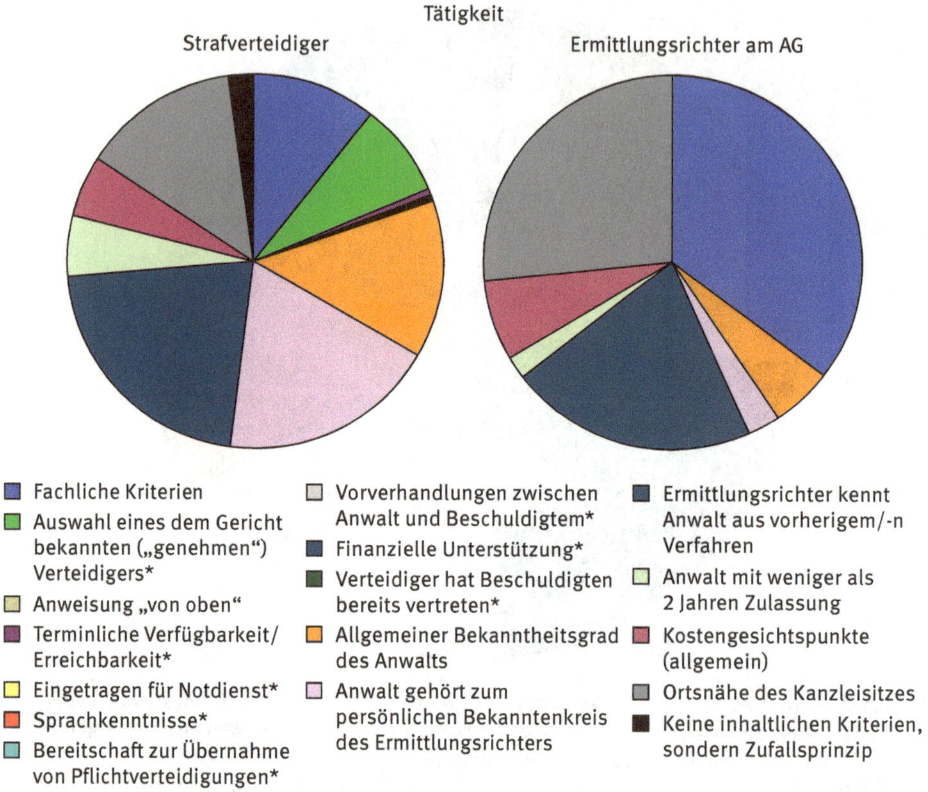

Abb. 85: Übersicht zu den Kriterien bei der Nichtverwendung von Listen nach Tätigkeit

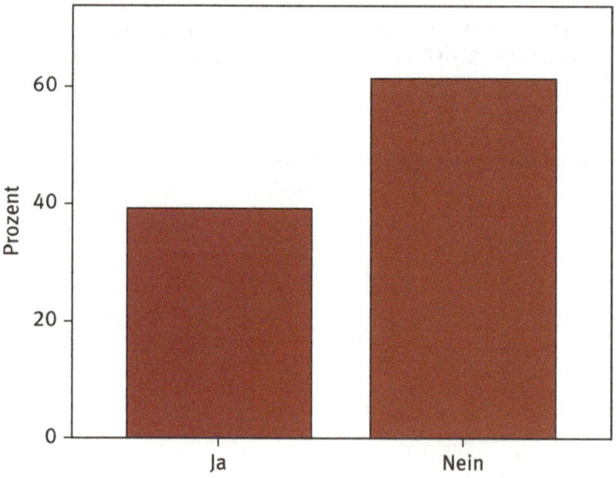

Abb. 86: Übersicht zur Frage eines schematischen Verfahrens

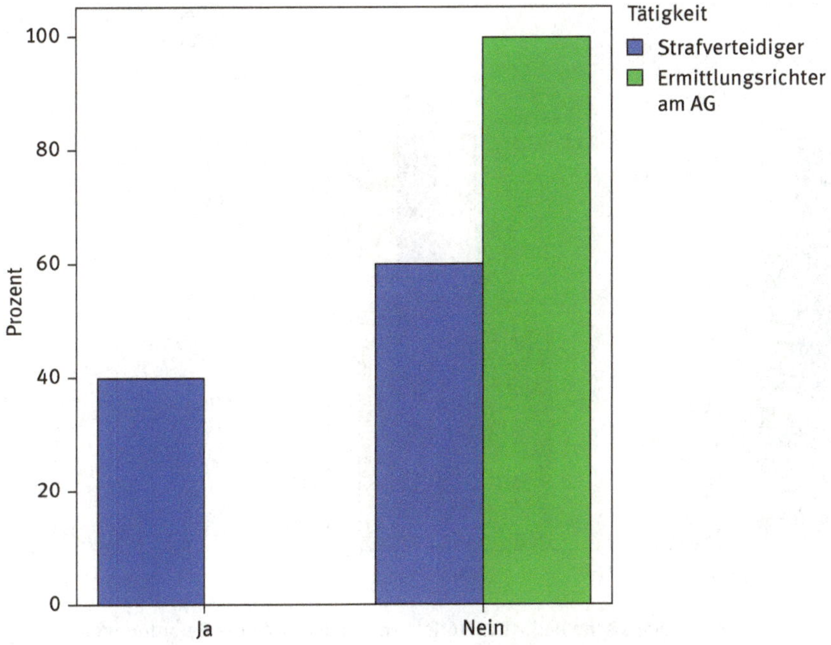

Abb. 87: Übersicht zur Frage eines schematischen Verfahrens nach Tätigkeit

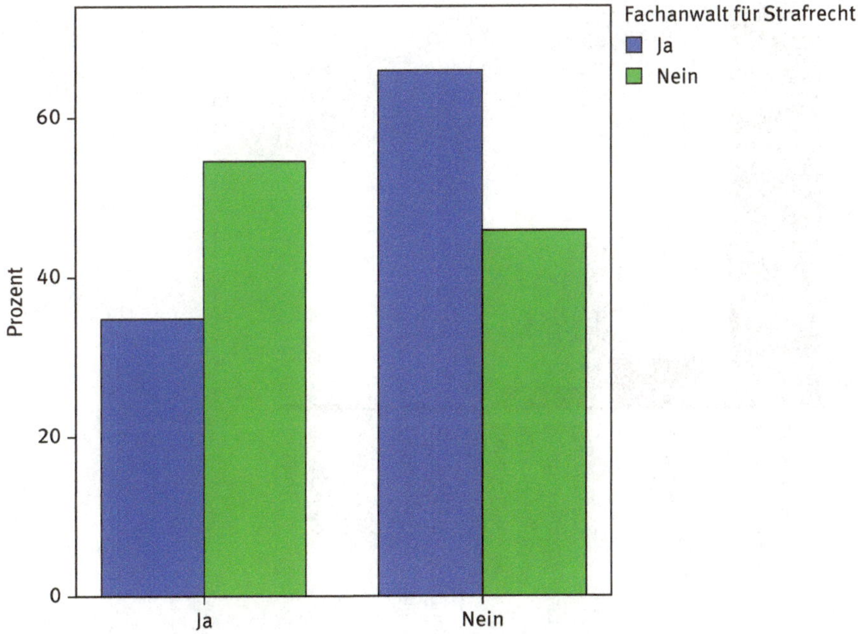

Abb. 88: Übersicht zur Frage eines schematischen Verfahrens nach Fachanwaltstitel

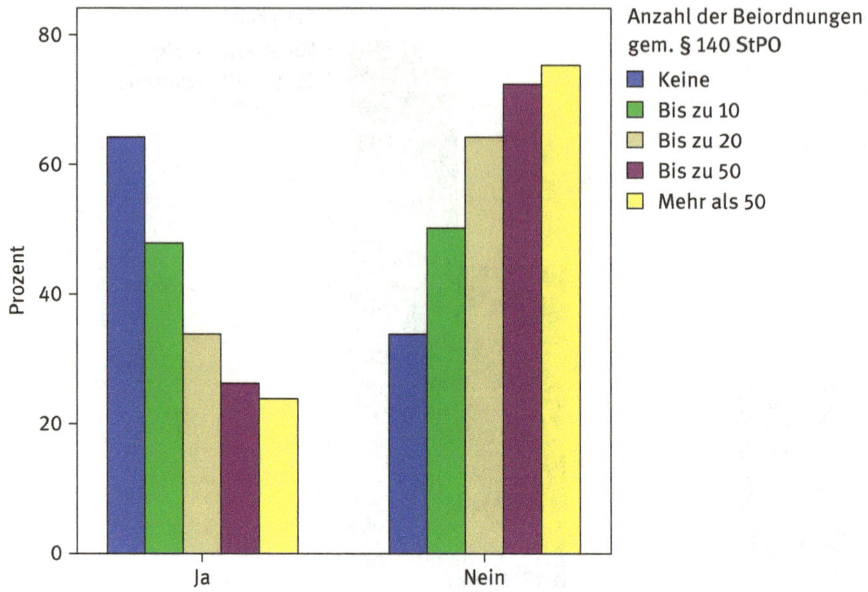

Abb. 89: Übersicht zur Frage eines schematischen Verfahrens nach Anzahl der Beiordnungen

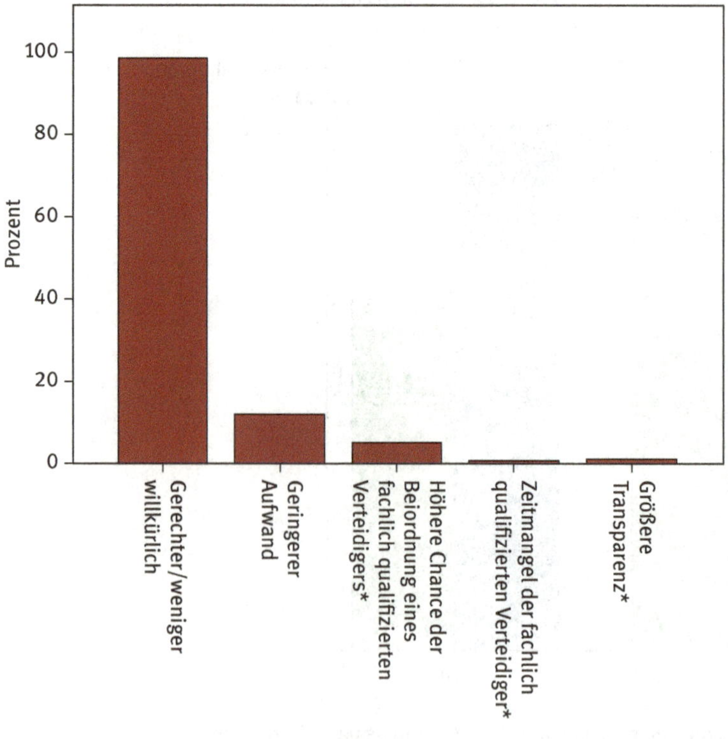

Abb. 90: Übersicht zu den Gründen für die Befürwortung eines schematischen Verfahrens

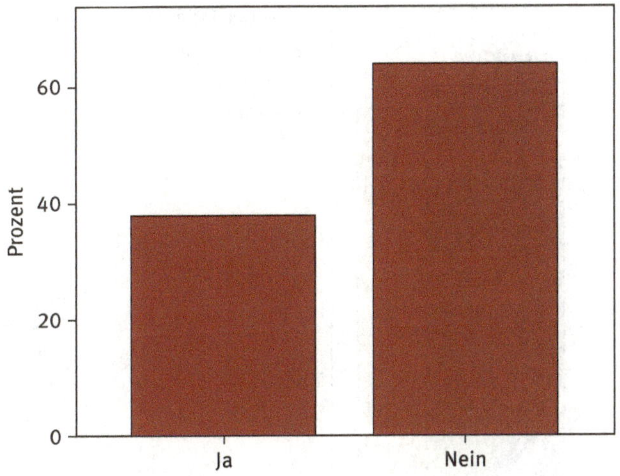

Abb. 91: Übersicht zur Übertragung der Auswahl auf die Rechtsanwaltskammer

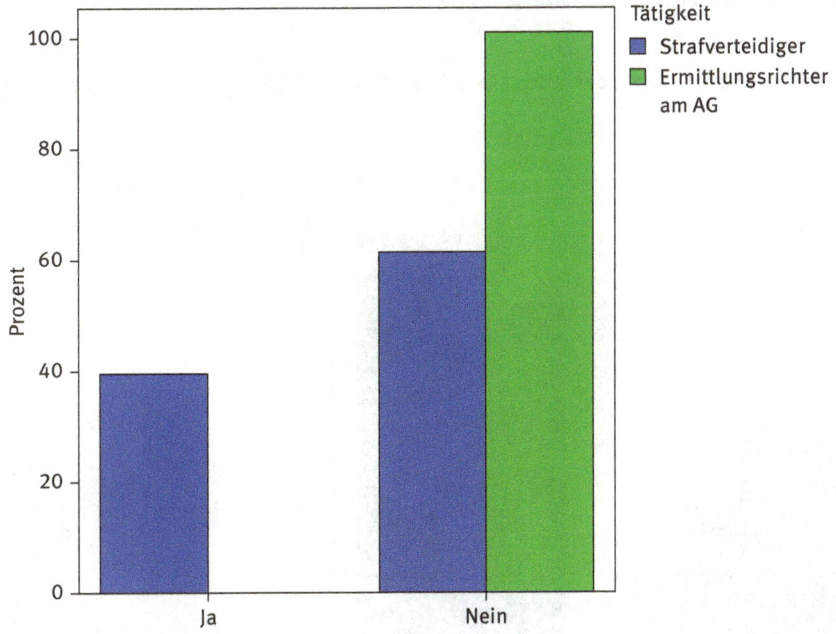

Abb. 92: Übersicht zur Übertragung der Auswahl auf die Rechtsanwaltskammer nach Tätigkeit

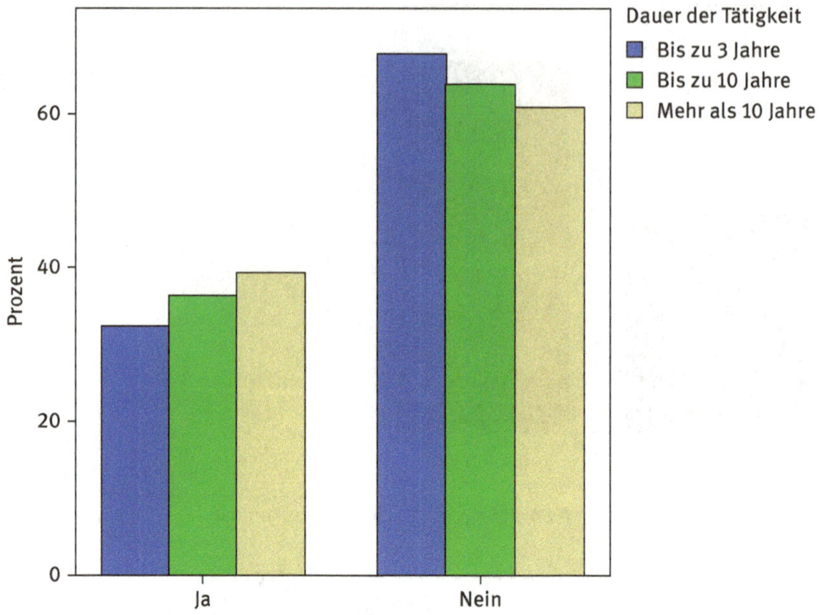

Abb. 93: Übersicht zur Übertragung der Auswahl auf die Rechtsanwaltskammer nach Dauer der Tätigkeit

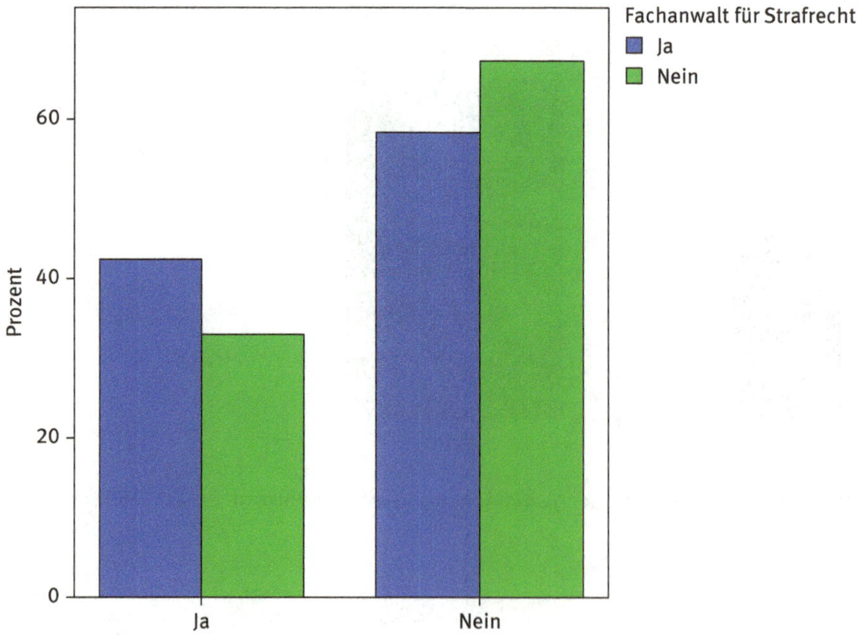

Abb. 94: Übersicht zur Übertragung der Auswahl auf die Rechtsanwaltskammer nach Fachanwaltstitel

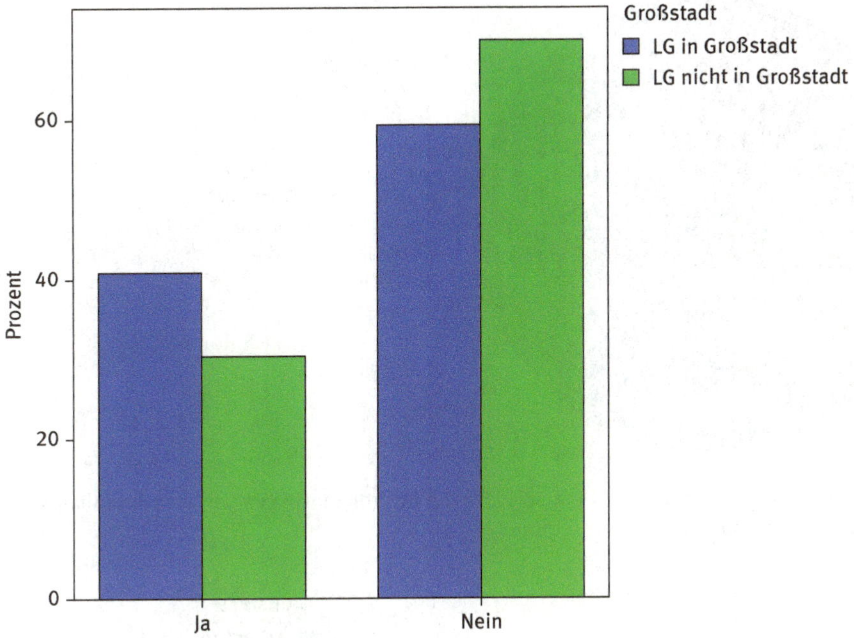

Abb. 95: Übersicht zur Übertragung der Auswahl auf die Rechtsanwaltskammer nach Sitz des LG

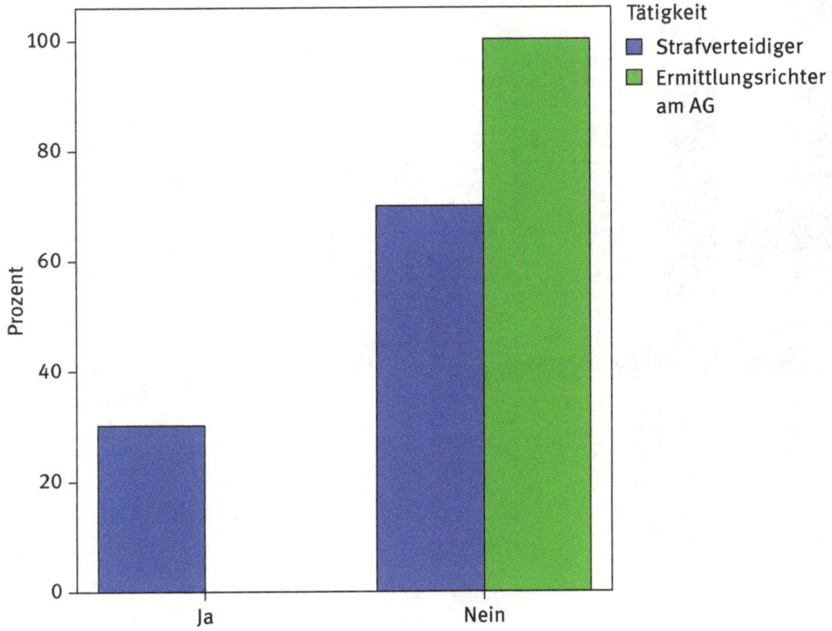

Abb. 96: Übersicht zu Unterschieden in der Beiordnungspraxis zwischen Ermittlungsrichtern und Strafkammern nach Tätigkeit

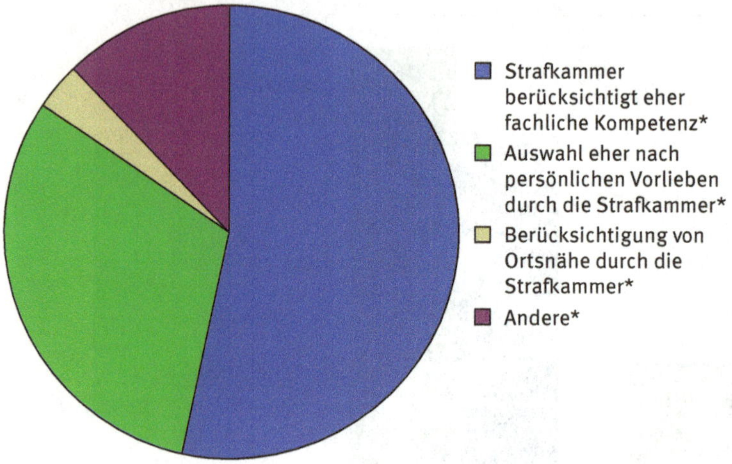

Abb. 97: Übersicht zu den einzelnen Unterschieden der Beiordnungspraxis zwischen Ermittlungsrichtern und Strafkammern

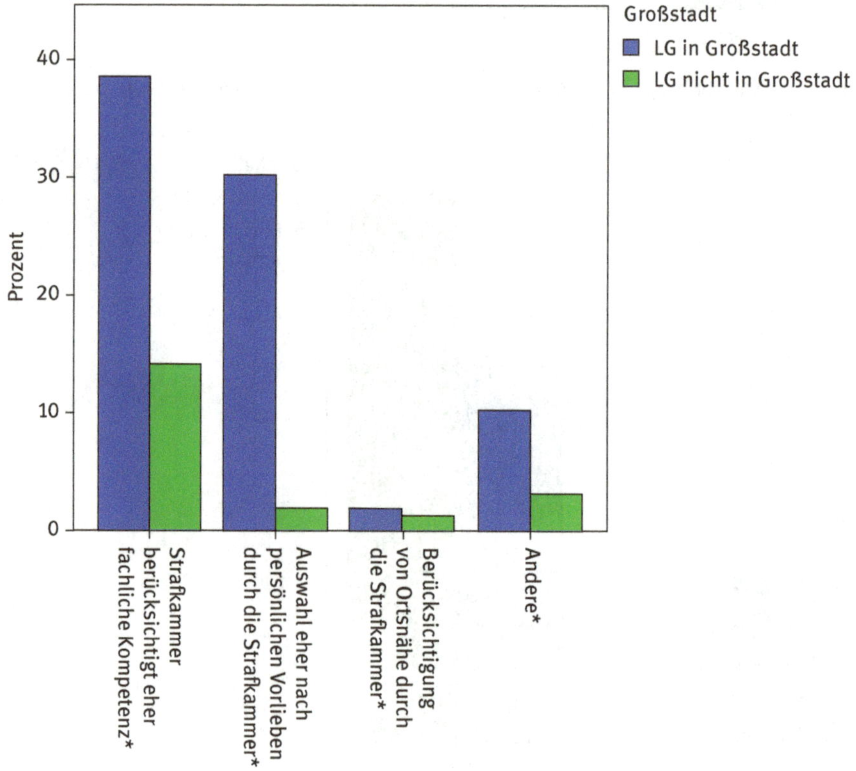

Abb. 98: Übersicht zu den einzelnen Unterschieden nach Urbanität

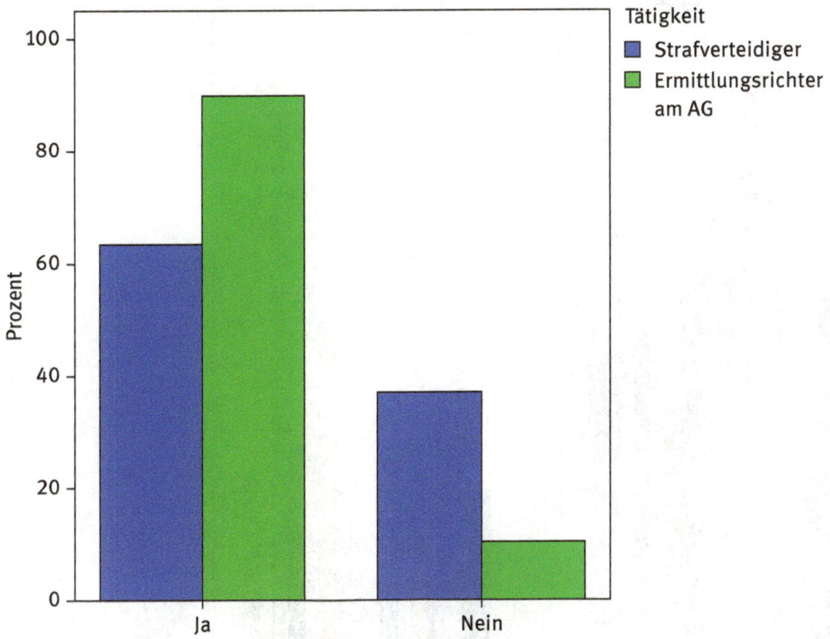

Abb. 99: Übersicht zur Ermöglichung eines vereinfachten Verteidigerwechsels bei „Verlegenheitswahl“ nach Tätigkeit

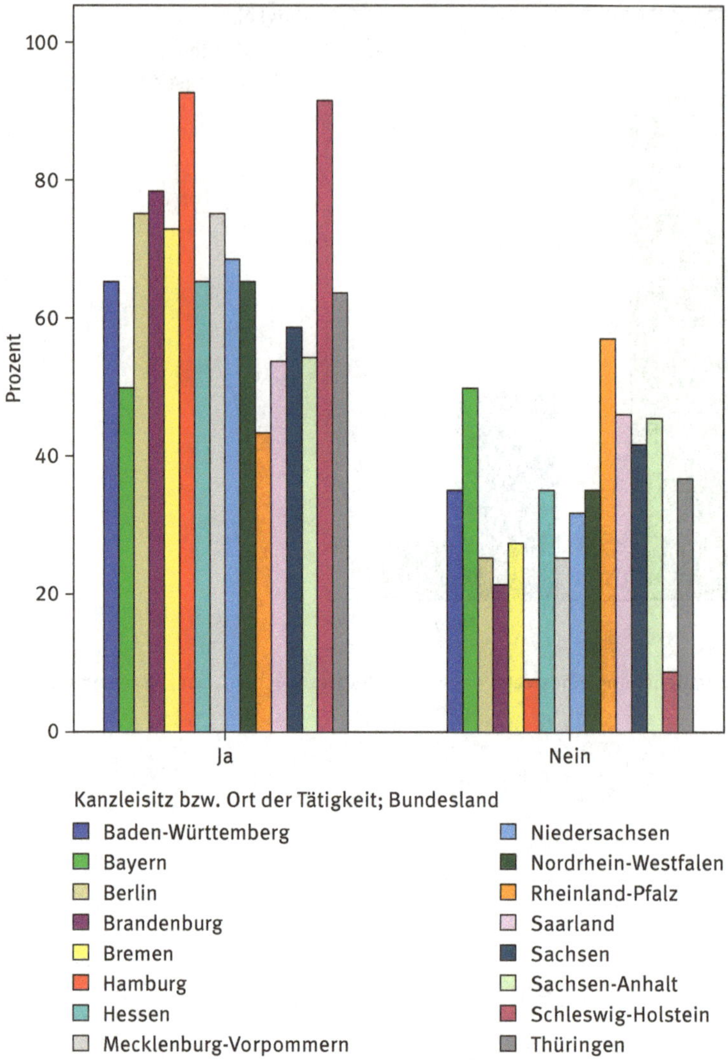

Abb. 100: Übersicht zur Ermöglichung eines Verteidigerwechsels bei „Verlegenheitswahl“ nach Bundesländern

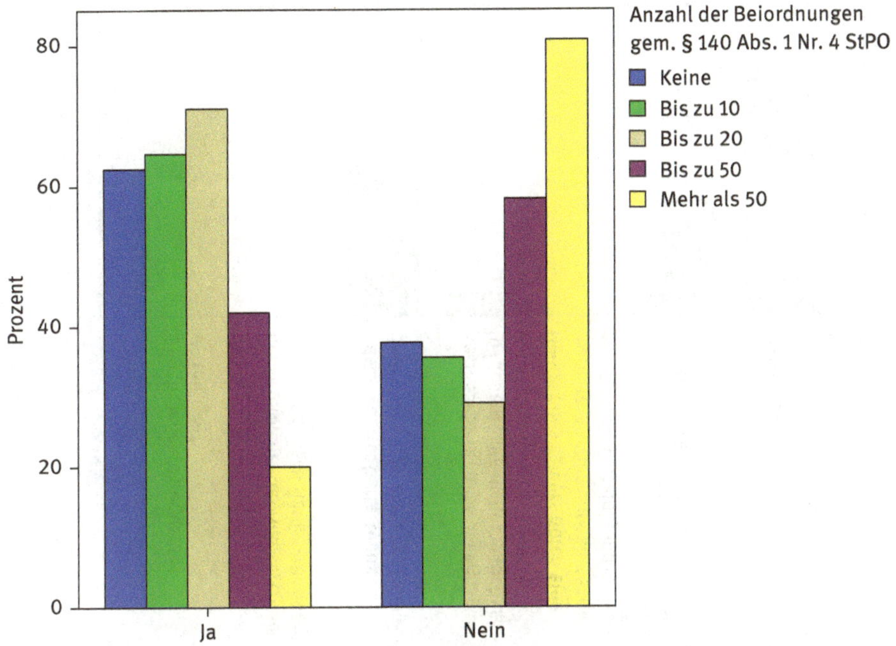

Abb. 101: Übersicht zur Ermöglichung eines Verteidigerwechsels nach Anzahl der Beiordnungen gem. § 140 Abs. 1 Nr. 4 StPO

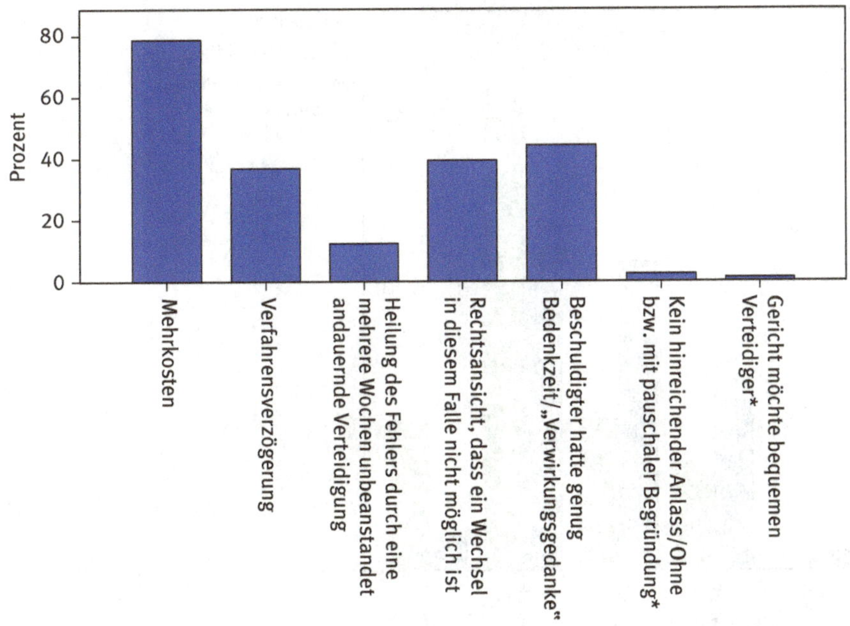

Abb. 102: Übersicht zu den Versagungsgründen des Gerichts bei „Verlegenheitswahl" – Strafverteidiger

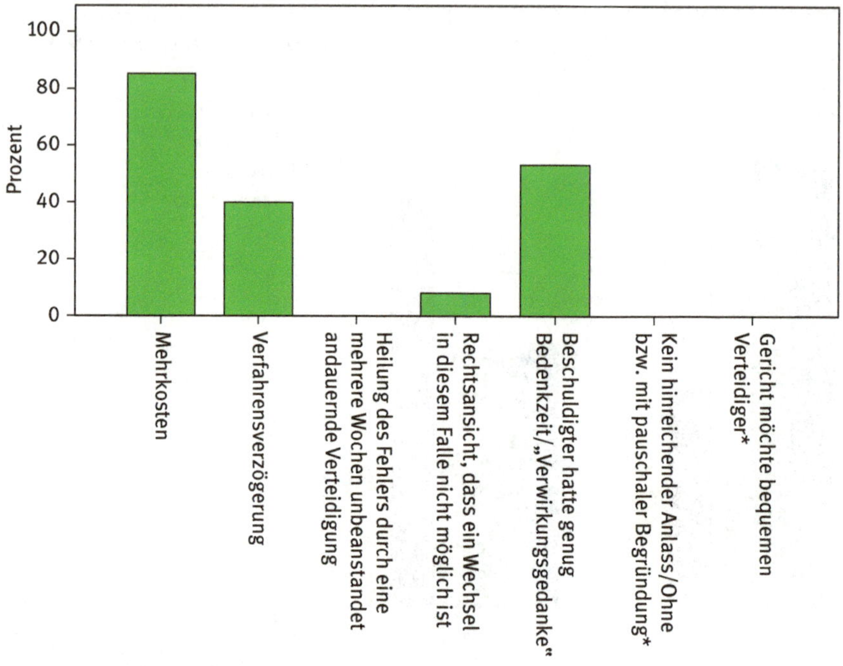

Abb. 103: Übersicht zu den Versagungsgründen des Gerichts bei „Verlegenheitswahl“ – Ermittlungsrichter

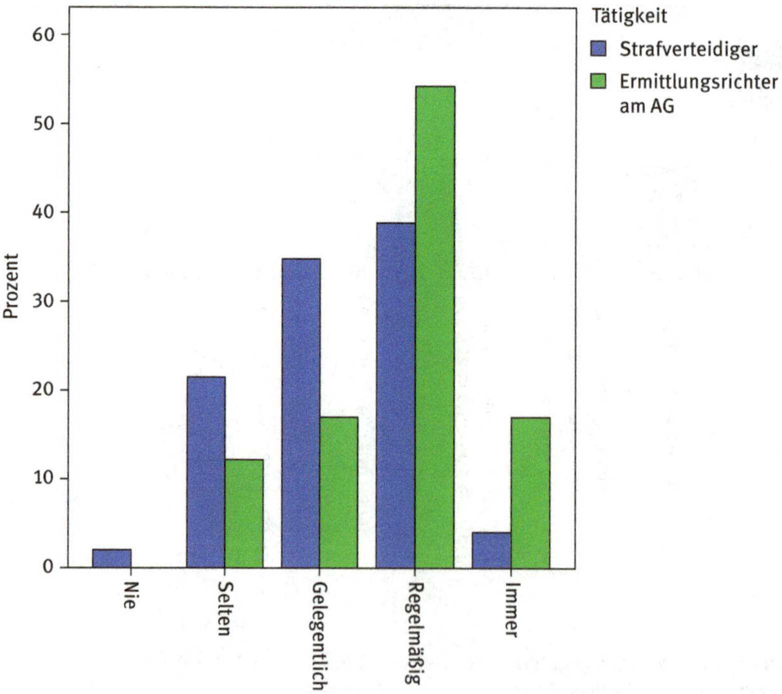

Abb. 104: Übersicht zur Häufigkeit der Zustimmung des Verteidigers zum Wechsel bei „Verlegenheitswahl“ nach Tätigkeit

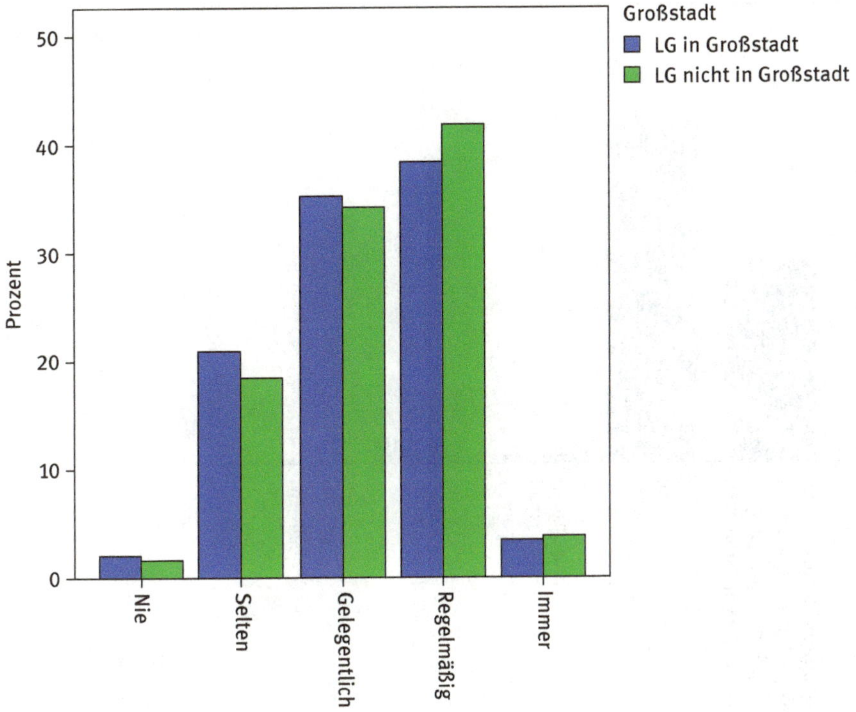

Abb. 105: Übersicht zur Zustimmungsbereitschaft des Verteidigers zum Verteidigerwechsel nach Urbanität

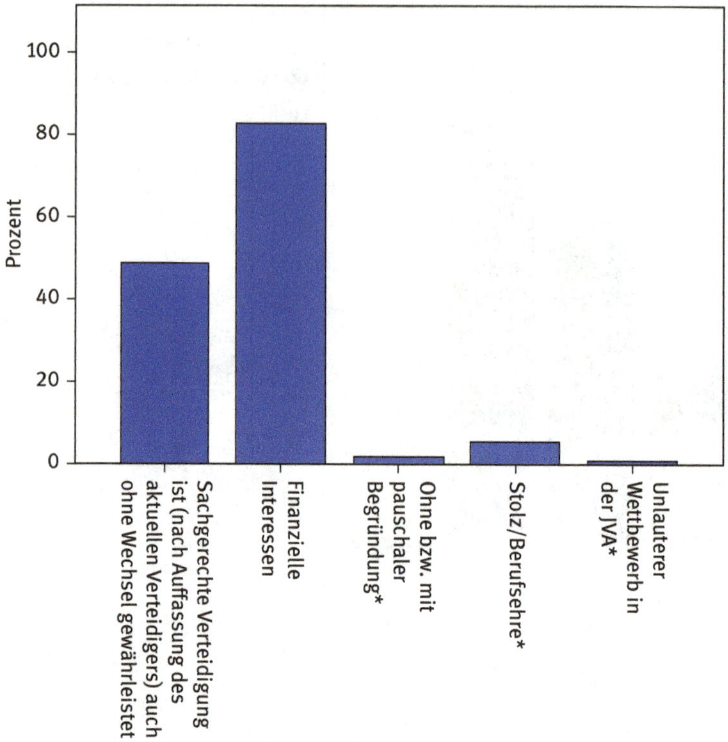

Abb. 106: Übersicht zu den Verweigerungsgründen des aktuellen Verteidigers bei „Verlegenheitswahl" – Strafverteidiger

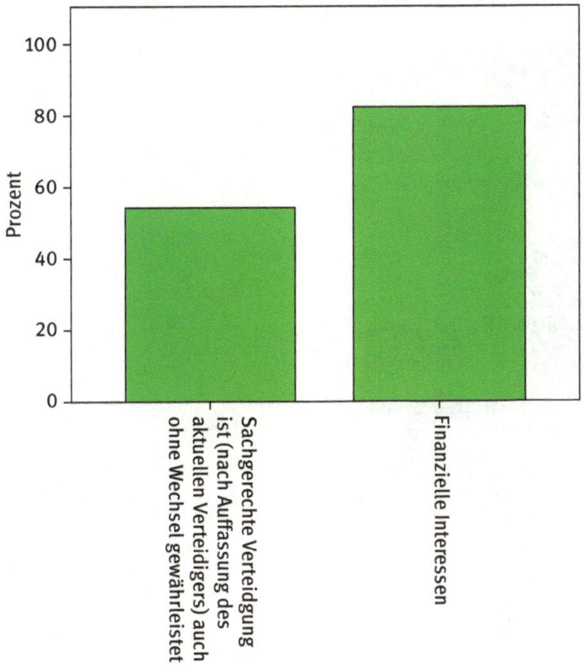

Abb. 107: Übersicht zu den Verweigerungsgründen des aktuellen Verteidigers bei „Verlegenheitswahl“ – Ermittlungsrichter

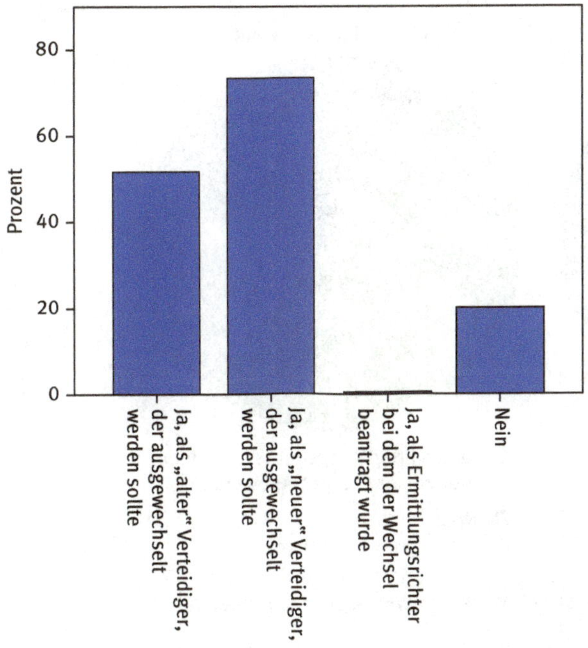

Abb. 108: Übersicht zu den Erfahrungen durch berufliche Betroffenheit von einem Verteidigerwechsel nach „Verlegenheitswahl“ – Strafverteidiger

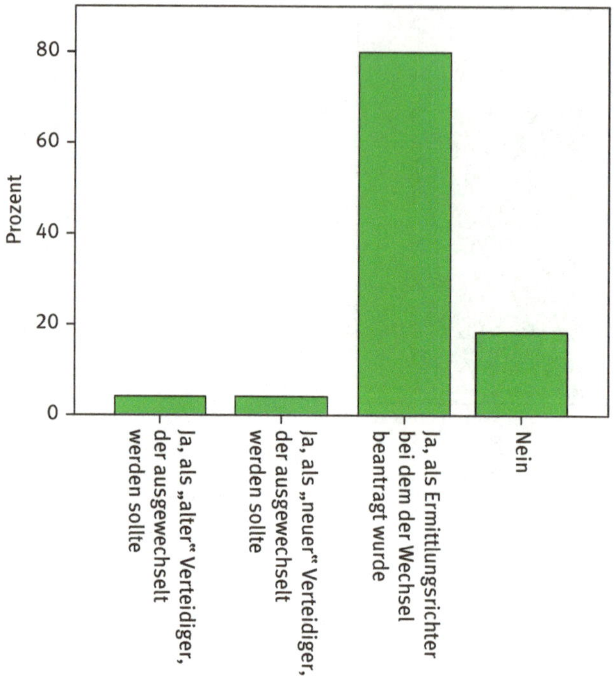

Abb. 109: Übersicht zu den Erfahrungen durch berufliche Betroffenheit von einem Verteidigerwechsel nach „Verlegenheitswahl" – Ermittlungsrichter

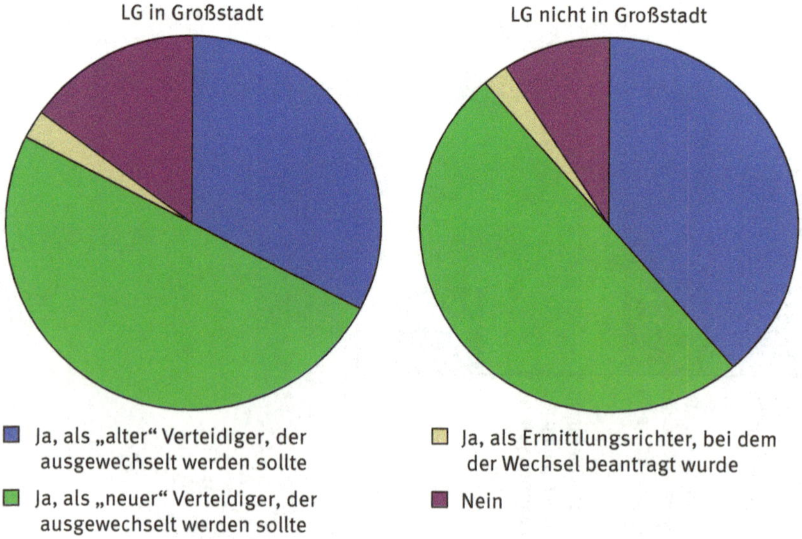

Abb. 110: Übersicht über die Betroffenheit von Verteidigerwechseln nach Urbanität

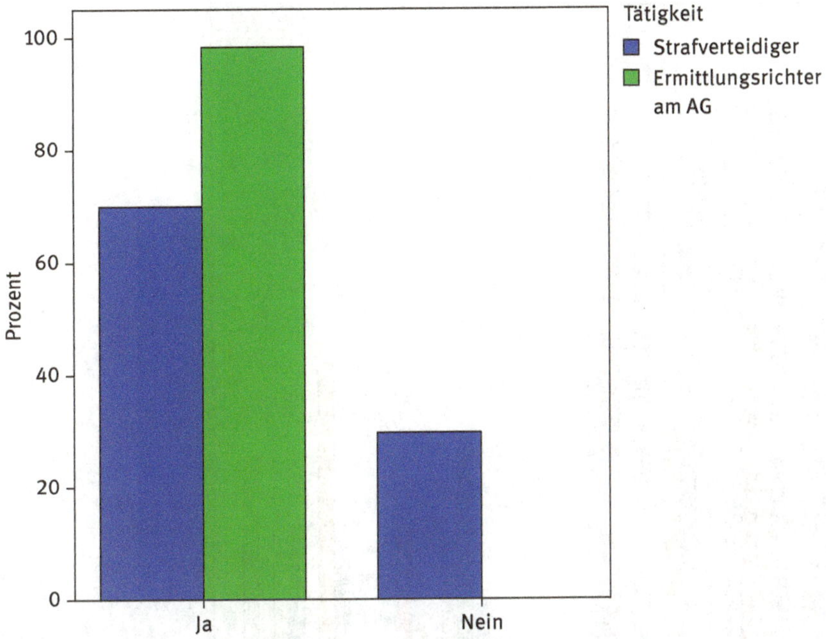

Abb. 111: Übersicht zur Häufigkeit der Ermöglichung eines Wechsels bei unterlassenem Setzen einer angemessenen Frist gem. § 142 Abs. 1 Satz 1 StPO nach Tätigkeit

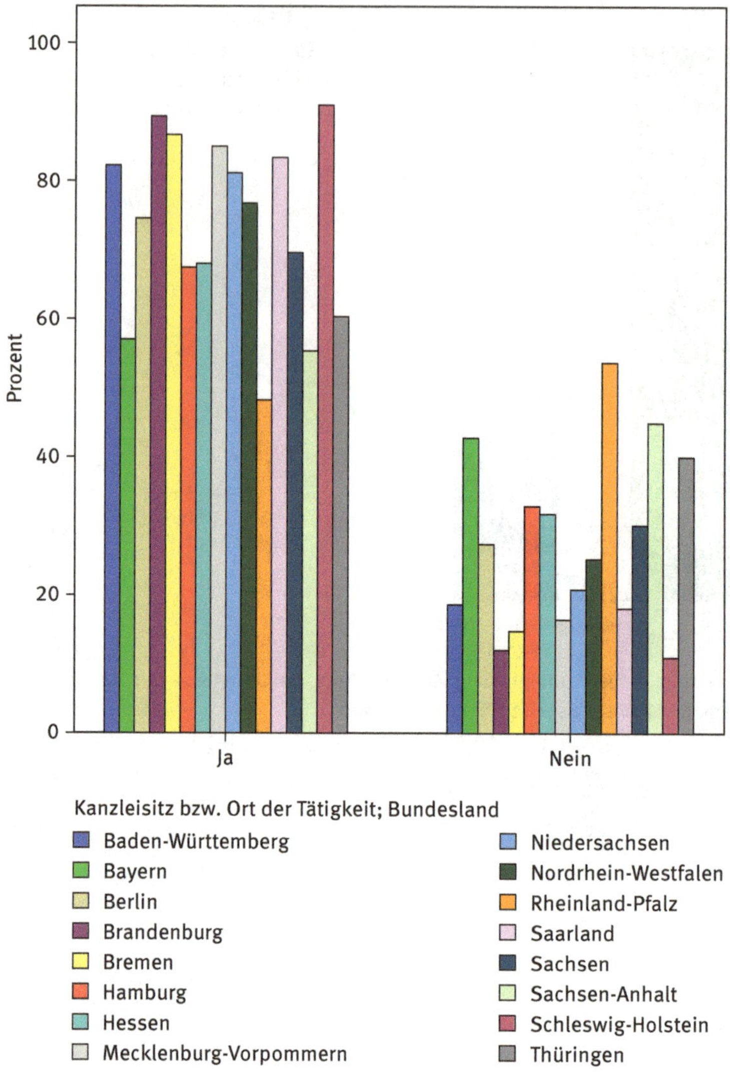

Abb. 112: Übersicht zur Ermöglichung eines Wechsels bei unterlassenem Setzen einer angemessenen Frist nach Bundesländern

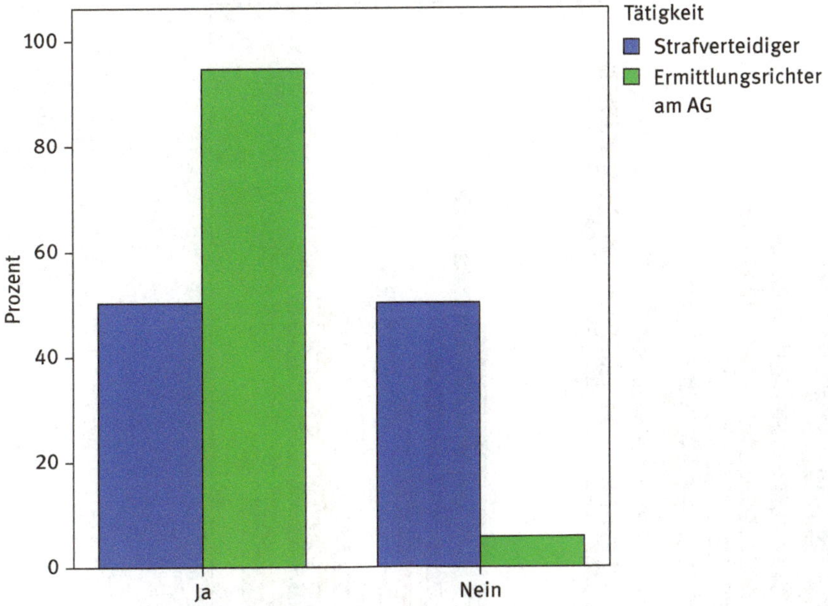

Abb. 113: Übersicht zur Ermöglichung eines Wechsels bei fehlender Einräumung der Möglichkeit angemessener Information nach Tätigkeit

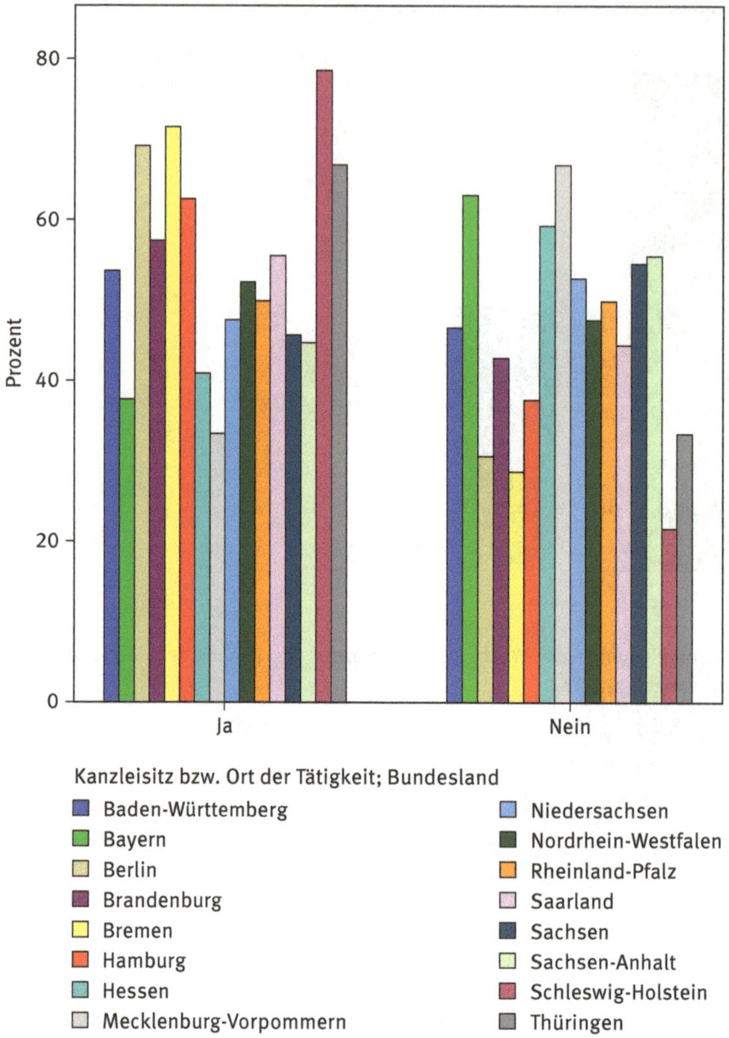

Abb. 114: Übersicht zur Ermöglichung eines Wechsels bei fehlender Einräumung der Möglichkeit angemessener Information nach Bundesländern

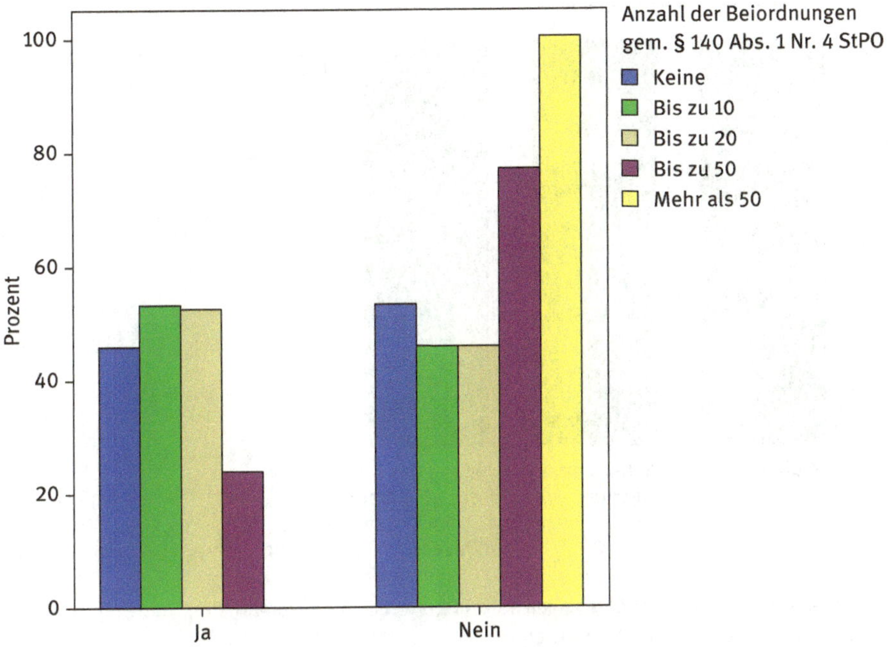

Abb. 115: Übersicht zur Ermöglichung eines Wechsels bei fehlender Einräumung der Möglichkeit angemessener Information nach Anzahl der Beiordnungen gem. § 140 Abs. 1 Nr. 4 StPO

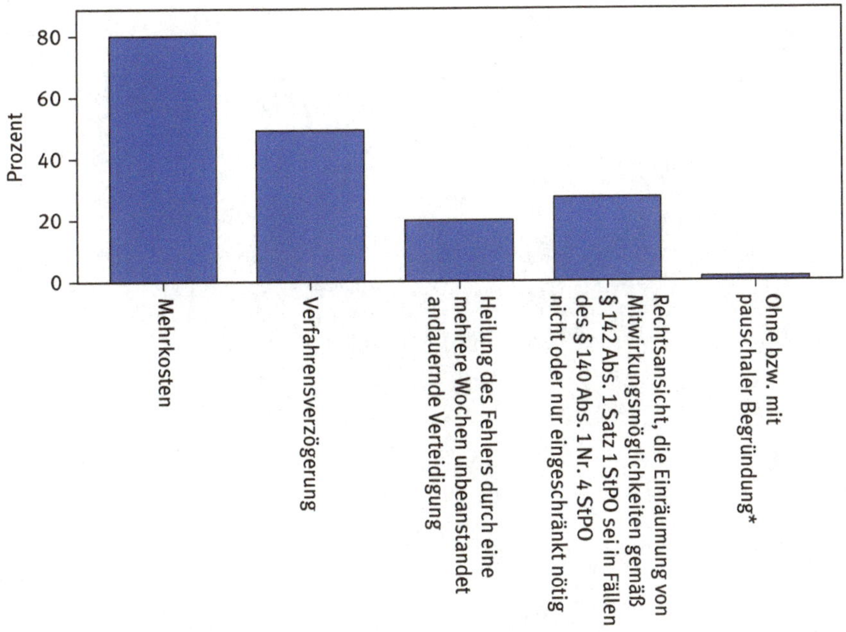

Abb. 116: Übersicht zu den Argumenten gegen einen Verteidigerwechsel bei Vorenthalten von Mitwirkungsmöglichkeiten – Strafverteidiger

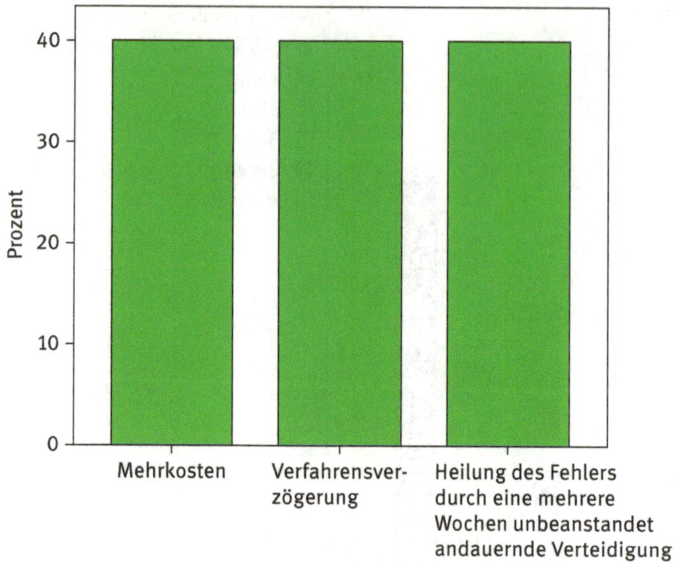

Abb. 117: Übersicht zu den Argumente gegen Verteidigerwechsel bei Vorenthalten von Mitwirkungsmöglichkeiten – Ermittlungsrichter

F. Anhang: Fragebogen

Deutscher Anwaltverein
Arbeitsgemeinschaft Strafrecht

RuPS | Recht und Praxis der Strafverteidigung

GOETHE UNIVERSITÄT FRANKFURT AM MAIN

FRAGEBOGEN ZUR RECHTSWIRKLICHKEIT DER VERTEIDIGERBEIORDNUNG BEI UNTERSUCHUNGSHAFT ODER EINSTWEILIGER UNTERBRINGUNG (§ 140 Abs. 1 Nr. 4 StPO)

zur Studie im Auftrag der Arbeitsgemeinschaft Strafrecht im Deutschen Anwaltverein in Kooperation mit der Forschungsstelle Recht und Praxis der Strafverteidigung (RuPS) der Goethe-Universität Frankfurt am Main

Der Ihnen vorliegende Fragebogen dient der **unabhängigen Evaluierung** der Vorschriften des Gesetzes zur Änderung des Untersuchungshaftrechts vom 29.7.2009 (UHaftÄndG), soweit sie das Recht der Verteidigerbeiordnung betreffen.

Um was geht es? Das UHaftÄndG hat mit Wirkung zum 1.1.2010 § 140 Abs. 1 Nr. 4 StPO in der Fassung „gegen einen Beschuldigten Untersuchungshaft nach den §§ 112, 112a oder einstweilige Unterbringung nach § 126a oder § 275a Absatz 5 vollstreckt wird" eingeführt. Die Einfügung der Nr. 4 in den Katalog des § 140 Abs. 1 StPO war Bestandteil einer umfassenden **Neuregelung des Untersuchungshaftrechts**, durch die nach Auffassung des Gesetzgebers die Rechte des Beschuldigten gestärkt und die Rechtsschutzmöglichkeiten bei drohender oder bestehender Inhaftierung verbessert werden sollten. § 141 Abs. 3 StPO wurde zudem um einen Satz 4 ergänzt, der nunmehr zur Frage der Bestellungszeitpunktes („unverzüglich nach") auf § 140 Abs. 1 Nr. 4 StPO Bezug nimmt. Seither knüpft die Verteidigerbeiordnung in Fällen des § 140 Abs. 1 Nr. 4 StPO in zeitlicher Hinsicht an den „Beginn der Vollstreckung" an.

Auftraggeber der Evaluation ist die Arbeitsgemeinschaft Strafrecht im Deutschen Anwaltverein. Durchgeführt wird die Studie durch die an der Goethe-Universität Frankfurt angesiedelte Forschungsstelle für Recht und Praxis der Strafverteidigung (RuPS). Ziel ist es, den Vollzug der neuen und geänderten Normen in der Rechtspraxis **bundesweit** zu ermitteln und zu bewerten. Hierdurch können Schwachstellen der gesetzlichen Vorschriften aufgedeckt werden, die es bei der künftigen Anwendung zu vermeiden gilt, sei es durch eine Korrektur der geltenden Rechtslage oder durch eine veränderte tatsächliche Handhabung der Normen in der Praxis.

Der Erfolg dieser Evaluierung hängt ganz entscheidend von der Mitwirkung der in der AG Strafrecht im DAV organisierten, mehr als **3.300 Verteidigerinnen und Verteidiger** und der in Zusammenarbeit mit dem Hessischen Ministerium der Justiz, für Integration und Europa exemplarisch angesprochenen **Ermittlungsrichterinnen und -richter** dieses Bundeslandes ab.[385] Von einer hohen Aussagekraft der erzielten Ergebnisse kann nicht zuletzt deshalb ausgegangen werden, weil sich von den rund 3.300 befragten Mitgliedern der Arbeitsgemeinschaft Strafrecht im Deutschen Anwaltverein mehr als 1.650, also etwa jeder Zweite auf der Homepage der AG Strafrecht für die Online-Strafverteidigersuche hat eintragen lassen, um seine Bereitschaft für die Beiordnung als Verteidiger bei Untersuchungshaft oder einstweiliger Unterbringung (§ 140 Abs. 1 Nr. 4 StPO) zu dokumentieren.

Wir bitten Sie daher herzlich, sich trotz Ihrer sicher großen zeitlichen Belastung ca. **30 Minuten Zeit** für dieses berufspolitisch herausragend wichtige Thema zu nehmen. Legen Sie den Bogen am besten gar nicht erst zur Seite, sondern fangen Sie gleich mit der Beantwortung an. Die Befragung erfolgt vollständig **anonym**. Wir versichern, dass Ihre Angaben auch dann vertraulich behandelt werden, wenn Sie Ihre E-Mail-Adresse angeben.

Es ist beabsichtigt, erste Ergebnisse dieser Studie auf dem 30. Herbstkolloquium der Arbeitsgemeinschaft Strafrecht am Freitag, 8.11.2013, in Berlin vorzustellen. Wenn Sie es wünschen und durch die Angabe Ihrer E-Mail-Adresse am Ende dieses Fragebogens dokumentieren, können wir Ihnen eine **schriftliche Zusammenfassung der Auswertung** gerne auf elektronischem Wege zusenden.

Vielen Dank für Ihre Mitwirkung!

Rechtsanwalt Dr. Werner Leitner
Vorsitzender des Geschäftsführenden
Ausschusses der AG Strafrecht

Prof. Dr. Matthias Jahn
Forschungsstelle RuPS

385 Nachfolgend wird aus redaktionellen Gründen nur die männliche Form aufgeführt.

Zu Ihrer Person

1. Ihre derzeit ausgeübte Tätigkeit

☐ Strafverteidiger
☐ Ermittlungsrichter beim AG

2. Dauer Ihrer Tätigkeit als Strafverteidiger bzw. als Ermittlungsrichter beim AG

☐ Bis zu 1 Jahr[386]
☐ Bis zu 3 Jahre
☐ Bis zu 10 Jahre
☐ Mehr als 10 Jahre

3. Kanzleisitz bzw. Ort der Tätigkeit als Ermittlungsrichter

Bundesland: ____________________ LG-Bezirk: ____________________

→ ***Ermittlungsrichter bitte weiter bei I.***

4. Fachanwalt für Strafrecht

☐ Ja
☐ Nein

5. Sind Sie auf der Homepage der AG Strafrecht als für die Beiordnung als Verteidiger bei Untersuchungshaft oder einstweiliger Unterbringung (§ 140 Abs. 1 Nr. 4 StPO) bereiter Verteidiger registriert?

☐ Ja
☐ Nein

6. Ungefähre Anzahl aller Beiordnungen im Kalenderjahr 2012 (sämtliche Fälle des § 140 Abs. 1 und 2 StPO)

☐ Keine
☐ Bis zu 10
☐ Bis zu 20
☐ Bis zu 50
☐ Mehr als 50

---

386 Nachträglicher Hinweis: Da diese Option nur von einer nicht repräsentativen Anzahl von 3 Befragten (allesamt Ermittlungsrichter) angekreuzt wurde, wurden jene für Zwecke der Auswertung der Gruppe „bis zu 3 Jahre“ zugeordnet.

7. Ungefähre Anzahl lediglich der Beiordnungen im Kalenderjahr 2012, bei denen es sich um *solche nach § 140 Abs. 1 Nr. 4 StPO* handelte

☐ Keine
☐ Bis zu 10
☐ Bis zu 20
☐ Bis zu 50
☐ Mehr als 50

I. Die Regelung in § 141 Abs. 3 Satz 4 StPO

1. Zum Zeitpunkt des Beginns der Beiordnung in Fällen des § 140 Abs. 1 Nr. 4 StPO

Nach § 141 Abs. 3 Satz 4 StPO wird der Verteidiger bei einem Beschuldigten, gegen den Untersuchungshaft oder einstweilige Unterbringung vollstreckt wird, „unverzüglich *nach* Beginn der Vollstreckung" bestellt.

a. Wie stehen Sie zu dem Vorschlag einer Vorverlagerung des Bestellungszeitpunkts auf den Zeitpunkt der Vorführung?

☐ Zwingend notwendig *(→ weiter bei 2.)*
☐ Wünschenswert *(→ weiter bei 2.)*
☐ Nicht wünschenswert
☐ Weiß nicht *(→ weiter bei 2.)*

b. Wenn „nicht wünschenswert": Weshalb? Mehrfachnennungen sind möglich.

☐ Mögliche Wartezeit bis zum Eintreffen des Verteidigers bzw. sonstige Verfahrensverzögerung
☐ Mögliche Verkürzung der Überlegungsfrist für den Beschuldigten
☐ Mögliche Bindungswirkung einer übereilten Wahl
☐ Sonstiges: ______________________________
☐ Weiß nicht

2. Handhabung der Grundsätze zur „unverzüglichen" Beiordnung nach Ihren Erfahrungen

Vor der Bestellung eines Verteidigers soll nach § 142 Abs. 1 Satz 1 StPO dem Beschuldigten Gelegenheit gegeben werden, innerhalb einer zu bestimmenden Frist einen Verteidiger seiner Wahl zu bezeichnen.

a. Wie häufig wird dieses Anhörungs- und Bezeichnungsrecht tatsächlich gewahrt?

☐ Nie
☐ Selten
☐ Gelegentlich
☐ Regelmäßig
☐ Immer
☐ Weiß nicht

b. Halten Sie dieses Anhörungs- und Bezeichnungsrecht für sinnvoll?

☐ Ja
☐ Nein *(→ weiter bei d.)*
☐ Weiß nicht *(→ weiter bei 3.)*

c. Wenn „ja": Weshalb? Mehrfachnennungen sind möglich.

___

d. Wenn „nein": Weshalb? Mehrfachnennungen sind möglich.

___

3. Handhabung des Anhörungs- und Bezeichnungsrechts nach Ihren Erfahrungen

a. Wie häufig wird dem Beschuldigten in den Fällen des § 140 Abs. 1 Nr. 4 StPO die Nutzung des Internets für die Suche nach einem geeigneten Verteidiger ermöglicht?

☐ Nie *(→ weiter bei c.)*
☐ Selten
☐ Gelegentlich
☐ Regelmäßig
☐ Immer
☐ Weiß nicht

b. Wie häufig wird durch den Beschuldigten insbesondere auf die Strafverteidigersuche auf der Homepage der AG Strafrecht zurückgegriffen?

☐ Nie
☐ Selten
☐ Gelegentlich
☐ Regelmäßig
☐ Immer
☐ Weiß nicht

c. Wie häufig wird dem inhaftierten bzw. untergebrachten Beschuldigten die Herstellung *unmittelbaren* Kontakts mit dem ins Auge gefassten Verteidiger in der Untersuchungshaft bzw. Unterbringung gestattet?

☐ Nie
☐ Selten
☐ Gelegentlich
☐ Regelmäßig
☐ Immer *(→ weiter bei 4.)*
☐ Weiß nicht

d. Mit welcher Begründung wird die Herstellung *unmittelbaren* Kontakts durch den inhaftierten bzw. untergebrachten Beschuldigten mit dem von ihm bezeichneten Verteidiger im Einzelfall versagt? Mehrfachnennungen sind möglich.

☐ Missbrauchsgefahr
☐ Sonstiges: ____________________
☐ Weiß nicht

4. Ihre Erfahrungen zur Frage der *sofortigen* Beiordnung ohne Gewährung des Anhörungs- und Bezeichnungsrechts

a. Wie häufig wird der Verteidiger *sofort* nach Beginn der Vollstreckung bestellt?

☐ Nie
☐ Selten
☐ Gelegentlich
☐ Regelmäßig
☐ Immer
☐ Weiß nicht

b. Soweit sofort bestellt wird: Halten Sie dies für sachgerecht?

☐ Ja
☐ Nein
☐ Weiß nicht

5. Ihre Erfahrungen zur Handhabung der Bezeichnungsfrist

a. Soweit keine sofortige Bestellung praktiziert wird: Welche Bezeichnungsfrist wird dem Beschuldigten im Regelfall gesetzt?

☐ 1 bis 3 Tage
☐ 4 bis 6 Tage
☐ 1 Woche
☐ Zwischen 1 und 2 Wochen
☐ 2 Wochen
☐ Länger als 2 Wochen
☐ Weiß nicht

b. Aus der Praxis wird berichtet,[387] dass Ermittlungsrichter, »um späteren Ärger zu vermeiden«, auch dann mit der Beiordnung – z.B. eine Woche – warten, wenn der Inhaftierte bzw. Untergebrachte ausdrücklich sofortige Beiordnung und Auswahl durch den Richter wünscht.
Wie häufig wird selbst dann mit der Beiordnung zugewartet, wenn der Beschuldigte ausdrücklich sofortige Beiordnung und Auswahl eines Verteidigers durch das Gericht wünscht?

☐ Nie
☐ Selten
☐ Gelegentlich
☐ Regelmäßig
☐ Immer
☐ Weiß nicht

c. Sollte eine Bezeichnungsfrist von 1 oder 2 Wochen Ihrer Meinung nach noch als „unverzüglich" im Sinne von § 141 Abs. 3 Satz 4 StPO angesehen werden?

☐ Ausnahmslos ja
☐ Ausnahmslos nein
☐ 1 Woche ausnahmslos ja, 2 Wochen ausnahmslos nein
☐ Es kommt immer auf den Einzelfall an
☐ Weiß nicht

d. Sollte die Bezeichnungsfrist flexibel, also mit der Möglichkeit der Abweichung im Einzelfall, ausgestaltet werden oder erscheint eine starre Frist, z.B. aus Gründen der Rechtssicherheit, vorzugswürdig?

☐ Flexible Frist
☐ Starre Frist
☐ Weiß nicht

---

387 Vgl. *Heydenreich*, StV 2011, 700 (702 mit Fn. 9).

6. Folge bei Benennung des Verteidigers durch den Beschuldigten nach Ihren Erfahrungen

a. Im Falle der Bezeichnung eines Verteidigers durch den Beschuldigten kann gemäß § 142 Abs. 1 Satz 2 StPO ausschließlich ein wichtiger Grund der Bestellung entgegenstehen.
Wie häufig wird trotz dieser Vorgabe ohne eines solchen wichtigen Grundes vom Gericht ein anderer Verteidiger beigeordnet?

☐ Nie *(→ weiter bei 7.)*
☐ Selten
☐ Gelegentlich
☐ Regelmäßig
☐ Immer
☐ Weiß nicht

b. Mit welchen Zielrichtungen wird in den Fällen der Frage a. gegebenenfalls eine solche vom Wunsch des Beschuldigten abweichende Beiordnung ausgeübt? Mehrfachnennungen sind möglich.

☐ Schutz des Beschuldigten vor als unsachgemäß und/oder prozessordnungswidrig empfundener Verteidigung
☐ Auswahl eines aus Sicht des Gerichts geeigneteren Verteidigers
☐ Fehlendes Vertrauensverhältnis zwischen dem Beschuldigten und dem Verteidiger
☐ Ortsferne des Kanzleisitzes
☐ Sonstiges: ____________________
☐ Weiß nicht

7. Die Verwendung von Verteidigerlisten durch das Gericht nach Ihren Erfahrungen

Im Zusammenhang mit der Verteidigerauswahl kann sich die Führung von Listen empfehlen, auf denen zur Übernahme der Verteidigerbeiordnung bereite Rechtsanwälte verzeichnet sind. Sie können als effektive Auswahlhilfe dienen.

a. Wie häufig greifen die Gerichte auf derartige Listen bei ihrer Entscheidung zurück?

☐ Nie *(→ weiter bei c.)*
☐ Selten
☐ Gelegentlich
☐ Regelmäßig
☐ Immer
☐ Weiß nicht

b. Handelt es sich hierbei um gerichtsinterne (d.h. nicht dem Einblick Dritter zugängliche) Listen?

☐ Ja
☐ Nein
☐ Weiß nicht

c. Wie sind diese Listen dort, wo sie existieren, strukturiert?

☐ Alphabetische Sortierung
☐ Sortierung nach Bekanntheitsgrad des Anwalts
☐ Sortierung nach Qualifikation des Anwalts
☐ Zufällige Reihung/keine Sortierung
☐ Sonstiges: ______________________________
☐ Weiß nicht

d. Wie viele Rechtsanwälte sind durchschnittlich auf einer Liste verzeichnet?

☐ Bis zu 20 Anwälte
☐ Bis zu 50 Anwälte
☐ Bis zu 100 Anwälte
☐ Bis zu 500 Anwälte
☐ Mehr als 500 Anwälte
☐ Weiß nicht

e. Welche Aussagen zu möglichen sachlichen Auswahlkriterien enthalten die Listen im Regelfall? Mehrfachnennungen sind möglich.

☐ Fachanwalt für Strafrecht
☐ Fortbildungsnachweise im Haft- oder Unterbringungsrecht
☐ Sonstige Fortbildungen oder Zusatzqualifikationen
☐ Anwaltliche Berufserfahrung als Strafverteidiger
☐ Erfahrung als Rechtsanwalt/Datum der Zulassung
☐ Interessengebiete/Tätigkeitsschwerpunkte
☐ Zeitliche Erreichbarkeit
☐ Lebensalter
☐ Wissenschaftliche Publikationen
☐ Fachvorträge
☐ Liste von Verfahren, an denen der Verteidiger beteiligt war
☐ Geographischer Bereich, in dem der Anwalt bereit ist, als Verteidiger beigeordnet zu werden
☐ Sonstiges: ______________________________
☐ Weiß nicht

f. Wer hat derartige Verteidigerlisten bereits erstellt? Mehrfachnennungen sind möglich.

☐ Ermittlungsrichter
☐ Staatsanwaltschaft
☐ Örtliche Anwaltvereine einschließlich der AG Strafrecht im DAV
☐ Strafverteidigervereinigungen
☐ Örtliche Rechtsanwaltskammer
☐ Sonstige: ______________________________
☐ Weiß nicht

g. Wer hat einschließlich des Erstellers auf die Gestaltung der Verteidigerlisten Einfluss genommen? Mehrfachnennungen sind möglich.

☐ Ermittlungsrichter
☐ Staatsanwaltschaft
☐ Örtliche Anwaltvereine einschließlich der AG Strafrecht im DAV
☐ Strafverteidigervereinigungen
☐ Örtliche Rechtsanwaltskammer
☐ Sonstige: ______________________________
☐ Weiß nicht

h. Wie häufig werden die Listen, soweit vorhanden, im Bedarfsfall an den Beschuldigten ausgehändigt?

☐ Nie
☐ Selten
☐ Gelegentlich
☐ Regelmäßig
☐ Immer *(→ weiter bei 8.)*
☐ Weiß nicht

i. Soweit dies nicht geschieht: Ist der Grund dafür, dass es sich um gerichtsinterne (d.h. nicht dem Einblick Dritter zugängliche) Listen handelt?

☐ Ja
☐ Nein
☐ Weiß nicht

8. Folge bei Nichtbenennung eines Verteidigers durch den Beschuldigten nach Ihren Erfahrungen

Bezeichnet der Beschuldigte keinen Verteidiger, hat das Gericht einen Verteidiger von Amts wegen zu bestellen.

a. Nach welchen Kriterien erfolgt die Auswahl eines vom Gericht selbst bestimmten Verteidigers, soweit Verteidigerlisten verwendet werden?

Mehrfachnennungen sind möglich.

☐ Fachliche Kriterien
☐ Allgemeiner Bekanntheitsgrad des Anwalts
☐ Anwalt gehört zum persönlichen Bekanntenkreis des Ermittlungsrichters
☐ Ermittlungsrichter kennt Anwalt aus vorherigem/-n Verfahren
☐ Anwalt mit weniger als 2 Jahren Zulassung
☐ Kostengesichtspunkte (allgemein)
☐ Ortsnähe des Kanzleisitzes
☐ Sonstige: ______________________________
☐ Keine inhaltlichen Kriterien, sondern Abarbeitung der Verteidigerliste „von A bis Z“
☐ Keine inhaltliche Kriterien, sondern Zufallsprinzip
☐ Weiß nicht

b. Nach welchen Kriterien erfolgt die Auswahl eines vom Gericht selbst bestimmten Verteidigers, soweit *keine* Verteidigerlisten verwendet werden?

Mehrfachnennungen sind möglich.

☐ Fachliche Kriterien
☐ Allgemeiner Bekanntheitsgrad des Anwalts
☐ Anwalt gehört zum persönlichen Bekanntenkreis des Ermittlungsrichters
☐ Ermittlungsrichter kennt Anwalt aus vorherigem/-n Verfahren
☐ Anwalt mit weniger als 2 Jahren Zulassung
☐ Kostengesichtspunkte (allgemein)
☐ Ortsnähe des Kanzleisitzes
☐ Sonstige: ______________________________
☐ Keine inhaltlichen Kriterien, sondern Zufallsprinzip
☐ Weiß nicht

c. Sollte unabhängig von der gegenwärtigen Rechtslage, also gegebenenfalls nach einer Gesetzesnovelle, die Bestellung durch das Gericht bei fehlender Bezeichnung eines Verteidigers durch den Beschuldigten nach einem rein schematischen Verfahren (z.B. Abarbeitung „von A bis Z“ oder Zufallsprinzip) anstatt nach fachlichen Kriterien erfolgen?

☐ Ja
☐ Nein *(→ weiter bei e.)*
☐ Weiß nicht *(→ weiter bei e.)*

d. Wenn „ja“: Weshalb? Mehrfachnennungen sind möglich.

☐ Gerechter/weniger willkürlich
☐ Geringerer Aufwand
☐ Sonstiges: ____________________
☐ Weiß nicht

e. Sollte durch Gesetzesnovelle die Auswahl eines Verteidigers bei ausgebliebener Bezeichnung durch den Beschuldigten auf die Rechtsanwaltskammer übertragen werden?

☐ Ja
☐ Nein
☐ Weiß nicht

II. Zuständigkeit für die Bestellung

In „Sicherungsverwahrungsfällen“ sowie unter Umständen auch in „Kumulationsfällen“, in denen neben § 140 Abs. 1 Nr. 4 StPO noch einer der anderen Katalogtatbestände des § 140 Abs. 1 StPO einschlägig ist, ist für die Verteidigerbestellung nicht der Ermittlungsrichter, sondern die Strafkammer zuständig.

1. Sind in der Anordnungspraxis der Ermittlungsrichter einerseits und der Strafkammern andererseits nach Ihren Erfahrungen Unterschiede festzustellen?

☐ Ja
☐ Nein *(→ weiter bei III.)*
☐ Weiß nicht *(→ weiter bei III.)*

2. Wenn „ja“: Welche? Mehrfachnennungen sind möglich.

____

III. Dauer der Beiordnung – Praxis der Anwendung des § 143 StPO

1. Ihre Erfahrungen zu „Verlegenheitswahlfällen"

a. Ermöglicht das Gericht im Regelfall einen Verteidigerwechsel, wenn es sich bei dem beigeordneten Verteidiger lediglich um eine „Verlegenheitswahl" mangels (in der Kürze der Zeit zur Verfügung stehender) Alternative handelte und der Beschuldigte und beide Verteidiger mit einem Wechsel einverstanden sind?

☐ Ja
☐ Nein
☐ Weiß nicht

b. Mit welchen Argumenten wird ein Verteidigerwechsel seitens des Gerichts in diesem Falle *versagt*? Mehrfachnennungen sind möglich.

☐ Mehrkosten
☐ Verfahrensverzögerung
☐ Heilung des Fehlers durch eine mehrere Wochen unbeanstandet andauernde Verteidigung
☐ Rechtsansicht, dass ein Wechsel in diesem Falle nicht möglich ist
☐ Beschuldigter hatte genug Bedenkzeit/"Verwirkungsgedanke"
☐ Sonstiges: ______________________________
☐ Weiß nicht

c. Wie häufig stimmt der aktuelle Verteidiger einem Verteidigerwechsel zu, wenn der Beschuldigte an ihn mit diesem Wunsch herantritt, weil er glaubt, eine „Verlegenheitswahl" getroffen zu haben?

☐ Nie
☐ Selten
☐ Gelegentlich
☐ Regelmäßig
☐ Immer *(→ weiter bei e.)*
☐ Weiß nicht

d. Aus welchen Gründen wird seitens des aktuellen Verteidigers in diesem Falle eine Einwilligung zum Verteidigerwechsel verweigert? Mehrfachnennungen sind möglich.

☐ Sachgerechte Verteidigung ist (nach Auffassung des aktuellen Verteidigers) auch ohne Wechsel gewährleistet
☐ Finanzielle Interessen
☐ Sonstiges: ______________________________
☐ Weiß nicht

e. Waren Sie schon einmal von den Folgen einer „Verlegenheitswahl“ betroffen? Mehrfachnennungen sind für Strafverteidiger möglich.

- ☐ Ja, als „alter“ Verteidiger, der ausgewechselt werden sollte
- ☐ Ja, als „neuer“ Verteidiger, der eingewechselt werden sollte
- ☐ Ja, als Ermittlungsrichter, bei dem der Wechsel beantragt wurde
- ☐ Nein
- ☐ Weiß nicht

2. Ihre Erfahrungen zum Vorenthalten von Mitwirkungsmöglichkeiten

a. Ermöglicht das Gericht im Regelfall einen Verteidigerwechsel, wenn dem Beschuldigten entgegen § 142 Abs. 1 Satz 1 StPO keine angemessene Frist gesetzt wurde?

- ☐ Ja
- ☐ Nein
- ☐ Weiß nicht

b. Ermöglicht das Gericht im Regelfall einen Verteidigerwechsel, wenn dem Beschuldigten entgegen § 142 Abs. 1 Satz 1 StPO sonst keine angemessene Möglichkeit eingeräumt worden ist, sich über die zur Verfügung stehenden Verteidiger zu informieren?

- ☐ Ja
- ☐ Nein
- ☐ Weiß nicht

c. Mit welchen Argumenten wird ein Verteidigerwechsel seitens des Gerichts in diesem Falle versagt? Mehrfachnennungen sind möglich.

- ☐ Mehrkosten
- ☐ Verfahrensverzögerung
- ☐ Heilung des Fehlers durch eine mehrere Wochen unbeanstandet andauernde Verteidigung
- ☐ Rechtsansicht, die Einräumung von Mitwirkungsmöglichkeiten gemäß § 142 Abs. 1 Satz 1 StPO sei in Fällen des § 140 Abs. 1 Nr. 4 StPO nicht oder nur eingeschränkt nötig
- ☐ Sonstiges: ____________________
- ☐ Weiß nicht

IV. Platz für Ihre ergänzenden Anmerkungen

Kolibri 360 GmbH
Ferdinand-Jühlke-Straße 7
99095 Erfurt, Deutschland
produktsicherheit@kolibri360.de